数学世界探险记

有关图形的游戏

刘修博 编译

图书在版编目(CIP)数据

有关图形的游戏/刘修博编译. —哈尔滨:哈尔滨工业大学出版社,2012.4(2013.7 重印)
(数学世界探险记)
ISBN 978-7-5603-2892-8

Ⅰ.①有… Ⅱ.①刘… Ⅲ.①数学-少年读物
Ⅳ.①O1-49

中国版本图书馆 CIP 数据核字(2012)第 265279 号

策划编辑	甄淼淼　刘培杰
责任编辑	唐　蕾
出版发行	哈尔滨工业大学出版社
社　　址	哈尔滨市南岗区复华四道街 10 号　邮编 150006
传　　真	0451-86414749
网　　址	http://hitpress.hit.edu.cn
印　　刷	哈尔滨市工大节能印刷厂
开　　本	787mm×1092mm　1/16　印张 15.75　字数 254 千字
版　　次	2012 年 4 月第 1 版　2013 年 7 月第 3 次印刷
书　　号	ISBN 978-7-5603-2892-8
定　　价	198.00 元(套)

(如因印装质量问题影响阅读,我社负责调换)

编 者 的 话

我曾在中国生活到大学毕业，中学毕业于一所省级重点中学，数学一直是我的一个弱项，尽管后来我考入了西南交通大学，但数学一直困扰着我，回想起近20年学习数学的经历，我现在才认识到是小学时没能激发起学习数学的兴趣，当时的小学课本及"文化大革命"后期的数学老师讲解过于枯燥。

大学毕业后，我到了日本，发现日本有许多数学课外书编的很生动、有趣，而且图文并茂，我的小孩很爱读。

新闻业有一句听上去很绝望的格言，叫做"给我一个故事，看在上帝的份上，把它讲得有趣些"这句话其实更应对数学界说。近年来，我成立了翻译公司便着手开始编译了这套适合中、日儿童的少年科普图书。

这套丛书共由十册组成。

第一册　　有趣的四则运算。
第二册　　各种各样的单位。
第三册　　恼人的小数分数。
第四册　　稀奇古怪的单位。
第五册　　有关图形的游戏。
第六册　　神奇莫测的箱子。
第七册　　隐藏起来的数字。
第八册　　妙趣横生的集合。
第九册　　上帝创造的语言。
第十册　　超常智力的测验。

这套书的读者对象是少年儿童，所以选择以探险为故事情节。

有人说儿童总是显得比成年人勇敢，恰似小型犬总是比大型犬显得勇敢，可是宠物专家说，那不是勇敢，只是容易激动。儿童比成人有好奇心，就让这难得的好奇心带着儿童走进数学的殿堂。

刘修博

2013年1月于日本

有关图形的游戏

萨 沙 好消息!杂技团来城里演出啦!我们探险队员们当然都去看。你也去吧!这是一个非常有趣的表演图形游戏的杂技团。

数学世界探险记

舞台上精彩的杂技演出开始了。

小丑们在空中大起大落地荡着秋千,摩托车飞速地奔驰着,使人望而生畏。

萨 沙 摩托车一会儿头朝上行驶,一会儿头朝下行驶,不能从轨道上掉下来吗?

米丽娅 真叫人担心啊!

嘟 嘟 那条像带子一样的弯弯曲曲的大圆圈,分不出哪面是里,哪面是外,真是不可思议的东西。

数学世界探险记

目 录

有关图形的游戏

- 妈妈在哪里? —— 6
- 迪卡儿的发现 —— 10
- 画一条笔直的线 —— 11
- 方格和直线 —— 14
- 折线 —— 16

角和角度 —— 18
- 比较角的大小 —— 20
- 角的刻度 —— 23
- 舞弄木棒的印度人 —— 26
- 角的单位 —— 27
- 测量角 —— 28
- 关于60进位法 —— 31
- 计算角度 —— 32
- 补角 —— 33
- 方向角 —— 34

平行和角 —— 42
- 各种各样的角 —— 43
- 做有趣的同位角游戏 —— 47
- 平行 —— 48
- 平行和角 —— 52
- 垂直 —— 55

折线和多边形 —— 56
- 画折线 —— 58
- 各种各样的直线 —— 60
- 按边角表画折线 —— 62
- 多边形 —— 64
- 多边形的内角和外角 —— 66
- 星形多边形和凹多边形 —— 73

全等 —— 74
- 有许多同样的东西 —— 75
- 多边形的全等 —— 78

对称 —— 81
- 轴对称 —— 86
- 自身轴对称 —— 90
- 中心对称 —— 93
- 自身中心对称 —— 95

对称的四边形 —— 103
- 等腰梯形 —— 104

　　　　　　　风筝形——————————106
　　　　　　　　平行四边形——————————108
　　　　　　　　长方形——————————110
　　　　　　　　菱形——————————112
　　　　　　　　正方形——————————114

对称的三角形——————————117
　　等腰三角形——————————118
　　正三角形——————————119
　　　　　　　面积——————————126
　　　　　　　　平行四边形的面积——————128
　　　　　　　　三角形的面积——————————130
　　　　　　　　梯形的面积——————————132
　　　　　　　　做面积游戏——————————137

圆——————————141
　画圆——————————142
　画正多边形——————————145
　奇特的纸环——————————148
　圆的面积——————————149
　圆周长——————————152
　用圆周率表示圆的面积——————155
　扇形——————————158
　关于圆的故事——————————163
　椭圆——————————164
　　　　　　　放缩尺——————————170
　　　　　　　　判断相似形——————————174
　　　　　　　　相似和边角表——————————175
　　　　　　　　倍率和缩尺——————————178

立体杂技演出开始了！——188
　线动成面——————————191
　面动……——————————192
　多面体的性质——————————196
　立体方格的游戏——————————199
　平行直线的判定——————————205
　平行移动和旋转——————————207
　锥——————————209
　图形—快速旋转……——————214
　展开图——————————219
　球的表面积——————————225
　柱的体积——————————228
　锥的体积——————————230
　球的体积——————————232

答案——————————240

数学世界探险记

妈妈在哪里?

　　这里挂着一个方格金属网。 7个小动物各自占据着自己所喜欢的位置。

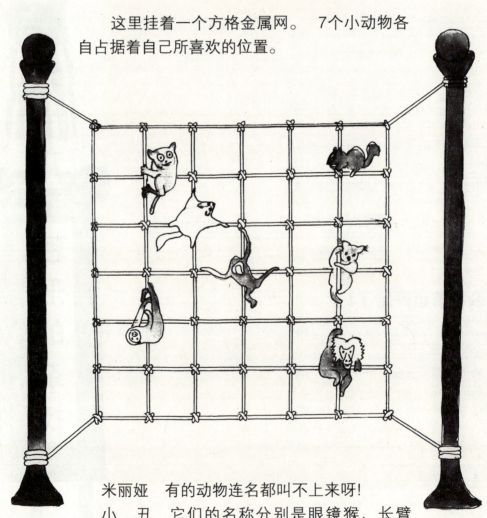

　　米丽娅　有的动物连名都叫不上来呀!
　　小　丑　它们的名称分别是眼镜猴、长臂猿、狒狒、树懒、松鼠、考拉、鼯鼠。

萨 沙　瞧!这些小动物崽儿一个个东摇西晃地走来了。

米丽娅　啊!多么可爱的小家伙啊!

小　丑　这里将要表演的是让7个小动物崽儿记住妈妈在网上的位置,等妈妈下来后,自己准确、无误地占据妈妈刚才呆的地方。

看!妈妈们都麻利地下来了,我们给它们鼓掌,喝彩!

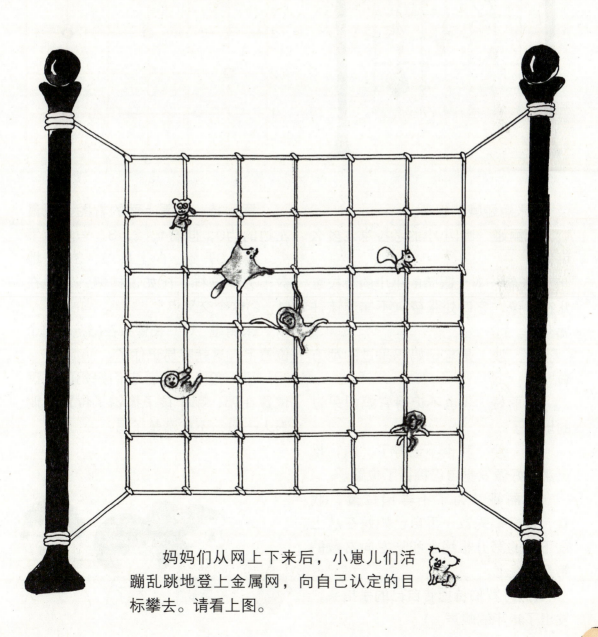

妈妈们从网上下来后,小崽儿们活蹦乱跳地登上金属网,向自己认定的目标攀去。请看上图。

为什么搞错了呢?

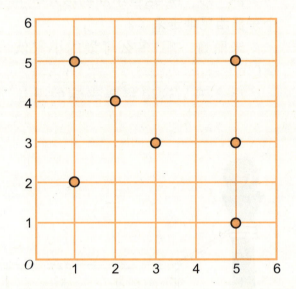

(米丽娅喊了起来。)

米丽娅　瞧!小小的考拉崽儿多么可爱!

(长着一对大眼睛的小小的考拉崽儿在犹豫,它四处张望,不知道该往哪儿去。)

萨　沙　是忘记妈妈呆过的地方啦!

米丽娅　我也不记得它妈妈呆过的地方了。

萨　沙　我也不记得了。瞧,松鼠崽儿好像发觉自己搞错了位置。

米丽娅　为了不弄错位置,我看,最好事先数一下自己妈妈在从上往下数的第几根线上和从左向右数的第几根线上。

(这时罗伯特摁着自己的手指头,发出了咔咔的响声。)

罗伯特　请看上面的右图,以最左边的为0,向右1,2,3,…地数下去。再从0开始,向上1,2,3,…地数下去。这样,比如说树懒,它是在(1,2)这个交叉点上。

米丽娅　对,长臂猿在(3,3)这个位置上。这就容易记住了。

小　丑　这样,它们妈妈的准确位置在哪,哪个孩子搞错了位置,明眼人一看,不就清楚了吗?

1. 把左边图中的点移到右边图中去。

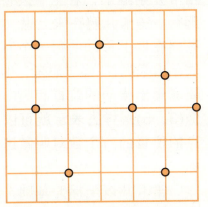

2. 把下面各点画在右边的方格图中。

(2,3) (4,6) (1,0)
(0,0) (0,5) (4,1)
(1,1) (3,6) (5,5)

哎呀,太叫我高兴啦!可是……

嘟嘟收到了开心博士发来的密码电报,高兴得不得了。你知道电报的内容是什么吗?

嘟嘟:
(2,3) (2,0) (4,4) (0,4)
(1,3) (3,2) (0,2) (1,1)
(1,2) (5,3) (3,1) (0,0)

开心博士

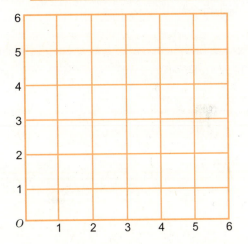
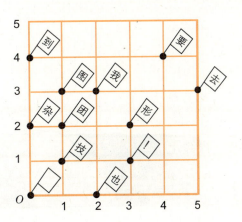

笛卡儿的发现

嘟嘟 开心博士来了，太好了。

(嘟嘟高兴得跳了起来，开心博士真的来了。)

开心博士 你们好!看明白了我的电报吗?

米丽娅 就嘟嘟一个人看了。

开心博士 嘟嘟真了不起啊!实际上(1,3)这样的数对是表示点的。这种表示点的方法是法国学者笛卡儿发现的。

这是三百多年前的事情。有一天笛卡儿刚醒来，看见一只苍蝇在墙上爬行。笛卡儿躺在床上想："能不能把苍蝇在墙上移动的每一个时刻的位置表示出来呢?"经过思考，他发现，只要测量出横向的位置和竖向的位置，像(3,5)那样去表示就可以了。表示点的位置的一个数对叫做这个点的坐标。

笛卡儿以坐标为基础，开创了一个新的数学天地。

画一条笔直的线！

如果不用直尺，那么，你能做出笔直的线吗？

（开心博士的助手——喜鹊向米丽娅他们提出了挑战性的问题。）

喜　鹊　如果不用直尺，你能做一条笔直的线吗？

萨　沙　这可是一个难题啊！

（三个人正在这里冥思苦想，在杂技团小屋的对面，小丑们拉出了一条绳子，这对米丽娅他们是个很好的启发。）

米丽娅　把细绳或线拉直的话，也能成为笔直的线啊！

（萨沙也得到了启示。）

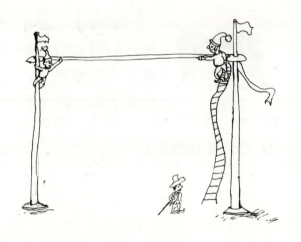

萨　沙　把一张纸折成两部分，那么中间形成的折印，就是一条笔直的线了。

开心博士　这是个很好的发现。这条笔直的线就叫做直线。从这条直线的一端沿着这条直线一直望去，就形成一个点。请你们试验一下看看。

（萨沙用纸折出一条直线，按开心博士指示的方法向远处望去。）

萨　沙　真的，一直望去形成一个点。

开心博士　我们生活中怎样利用直线的这个特点来判定直线，想想看！

用眼睛吊线

罗伯特 小丑们在站队,这使我想起我们在学校站排时喊"向前看"或"向右看"的口令,大家按口令一站,就形成了一条直线。

米丽娅 在学校打扫教室时,看桌子是否摆齐了,从桌子的一端一直望下去,看是否成为一个点,如果成为一点,那就摆直了。

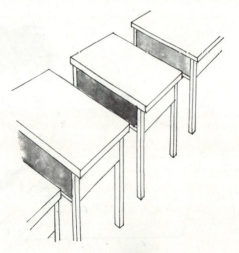

萨沙 我看过木工干活,木工判断刨完的木板或木棒是否笔直,也是从一端一直望下去,看是否成为一点。

画直线

开心博士　画直线通常使用直尺。怎么画呢?谁来操作一下?

(这么一说,米丽娅把直尺放在桌子上的一张纸上,把铅笔紧靠着尺的边缘画出了一条笔直的线。)

喜　鹊　用直尺只能画短线,如果在校园内宽阔的运动场上画一条笔直的长线,怎么办呢?你们会吗?

萨　沙　我们都看到过,在学校运动场开运动会时,老师和高年级同学沿着拉直的绳撒上白灰,就形成了一条直线。

米丽娅　跳橡皮筋儿时,一拉开橡皮筋儿,就能成为一条直线。

(罗伯特通过点A和点B画出了一条漂亮的直线。)

开心博士　画的不错啊!请谁用色笔画一条通过点A和点B的直线。

(萨沙按开心博士的指示,用色笔画出一条通过点A和点B的直线。这条直线与刚才罗伯特画的那条直线重叠了。)

开心博士　这就表明通过两点的直线只有一条。

米丽娅　几条皮筋儿拢在一起,一拉,形成一条直线。

开心博士　还有如果用直尺把画出的线再延伸,向两边或一边,得到的仍然是一条直线。

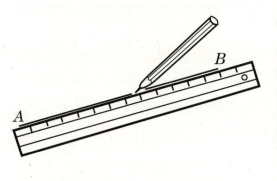

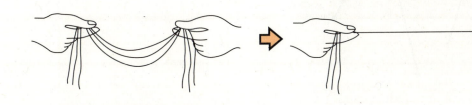

方格和直线

喜　鹊　请把下面左图中的两条线移到右图中去。

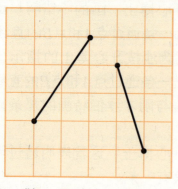 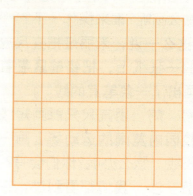

喜　鹊　画联结下面两个点的线。
(6，1)和(2，4)
(3，3)和(0，0)

这很简单嘛!

喜　鹊　请说一下，表示下面线段的两个端点的数对是什么?另外，把左图中的线移到右图内。

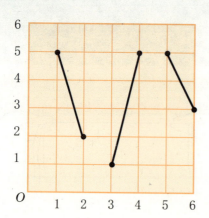 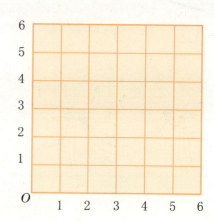

动物逃到哪里去了？

一只动物从杂技团小屋逃出去了，请查找一下，它隐藏到哪里去了？请按由左到右的顺序把下面各点连起来看看。

(1，15)，(4，15)，(5，14)，(6，10)，(7，9)，(15，8)，(16，7)，(16，6)，(13，4)，(12，5)，(14，6)，(6，4)，(6，3)，(9，4)，(9，2)，(6，2)，(4，3)，(2，7)，(3，13)，(1，14)，(1，15)。

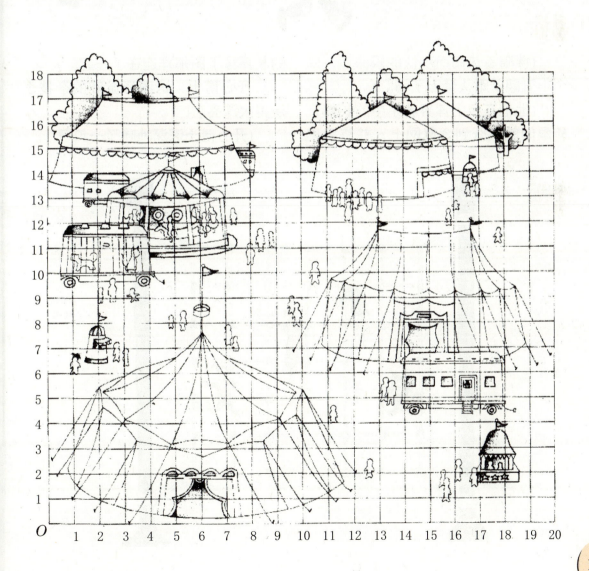

数学世界探险记

折线

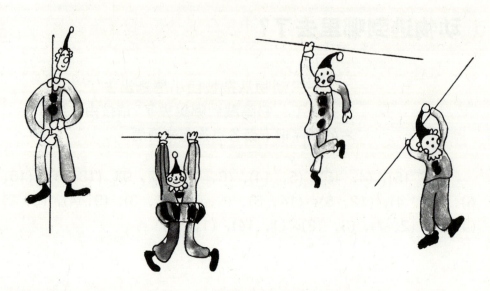

　　(伴随着热闹而欢快的乐曲声,四个小丑翻着跟头登上了场。)

　　(他们在台上挥舞着手中的长棒,转眼间就飞跃到金属网上,并将手里的长棒像下图那样连在了一起。)

　　开心博士　这图形游戏的杂技表演得太漂亮啦!

　　(开心博士深深地嘘了一口气。)

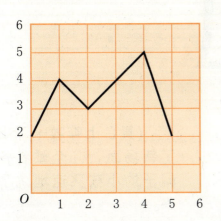 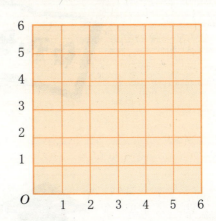

嘟嘟　我知道小丑他们所连成的线叫做折线。

开心博士　嘟嘟说的对。他们所连成的像上面左图里画的那样的由几条直线组合成的线叫做折线。

那么，有谁能把上面左图中的折线移到右图中去？

米丽娅　把几个点准确地移过去，再用直线像上面左图那样连起来就行了。

（于是米丽娅准确无误地把折线移了过去。）

开心博士　米丽娅做的干净利落。很好！

把左图的折线移到右图去。

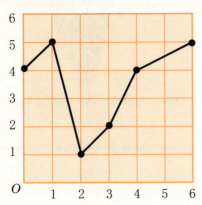 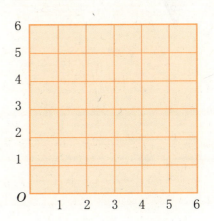

数学世界探险记

角和角度

（舞台上哗啦一下出现了新场面，几个戴着各种帽子的小孩飞速地跳了出来。）

米丽娅　孩子们利用帽子在做倒立呀！

喜　鹊　这里有各种各样带尖的图形。

① 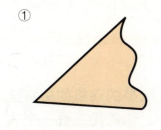　② 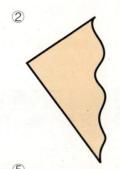　③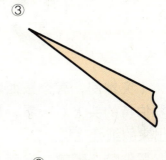

④ 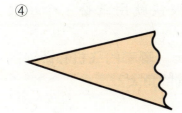　⑤ 　⑥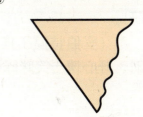

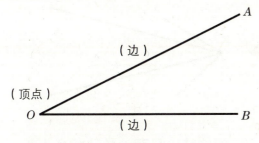

罗伯特　③最尖。

沙　卡　最不尖的是②。

开心博士　说的对，我们把这样的图形叫做角。

角是由两条射线组成的。这两条射线叫做角的边，角的尖端叫做顶点。

左边这个角可以用∠AOB表示。读做"角AOB"。

比较角的大小

（突然间，有个东西啪地一下打到罗伯特的头上。一看，原来是嘟嘟甩出来的纸叠飞机。）

罗伯特　嘟嘟，你怎么这么淘气呀!

（罗伯特摸了摸自己的脑袋。这时，开心博士笑眯眯地开口了。）

开心博士　纸叠的飞机的尖端恰好是个角。萨沙，你能用纸叠一个飞机吗?

（萨沙很快就用纸叠了个小飞机。）

开心博士　嘟嘟的飞机和萨沙的飞机哪个尖端的角大?

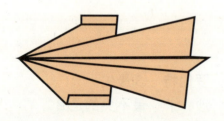
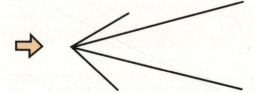

嘟　嘟　我的飞机又长又大，所以我的飞机角大。

米丽娅　是那样吗?我们把两个角重叠起来比较一下看看。

萨　沙　对，比较一下看看。

(结果，萨沙的飞机比嘟嘟的飞机角大。)

罗伯特　是萨沙的飞机角大呀!

开心博士　嘟嘟，角的大小不取决于边长，边的长度与角的大小没有关系。因为角的大小取决于角度数的大小。

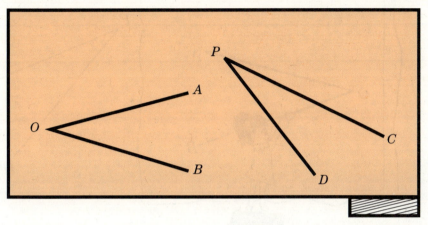

(舞台上悬挂着一块大银幕，上面画着两个角。)

小　丑　你们看∠AOB和∠CPD哪个大？

嘟　嘟　这可难办啦，两个角都画在同一个银幕上，不能把它们重叠起来加以比较啊。这可怎么办好呢？

罗伯特　我想出办法来了。以前在讨论水量和长度时，在不能直接比较的情况下，我们使用媒介物，问题就解决了。

萨　沙　那么比较角的大小，用什么媒介物好呢？

米丽娅　因为角的大小和边长没有关系，所以用一张小一点的透明纸做媒介就可以了。

(这时喜鹊插了一句嘴。)

喜　鹊　我带来了透明纸。

(小丑大声地说了起来。)

小　丑　两个角到底哪个大？你们没办法答出来吧？

米丽娅　我能解答。

(米丽娅一边说一边举起手来。)

数学世界探险记

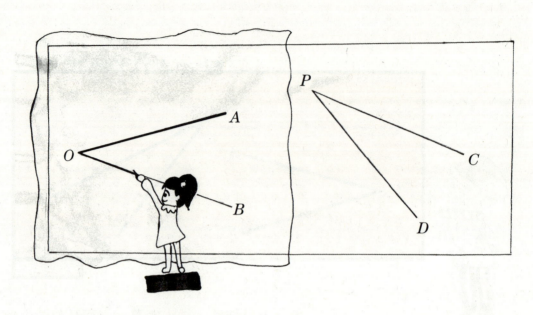

小 丑 现在请那位小姐上台来吧！

（米丽娅和喜鹊一起走到台上。这时，许多观众将目光一齐投向米丽娅。）

（米丽娅用透明纸将∠AOB描了下来，喜鹊又把这张纸覆盖在∠CPD上。这样一比较马上就清楚了：∠AOB大。）

米丽娅 ∠AOB比∠CPD大。

小 丑 是的。

（说着小丑就翻了个跟头。）

小 丑 我向这位小姐表示祝贺！

（顿时掌声四起，米丽娅的脸有些发红。）

请你也比较一下下面三个角的大小。

角的刻度

开心博士 拿长度来说,1 m啦,2 m啦,都能用数来表示。拿时间来说,5 min啦,1 h啦,也都能用数来表示。可是用数来表示角,可就有点难了。

萨 沙 是啊,角的大小没法用数表示。

罗伯特 我从开心博士用的扇子得到点启发,我认为扇子中的那些细竹条,恰好可以看做是刻度。

我们可以做个像扇子那样的东西,规定1刻度,2刻度就可以了。

米丽娅 是个好主意。不过,罗伯特,具体地说,怎么做好呢?

萨 沙 这好办。像图②那样画一条直线,在上面每隔1 cm画1个刻

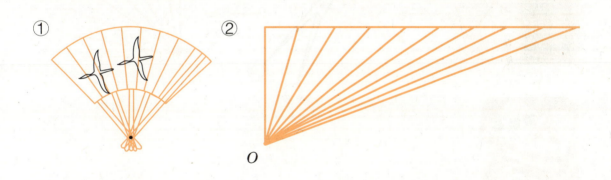

度,再从点O向这些刻度引直线,不就形成角的刻度了吗?

米丽娅 这个想法不错!

罗伯特 不行。这样做,每一刻度所表示的角不相等。

萨 沙 为什么呢?

罗伯特 你比较一下就知道了。

沙 卡 罗伯特说的对,那么怎么做才行呢?

(三个人面面相觑。)

数学世界探险记

（突然，米丽娅有所醒悟，她喊了起来。）

米丽娅　瞧，可以折纸呀！仔细地折纸就会形成大小相同的角的刻度啊！

罗伯特　这个办法我可没想过。
萨　沙　那么马上做做看吧。

（三个人做出下图那样角的刻度。那么你也自己动手做角的刻度吧！）

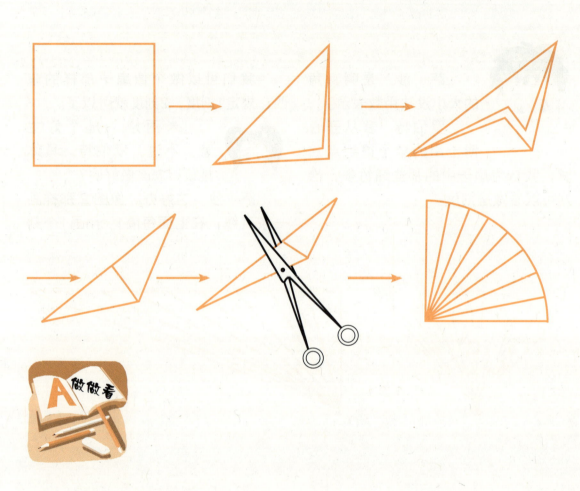

比较下面两个角的大小？

测量一下

(三个人分别用自己做的刻度测量了左边的∠AOB,可是测量的结果各不一样。)

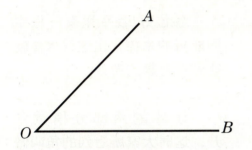

萨 沙	罗伯特	米丽娅
3	4	6

米丽娅 为什么结果不一样呢？　　罗伯特 每人的折法不一样呗！

萨沙的折法　　　　罗伯特的折法　　　　米丽娅的折法

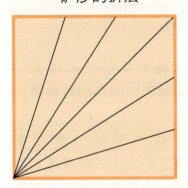
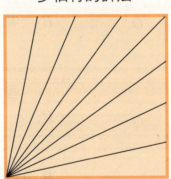

　　萨 沙 折法不同，得数就不同，这是理所当然的。
　　罗伯特 刻度的大小彼此不一样嘛。
　　米丽娅 依我看，从三种折法中选出一个，大家都使用同样一个刻度就好了。

　　萨 沙 那就用罗伯特的吧!
　　罗伯特 不，我看米丽娅的刻度很细，这更便于测量。
　　(这时，舞台上"哐"的一声，锣声响了。)
　　米丽娅 好像又要有什么新内容开始演出啦!

舞弄木棒的印度人

舞台上出现了一个头缠毛巾,手拿木棒的印度人。

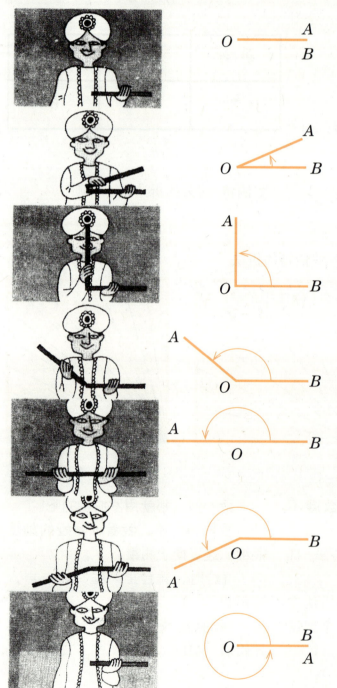

各位好!我手里有一根中间能折的木棒,用这根木棒就能做很有趣的游戏。

让棒的两部分稍微张开,这时大家所看到的角叫做锐角。

让棒的两部分再张开一些这时大家所看到的这个角就像书或桌子的角,这样的角叫做直角。

让棒的两部分再张大一些,这时形成的角叫做钝角。

让棒的两部分继续张大,使它们成为一条直线,这也是角,这个角有两个直角那么大,叫做平角。

让棒的两部分继续张下去,大家所看到的,仍然是角。

让棒的两部分重叠在一起,这相当于木棒的一部分绕另一部分旋转一圈,这也叫做角。

角的单位

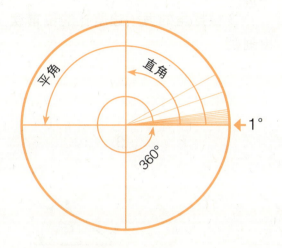

180° 量角器

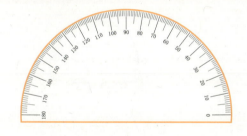

360° 量角器

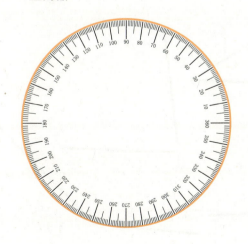

开心博士 通过印度人的精彩表演,大家可以看出,木棒的一部分绕另一部分旋转可以形成各种不同的角,现在我来说说角的单位吧!

我们规定,角的单位叫做度,角的大小用1度,2度……来表示。我们还规定,棒的一部分绕另一部分旋转一圈时所形成的角是360度。它的 $\frac{1}{360}$ 叫做1度,记作1°。

现在请回答,平角是多少度?

罗伯特 是360°的一半,360°÷2,所以平角是180°。

开心博士 对,那么直角是多少度呢?

萨 沙 因为直角是平角的一半,180°÷2,所以直角是90°。

开心博士 角度可以用量角器(左图)来测量。

测量角

米丽娅　怎样使用量角器测量角呢？

开心博士　我来教你们测量的方法，就以下面的角为例吧!

①首先让角的顶点与量角器的中心对准。

②让角的一边与量角器的0°线相合。

③根据角的另一边所在的位置读出刻度。

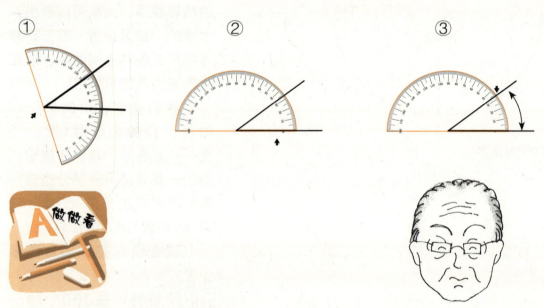

请用量角器测量下面角的大小。

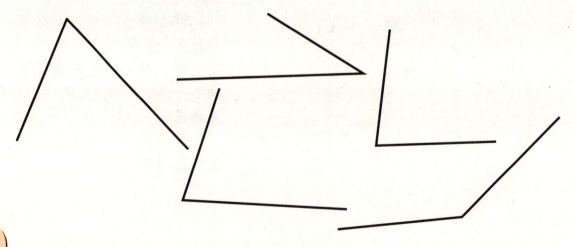

嗬!这么多角!大家测量一下这些角吧,并说出哪些角是锐角,哪些角是钝角。

数学世界探险记

开心博士 现在我教大家用量角器画角的方法。比如，画一个50°的角。

①先画一条直线，直线做角的一边，其端点做角的顶点。

②然后使量角器的中心与顶点相合，0°线与这条直线相合，并在50°刻度的地方画个点。

③最后将顶点和这个点用直线连起来就可以了。

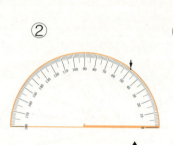
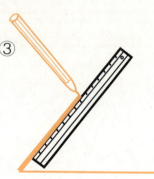

用量角器画出下面的角。

① 75°　　② 33°　　③ 140°　　④ 40°　　⑤ 13°

哈哈，哈哈，哈哈哈哈……旋转一圈是360°。1°是它的$\frac{1}{360}$。使用这样的单位也太麻烦啦！有什么用呢？采用10进位法多好啊！

关于60进位法

（开心博士悄悄地跟小黑怪搭话。）

开心博士 小黑怪，你讲的有道理，平角180°，直角90°等，在使用上是不太方便。

如果角的测量也使用10进位法的话，那么，转一圈为100°，平角是50°，直角是25°。

这在计算上是很轻松。可是，这也和第二册探讨过的时间单位一样，已经没法改正过来了。

现在世界使用的都是转一圈为360°的量角器。

萨 沙 为什么偏偏是360°这个数呢？

开心博士 前面已经说过，古巴比伦人把一年定为360天。于是就想到把转一圈定为360°。

古巴比伦人把60看做不可思议的难得的数，于是确定每60一进位的60进位法。

在角度和时间上我们一直沿用古巴比伦人想出来的60进位法，如果现在硬把它改过来，那就会造成很大的混乱。

（由于开心博士的详尽说明，使得故意刁难人的小黑怪再也没说什么就溜掉了。）

计算角度

加法　　舞弄木棒的印度人　这里有个30°的角。在此基础上把木棒再张大20°，合起来是多少度？

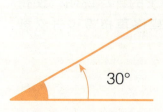
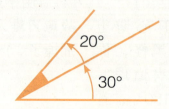
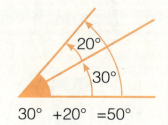

30° + 20° = 50°

开心博士　用量角器实际测量一下看。注意，角也和长度、时间一样，把两个角合在一起，要用加法来计算。

下面用箭头指示的角是多少度？

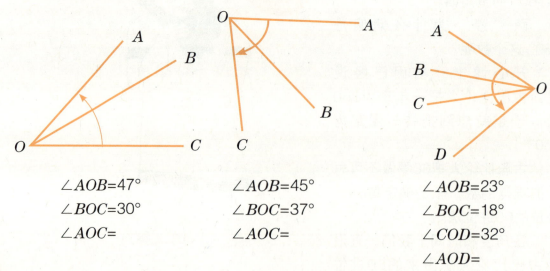

∠AOB=47°
∠BOC=30°
∠AOC=

∠AOB=45°
∠BOC=37°
∠AOC=

∠AOB=23°
∠BOC=18°
∠COD=32°
∠AOD=

减法　　舞弄木棒的印度人　把70°的角往后缩30°，最后形成的这个角是多少度？

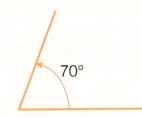
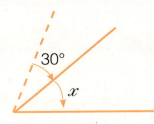
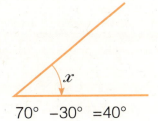

70° －30° ＝40°

补角

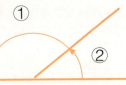

　　开心博士　用量角器测一下便知，最后形成的这个角是40°。这样的问题也可用减法来计算。

　　现在请看左上图，①和②相加，得180°，这个角是平角。左下图表示的是40°＋140°＝180°，像这样，如果两个角的角度之和刚好等于180°，那么我们就把其中的一个角叫做另一个角的补角。按照这个规定，左上图中的①是②的补角，②也是①的补角。

下面的角是多少度？

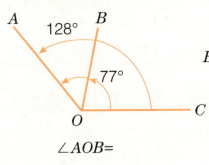
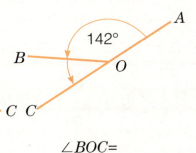
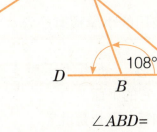

∠AOB＝　　　　　∠BOC＝　　　　　∠ABD＝

方向角

杂技团的小屋顶有个漂亮的了望台。

萨　沙　动物的小屋之类的建筑，都在它的下面。

罗伯特　哪边是北？

开心博士　北恰好是那个塔的方向。

米丽娅　对于方向，1圈也是360°吧？

萨 沙 怎么表示那个教会的方向呢？

米丽娅 它的方向大体上是西，不过，还不算正西。说它的方向是由北向西100°，可以吧？

萨 沙 嗯，这么说是很清楚的。

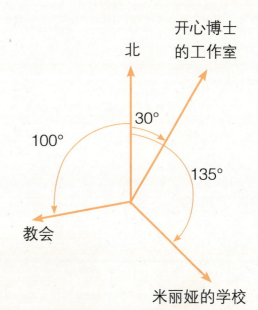

罗伯特 那片树林的后面是开心博士的工作室。那么，这个工作室的方向应该怎么说？

萨 沙 它的方向是由北向东30°。

罗伯特 除此之外，看不见我们所熟悉的地方了吧？

米丽娅 看，那里是我们的学校，它的方向是由北向东135°。

萨 沙 天气预报经常说"东风"啊，"西北风"啊，等等。

罗伯特 东、西、南、北、东北、西北、东南、西南，这些表示八个方向，我们学校位于东南方向。

某人从了望台俯视全城，请把他注意到的几个地方（右图）测出来。

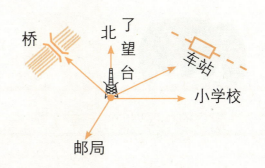

在杂技团的帐篷的旁边有一个小美术馆。杂技团的人们把它叫做"图形美术馆",在演出休息的时候,大家去那里赏画。

杂技团的小丑和开心博士给我们解说。大家都觉得很开心,而嘟嘟却又睡着了。

克雷作于937年

这是由许多长方形、正方形组成的画。格内涂上了各种颜色。

克雷是位画家，他也很喜欢数学，他作了很多画。

克雷作于1927年

  数学世界探险记

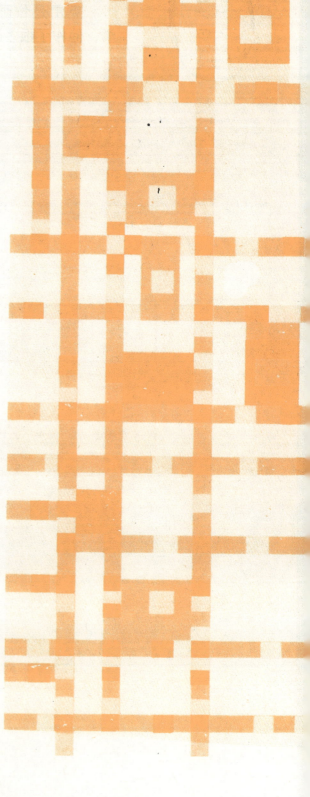

这是画家蒙得利安以"纽约百老汇大街的爵士乐"为名的画。这幅画描绘的是伴随着激昂的爵士乐的节奏在跺脚的情景。

我也想画一些方格，然后给它们涂上美丽的颜色。

蒙得利安作
于1943年

这是一座小城,画面由许多重叠的四边形组成。

克雷作于
1927年

读书吧!
读书会使你
获取很多知识。

数学世界探险记

平行和角

　　随着音乐旋律的变换，在舞台的背景上，展现出一幅美丽的画面。

　　喜　鹊　啊！我记得这是一位画家作的画呀，作品的名字叫"平行和角"。

　　米丽娅　这幅画着实有趣。

　　喜　鹊　这幅画里有角，有平行线。大家知道什么叫平行线吗？

　　萨　沙　什么叫平行线？

　　罗伯特　所谓平行线就是像电车轨道那样的两条直线。

　　喜　鹊　好了，好了，还是先看杂技团的表演吧。

各种各样的角

旋转的风车

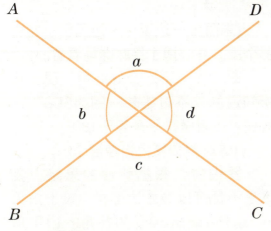

嗬!还有这样的杂技表演啊!

杂技团的小丑们把像体操器械那样的一台风车搬到舞台上。

瞧!四个小丑已经开始旋转起来。

萨 沙 这比奥林匹克运动会上的单杠表演还厉害呀!

开心博士 不管怎么说,终究还是一个做图形游戏的杂技团啊。

(开心博士说完就画出了左图。)

开心博士 请看!这就是旋转的风车的两根长柄所形成的线。两条线有一个交点。在交点的周围有两对相对的角。我们把两个相对的角叫做对顶角。a是c的对顶角、b是d的对顶角,反过来也可以说,c是a的对顶角,d是b的对顶角。

高个小丑

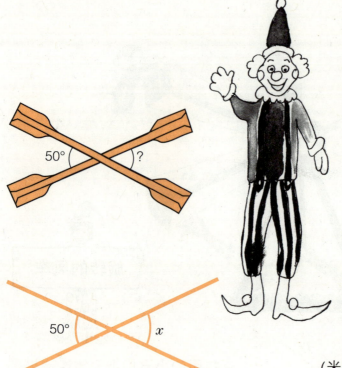

（舞台上，风车停止转动了。一个细高挑儿的小丑一登台，就提出了一个问题。）

小　丑　正像大家所看到的那样，左侧的那个角是50°，那么请问，它的对顶角是多少度？

米丽娅　让我考虑一下吧！现在设50°的角的对顶角为 x……

（米丽娅一边说，一边画出了左边那个图。开心博士笑眯眯地看着。）

萨　沙　不那么好办啊！现在我所知道的只不过是转一圈为360°，直线可以看做是平角等于180°。

（这时罗伯特大声喊起来。）

罗伯特　根据萨沙的思路，我想是不是可以像左边那样，设上角为 a。这样 a 就是50°的补角。由平角180°减去50°，等于130°。

又因为 x 是 a 的补角，所以从平角180°减去 a 的130°，就等于50°。

萨　沙　这么说，50°的对顶角仍然是50°喽！

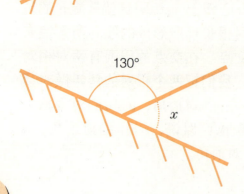

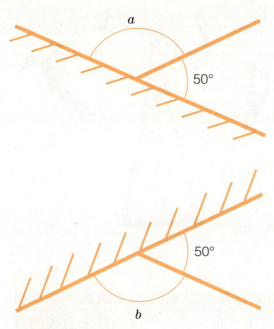

米丽娅 真有点莫名其妙，怎么对顶角有相同的角度。

萨　沙 可不是么。现在设角 a 的对顶角为 b，那么，求证一下 a 和 b 有相同的角度。

米丽娅 因为 a 是 50° 的补角，所以是 130°。b 也是 50° 的补角，所以也是 130°。所以角 a 和角 b 有相同的角度。

小　丑 做得很好。实际上用量角器量一下就知道对顶角是相等的。

开心博士 我对你们通过自己独立思考来解决问题的做法十分赞赏。

1. 下面的 x 是多少度？

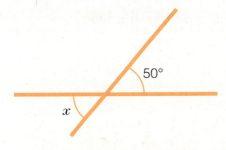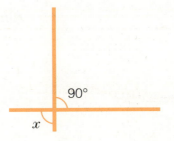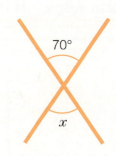

2. 下面的 x，y 各是多少度？

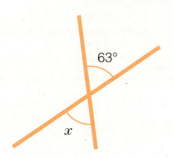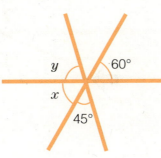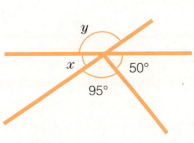

数学世界探险记

肥胖的小丑

灯光一闪，舞台上的风车变成了≠形，只见两个横向放着的叶片滴溜溜地转起来。这时一个肥胖的小丑走了出来。

小丑 参加旋转表演的都是演技高超的世界一流的演员，大家尽情地欣赏吧!请大家仔细看，在风车的两个交点周围，形成了8个角。

（这时米丽娅笑眯眯地环视一下四周。）

米丽娅 这个胖小丑真能讲，他说话像唱歌一样好听!

小丑 请看下图。把左图从点A处切断，然后让原来的两个交点重合在一起。并且不改变原来直线的方向。这样角a和角e，角b和角f，角c和角g，角d和角h就分别处于同样的位置。而角a和角g，角b和角h，角c和角e，角d和角f分别处于相反的位置。所以我们把左图中a和e，b和f，c和g，d和h都叫做同位角。而把a和g，b和h，c和e，d和f都叫做错角。

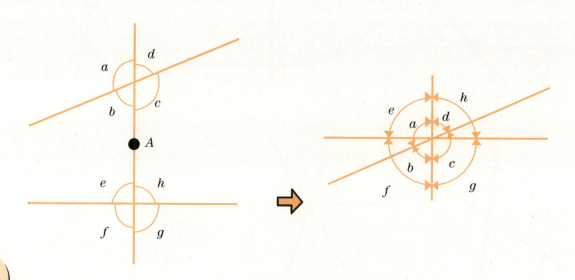

做有趣的同位角游戏

大块头和胖噜噜也看了刚才的杂技表演。

米丽娅　胖噜噜，大块头，好久没见到你们啦！

大块头　是啊，我们刚才来时正赶上杂技团做同位角和错角的表演。

萨　沙　做那个风车表演有点担风险啊！

胖噜噜　我们也用同位角和错角做一个有趣的游戏吧！我们在地面上画个≠形。一个人站在一个角里向对方(另一个人)喊："同位角！"或者喊："错角！"这样，如果对方按命令迅速地跳到发令人所在角的同位角或错角里，那么，对方就算赢了，并且由他充当发令人。否则，就算失败了。

萨　沙　这倒挺有意思的！我们从现在开始举行一次淘汰赛吧！开始是萨沙对胖噜噜。

胖噜噜　错角！

（萨沙准确地跳到胖噜噜所在角的错角里。）

萨　沙　同位角！

（胖噜噜迅速地跳到萨沙所在角的同位角里。）

胖噜噜　错角的对顶角！

（错角的对顶角就是萨沙所在的角。但是萨沙却跳到错角里了，失败了。）

萨　沙　胖噜噜真够狡猾的，没想到你能喊出错角的对顶角来。

胖噜噜　不管怎么说，反正你失败了。

（大家都这样紧张、高兴地玩了一阵子。在这个游戏中遭到惨败的是大块头，而连连取胜的是胖噜噜。）

（做这个游戏确实很有意思，你不妨也约来几个小伙伴做做这个游戏吧！）

数学世界探险记

平行

随着明快的音乐旋律,一个高个子小丑喊着口令,另两个小丑按口令挥动着画笔。

口令是3,5,2,8,冷丁听起来简直是乱喊。可是到底画出了什么呢?

打开画板一看,嗬!在右边和左边的画板上画的是一模一样的天鹅。(用线连起来的)

小丑奇怪。为什么两边的画是一样的画呢?

萨　沙　口令一定有秘密。

罗伯特　原来我还以为是胡乱喊的呢，现在看，喊的口令是表示方格图里点的数字。

米丽娅　点和点连起来，就是天鹅。

萨　沙　是这样。

喜　鹊　请仔细看看这两幅画，是否完全相同？

（经喜鹊的提示，三个人认真地比较了这两幅画。）

萨　沙　左边那幅图上天鹅的嘴角是(2, 7)，而右边那幅是(2, 8)。

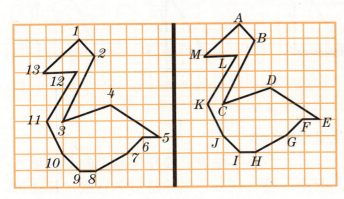
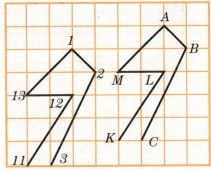

小　丑　再仔细看看。左图的1和2连线与右图的A和B连线方向相同。而其他线是怎么形成的？

罗伯特　4和5连线与D和E连线方向相同。11和12连线与K和L连线也相同。

萨　沙　无论看哪条线，头和头，胸和胸，背和背都是向同一方向的。

小　丑　说的对，像那样方向相同的直线叫做平行线。

罗伯特　原来这就叫平行线啊！

数学世界探险记

请看下图。在一张方格纸上画了一些平行直线。你们看了这张图以后发现了什么？

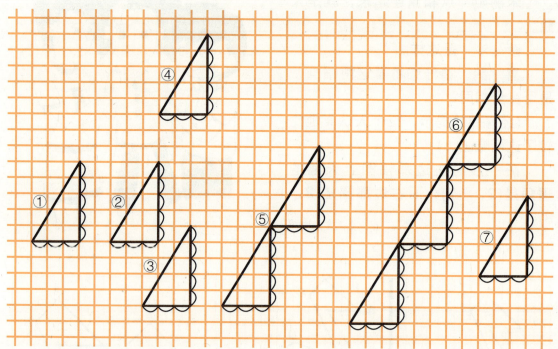

米丽娅 平行线的倾斜程度是相同的。

开心博士 对平行线来说，无论是倾斜程度，还是方向都是相同的。

萨沙 ⑤和⑥都比①长。平行线的长度可以相同，也可以不同吧？

开心博士 这个问题提得好。实际上对于一些直线来说，只要方向相同，就是平行的。至于长度如何，那是没有关系的。此外，你们还发现了什么？

罗伯特 按横向和竖向数一下方格，便知，无论是哪条直线，都通过向右是3个方格，向上是5个方格的点。

⑤的长度是①的长度的2倍。⑥的长度是①的长度的3倍。

开心博士 对，刚才米丽娅说的"倾斜度是相同的"，就可以用右3，上5准确地表示出来。

1. 下图中的各条直线，通过向右是几个方格，向上是几个方格的点？还有哪些直线是平行线？

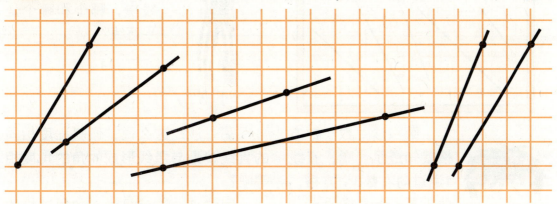

2. 通过各个点画图中左边那条直线的平行线。

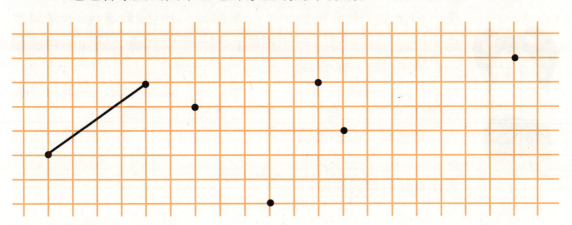

3. 把左图中的鸟移到右边的方格图内。

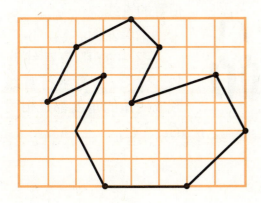
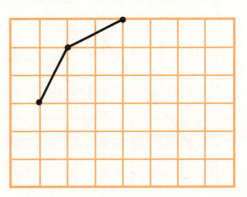

数学世界探险记

平行和角

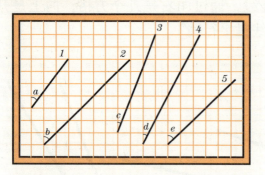

大块头 小丑把一张大方格纸打开。

小丑 大家看，在图里的这些直线中，哪个和哪个是平行线？

萨沙 数一数方格就知道了。嗯，直线1通过向右数3个方格，向上数4个方格的点。直线2通过向右数7个方格，向上数7个方格的点……

米丽娅 你说的对，萨沙。可是a，b，c这些角表示什么呢？

罗伯特 是不是这样：a，b，c这些角能表示直线的倾斜程度？

萨沙 这么说，倾斜程度相同的直线就是与竖线形成的角的角度相等吧？

罗伯特 这就是说，如果这样的角度相等，那么，直线就平行。

米丽娅 直线2和直线5的倾斜度相同，测一下就知道，b和e的角度都是45°。

萨沙 这就是说，测出角度也就知道直线是否平行啦。

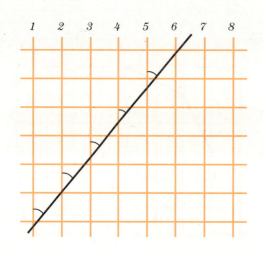

小丑 平行直线就是与竖线形成的角的角度相等的直线。

请看左图。

图中的那条直线与1，2，3，4等平行直线形成的角的角度都是相同的。

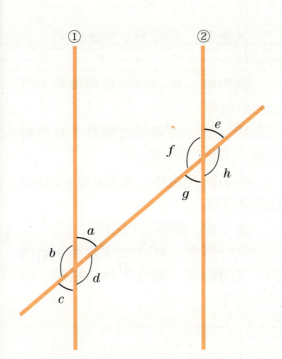

小　丑　一条直线和两条平行线①，②相交。在两个交点周围形成八个角，你记得哪些角是同位角吗？

萨　沙　记得，a和e，b和f，c和g，d和h都是同位角。

小　丑　那么，同位角a和e相等吗？

米丽娅　相等。

小　丑　如果两条平行线和一条直线相交，那么它们所形成的同位角相等。

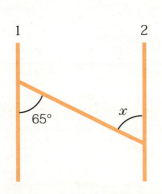

（这回肥胖的小丑出来了。）

小　丑　左图的直线1，2平行，那么x是多少度呢？不许使用量角器。

罗伯特　是个很容易的题啊！角x的度数就是从平角的180°减去65°，即115°。

米丽娅　真的吗？如果是115°，就是钝角啦！我怎么一眼就看出，x是锐角呢？

罗伯特　啊！你反应真快呀！

（罗伯特有些害羞，低头擦眼镜。）

萨　沙　不过，这个问题没有量角器也能回答。

米丽娅　我突然发现，角x不是那个65°角的错角吗？

罗伯特　如果像下一页的图那样，把直线延伸，就更清楚了。

数学世界探险记

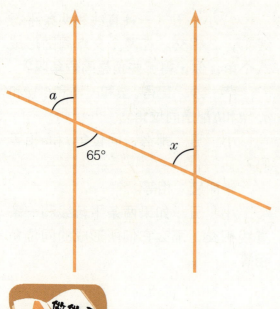

米丽娅　是这样，角 x 是65°角的错角。

罗伯特　角 a 和角 x 是同位角，所以它们相等。

萨　沙　在前面已学过了对顶角相等，因此，角 a 是65°。

米丽娅　这样，和角 a 相等的角 x 也就等于65°了。

沙　卡　即错角也相等。

开心博士　对啦！如果两条平行线和一直线相交，那么同位角相等，错角也相等。

1. 下面各图中的角 x，y 各是多少度？（➔是平行的记号！）

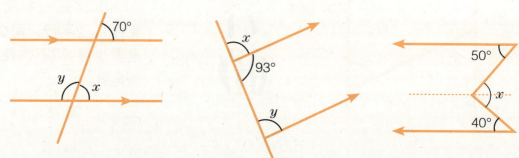

2. 下面各图中的直线 a，b 平行吗？

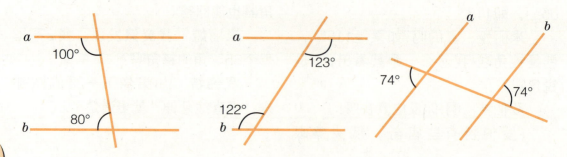

垂直

高个子小丑倒立很拿手。他在舞台上倒立姿势多优美。那台风车的叶片又开始旋转了。两个叶片摆成了像画上的那种"+","×"的位置。

小丑 两条直线相交,形成的四个角中,如果有一个角是直角的话,其他三个角也是直角。

罗伯特 当然啰！360°是四个直角。

小丑 两条直线相交成直角时,这两条直线叫做垂直或直交,其中一条直线叫做另一条直线的垂线。

萨沙 啊！高个子小丑在地板上倒立也是两条直线垂直的形象。

小丑 像下图那样,有一条已确定了长度的线,通过该线的中点的这条直线的垂线,叫做该线的垂直平分线。

米丽娅 这个词不好记,但也得记住。

小丑 把一个角二等分的直线叫做角的平分线。

数学世界探险记

折线和多边形

杂技团的小屋一片漆黑，天棚上星光闪烁。

米丽娅　啊!这不是天文馆吗!

罗伯特　这么漂亮的星空，我从未看见过。

大块头　美极啦!一看见星空，心情豁然开朗。你瞧!那就是北斗七星!

折线

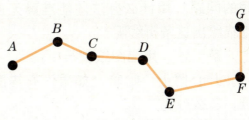

大块头 你们环视北部星空,那个勺子形的七颗星星就是北斗七星。古时候,人们用线把星星连成各种形状的图形。

米丽娅 大熊座、小熊座、天龙座都是用线连起来的。

胖噜噜 北斗七星是古代德国人最先发现的。

大块头 用线将星与星连起来,不就形成折线了吗!

开心博士 是那样。几条线按顺序连接所形成的图形叫做折线。每一条线叫做折线的边,线和线的交点,叫做折线的顶点。

萨沙 用竹子做的玩具蛇,木匠使用的折尺,也都是折线的形象。

开心博士 从你们家到学校的路线是不是折线?

罗伯特 是折线。

数学世界探险记

画折线

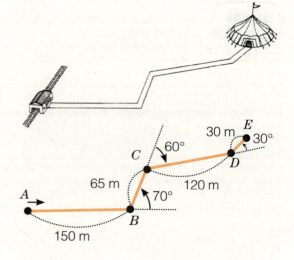

开心博士　从车站到杂技团的帐篷的路线，如右图所示。这是个很有趣的问题。用什么办法才能准确无误地描绘出这条折线呢？

萨　沙　用描图纸就行！

开心博士　哈哈，如果没有描图纸，怎么办呢？

米丽娅　首先要考虑出发点。

开心博士　对，在出发点，一定要标上箭头→这个记号。

罗伯特　然后测量折线的边长，再按顺序依次测得各折线在顶点折线转过的角度及各折线的边长就能画折线了。

开心博士　按这个办法做，会怎样呢？

萨　沙　步行150 m后向左转70°，再走65 m，再向右转60°，再向前走120 m。接下来向左转30°，再步行30 m，就到杂技团的帐篷了。

开心博士　做得好！就把它写成：折线ABCDE→150 m—70°—65 m—60°—120 m—30°—30 m。读做折线ABCDE，150 m，左70°，65 m，右60°，120 m，左30°，30 m。表示折线的这个式子叫折线的边角表。

罗伯特　如果用边角表，就能够把折线准确无误地描绘出来。

写出下面折线的边角表。

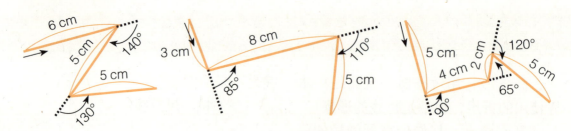

空中飞碟的折线

肥胖的小丑提出了这样的问题。

小　丑　有一天夜里，飞碟按左下图那样的路线闪闪发光地飞来了，突然停在空中。怎样写出它的边角表呢？

萨　沙　空中飞碟一定是从外星飞来的，那么怎样确定出发点呢？

大块头　如果是大数的话，就让咱来算吧。空中飞碟的出发点是相当遥远的外星，就写成X吧！这个飞碟的折线可以写成折线XABC。

萨　沙　是吗？不过不知道多远距离，没法写出边角表。

大块头　把无限远和无限大用记号∞表示，把∞读做无限大。于是，这个飞碟的边角表可写成：折线 $XABC \to \infty - 70° - 18\,km - 65° - 23\,km$。读做折线XABC，半直线，左70°，18 km，左65°，23 km。

米丽娅　大体上明白了。不过，半直线是什么意思呢？

开心博士　这点由我来说明吧。

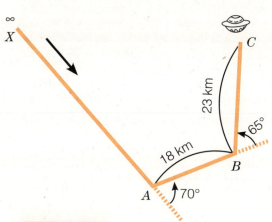

写出右边折线的边角表。

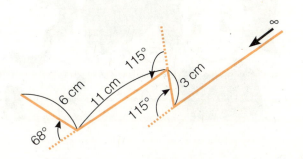

各种各样的直线

开心博士 前面说过,直线向两边延伸仍然是一条直线。请看右图,从无限远外向无限远笔直延长的线叫直线。在直线上的点P的地方,用剪子咔嚓一下剪断,这样在点P断开的直线∞P及$P\infty$叫半直线。在直线上取P,Q两点,如右图,将其中间部分切下来,这样两端固定的直线叫线段。P,Q两点间的线段,可以记为线段PQ。

萨 沙 因为线段长度是确定了的,所以能够测量它的长度。

开心博士 直线、半直线、线段是不同的直线,使用时必须分清。画线段时,线段两端都要画个圆点。

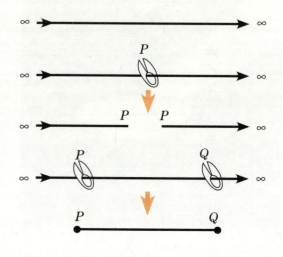

直线是各种各样的……

1. 请写出下边折线的边角表。

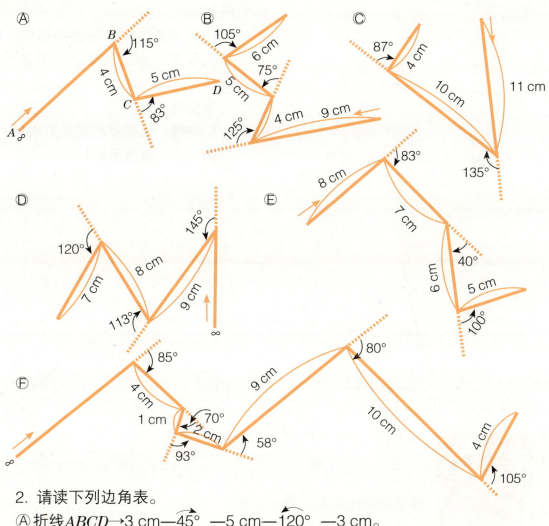

2. 请读下列边角表。
Ⓐ 折线 $ABCD \to$ 3 cm — 45° — 5 cm — 120° — 3 cm。
Ⓑ 折线 $ABCDE \to$ 2 m — 60° — 8 m — 105° — 15 m — 30° — 4 m。
Ⓒ 折线 $XABC \to \infty$ — 50° — 35 m — 60° — 40 m。

3. 写出边角表。
Ⓐ 折线 $XABC$，半直线，左45°，3 cm，右70°，5 cm。
Ⓑ 折线 $ABCDE$，10 cm，右10°，2 cm，右30°，7 cm，左60°，3 cm。

数学世界探险记

按边角表画折线

(肥胖的小丑出来了。)

小 丑　现在做画折线的练习吧!请按下面的边角表画折线。

4 cm—110°—3 cm—60°—∞

行吗?

(三个人按左边的顺序画折线。)

大块头　别忘了最后的半直线上的记号∞。

罗伯特　对!

胖噜噜　出发点的箭头忘啦!

萨　沙　我溜号啦!

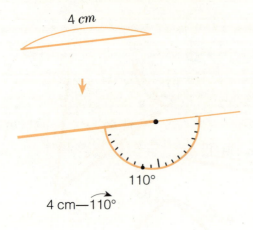

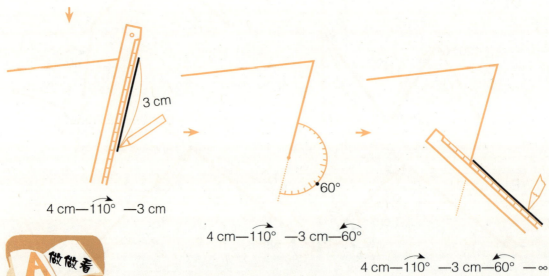

按下面的边角表,画出折线。

Ⓐ 折线2 cm—30°—4 cm—50°—2 cm。
Ⓑ 折线3 cm—90°—6 m—80°—3 cm—45°—2 cm。
Ⓒ 折线4.5 cm—35°—9 cm—15°—2 cm。
Ⓓ 折线6 cm—40°—6 cm—40°—6 cm—40°—6 cm。

下面各图中,哪里是古时海盗藏宝的地方?根据最下面的小丑所拿的边角表来查找。

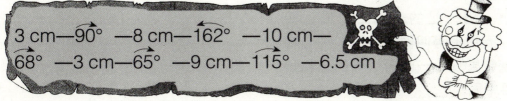

3 cm —90°— 8 cm —162°— 10 cm — 68°— 3 cm —65°— 9 cm —115°— 6.5 cm

多边形

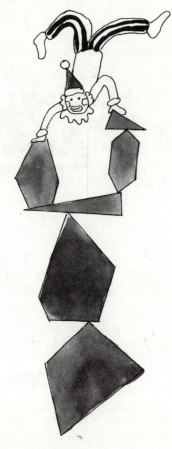

（高个子小丑出来了。）

小　丑　这里有个边角表：

折线 $ABCDE \to$ 2 cm—$70°$—3 cm—$80°$—2 cm—$60°$—1.5 cm，再把这条折线两端 A 和 E，用直线连起来，会成什么样的封闭图形呢？

萨　沙　因为有五个边，所以是五边形。

小　丑　是的。把三角形，四边形，五边形等叫做多边形。细心观察，就会发现，一个多边形的边和角的数目相同。

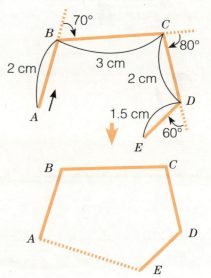

① 折线 $ABC \to$ 3 cm — 120° — 4 cm。

② 折线 $ABCD \to$ 2 cm — 60° — 3 m — 70° — 2 cm。

③ 折线 $ABCDEF \to$ 2 cm — 50° — 1.5 cm — 60° — 2 cm — 60° — 1.5 cm — 50° — 2 cm。

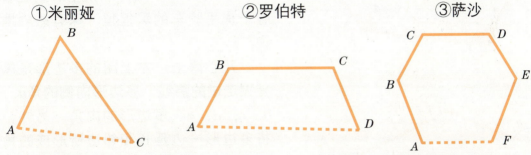

米丽娅　将A和C连起来，就成为三角形啦！

罗伯特　我画的是四边形。

萨　沙　我画的是六边形，是最大的。

喜　鹊　你们3个人画的都十分漂亮、正确。

1. 按下面的边角表画折线，连两端点，形成多边形。

   Ⓐ 3 cm — 50° — 3 cm — 50° — 2.5 cm — 90° — 2 cm。

   Ⓑ 6 cm — 60° — 1 cm — 60° — 6 cm。

2. 从下面图的点A开始写折线的边角表，并按这个边角表再画出多边形。

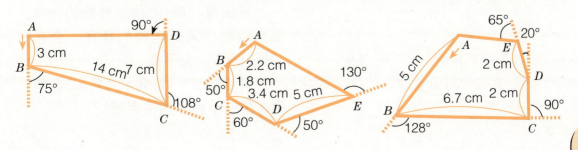

多边形的内角和外角

黑猩猩蹬着独轮车出场了,它那洋洋得意的样子,逗得人们哈哈大笑。场内响起一阵又一阵的掌声。

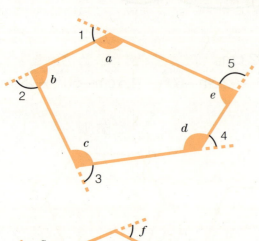

开心博士 黑猩猩骑自行车的杂技表演,为我们学习多边形的内角和外角提供了方便条件。

(开心博士看到歪着脖子挥手骑车的黑猩猩,深有感触地说。)

开心博士 左上图的多边形是黑猩猩走过的路线。多边形内侧的角 a, b, c, d, e 叫多边形的内角。另外,将多边形一边延长和邻边所形成的角 1,2,3,4,5 叫多边形的外角。

罗伯特 开心博士,与外角相对的角,不也可以叫外角吗?

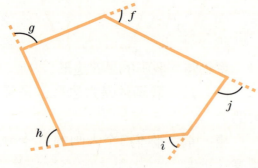

开心博士 当然,也能形成像左边第二个图中角 f, g, h, i, j 那样的外角。它们分别是上图中各外角1,2,3,4,5的对顶角。因为对顶角相等,所以,考虑外角时,用哪个都可以。请看左下图,只取出一个顶点时,这个顶点的内、外角之和是多少度?

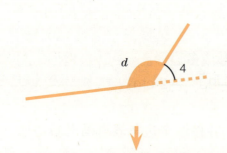

米丽娅 啊!内角是外角的补角,也可以说外角是内角的补角,合在一起是180°,为平角。

开心博士 外角+内角=2直角。再考虑一下另外的顶点吧!

外角的和

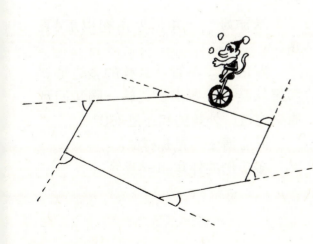

黑猩猩正在高兴地骑着独轮车，肥胖的小丑走出来了。

小　丑　求外角的和就是做外角的加法，那么所谓的外角的加法是怎么回事呢？

先看看猩猩的骑车技巧吧！所谓外角的和即从出发时算起，黑猩猩骑车沿多边形走一圈，它的身体转向有多大。猩猩拐完了两个角时，两个外角的和就是从出发时起，身体的转向，是140°。接着肥胖的小丑将绳子拴在独轮上，另一端固定在舞台中央，于是独轮车开始画圆圈。

小　丑　可爱的猩猩迅速地转一圈，身体转向是多少度？

萨　沙　转1圈，转向360°。

小　丑　现在把绳子解开，让猩猩按多边形走一圈，身体转向是多少度？

米丽娅　身体转向还和转圆圈时相同，仍然是360°。

罗伯特　这就是说多边形外角和是360°吧？

数学世界探险记

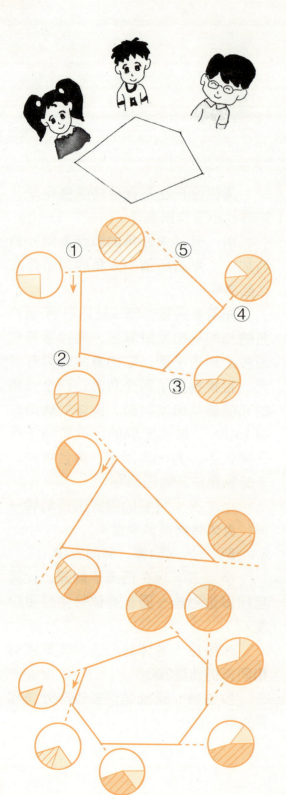

萨　沙　将多边形的外角全部加上，相当于旋转一圈360°，这是真的吗？

米丽娅　真不可思议！

罗伯特　有没有什么办法证明一下？

萨　沙　画个五边形，用量角器验证一下吧！

开心博士　我画个有趣的圆，验证一下五边形的外角和。像左边的图那样，从顶点①开始。

在顶点旁边画个圆，画上在顶点①处的外角，灰颜色的角，就是外角。接下来，在顶点②处的外角旁，涂上灰色的顶点②处的外角。这样依次画完全部外角，正好填满了一个圆。

从这种做法了解了五边形外角的和是4直角。那么三角形和其他多边形什么样呢？

现在米丽娅算一下三角形的外角和，罗伯特和萨沙算一下七边形外角的和。

米丽娅　三角形外角和也是4直角。

罗伯特　不管什么样的多边形，如果从某一位置出发，转一圈又回到原来位置，外角的和还是360°。

开心博士　是那样的。

多边形的外角和=4直角。

内角的和

开心博士 这次大家考虑一下有关多边形的内角的和。比如，五边形内角的和是多少度呢？

罗伯特 一个顶角的内角与外角的和是180°，也就是2直角。

米丽娅 多边形的外角的和是4直角。

开心博士 根据上述两个结论，能否考虑一下五边形内角的和？

(这时萨沙高声说。)

萨沙 开心博士，我懂啦！因为多边形在一个顶点的内、外角之和是2直角，所以五边形内、外角之和是2直角×5=10直角。这10直角是内、外角的总和，减去外角和的4直角就得出内角的和。10-4=6，所以内角的和是6直角。

开心博士 很好，罗伯特。六边形内角和是多少度？

罗伯特 内、外角之和是2直角×6=12直角，再减去4直角得8直角。所以六边形内角的和是8直角。

开心博士 都做对了。

边数	内角的和
5	2×5-4(直角)
6	2×6-4(直角)
⋮	⋮
n	$2n-4$(直角)

上面这个表，对于任何多边形都成立，其中 n 是多边形的边数。比如三角形内角和为 $2×3-4$ (直角)，显然是2直角。

下边图中的 x, y 是多少度？

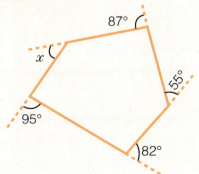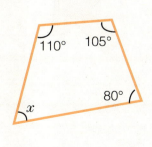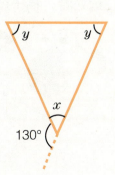

数学世界探险记

空中悬着个高梯子。这个梯子的两个腿是平行的,可是在这幅画上,梯子的上方变窄了。

往远处看,梯子就变窄了。

狗向月亮吠叫
1926年

数学世界探险记

用各种线条组成有趣的画。

也有折线

协调的混乱
1937年

星形多边形和凹多边形

①

②

开心博士 看了各种各样美丽的图案之后，现在说说另外一些多边形吧！大家已经知道，用直线连折线的两端，封闭成的图形是多边形。看看由左边的折线能形成怎样的图形吧！

萨　沙 这也是多边形，叫做星形多边形(图①)。

米丽娅 把图②的折线的两端用直线连起来，就不是多边形了。

开心博士 不，这也是多边形，叫做凹多边形。星形多边形、凹多边形和以前研究过的多边形性质不同，是一种特殊的多边形。

罗伯特 外角之和=4直角。这个式子对于这两种多边形就不成立了吧？

开心博士 是的。看！舞台上又演什么节目啦！

  幕一拉开。就看到一个带贝雷帽的小丑，正按照左边画板上的狮子在右边的画板上认真地画画呢！

  米丽娅　要画得和左边的狮子一模一样。

  萨　沙　到底先画什么呢？

  （开心博士一边点头一边说。）

  开心博士　不管怎么说，一定要画得全等！

  罗伯特　全等是什么意思？

  开心博士　就是相同的意思，那个小丑一定能把右边的画画得和左边的完全一样。

有许多同样的东西

喜　鹊　在我们的身边有许多同样的东西吧？

萨　沙　同样的东西，到处都有。以我们家为例吧！我家的点心铺里有各种食品，有巧克力啦、饼干啦、奶糖啦，等等，如果是同一种类的食品，箱子的商标就是一样的。从一个箱子里无论拿出哪个点心，也都是一样的。

米丽娅　印刷的东西，都是同样的，我们在学校里使用的教材，就是同样的。

罗伯特　钱也如此。一万元一捆的纸币，都是同样的。

胖噜噜　罗伯特，一张纸币和一块硬币不同，纸币上都有号码，每张纸币上的号码都不一样。

罗伯特　对啦！我又疏忽啦！

米丽娅　文具店里同样的东西很多，铅笔、橡皮、笔记本。

开心博士　在世界上完全一样的东西很多，这里有两个图形，它们完全一样吗？你来确认一下。

罗伯特　我想把一个图形描绘在描图纸上，再把它移到原来的另一个图形上去，看看它们是否完全重合。

开心博士　就照这个办法做吧！

（萨沙用描图纸描图以后，把它移到另一个图形上去，两个图形完全重合。）

萨　沙　完全重合在一起了。

开心博士　这两个图形完全一样，这种图形完全重合叫图形的全等。完全重合的两个图形叫全等图形。

数学世界探险记

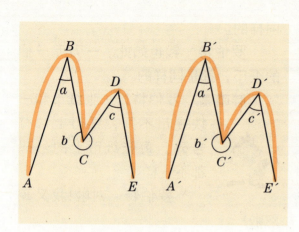

开心博士 现在在两个全等的曲线上的相同位置上分别取点，如左图所示，然后再作折线看看吧。很明显，线段AB和线段A'B'相等，∠ABC和∠A'B'C'相等。这就叫做全等图形中的对应线段相等，对应角相等。而曲线上有无数点，任何点都有它的对应点。

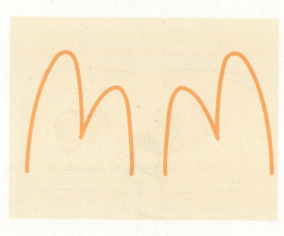

开心博士 那么左边的两条曲线全等吗？

米丽娅 我认为不全等。

萨 沙 不过，把其中一个图形翻折过去，两个图形就可完全重合了。

米丽娅 我认为和全等不一样。

开心博士 米丽娅，这也叫做全等。

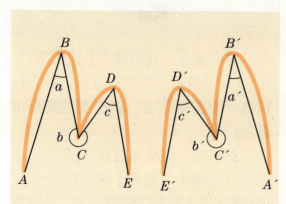

开心博士 这种全等的图形也和前边学习的一样，可以取对应点，作折线，于是……

萨 沙 对应边、对应角都是相等的。

开心博士 是啊！它的对应边，对应角也分别相等。

开心博士　看看，右边的两条折线全等吗？这回不用重合的办法，能知道它们全等不全等吗？

罗伯特　准确测量后，使用边角表，再加以比较。行吗？测量两条折线为：
折线$ABCD \to 2\text{ cm} - \overleftarrow{130°} - 3\text{ cm} - \overrightarrow{90°} - 4\text{ cm}$，
折线$A'B'C'D' \to 2\text{ cm} - \overrightarrow{130°} - 3\text{ cm} - \overleftarrow{90°} - 4\text{ cm}$。

米丽娅　边角表相同，所以两条折线全等。

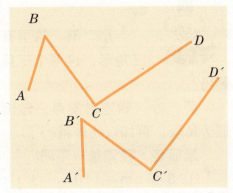

开心博士　是那样。如果边角表相同，折线就全等。那么右边这种全等的两条折线的边角表会怎么样呢？

萨　沙　做边角表看看吧！两折线的边角表为折线$ABCD \to 2\text{ cm} - \overleftarrow{130°} - 3\text{ cm} - \overrightarrow{90°} - 4\text{ cm}$，折线$A'B'C'D' \to 2\text{ cm} - \overrightarrow{130°} - 3\text{ cm} - \overleftarrow{90°} - 4\text{ cm}$。

萨　沙　只是角的方向不同，其余完全相同。

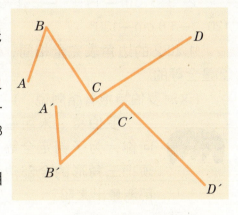

开心博士　用边角表表示的两条折线，如果只是角的方向不同，其余完全相同，那么，这两条折线一定全等。再看看像右图那样有半直线的折线，怎样判定全等呢？从边角表来看，即使有半直线，如果折线的边角表相同，它们就全等。

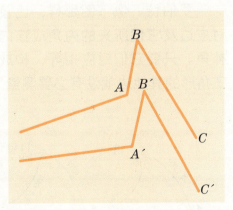

数学世界探险记

多边形的全等

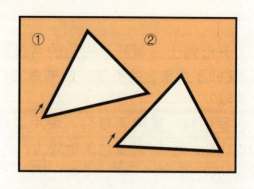

高个子小丑又出来啦!

小丑 这里有两个三角形,这两个三角形全等吗?

萨沙 确定出发点,做出三角形边角表,再加以比较就行了。

米丽娅 我测量一下吧!

① 3.5 cm—110°—3.1 cm—120°—3.8 cm—130°;

② 3.5 cm—110°—3.1 cm—120°—3.8 cm—130°。

①和②的边角表完全相同,①和②是全等的。

(这时罗伯特抱着胳膊说。)

罗伯特 米丽娅,我问你,为了判定全等,必须把三角形的全部边和角都测量出来吗?

米丽娅 那当然了!

罗伯特 像下图那样,比较两组对应边及它们所夹的内角或该内角的补角。只要它们对应相等,构成封闭三角形的其他边就没有必要测量了。

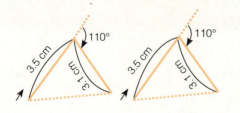

米丽娅 我明白了,即边角表

① 3.5 cm—110°—3.1 cm;

② 3.5 cm—110°—3.1 cm。

的确,由此就得知两个三角形全等了。罗伯特真伟大呀!

萨沙 不过,我也觉得,像下图那样,把一组对应边及夹这边的两组对应内角相比较,只要它们对应相等,我认为两个三角形就全等。

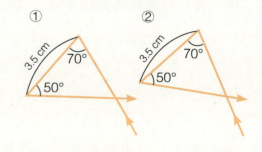

米丽娅 是的!如上图,按两组对应角的大小,把另外两边延长,就成为三角形了。了不起!

(萨沙不好意思地低着头。)

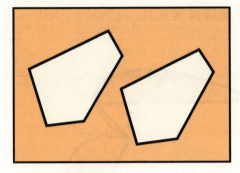

小　丑　这里的两个五边形全等吗？

米丽娅　对于五边形需要比较几对边和角才行呢？

罗伯特　没必要把5条边和5个角全部进行比较，应尽量节省精力。

萨　沙　我认为比较4组对边和由这4组对边所夹的3个角(不管内、外角)就行啦！

罗伯特　说得很对，是这样。

① $2\,cm \xrightarrow{80°} 3\,cm \xrightarrow{90°} 1\,cm \xrightarrow{60°} 2.5\,cm$；

② $2\,cm \xrightarrow{80°} 3\,cm \xrightarrow{90°} 1\,cm \xrightarrow{60°} 2.5\,cm$。

边角表恰好一致，两个五边形全等。

米丽娅　把3组对应边、4组对应角弄明白，就好办了。

4个边和3个角

3个边和4个角

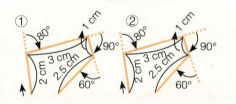

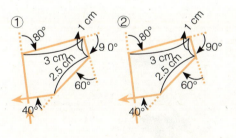

开心博士　因此，判定多边形全等时，应比较几组对应边、几组对应角才行呢？大家考虑一下吧！

看左表，三角形时，比较对应的两个边和一个角，或者比较一组对应边和两个对应角。

五边形时，比较4个边、3个角或3个边、4个角。n 边形比较的边数和角数就像左表那样。

米丽娅　是，八边形时，比较8−1条边和8−2个角，或比较8−2条边和8−1个角就可以了。

多边形	比较的边数	比较的角数
三角形	2	1
	1	2
五边形	4	3
	3	4
n 边形	$n-1$	$n-2$
	$n-2$	$n-1$

数学世界探险记

1. 下面两个图形全等吗?测量角度和线段比较一下吧!

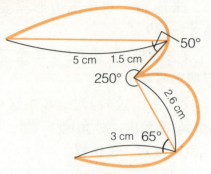
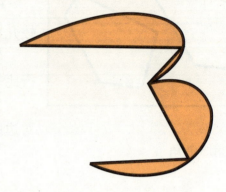

2. 下面的折线全等吗?

舞台上带贝雷帽的小丑,已经在右边的画板上画出了和左边完全一致的图画。观众席上响起雷鸣般的掌声。

萨 沙 真是一幅一模一样完全相同的画呀!

对称

米丽娅　女皇，你长着两个脸，两张嘴，四个眼睛。你那温柔而又孤独的眼睛一直在凝视着东方的朝霞，还是你一个人在眺望着西方火红的彩云。不可思议，没腿的女皇，你被颠倒地对放着。

数学世界探险记

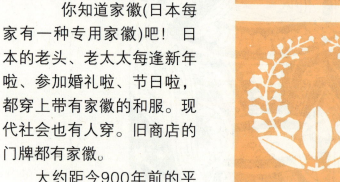

你知道家徽(日本每家有一种专用家徽)吧！日本的老头、老太太每逢新年啦、参加婚礼啦、节日啦，都穿上带有家徽的和服。现代社会也有人穿。旧商店的门牌都有家徽。

大约距今900年前的平安年代，家徽为朝庭所用。每年的3月3日所装饰的偶人，就是显示平安时代朝廷的昌盛。

到了距今大约150年的江户时代。兵士、商人、农民的家几乎都有家徽了。家徽的图案多为左右对称，就像现代学校的徽章、公司的徽章、家庭的徽章那样。

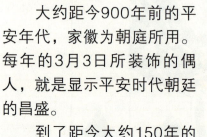

据说日本的家徽共有五百种左右。

数学世界探险记

考阿特利库埃巨像
1400年左右

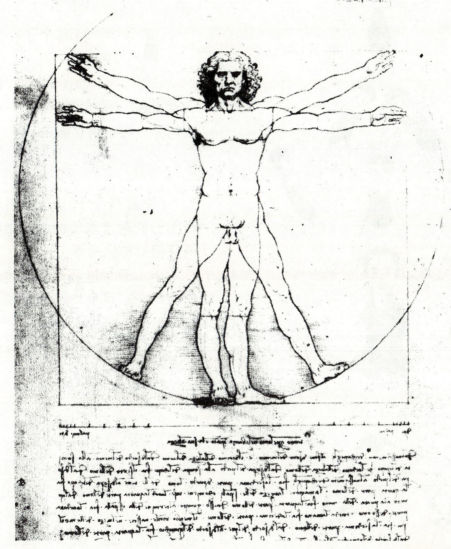

考阿特利库埃巨像是距今大约600年前雕成的,保存在现在的墨西哥。她是当时大地的女神。雕像呈左右对称,身高2.57 m。

数学世界探险记

轴对称

一个男子汉站在中间,他肩上站着6个女人,形成美丽的金字塔。

(高个子小丑出来了。)

小　丑　这样的金字塔左、右两边均衡。再请看这张画。

(说着高个子小丑拿出一张带图形的杂技宣传画。画上画着两只相对称的海豚。)

小　丑　这两只海豚也是左右相均衡。可是均衡究竟说明什么呢?

萨　沙　啊!就是对折过去能够重合吧!

开心博士　萨沙,这的确是翻过去可以重合的图形!

这是个新学的左右对称的问题。左、右海豚完全能够重叠,而怎么做,才能重叠呢?

罗伯特　很简单。由两个海豚正中间将宣传画竖着对折就可以了。

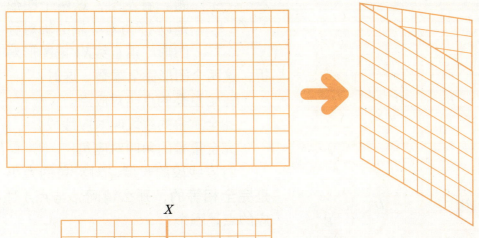

萨 沙 什么叫对称，这个新词又得记住。

罗伯特 看上面的图，方格纸不是成对称吗？

米丽娅 是对称，沿折线左、右边格能完全重合在一起。

小 丑 把直线XY做一折线，请把左边的嘟嘟的画像描绘在右边，要求左右对称。

（听说要绘嘟嘟的画像，它很高兴，匆忙跳到舞台上，把大方格纸沿直线XY折过来，就把自己的姿态复制下来了。一打开就成了这样。）

小 丑 谢谢！这张美丽的对称图形就形成了。像这样，以直线XY为轴，呈对称的两个图形叫做轴对称图形，直线XY叫做对称轴。

数学世界探险记

开心博士 现在由我详细地说一说轴对称问题。看左图,这两个图形是以XY为对称轴的轴对称图形。沿直线XY把图形对折,这两个图形完全重叠。这时:

①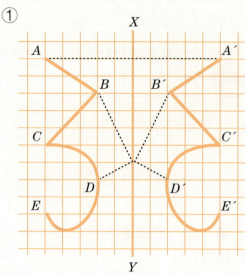

完全重叠的点叫对应点。
完全重叠的线段叫对应线段。
完全重叠的角叫对应角。
对应线段的长度、对应角的大小是完全相等的,那么请问,与点A对应的点是哪个?

米丽娅 点A'。

开心博士 与线段BC对应的线段是哪段?

萨 沙 线段B'C'。

开心博士 与∠A'B'C'对应的角是哪个?

萨 沙 ∠ABC。

开心博士 对啦!请看图②。

②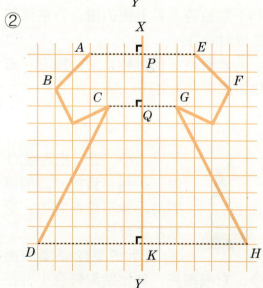

在这里,用直线把点G与对应点C连起来,CG与XY相交于点Q。
那么比较一下,线段CQ和线段GQ的长度。

罗伯特 长度相等。

开心博士 线段AP和线段EP呢?

米丽娅 长度也相等。

开心博士 那∠CQX,∠APX是多少度?

萨 沙 90°。

开心博士 综上所述,对称轴是联结对称点的线段的垂直平分线。

1. 下列图形是轴对称图形，求 a，b，c，d，e 的大小。

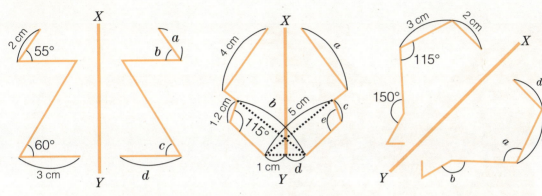

2. 以 XY 为对称轴，画出轴对称图形。

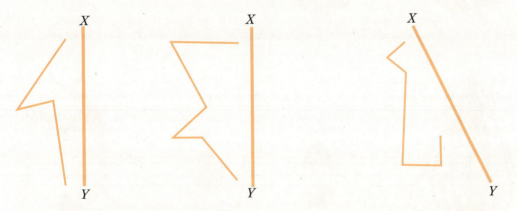

3. 下列图形是轴对称图形吗？

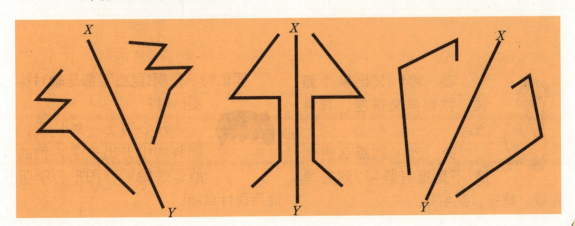

自身轴对称

嘟嘟 又出来个新词,我数学又很差,真够呛。

萨沙 别那么说,瞧!不是挺有趣吗?到处是蝴蝶、蜻蜓、瓢虫等。

罗伯特 是啊!昆虫不都是轴对称图形吗?

开心博士 对!看,肥胖的小丑出来了,他的脸也是轴对称图形,听听他要说什么吧!

（胖胖的小丑说话了。）

小　丑　我的脸是轴对称图形。对称轴在哪里已经探讨过了。而我和大家的脸以及左图的①，②，③这样的轴对称图形和88页那样的轴对称图形有什么不同的地方吗？

萨　沙　哪不同呢？我也在想。从前研究的图形是左右两个分散的图形。

米丽娅　这一次的轴对称图形是左右连成一体的图形。

罗伯特　我也是这样认为的。因为是一个图形，所以对称轴在正中间把一个图形劈成两个全等图形。

萨　沙　那么说，确实和前面的图形不同。

①

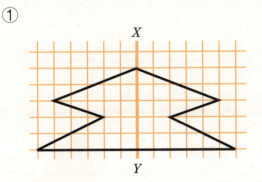

②

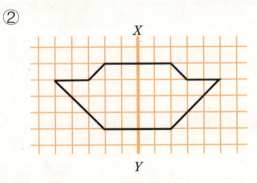

开心博士　是啊！像左图那样自身有对称性的图形叫做自身轴对称图形。

萨　沙　自身轴对称还有许多例子。汽车、飞机、罐、茶碗等都是这种类型的图形。

开心博士　在第82，83页中看了许多家徽，其中也有不少自身轴对称图形。前面研究过的那种轴对称图形称为相互轴对称图形。

③

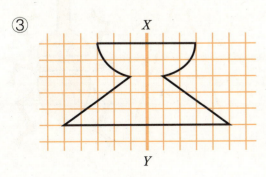

数学世界探险记

1. 下列图形是轴对称图形，求 a，b，c 的大小。

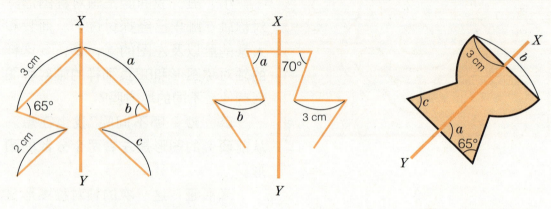

2. 以 XY 为轴画轴对称图形。

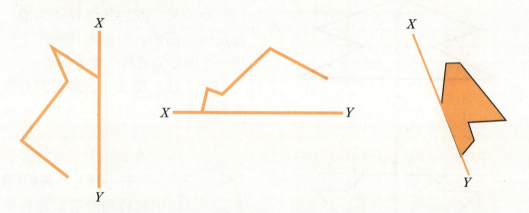

3. 下列图形是轴对称图形吗？如果是轴对称图形的话，请画出对称轴。

中心对称

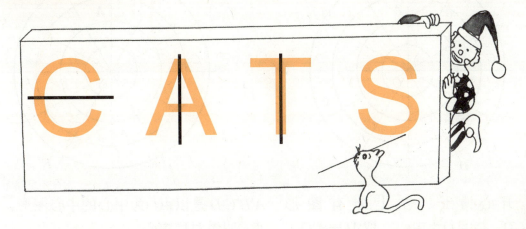

（小丑拿来一块文字板。聪明的猫咪叼着小棍跑来了，当它发现哪个文字有对称轴，就把小棍紧紧贴在对称轴的位置上。）

米丽娅 C，A，T的对称轴都找对了，这只猫咪倒挺伶俐的。

罗伯特 CATS是猫的意思吧？真有趣！

萨沙 猫咪在S这个字母前沉思起来了。

米丽娅 S不是轴对称图形。

萨沙 猫也陷入困境啦！S好像是对称图形。

罗伯特 这是和以前的不一样的对称图形。

开心博士 这对猫来说也许难一些，可是对你们来说，应该马上就明白。请看右图，瓢虫在杯口边，顺利地向前爬，正好爬到180°的地方，这个图可以说是轴对称吗？

萨沙 沿对称轴对折过去，让它们重叠。啊！方向不对，重叠不了。

米丽娅 不是轴对称。

罗伯特 啊！这不是轴对称，这是一种旋转180°后图形就重叠起来的一种对称图形。

开心博士 是啊！请看下页的图形吧！

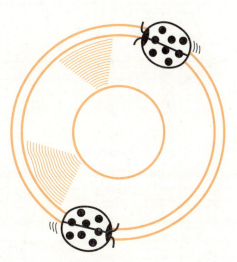

数学世界探险记

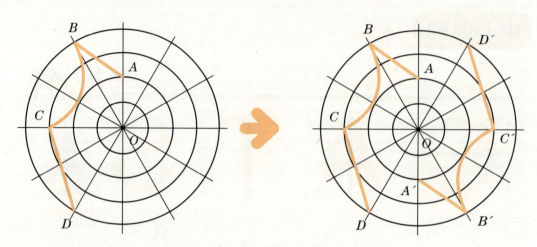

开心博士 左上方有图形 ABCD，以点 O 为中心，取 AO=A'O，BO=B'O，CO=C'O，DO=D'O 那样的点 A'，B'，C'，D'，将这些点连起来，形成 A'B'C'D' 这样的图形。像方才罗伯特发现的那样，以 O 为中心，使一个图形旋转 180°，便与另一个图形重叠，把这种对称叫做中心对称。像上图那样，图形 ABCD 和图形 A'B'C'D' 是以点 O 为中心的中心图形，点 O 叫做对称中心。

萨 沙 果真是中心对称吗？

开心博士 请看下图①的中心对称。线段 AB 与线段 A'B'，∠ABC 与∠A'B'C' 各自相对应。

图②也是中心对称，测一下∠A 和∠A'。

米丽娅 相等。

开心博士 如果考虑线段 AB 和线段 A'B'，可以怎么说呢？

萨 沙 ∠A 和∠A' 是错角，它们相等。啊！线段 AB 和线段 A'B' 平行。

罗伯特 那么说，线段 BC 和线段 B'C' 也平行。

开心博士 就是说，中心对称图形的对应的线段平行。

米丽娅 那么，方才那个 S，也是中心对称图形吗？

开心博士 看！小丑拿来了说明 S 是中心对称的图形。仔细看一下吧！

①

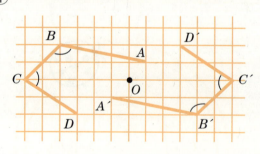

②

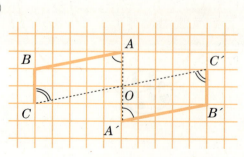

自身中心对称

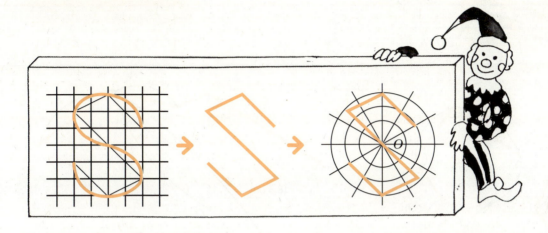

萨沙 果然，在S上取几个点，测一下这些点变成什么样了呢？

米丽娅 S变成c和⊃上的点的中心对称图形，可是它不是自身中心对称图形吗？

开心博士 对！像前页那样，两个分开的图形成中心对称时，叫相互中心对称。图形自身成为中心对称时，叫自身中心对称。

罗伯特 中心对称的图形也有很多，风车啦，雪花啦，都是中心对称图形。

开心博士 好啦，现在我们把学过的有关对称的内容归纳一下吧！谁来做？

米丽娅 我做吧！

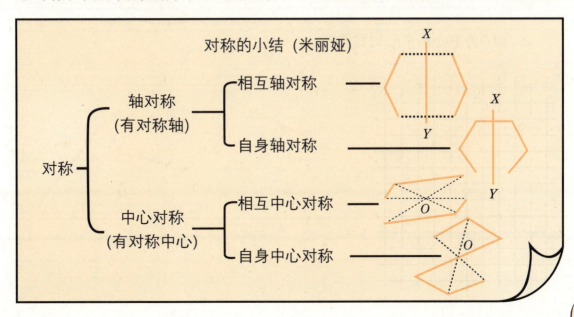

1. 下列图形是相互中心对称图形，求 a, b, c, d, e, f 等的大小。

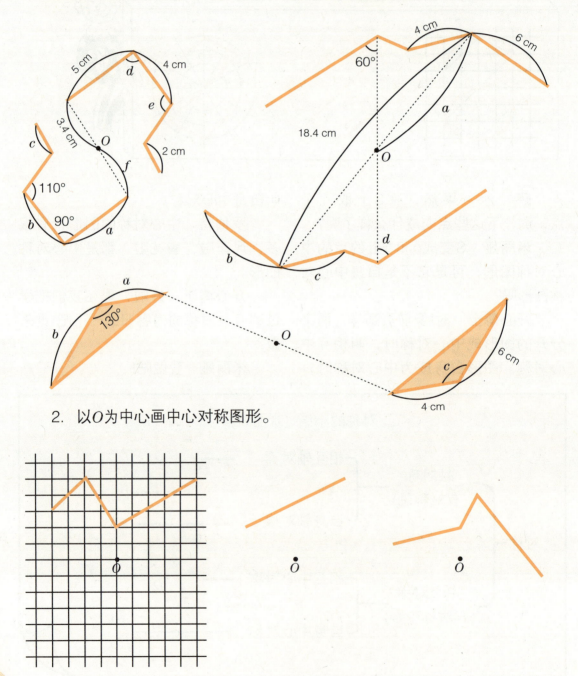

2. 以O为中心画中心对称图形。

3. 下列图形是自身中心对称图形,求 a, b, c, d 的大小。

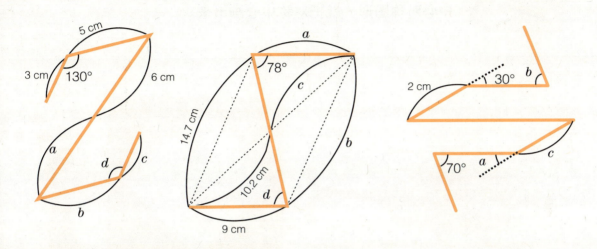

4. 下图是呈自身中心对称图形,求对称中心。

5. 以 O 为中心画出自身中心对称图形。

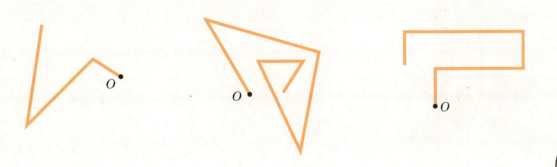

数学世界探险记

对称图形各种各样。从下面图中选出对称图形来。如果是轴对称图形,就把对称轴画出来;如果是中心对称图形,就把对称中心画出来。

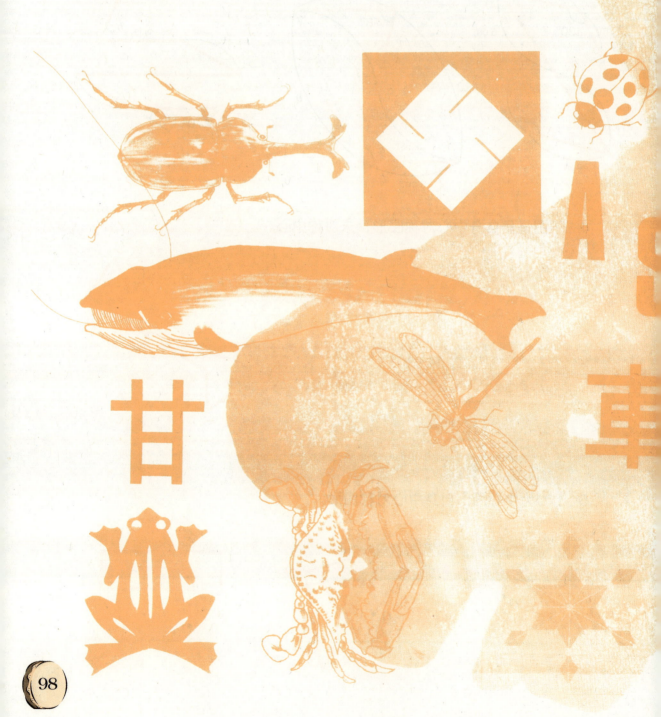

小黑怪的可怕挑战

小黑怪一边吐着墨,一边跳了出来。

哈哈,哈哈,哈哈……
我原打算在那呆着,
却又来到了这个"图形杂技团"中。啊!真无聊!什么相互轴对称啦,
中心对称啦,你们随便说吧!
现在看看你们能不能解答我提出的问题。
这里有一条折线:折线$ABCDE$ →3 cm—$90°$ →—4 cm—$80°$ —4 cm—$90°$ —3 cm。

看这个边角表,这是什么样的图形,
你们谁明白?
要是不会的话,还学什么!
干脆别学啦!
哈,哈,哈……

萨 沙　好，我来回答好吧！用边角表画个折线，就形成像右边那样的图形。

米丽娅　这不是自身轴对称图形吗！

罗伯特　这是自身轴对称图形。即使不画折线，只看一眼边角表，也能知道是不是对称图形。

嘟　嘟　好得很，好得很！说给小黑怪听听，这个图形不是自身轴对称吗？

罗伯特　嘟嘟，等等，再想办法证实一下吧！

开心博士　做个暗号吧！暗号叫"米鲁库和库鲁米"。

萨 沙　这暗号意味着什么？

罗伯特　从左边读，或从右边读，都是"米鲁库和库鲁米"。把它和边角表对照一下吧！

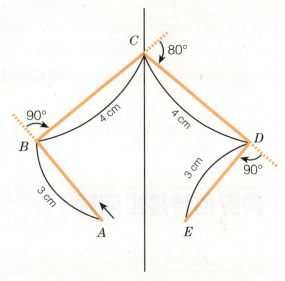

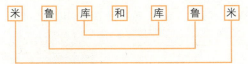

罗伯特　边角表从左边读，或从右边读都是一样的。

萨 沙　是真的啊！罗伯特，这又是你的一个重要发现。

嘟　嘟　快说给小黑怪听听，"米鲁库和库鲁米"。

开心博士　请稍等，现在我们不实际作图，也能知道图形是否对称。寻找对称轴，也有个容易明白的方法。

看边角表，边数是偶数时，角数就是奇数。对称轴所经过的角，正是碰上了"米鲁库和库鲁米"的"和"字。边角表中的这个80°角的补角的角平分线就是对称轴。

向米丽娅提出问题

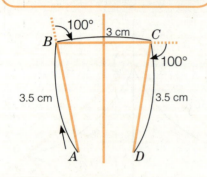

开心博士　米丽娅，你看！

折线ABCD→3.5 cm—100°—3 cm—100°—3.5 cm

这是什么样的折线？暗号是"新恩布恩新"。

米丽娅　一看边角表，正中不是角，变成边了。在这个边的中点，有垂直于这条边的对称轴通过。

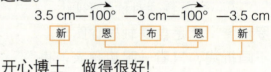

开心博士　做得很好！

向罗伯特提出问题

开心博士　现在由罗伯特回答折线问题。

折线ABCDEF→1 cm—100°—2 cm—90°—3 cm—90°—2 cm—100°—1 cm

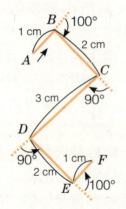

是怎样的折线？暗号是"哇达西吗给吗西达哇"。

（这回小黑怪显得更可怜了。）

罗伯特　一看边角表，正中间是边，所以对称轴是这个边的垂直平分线。

开心博士　是啊！罗伯特，测一下角的方向。

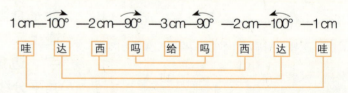

罗伯特　是啊，边角表的左、右两侧角的方向不一样。

（萨沙还在考虑作图，于是画了上面的折线。）

罗伯特　明白了，这是中心对称图形。

开心博士　是那样。这条折线有这种特点，边数是奇数，正中间是边，以这个边为中心，边角表左右两侧的边和角相同，而且角的方向正好相反，那么正中间这条边的中点就是对称中心。

嘟嘟　怎么小黑怪走了。

（嘟嘟高声喊叫。一阵工夫，小黑怪无影无踪了。）

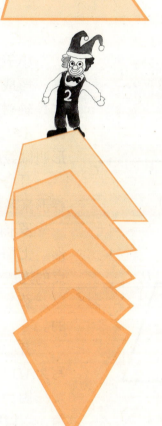

　　这次3个小个子小丑登场了。三人各自抱着四边形来了。一起向前敬了个礼。这可奇怪了！眼看着他们手中的四边形变成了下面的图形。

　　萨　沙　这都是一些规规矩矩的四边形啊！

　　罗伯特　这些四边形有什么特点呢？

等腰梯形

小丑1　今天大家都来齐啦!请看图①吧!A,B两点的轴对称点分别为D,C。

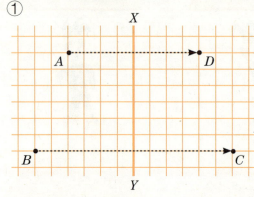

小丑1　用直线将这四个点连起来，形成四边形$ABCD$（图②）。因为这是轴对称图形，所以对应角相等，即$\angle A=\angle D$，$\angle B=\angle C$。把这种四边形叫做等腰梯形。

开心博士　现在从图③这个等腰梯形来考虑它的性质。

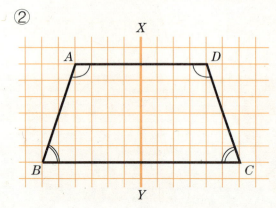

罗伯特　首先是它是轴对称图形。上面的边的中点和下面的边的中点的连线EF就是对称轴。

萨沙　其次，AD和BC是平行的。

开心博士　使用平行的记号，可写为$AD//BC$，读做AD平行于BC。

因为$\angle AEF=\angle CFE$，它们是错角，所以它们相等。

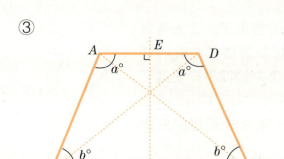

米丽娅　因为对称图形的对应线段的长度相等，所以$AB=DC$。AB，DC叫等腰梯形的腰。所谓等腰，就是腰长相等的意思。

开心博士　连相对的角的顶点的线叫对角线。对角线的长度相等，即$AC=BD$，其交点在对称轴上。

1. 求下列等腰梯形中的 a，b，c，d，e 的大小。

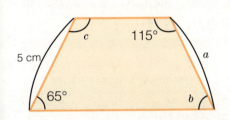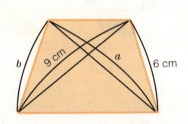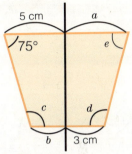

2. 从下列四边形中找出等腰梯形。

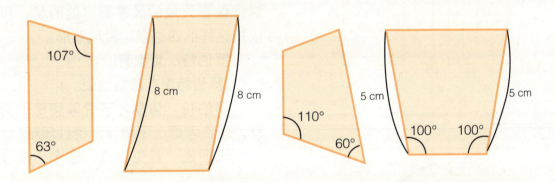

3. 画下列等腰梯形，如了解等腰梯形性质的话，就能画出各种大小不同的等腰梯形来。你做做看。

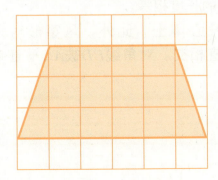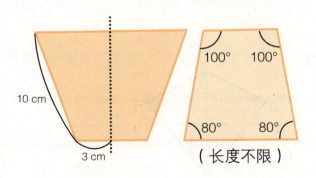

（长度不限）

数学世界探险记

风筝形

小丑2 这次轮到我啦,请看图①。在对称轴上取点A,C。点B的轴对称点是点D,这样……

①

(小丑2继续说。)

小丑2 将这四个点A,B,C,D连起来,形成像图②那样的四边形,这就像春天放的风筝那样的形状,所以把这样的四边形叫做风筝形。

罗伯特 真像啊!

(罗伯特深有感触地说。)

罗伯特 像刚才研究等腰梯形那样,现在考虑一下风筝形的性质吧!

米丽娅 首先一点,这个形是轴对称图形。

萨沙 还有对应角∠B和∠D相等。

②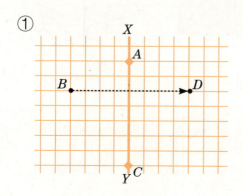

罗伯特 相邻的边AB和AD、BC和DC的长度相等。

开心博士 此外,风筝形对角线垂直相交。对角线BD被AC垂直平分。

③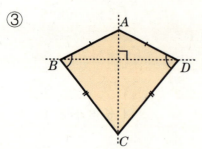

1. 求下列各风筝形中的 a，b，c，d 的大小。

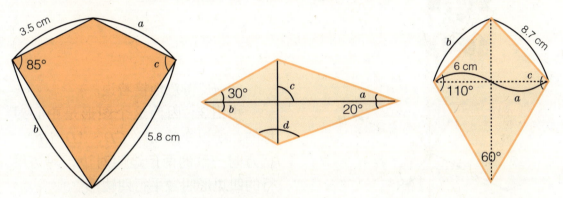

2. 从下列四边形中找出风筝形来。

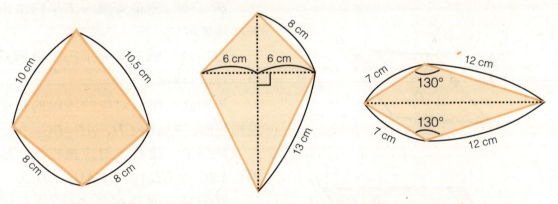

3. 请画下列的风筝形，同时画出各种各样的风筝形。

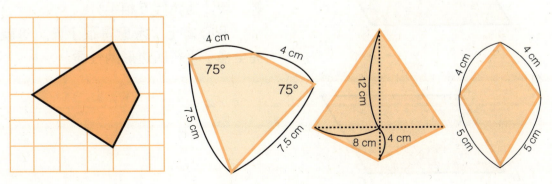

平行四边形

小丑3 请看图①，以O为中心，取点A、B的对称点C，D。然后将四个点用直线依次连起来，便形成四边形ABCD。

①

(小丑3得意地接着说。)

小丑3 因为这个图形是中心对称的，所以变成AB∥CD，AD∥BC。把方向一致的两条边叫对边，对边平行的四边形叫做平行四边形。

米丽娅 很明白啦!

萨 沙 还是考虑一下平行四边形的性质吧!

罗伯特 嗯，首先平行四边形是中心对称的图形。

米丽娅 所以对应的线段的长度是相等的，即AB=CD，AD=BC。

萨 沙 接着，对应角相等，所以∠ABC=∠CDA，∠BAD=∠DCB。

罗伯特 对角线怎么样?因为这是中心对称，所以对应的线段长度相等，因此对角线互相平分。

开心博士 考虑得很全面，这就完全懂了平行四边形的性质。

②

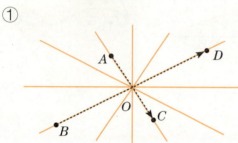

③

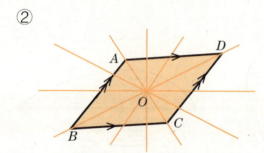

④

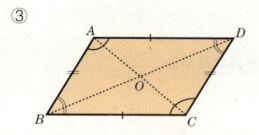

1. 你听明白小丑的讲话了吗?那么求一下下列平行四边形中的 a, b, c 的大小吧!

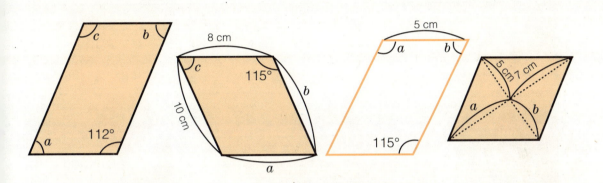

2. 从下列四边形中找出平行四边形来。

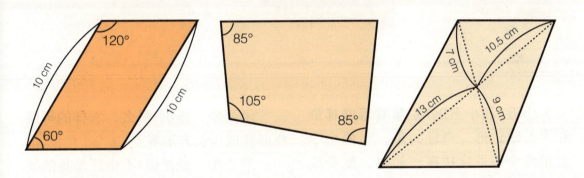

3. 以下列图形为基础,画平行四边形。此外再画各种各样的平行四边形。

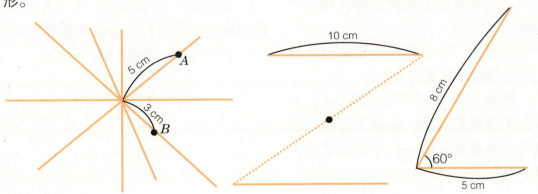

长方形

小丑1和小丑2分别拿着等腰梯形和平行四边形，奇怪的是，当两个小丑把两个图形合拢在一起时，就变成了长方形。

小丑1　最常看到的四边形是长方形，而长方形怎么能由等腰梯形形成呢？

小丑2　那么长方形又是由怎样的平行四边形形成的呢？

罗伯特　平行四边形形成长方形，关键问题是角。如果平行四边形的四个角是直角的话，不就变成长方形了吗？

米丽娅　是啊！那么，怎样的等腰梯形能成为长方形呢？

罗伯特　就是嘛！不也还是角的问题吗？等腰梯形相对的角如果相等，梯形不也就变成长方形了吗？

米丽娅　的确如此，长方形具有等腰梯形和平行四边形的双重性质啊！

开心博士　完全正确，你们……

①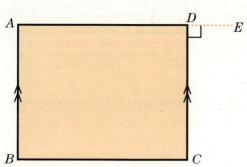

（开心博士微微一笑。）

开心博士　如果平行四边形的一个角是直角，那么这个平行四边形是长方形。即设平行四边形ABCD中的∠A为直角，于是

$\angle A = \angle EDC =$ 直角（同位角）

$\angle ADC =$ 直角

根据平行四边形性质，组成了

$\angle C = \angle A$（对角相等）

$\angle B = \angle D$（对角相等）

$\angle B = \angle C =$ 直角

所以长方形具有平行四边形的性质。还有两组邻近的角相等，所以长方形也可以认为是等腰梯形，因此也具有等腰梯形的性质。比如长方形像平行四边形那样是中心对称图形，也像等腰梯形那样是轴对称图形。请仔细看一下图②。

②

长方形的性质明白了吧！那么，求下列长方形中的 a，b，c 的大小。另外，再画出各种长方形。

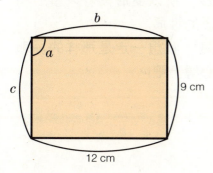
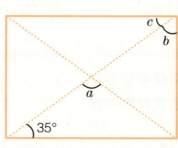
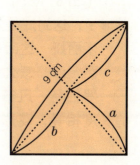

数学世界探险记

菱形

　　这回小丑2和小丑3分别把平行四边形和风筝形拿到手里，两人将两个图形合拢在一起，变成菱形。

　　小丑2　那个风筝形怎么变成菱形啦？究竟怎么回事？

　　小丑3　那个平行四边形也变成菱形了，这到底是怎么搞的？

　　米丽娅　这回是菱形。

　　萨　沙　怎么变的呢？

　　罗伯特　风筝形有两组相邻的边的长度相等，菱形不也是这样吗？所谓菱形是四个边都相等的四边形，果然是风筝形的伙伴。

　　米丽娅　菱形像平行四边形那样对边平行，菱形是平行四边形的特殊情形。

　　萨　沙　所以菱形具有风筝形和平行四边形的性质。

　　米丽娅　我想一定是那样的。那就问问开心博士吧！

①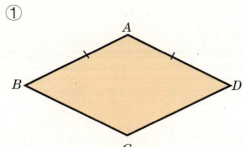

②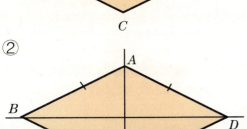

开心博士 请看图①，平行四边形 ABCD 中，若相邻两边 AB=AD，根据平行四边形的性质，可知 BC=AD，CD=AB，该平行四边形四边相等。这正像大家所发现的那样，菱形具备了平行四边形和风筝形的性质。

萨 沙 是那样啊！

罗伯特 根据平行四边形的性质，也可以说，菱形是中心对称图形，而根据风筝形的性质，也可以说，菱形是轴对称图形。

米丽娅 对于图②来说，AC 和 BD 都是它的对称轴。

1. 菱形的性质明白了吧？整理一下，写到笔记本上。再求一下下列菱形中的 a, b, c, d 的大小吧！

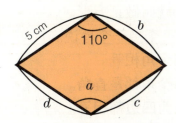 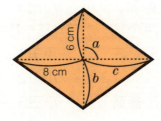 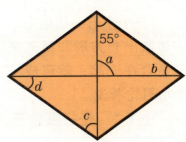

2. 以下列图形为基础，画菱形。

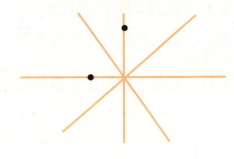 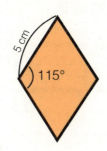 

(长度不限)

正方形

　　(三个小丑一边啦啦啦地唱着歌，一边拿出长方形和菱形来。将两个图形重合在一起，就形成了正方形。三个小丑轮着说。)

　　小丑1　是折纸的正方形，瓷砖的正方形。

　　小丑2　方块的正方形。

　　小丑3　由菱形和长方形构成正方形。

　　萨　沙　真的吗？

　　(三个小丑继续说下去。)

　　小丑1　四边相等。

　　小丑2　四角也相等。

　　小丑3　那就叫做正方形。

　　(三个小丑一个接一个地说。)

　　小丑1　四个角相等。

　　小丑2　每个角都是直角。

　　小丑3　因为四边都相等。

　　小丑1　所以具有菱形的性质。

　　小丑2　因为四角都相等。

　　小丑3　所以具有长方形的性质。

　　罗伯特　嗯，正方形具有菱形和长方形的性质。

　　米丽娅　咱们一块想想正方形的性质吧！

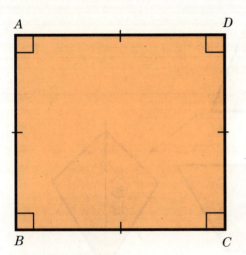

米丽娅　四个边和四个角相等。

萨　沙　邻边和对边、邻角和对角都相等。

罗伯特　中心对称、轴对称。

米丽娅　是啊，对边平行。

罗伯特　对角线垂直相交，且互相平分。

萨　沙　对角线也是对称轴，所以共有四条对称轴，另外对称轴的交点是对称中心。

1. 正方形是很常见的图形，求下列正方形中的 a，b，c，d 的大小。

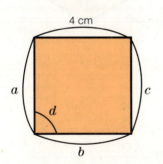
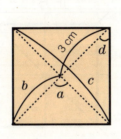

2. 以下列图形为基础，画正方形，画好了，再画出对称轴。

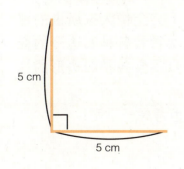

数学世界探险记

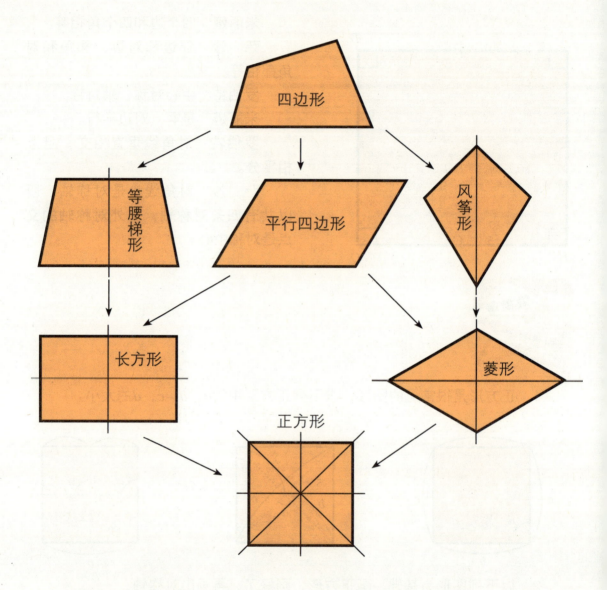

开心博士 看上图，利用对称这一性质考虑这些四边形，就会懂得各种四边形间的关系。

米丽娅 这是由一般的四边形逐渐演变成具有特殊性质的四边形的图表。

萨 沙 3个小丑解释的问题，通过这张图表一下子就全清楚了。

开心博士 完全像大家所说的那样，咱们再一次看看各种四边形的变化，从而进一步领会各种四边形的性质吧！

好，请你也考虑一下吧！

对称的三角形

三个小丑扛来了一个大尺和一个圆规。

米丽娅　啊！开始画三角形啦！

萨　沙　是个大三角形啊！

嘟　嘟　现在又要干什么有趣的事呢？

（三个小丑画了一个三角形，突然低下了头向观众席走去。）

等腰三角形

①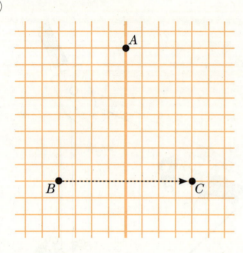

②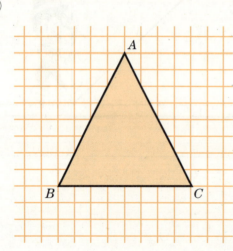

③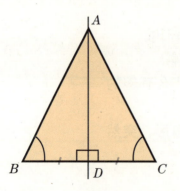

小丑1　这次说明的不是四边形，而是三角形。

小丑2　看图①，取点B的对称点C。

小丑3　在对称轴上点上任意一点A。

小丑1　连三点，就形成了AB=AC的三角形。

小丑2　这样就形成了两个边相等的三角形。

小丑3　叫做等腰三角形。

罗伯特　等腰三角形是轴对称图形。

开心博士　大家想一想，等腰三角形有什么样的性质呢？

米丽娅　$\angle B = \angle C$。

开心博士　是啊，这叫底角相等，BC叫底边。

罗伯特　对称轴将底边平分。

开心博士　那么底边和对称轴形成的角如何呢？

萨沙　对称轴和底边垂直，所以$\angle ADB = \angle ADC =$直角。

开心博士　明白等腰三角形的性质了吧！

正三角形

①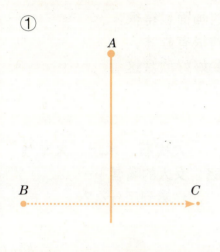

②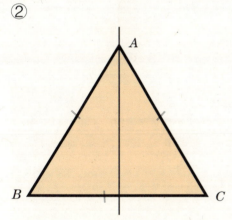

③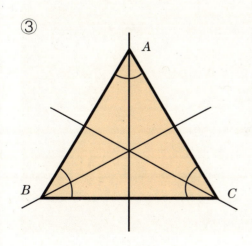

小丑1　现在，大家再看一种三角形，首先像图①那样取点B的对称点C。

小丑2　再测量BC的长度。

小丑3　在对称轴上取点A，使BC=BA。

小丑1　把A，B，C三点连起来，形成了图②中的△ABC。

小丑2　在这个三角形中AB=AC=BC。

小丑3　这样三边相等的三角形叫正三角形。

开心博士　正三角形是等腰三角形的特殊情形，因此它具有等腰三角形的性质。

萨　沙　嗯!我在考虑对称的问题，再将∠B和∠C二等分的话，瞧，就像图③那样，形成三条对称轴。

罗伯特　这样一来，因为是轴对称图形，所以∠B=∠C吧! 又由于∠B的平分线是个对称轴，所以，∠A=∠C，于是∠B=∠C=∠A。这不就是三个角都相等了吗？

嘟　嘟　很难呀!

开心博士　正三角形的一个内角是多少度？

米丽娅　因为内角的和是$2\times n-4$直角，也就是$2\times 3-4=2$，所以是2直角。用3去除，$180°\div 3=60°$，正三角形的一个内角是$60°$。

开心博士　米丽娅，你做得好!

数学世界探险记

眼前这一张张像照片一样的画,有的使用了各种颜色,有的使用了比较单调的颜色,有的画面显得很协调,有的画面显得很奇特;有的画面让人一看就感到很有趣味,有的画面又让人去沉思。你们要好好欣赏这些名画哟。

大磁石、木屋、火车线路、女人的嘴唇……
你看到了什么?

圆的和尖的轮
1936年

轻便的构造
1940年

所谓构造就是由几种材料组装成一个东西。我在辞书上看到过这句话。

这幅画里的各种图形很漂亮。

面向远处敞开的门
1936年

这是什么地方？是个像地狱般可怕的地方，又像是个鸦雀无声的夜，也许那个黑色的地方就是门吧！

1932年

三角形像金字塔，好像用砖堆积而成的。除三角形外，还有一些别的图形，真有意思啊！

数学世界探险记

面积

两头大象用长长的鼻子将高大的梯子卷到舞台上立住了。梯子上固定着三块不同形状的木板,有只狗咪溜一下爬到梯子上端来了一个倒立。

团长站在一头大象的头上。

团 长 请大家一边观赏狗的表演,一边思考一下,梯子上的这3块木板的面积,相同吗?

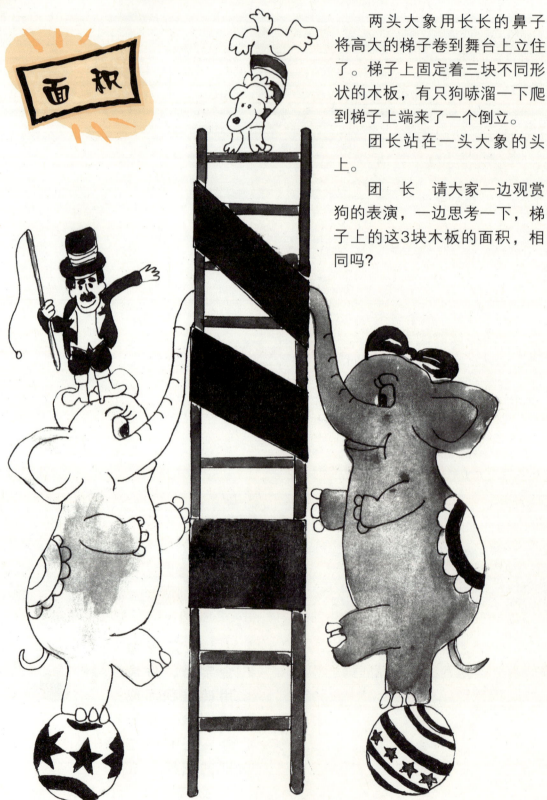

米丽娅 能够很简单地表示那个斜着的图形的面积吗?

罗伯特 斜着的图形是平行四边形。

萨沙 长方形的面积是长乘宽。可是求平行四边形面积的方法还不知道。

米丽娅 画个图考虑一下吧。

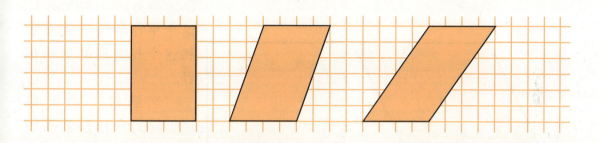

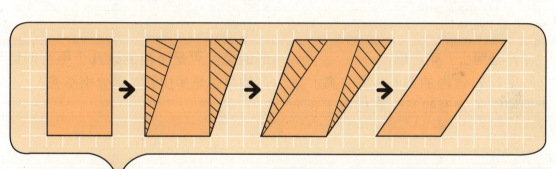

罗伯特 请看我画的图,像图示的那样,如果将平行四边形(包括长方形)的一条边的一个顶点向右移两个格,那么这边上的另一个顶点也向右移两个格,就得一个平行四边形。移动前后平行四边形的面积没有改变,所以图中那些平行四边形的面积都与开始的长方形的面积相等。

萨沙 看罗伯特画的这个图,就容易明白了。

开心博士 长方形和平行四边形的底边和高分别相等时,面积就相等!请看下页。

平行四边形的面积

开心博士 看下图,右边的是长方形,左边的是平行四边形。当它们的底边和高分别相等时,求这个平行四边形的面积。

萨 沙 长方形的面积等于长乘宽,即 8 cm×6 cm=48 cm²。这个平行四边形的面积和这个长方形的面积相等。

米丽娅 也就是说,平行四边形的面积等于底边长乘高。

开心博士 很正确。

平行四边形的面积=底×高。底边相当于长方形的长,高相当于长方形的宽。可是下面的这几个平行四边形的高各是多少呢?请分别回答?

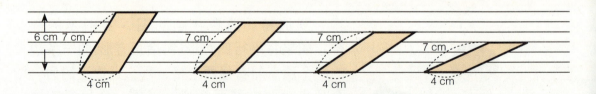

萨 沙 底边是4 cm,高是6 cm吧!这几个平行四边形的面积相等。这个很简单,6 cm×4 cm=24 cm²。这几个平行四边形的面积都是24 cm²。

开心博士 果真是这样吗?

米丽娅 太可笑啦!它们的高可不一样啊!

萨 沙 是啊!

罗伯特 萨沙你把高和边长一起考虑。随着平行四边形向右倾斜,它们的高不就不相等了吗?

萨 沙 真是个大错误呀!

(这时舞台上杂技团团长挂出了标语牌。)

| 平行四边形的面积=底边×高 |

1. 求下面平行四边形的面积。

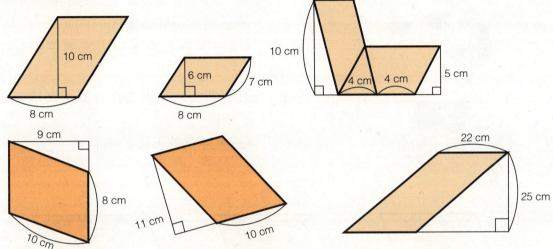

2. 求下面平行四边形中 a 的长度。

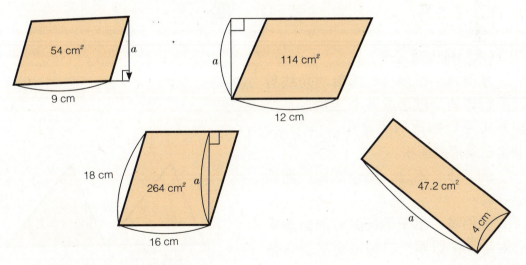

3. 能回答下面的问题吗？

① 某小学的校园正好呈平行四边形，面积是 3 500 m², 相当于底边的长是 70 m, 高是多少米？

② 底边为 5.1 cm, 高为 2.3 cm 的平行四边形瓷砖，面积是多少平方厘米？

数学世界探险记

三角形的面积

（杂技团团长一边展示着三角形一边说。）

团　长　这里有底边为 6 cm，高为 5 cm 的三角形，请求出三角形的面积。

萨　沙　怎么计算三角形的面积呢？

米丽娅　不好办啦！

（于是，开心博士让大家看下面这个图。）

开心博士　这里有个计算的方法，考虑一下吧！

（三人注视着下面的图。）

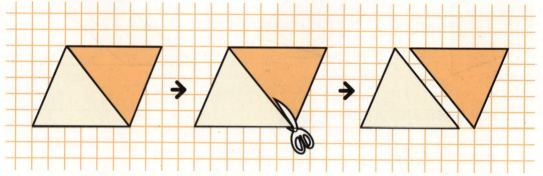

（米丽娅大喊起来。）

米丽娅　是那样，沿着对角线剪开平行四边形就形成两个三角形，所以求出平行四边形的面积，再除以 2 就是三角形的面积。

萨　沙　不过，两个三角形面积相等吗？

罗伯特　由于平行四边形自身中心对称，所以两个三角形全等，于是面积就相等了。

团　长　是那样。

（正说着，团长将标语牌高高举起来。）

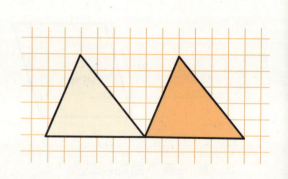

三角形的面积 = 底边 × 高 ÷ 2

1. 求下面各三角形的面积。

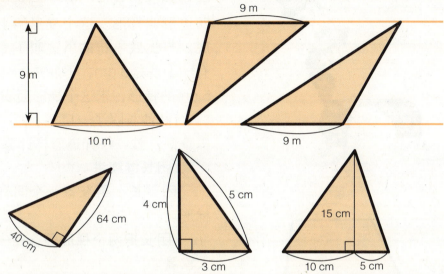

2. 按下表中的条件求三角形的面积。

底边	高	面积	底边	高	面积
28 m	5 m		15.5 m	0.4 m	
8 cm	2.4 cm		0.8 cm	23.1 cm	

3. ① 有一个像下图那样的水池，图中的几个三角形全等，则总面积是多少平方米？

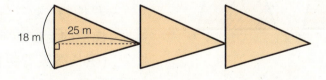

② 有下图那样的花坛，这几个三角形全等，则总面积是多少平方米？

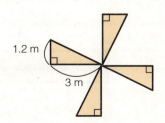

梯形的面积

(杂技团团长拿着一个梯形和蔼地说。)

团　长　这个图形叫梯形，与等腰梯形是伙伴，有一组对边平行的四边形叫梯形。这个梯形的上边叫上底，与上底平行的下边叫下底，这里有一上底是3 cm，下底是6 cm，高是5 cm的梯形，求这个梯形面积吧!

(萨沙长叹了一口气。)

萨　沙　不知道怎样计算面积。

(团长继续讲。)

团　长　再准备一个同样形状的梯形。

(团长把两个梯形叠合在一起，让大家看。)

罗伯特　这是两个全等的梯形。

团　长　迅速地将一个梯形旋转了180°，像左图那样与原来的那个梯形紧紧地靠在一起了。

罗伯特　那么一颠一倒两个梯形不就变成一个平行四边形了吗？

萨　沙　求出平行四边形面积之后，再用2除就是梯形的面积。

罗伯特　这个平行四边形的底边成为梯形的上底和下底之和了。

(团长微笑着将标语牌挂到上面，那里写着……)

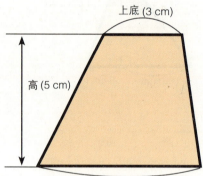

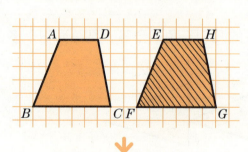

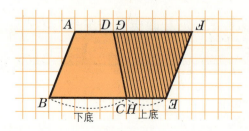

梯形的面积＝（上底＋下底）×高÷2

1. 求下列梯形的面积。

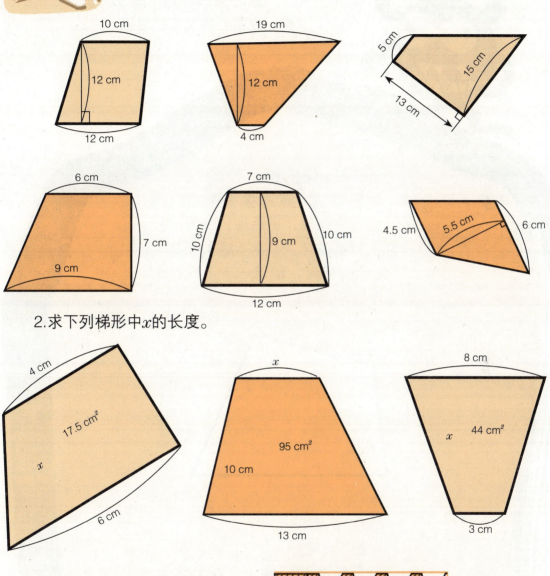

2. 求下列梯形中 x 的长度。

3. 右图是马赛克画面的一部分，画细斜线部分的总面积是多少平方厘米？图中所有梯形都全等。

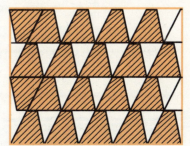

小黑怪出来啦!

这时突然听到小黑怪哈哈,哈哈的笑声,大家心情又有些紧张。

什么图形杂技团!

谈到杂技,就得像个杂技的样子,应该更有趣,更热闹,这像学校一样。什么是(上底+下底)×高÷2,你们有能耐,就求一下下面这个多边形的面积吧!

哈哈, 哈哈……

谁都不会吧!

小黑怪对开心博士毫无礼貌地说,教育就是那么回事吧!别学习了!你们在我吐出的夜幕中睡大觉吧!

　　米丽娅　不好办哪!这样的多边形面积,我不会求啊!

　　萨　沙　不管怎么说,也得加把劲呀!

　　罗伯特　什么提示也没有,是不太好做。

　　(这时团长深有感触地说。)

　　团　长　那个就是小黑怪呀!听了他的话,你们感到为难了吧!

　　萨　沙　团长,不必为我们担心,你给我们提示一下吧!

　　团　长　那好,我教给你们一个求多边形面积的方法。这个多边形不好求,将它分成几个三角形,再分别求各三角形的面积,然后再把各三角形的面积加在一起,不就行了吗。

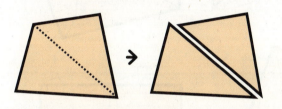

　　萨　沙　明白啦,谢谢团长!

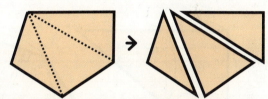

　　(三个人将小黑怪提出的那个四边形分成了两个三角形。)

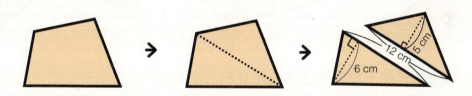

　　罗伯特　能分成两个三角形,一个三角形的底边是12 cm,高是5 cm。

　　萨　沙　另一个三角形的底边是12 cm,高是6 cm。

　　米丽娅　计算面积就很简单了,一个三角形的面积是(12 cm×5 cm)÷2=60 cm^2÷2=30 cm^2,另一个三角形的面积是(12 cm×6 cm)÷2=72 cm^2÷2=36 cm^2。

　　罗伯特　两个面积之和是30 cm^2+36 cm^2=66 cm^2。

　　萨　沙　会啦,小黑怪,答数不是66 cm^{2}吗?

　　(嘟嘟又重复了一句。)

　　(小黑怪又要溜走了。)

　　小黑怪　你们竟靠人帮助,太狡猾啦!

　　(在他的嘟嘟哝哝声中,身影又消失了)。

数学世界探险记

1. 求下列多边形的面积,你也不要被小黑怪吓住啊!

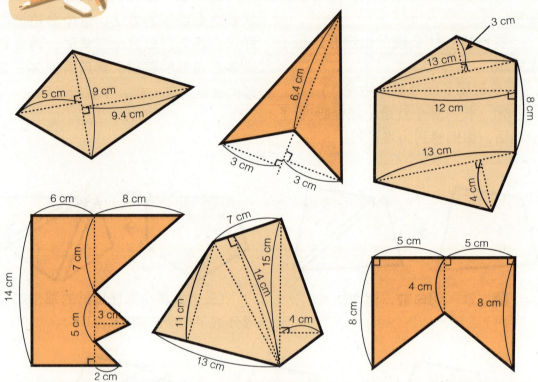

2. 求下列面图形中画斜线部分的面积。

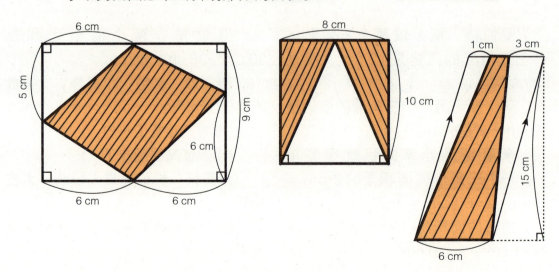

做面积游戏

（一场精彩的杂技表演宣告结束了。休息片刻，米丽娅他们三人去买冰淇淋，走出帐篷一看，一片漂亮的沙场展现在眼前，啊！大块头和胖噜噜在摆贝壳玩呢！）

米丽娅　你们做什么游戏呢？

大块头　用12个贝壳，摆自己最喜欢的图形。

胖噜噜　这是比赛，先把一些贝壳像站排那样按行列摆得整整齐齐的，行列的距离都相等，然后自己任选12个贝壳，依次用直线把它们连成封闭图形（横连、竖连、斜着连都可以），谁的图形所占的面积大，谁就胜利。

萨　沙　挺有意思。

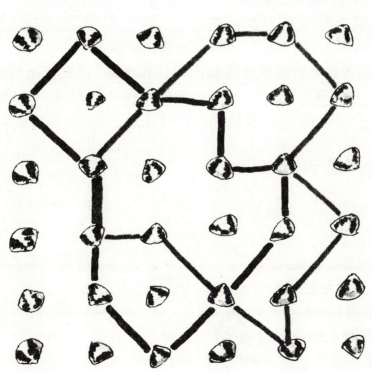

米丽娅　你们俩比赛时，规定要连12个贝壳，对吧？

萨　沙　这很有趣！

罗伯特　按规则，斜着连也行。在联结的每条直线上有几个贝壳都可以吗？

大块头　嗯！你们说得对，我和胖噜噜都选好了12个贝壳，像下面的图那样。

胖噜噜　不管怎么说，看来我胜了，对不？

大块头　咱们不主张胜不胜。

胖噜噜

大块头

胖噜噜　那么，就玩玩吧！

萨　沙　哪个图形所占的面积大，很难计算。

米丽娅　如果数一数用线所圈起来的贝壳的数，就知道了吧？

罗伯特　不对，应一一地数方格。

萨　沙　那倒是个很麻烦的游戏啦！

大块头　有办法让你很快就明白，我来教你们。

（这时胖噜噜显得很高兴。）

胖噜噜　还是我胜啦！大块头是10，我是11啊！

大块头　啊！我又输啦！

（大块头深深叹了一口气。）

萨　沙　怎么能那么快就把面积计算出来呢？

胖噜噜　说来倒也简单，图形里面的点数 $+ \dfrac{联结点数}{2} - 1 =$ 面积。

用这个公式计算我的图的面积为

$$6 + \dfrac{12}{2} - 1 = 11$$

计算大块头的图的面积为

$$5 + \dfrac{12}{2} - 1 = 10$$

所以我胜了！

罗伯特　用这个式子就能计算出面积？

萨　沙　真不可思议！

胖噜噜 认为不可思议，就自己做做看吧!

大块头 连点时，即使斜向连远离的点也可以，选多少个贝壳都可以比赛，对你们来说关键是学会求面积。

萨　沙 咱们不比赛，但是一定要把怎样计算面积搞明白。用20个点连成一个大象的图形，看看面积是多少?

罗伯特 用13个点连成一个鱼的图形。

（下图就是他们俩人摆的。）

米丽娅 利用前页的公式，求出面积吧!

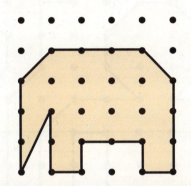
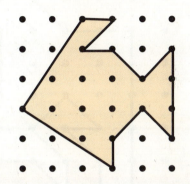

米丽娅 上面的大象，被圈的点是7个，周围连的点是20个，所以

$$7+\frac{20}{2}-1=16$$

下面来验证这个结果。

萨　沙 上面的鱼，被圈的点是7个，连的点是13个，所以

$$7+\frac{13}{2}-1=12.5$$

是否对，再验证一下。

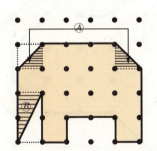
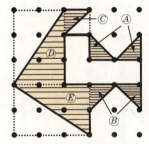

米丽娅 如上图，完整的小正方形有14个，每一个的面积为1。Ⓐ的面积为1，Ⓑ的面积为2的一半，也就是1。图形的总面积为14+1+1=16，利用公式来求出的面积也是16，对了。

罗伯特 这挺有意思的。

萨　沙 图中所围的空格有4个，面积为4。Ⓐ的面积为1，Ⓑ的面积也为1，Ⓒ的面积为0.5，Ⓓ的面积为6的一半，也就是3，Ⓔ的面积也是3，图形总面积是

$$4+1+1+0.5+3+3=12.5$$

真神了，和公式计算的结果一样。

数学世界探险记

啊呀!有许多动物啊!各自所占面积都是多少?当然,你知道简单的求证方法啦。

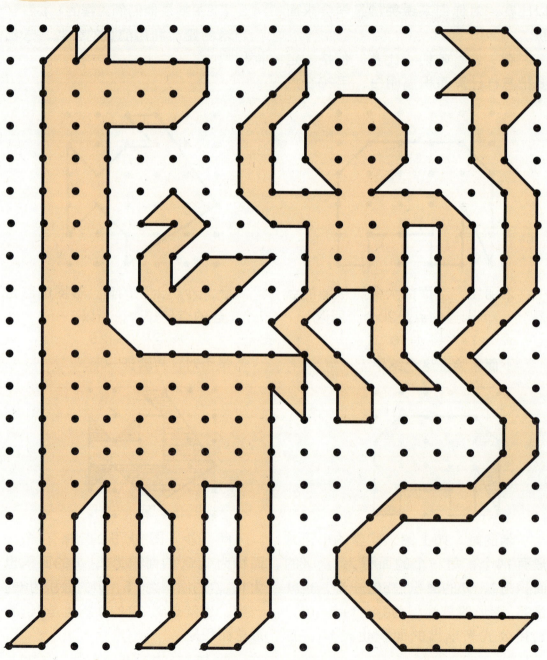

大家都会了吧?如能熟练运用公式,就格外地简单。

团　长　下一个节目是"狮子钻火圈"。大家都进来吧!

（杂技团团长从帐篷后露出头，向大家说了一声。）

米丽娅　好!马上去!

（这时团长从帐篷里走出来。）

萨　沙　这只小羊真可爱啊!

团　长　这是一只无一技之长的羊，而且还非常贪食，不过，可有一点，这就是小羊擅长一边转，一边把周围的草吃得一干二净，最后吃成个漂亮的圆。后来我们都说这是一只无一技之长，但擅长画圆的小羊。

（团长哈哈大笑起来。）

画圆

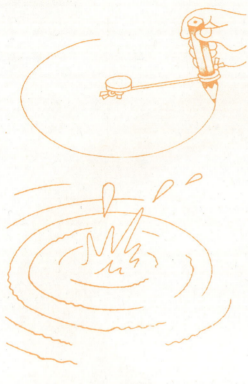

（团长一边回帐篷，一边说。）

团　长　没有圆规，怎么画圆呢？

（米丽娅想起没有一技之长的小羊的画圆的本领。）

米丽娅　固定绳子的一端，另一端绕着这个固定的一端转一圈，就画出圆了，如左图所示。

嘟　嘟　我想的有点不一样。把石头投入池水中，就形成了一个接一个的圆，它们不断地扩大。

罗伯特　嘟嘟，不管在水面上形成多少个圆，能把它移到纸上来吗？

嘟　嘟　好像浮在池中的月亮那样……

罗伯特　用绳画圆也可以，不过绳有伸缩性啊！我想，还是使用纸条好，像左图那样，用图钉把纸条钉上一端，另一端就能画出完整的圆来。

萨　沙　在校园或游艺的场所画大圆时，可像左图那样，一个人固定站在中心，紧紧拉住另一个人的手，就能画出很标准的圆。

团　长　大家都很伶俐。那就请在这张纸上画个大圆吧！

（团长拿出一张边长大约为1.5 m的正方形大纸。）

萨　沙　用什么样的方法在纸上画圆呢？

米丽娅　这样吧！咱们把这张纸折几次。

罗伯特　那就这么做做看。

（三个人就将这张大正方形纸像右图那样以正中间为中心开始折叠，仔细折成16层，用针扎个孔。一打开……）

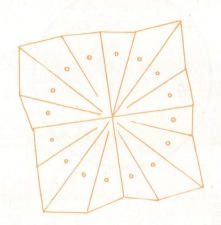

米丽娅　这些针眼就形成了一个圆。真圆啊！

团　长　谢谢。

（杂技团团长这么说完，便登上了舞台，用纸打开，贴了一个大木架上，又啪啪地甩了几下手中的鞭子。）

团　长　大家注意，现在开始表演狮子钻火圈。

（说着团长从兜里掏出打火机，迅速地用火点燃了纸上的圆圈。眼看火燃烧起来了。随着一声吼叫，一头雄狮穿过熊熊燃烧的火圈。于是掌声四起。）

萨　沙　好厉害呀！

（钻火圈是非常精彩的表演。团长成功地驯服狮子，狮子出色地穿越了火圈。）

关于圆的问题

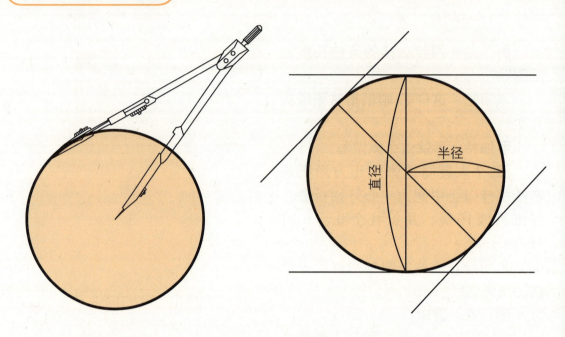

开心博士 狮子钻火圈已经表演完了。现在我给大家讲讲关于圆的问题。说起来挺简单，你们就轻松地听吧！固定线段的一端，把它作为中心，另一端绕这个中心旋转一周，就形成了圆，这个中心叫圆心。从圆心到圆上任一点的线段的长，叫做半径。圆被两条平行直线所夹时，两直线间的距离就是半径的2倍。

罗伯特 也就是通过圆心并且两端点都在圆上的线段叫直径。

开心博士 对啦。那么圆的周围叫什么呢？

米丽娅 叫圆周。

开心博士 左边这个图形叫做扇形。两条半径所夹的角叫圆心角。那段曲线是圆周的一部分，叫做弧。

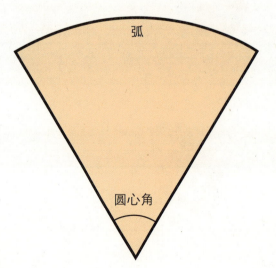

画正多边形

肥胖的小丑好久没露面啦!这回又和蔼可亲地走了出来,手拿一把圆伞。他不停的转动伞把,圆伞滴溜溜地转。小丑突然转过身去,又马上转过来了。

小　丑　请你看!圆伞变成正八边形的伞了。

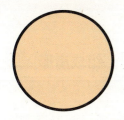   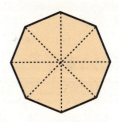

萨　沙　多么神奇的技艺啊!

罗伯特　怎么做一个正八边形呢?

米丽娅　我想,这很容易做。在一张纸上画一个圆,用剪刀把它剪下来,先把这个圆通过圆心折叠一下,变成了半圆,再对折一次,变成了 $\frac{1}{4}$ 圆,再折一次,变成了 $\frac{1}{8}$ 的圆,也就是扇形。把扇形圆弧的部分像上图那样剪掉,然后打开这个折叠的纸,就成了一个正八边形。

萨　沙　这招很妙,很好!

开心博士　还是验证一下这个八边形是否是正八边形。

罗伯特　正多边形边长、内角的大小都是相等的。

米丽娅　我们剪出的这个八边形,几个边长度都相等,内角都是135°,所以它是正八边形。

开心博士　那么正八边形的中心角多大?

萨　沙　360°÷8,得45°。

开心博士　完全正确。

数学世界探险记

罗伯特　把一个圆折几次，剪切掉弧的部分，形成正多边形时，无论怎么对折，形成的多边形边数一定是偶数。三角形，五边形等边数为奇数的多边形，怎么做出来呢？

萨　沙　不用折，比如正三角形吧，每个中心角是360÷3=120°吧！用量角器测出中心角，就可画正三角形了！

米丽娅　是的，那么再画个正五边形看看！正五边形的中心角为360°÷5，即72°，把圆分成五个扇形，依次联结半径端点，便组成正五边形。

（于是3个人画成了如下正五边形。）

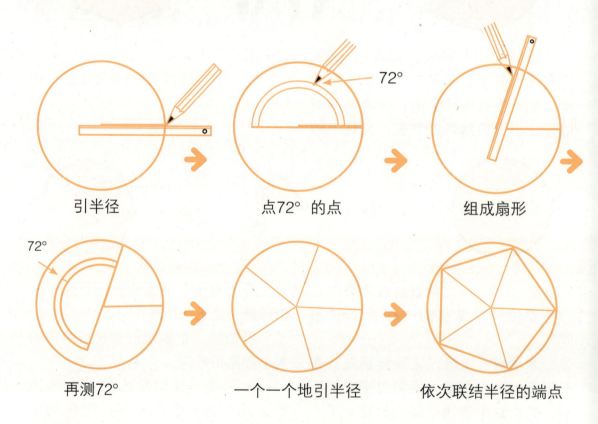

引半径　　　　　点72°的点　　　　组成扇形

再测72°　　　　一个一个地引半径　　依次联结半径的端点

下列面图形是正多边形，求各个中心角，你也画画看！

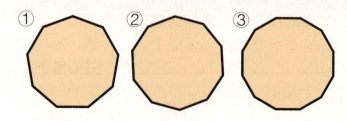

① ② ③

画简单多边形的方法

大块头 现在我教给大家用折纸带构成正五边形的方法，如下图所示。

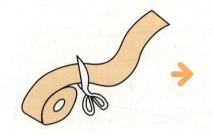 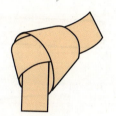 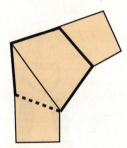

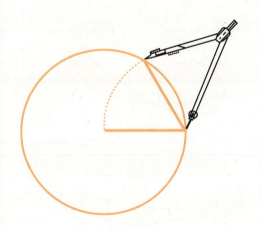

大块头 再看正六边形的画法。可像前一页画正五边形那样，先测圆心角再画六边形。可是还有更简单的方法。先用圆规画一个圆。像左图那样，用圆规依次将圆周六等分，把这六个等分点依次用直线连起来，就是一个正六边形。正六边形的一个边长正好等于圆的半径。

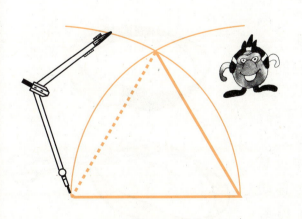

胖噜噜 正三角形的画法大家都知道了，可是先测圆心角就麻烦了。下面给大家一个只用圆规和直尺就能画正三角形的办法。取一条边，分别以它的两个端点为圆心，以这个边长为半径画圆弧，两弧的交点与这条边的两个端点连线，就画出了一个正三角形了，如左图所示。

147

奇特的纸环

大家曾经用纸条折出了正五边形。现在再教给你们一个用纸条制作奇特的纸环的方法，这是一个非常奇特的纸环。

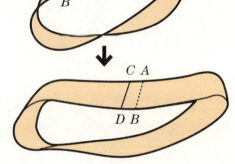

大块头　制作过程如图①，首先准备一个适当长的纸条。从练习本上截取一条就可以了。接着扭转一下纸条，然后按照扭转后的样子，把纸条的两端粘在一起，纸环就做成了。简单吧？这样简单的纸环奇妙在哪里呢？

比如像图②那样，只在纸环的外侧涂颜色，涂着涂着，就连内侧也涂上颜色了。原打算涂内侧，涂着涂着，就涂到外侧去了，奇怪吧！原来它是个分不清内侧和外侧的纸环。还有，如果像图③那样，用剪子从纸环中央顺着纸条方向剪开纸环就变成两个了吗？不是那样，没有把纸环剪成两个，仍然是一个纸环。如果再把这个纸环用剪子从中央顺着纸条方向剪开，纸环变成两个纸环。你动手做一个这种奇特的纸环，再用剪子剪剪看，这个奇特的纸环叫麦比乌斯带。

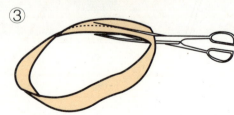

圆的面积

萨 沙 杂技团的那个无一技之长的小羊食欲大振,把草地上,凡是它能吃得到的地方的草都吃光了。小羊把草吃光的这个圆的面积有多大?

罗伯特 下面思考一下如何求圆的面积。现在算一下半径为 10 cm 的圆的面积吧!

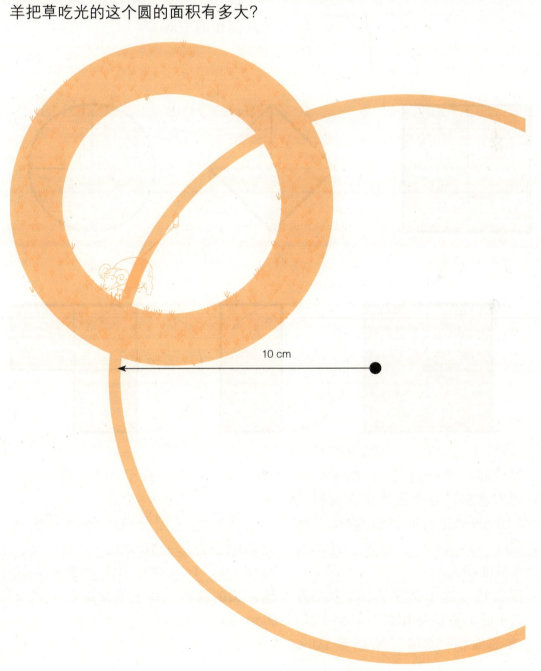

10 cm

数学世界探险记

罗伯特　下面的一个图是半径为10 cm的圆，正好装在一个正方形里，另一个图是同样大的圆，正好容纳一个正方形。思考一下，这个圆的面积吧！

萨　沙　圆的面积居于这两个正方形面积的中间。

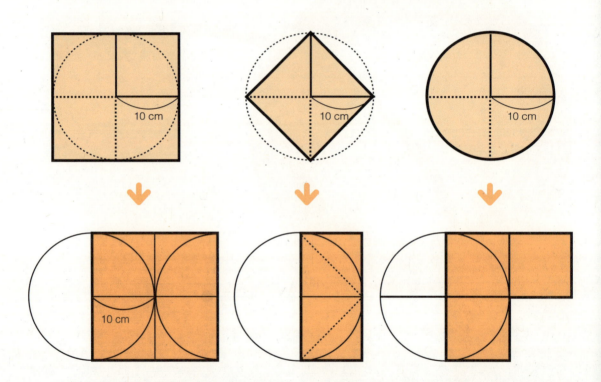

罗伯特　半径为10 cm的圆恰好装在正方形里，这个正方形的面积是1边为10 cm的正方形面积的4倍，所以是 $10×10×4$ cm², 当然，这个面积比圆的面积大。

罗伯特　这个圆里容纳1个正方形。这个正方形的面积是1边为10 cm的正方形面积的2倍，所以是 $10×2$ cm², 这个面积当然比圆的面积小。

罗伯特　因此这个圆的面积比开始的正方形的 $10×10×4$ cm²小，而比 $10×10×2$ cm²大。取其中间值，圆的面积大体上不就是 $10×10×3$ cm²吗！

米丽娅　我想这样求圆的面积：在圆里画边长为1cm的方格，数一数圆占有多少个这样的方格就知道它的面积了。由于数整个圆的方格很麻烦，就画半径为10 cm的圆的 $\frac{1}{4}$ 吧!

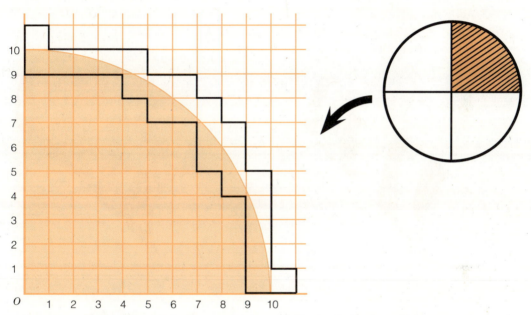

萨　沙　数方格吗？

米丽娅　如果能数出来就能得出正确答案。

萨　沙　不过，圆是圆的，方格是四角的，不能准确地数清，怎么办？

米丽娅　试试吧！

（米丽娅这么一说，就开始数起方格来，于是……）

圆的 $\frac{1}{4}$ 占有完整方格67个，加上不完整方格，共90个。

米丽娅　所以圆的 $\frac{1}{4}$ 的面积正好在67 cm² 和 90 cm² 之间。取 (67 cm²+90 cm²)÷2=78.5 cm²，所以圆的面积是 78.5 cm² × 4=314 cm²。也就是说半径为10 cm² 的圆的面积约为314 cm²。

罗伯特　按我的做法，这个圆的面积是300 cm²，看来米丽娅的做法更为准确。

米丽娅　我和你的想法是一样的。半径为10 cm的圆的面积为1边为10 cm的正方形面积的3.14倍，所以半径为10 cm圆的面积=10×10×3.14 cm²。

数学世界探险记

圆周长

舞台上开始演出的节目叫熊踩球。可是,两只黑熊却一先一后地驾驭着两个滚动的圆柱。

(开心博士高兴得眯缝着眼睛说。)

开心博士 我觉得这个滚动的圆柱可提示我们如何测量圆周长!这里有直径为 6 cm 的圆柱形杯子,圆周长是多少呢?

(萨沙眼睛一亮。)

萨 沙 啊!我明白了。让这个杯子像踩球那样滚动就可以了。

罗伯特 用绳子也能测。但是用滚动圆柱的办法测圆周长更准确。

(萨沙确定圆周上一点为出发点,慢慢滚动杯子,测了从杯子上的一点整整转一周的长度。)

萨 沙 是 18.85 cm。开心博士,直径为 6 cm 的圆的周长是 18.85 cm。

(萨沙睁着滴溜溜的一双大眼睛。)

萨 沙 开心博士,用直径 6 cm 除圆周长 18.85 cm,约得 3.14。

罗伯特 刚才已得到半径为 10 cm 的圆的面积是 10×10×3.14 cm²。

萨 沙 是啊!这个 3.14 和刚才的 3.14 有什么关系吗?

3.14

开心博士 哎呀!萨沙出色的回答使我十分惊讶。这可是件很了不起的事情。3.14实际上叫圆周率。任何圆的周长都等于直径乘圆周率。

像图①那样,直径为10 cm的圆正好放到正方形中,正方形的周长是直径的4倍。

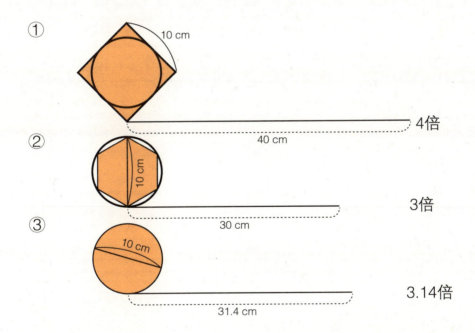

开心博士 像图②那样,将正六边形放到直径为10 cm的圆中。正六边形的一边和半径相同,所以正六边形周长为5 cm×6=30 cm,是直径的3倍。像图③那样,直径为10 cm的圆滚动一周,为31.4 cm,是直径的3.14倍。因此,求圆周长的式子为:

圆周长=直径×圆周率=直径× 3.14。

萨沙发现了圆周率,虽然说对数学现在不算拿手,也许将来能成为数学家。

(由于开心博士过于夸奖萨沙,弄得可爱的萨沙面红耳赤,垂下了头。)

圆周率无限小数

小个子　3.14是圆周率。可是正确地说，圆周率是个无限小数，写为3.141 59…，像下面写的那样，即使写到小数点后10万位，还能继续写下去。圆周率用π这个记号表示。

因此，圆周长=直径×π。过去也有人因为终生热衷于对π的计算，做出了突出贡献成为了数学家。

3.1415926535897932384626433832795028841971693993751058209749445923078164062862089986280348253421170679821480865132823066470938446095505822317253594081284811174502841027019385211055596446229489549303819644288109756659334461284756482337867831652712019091456485669234603486104543266482133936072602491412737245870066063155881748815209209628292554133053264

用圆周率表示圆的面积

开心博士　使用圆周率表示圆的面积和以后要学的球的体积都很方便。现在我们大家一块考虑使用 π 求面积的方法。

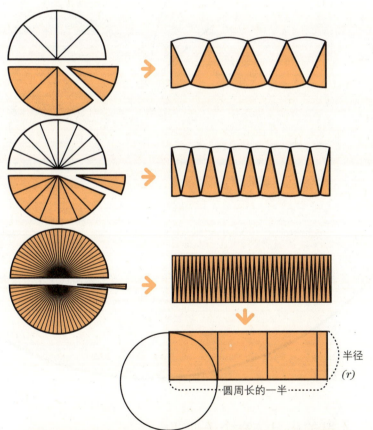

开心博士　把圆分成若干等份(左图)，然后把它剪开，再照左图的样子把它拼起来。

罗伯特　把圆等分的份数越多，拼成的图形就越接近长方形。

开心博士　是这样。这个长方形的长相当于圆周长的一半，宽就是圆的半径。明白了吧！因此，圆的面积是半径×(圆周长÷2)，半径用 r 表示，像左图那样。

萨　沙　的确是这样，这也太有意思啦！

圆的面积 = 半径 × 圆周长 ÷ 2 =
半径 × (半径 × 2 × 3.14) ÷ 2 =
半径 × 半径 × 3.14 =
半径 × 半径 × π =
$r × r × π$

数学世界探险记

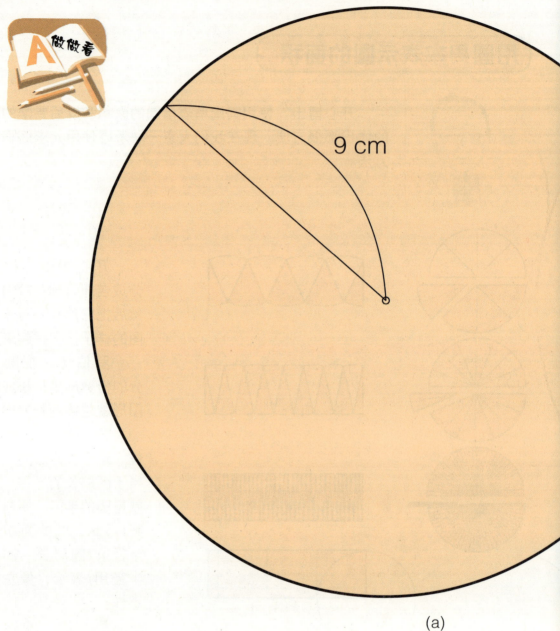

(a)

杂技团演出间歇时间,肥胖的小丑、高个子小丑高兴地吹肥皂泡玩。他们吹出的是五颜六色的,像小气球那样美丽的大小不同的肥皂泡。

现在请你们做做下列三个问题:

① (a)的圆周是多少厘米?

② 求(b)的圆的面积。

③ 求(c),(d),(e)中画斜线部分的面积。

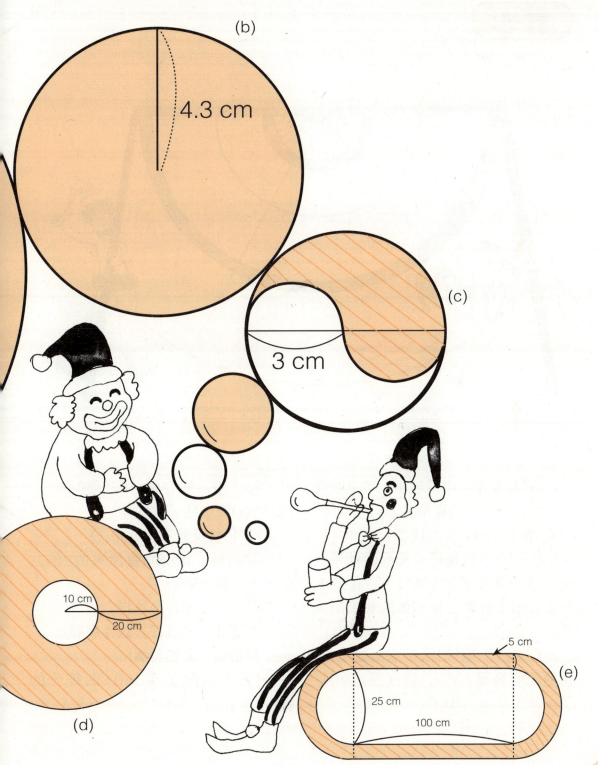

扇 形

　　(好像要在空中荡秋千,可是在舞台上挂着一个大的量角器。)

　　(高个子小丑又出现了。)

　　小　丑　这是研究扇形的秋千。通过这些道具要了解什么呢?是要大家知道扇形的圆心角和弧的长度的关系。

　　萨　沙　啊!把秋千荡出去了!最初的圆心角是45°,现在摆成90°了。

　　小　丑　圆心角由45°到90°,成2倍啦!而弧的长度怎样?

　　(罗伯特沉思了一会儿。)

　　罗伯特　圆心角是原来的2倍,弧长不也得2倍吗?

　　萨　沙　也许是这样。

　　米丽娅　怎么证实这件事呢?

　　罗伯特　画图看看!

　　(三个人画了将360°四等分的圆。)

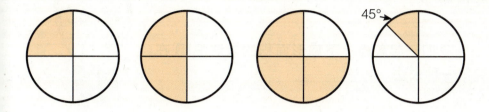

罗伯特 圆心角的90°的2倍是180°，弧的长度如何呢？

米丽娅 2倍呗！

罗伯特 90°的3倍是270°，弧长是原来的3倍。

萨沙 不仅是弧长改变，圆心角3倍后，扇形面积不也变3倍了吗？

罗伯特 确实是那样。把90°的圆心角二等分，成为45°，扇形面积也被二等分了，如上图所示。

米丽娅 圆心角和弧，圆心角和扇形面积成比例，如下表所示。

圆心角	$a°$	$a°×2$	$a°×3$	$a°×4$
弧长度	l	$l×2$	$l×3$	$l×4$
扇形面积	S	$S×2$	$S×3$	$S×4$

开心博士 相等的圆或同一圆中弧的长度、扇形面积都与圆心角成正比。那么，在半径为 r cm 的圆中，圆心角为1°的扇形的弧长是多少厘米呢？

米丽娅 首先，圆周长是 $r×2×π$。

萨沙 因为扇形圆心角是1°，所以圆周长乘 $\frac{1}{360}$，就是这个扇形的弧长。

罗伯特 妙！就是 $r×2×π×\frac{1}{360}$。

米丽娅 那么圆心角是5°时呢？

萨沙 $r×2×π×\frac{5}{360}$。

开心博士 归纳一下

参考第6册的《神奇莫测的箱子》。

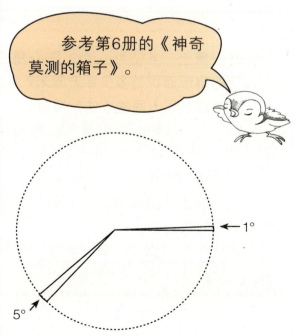

弧的长度 $=r×2×π×\dfrac{圆心角a°}{360}$

扇形的面积

开心博士 我们一起考虑一下扇形面积的求法吧!现在我们先来研究第一种求法。

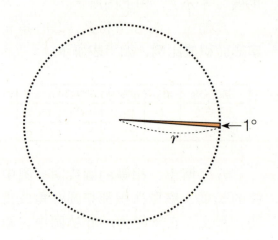

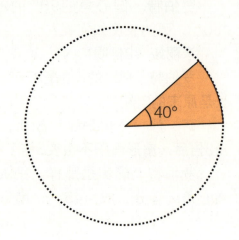

开心博士 半径为 r cm,圆心角为 $1°$ 的扇形的面积是多少平方厘米?

萨 沙 圆的面积是 $r×r×π$。

罗伯特 $1°$ 的圆心角是一圆的 $\frac{1}{360}$。

米丽娅 扇形面积也与圆心角成正比,所以这个面积是圆面积的 $\frac{1}{360}$。

萨 沙 就成为 $r×r×π×\frac{1}{360}$。

开心博士 半径为 r cm,圆心角为 $40°$ 的扇形面积是多少平方厘米?

米丽娅 用上面的求法就可以。

萨 沙 圆的面积乘 $\frac{40}{360}$ 就行了。

罗伯特 也就是 $r×r×π×\frac{40}{360}$。

开心博士 是那样,在一般情况下用下列公式:

$$扇形面积 = r×r×π× \frac{圆心角 a°}{360}$$

开心博士　现在研究扇形面积的第二种求法。

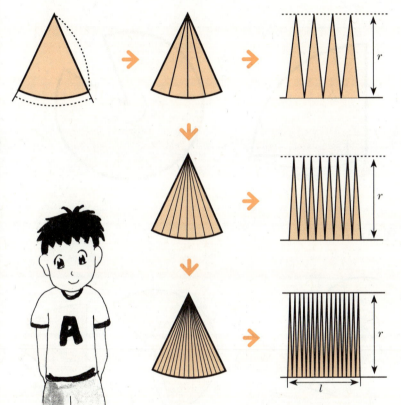

开心博士　像切西瓜那样把扇形剪开后，摆在那里。再切细些，则各段弧渐渐接近直线。

被切得的每一个扇形，逐渐变得近似于三角形了。

开心博士　现在求扇形的面积吧！

米丽娅　三角形的面积的求法是底边×高÷2，高像半径r那样，底边变成什么样呢？

罗伯特　一个一个的三角形底边不清楚，可是把它们的底边全部加起来，不就是扇形的弧长吗？

萨沙　是啊！这个扇形的面积就相当于底为弧长、高为半径的三角形的面积。

罗伯特　即扇形的面积是弧长×半径÷2，也就是

扇形面积＝e　×　r　×　$\frac{1}{2}$
　　　　　（弧长）（半径）

开心博士　嗯！好啊！这个问题有趣吧！

1. 求下列扇形的弧长。

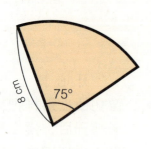
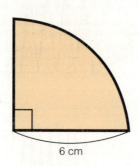
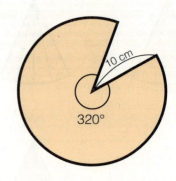

2. 用圆心角求下列扇形的面积。

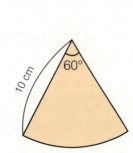
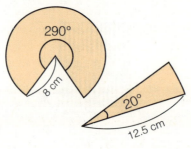
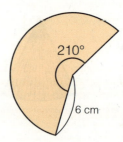
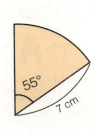

3. 用弧长求下面扇形的面积。

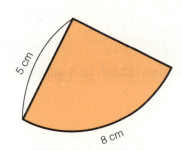
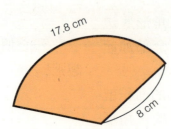
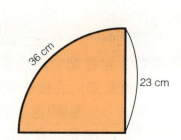

关于圆的故事

开心博士　圆形的东西在自然界中，到处可见。如天体、果实、球、舒展着花瓣盛开的花都是圆的形象，再比如汽车、自行车的车轮不都是圆的吗？只要你环顾一下你的房间，就会发现许许多多圆的物品，可见圆在日常生活中应用十分广泛。

如果设想从机器上去掉圆轮、齿轮等零部件，旋转的机器只好停转了，我们的生活也就停止了。有人说，不利用圆的话，现代文明就要遭到破坏，我看这句话一点也不过分。

由于人们生活、现代文明都离不开圆，所以自古以来就有许多人下大气力研究它的性质和应用。在古希腊有个叫阿里基梅特斯的人提出了圆周率是$\frac{22}{7}$，很接近准确数字。在公元450年左右，中国的祖冲之提出：①圆周率介于3.141 592 6和3.141 592 7之间；②以$\frac{22}{7}$作为约率，$\frac{355}{113}$作为密率，用它们近似地代表圆周率，$\frac{355}{113}$已惊人地接近圆周率，准确到六位小数。

顺便提一下，日本有一位叫关孝和(?—1708)的著名数学家，他提出"圆理"这一理论，他的学生能正确计算到圆周率的第54位小数，这可以说是当时世界最详细又最正确的计算圆周率的方法。

椭圆

耀眼的灯光照到舞台上跳舞的孩子们身上，萨沙发现那个圆圆的光圈斜射到舞台上形成细长的圆。

开心博士　啊！那个形状叫椭圆！

拿一个袖珍灯泡，让光射到白纸板上，光圈会变成什么样呢？请看下面的实验。

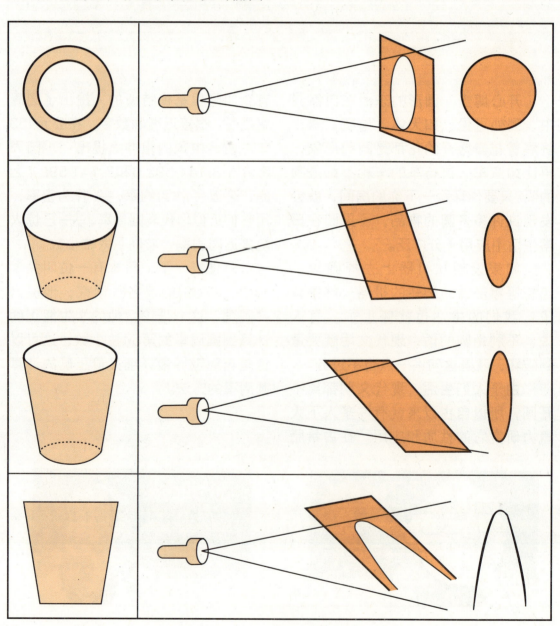

画一画椭圆

开心博士 从正上方看杯子，就能看见一个标准的圆。如果把袖珍灯泡垂直放在纸板前时，就映出标准的圆。

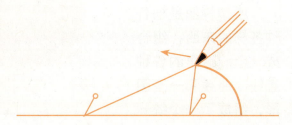

把纸板倾斜一下看看，纸板映出的光圈呈椭圆形，而斜着杯口也呈椭圆形。

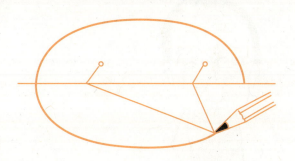

把纸板再倾斜一下看看，光圈变得细长，如果视线几乎平行于杯口的话，所看到的杯口就呈这种细长的椭圆。

如果继续倾斜纸板，光圈的一方会从纸板上脱落，成为抛物线。无论怎样看杯子也不能看到这种曲线。

喜鹊 我教给你们一个画椭圆的简单方法。取一根绳子，用两根针固定绳的两端，像上图那样，用铅笔的尖将绳牵直，不断移动铅笔，就可画出椭圈了。

你们也试试看。

数学世界探险记

所谓构图是把各种各样的东西,组合成一个。这里的各种直线、曲线和一些图形,组成了一个统一体。

构图Ⅷ

数学世界探险记

焰火晚会上,肥皂泡接连不断地如同圆盘一般飞向空中。

一个圆,又一个圆
1926年

由各种各样大小不同的圆组成了这幅美丽的画面。

构图
1923年

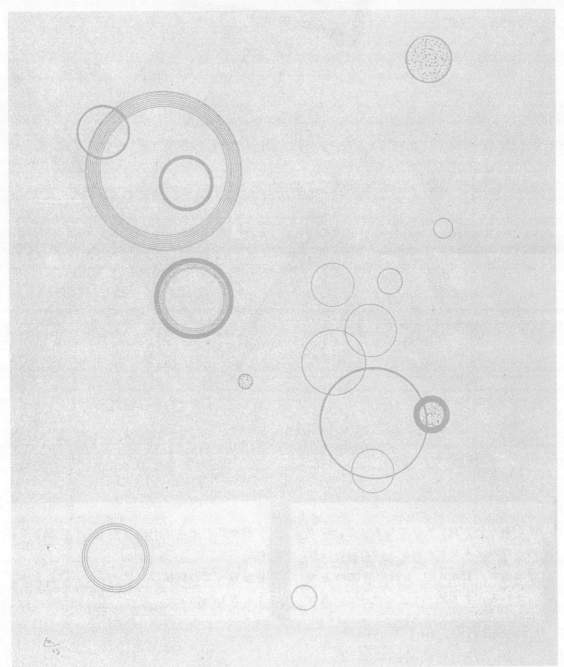

放缩尺

幕一拉开，大家都很吃惊。像机器人手腕一样的机器在舞台上来回运动。小丑在一张图上描着，机器上的数支笔在几张画布上同时画出形状相同但大小不等的图来。

萨　沙　好厉害的机器呀！

（正在描图的小丑彬彬有礼地点着头。）

小　丑　这台机器叫放缩尺，利用放缩尺可以把一个图形放大或缩小。

数学世界探险记

相似

舞台上突然间暗了。小丑们开始放映幻灯，在位置不同的3块银幕上都映出了熊猫的图像。

米丽娅　3块银幕上的图像大小不同啊！

罗伯特　杂技团又打算做什么？
(开心博士微微点一点头说。)

开心博士　大概是研究相似的问题吧！

(一个小丑用两块银幕，清楚地映出下面那样的折线。)

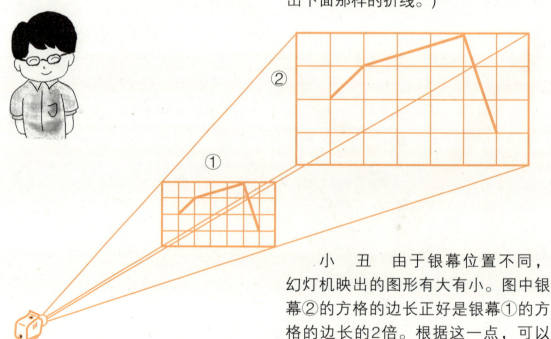

小　丑　由于银幕位置不同，幻灯机映出的图形有大有小。图中银幕②的方格的边长正好是银幕①的方格的边长的2倍。根据这一点，可以说，银幕②的折线的边长恰好是银幕①的折线的边长的2倍。

开心博士 银幕②的折线的边长是银幕①的折线的边长的2倍时,两折线中的角之间有什么关系。

米丽娅 我认为对应角是相等的。

开心博士 对!我们接着研究吧!

开心博士 先看一下左边方格上的折线ABCD和折线abcd的关系吧!

萨 沙 点a处在从点O通过点A的直线上,Oa的长度正好是OA的2倍。

米丽娅 点b,c,d也与B,C,D相对应,像萨沙说的那样,Ob=2OB,Oc=2OC,Od=2OD。

罗伯特 边长也成为2倍。

萨 沙 因此折线abcd和折线ABCD形状相同,只是大小不等。

开心博士 也叫做折线abcd和折线ABCD相似。这时,把O叫做相似中心,这样的两个图形叫做有相似位置,方才提到的这个2倍的2叫倍率。

那么,再看下面的图吧!

米丽娅 这回不是扩大,而是缩小了。

萨 沙 Oa是OA的$\frac{1}{4}$,折线每边长也变为原来的$\frac{1}{4}$了。

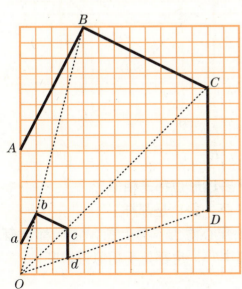

开心博士 这两个图形仍然相似,把折线ABCD扩大到$\frac{1}{4}$成为了折线abcd。

罗伯特 扩大到$\frac{1}{4}$,这个词挺怪的。

开心博士 不过,也可叫$\frac{1}{4}$倍。

判断相似形

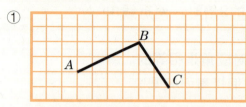

小 丑 在左边的图①，②中的折线相似吗？如果移动一下能把它们放到相似的位置上去，就可以说这两个图形相似，但是……

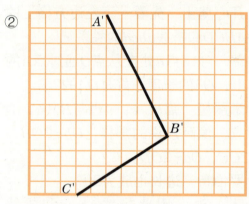

萨 沙 在方格纸上，以O为相似的中心，画出两条折线，如图③所示。

罗伯特 它们正好处在相似位置上。

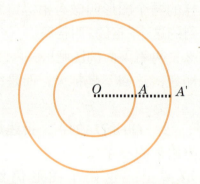

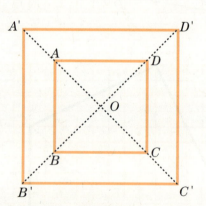

米丽娅 图①，②中的折线相似。

罗伯特 嗯！所有的圆都是相似形，所有的正多边形也都是相似形。

萨 沙 是那样。

开心博士 看上图，它们都自有相似中心，也都处于相似位置吧！

相似和边角表

小　丑　我提个问题，下面是Ⓐ，Ⓑ两折线的边角表，这两个图形是否相似？

Ⓐ 折线ABCDE→5 cm—120°—3 cm—100°—2 cm—130°—4 cm

Ⓑ 折线A'B'C'D'E'→2.5 cm—120°—1.5 cm—100°—1 cm—130°—2 cm

萨沙做的图（Ⓐ）

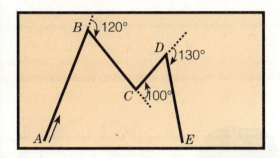

罗伯特做的图（Ⓑ）

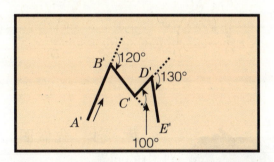

米丽娅　如左图，把折线Ⓐ，Ⓑ放在相似的位置上，Ⓐ和Ⓑ相似。

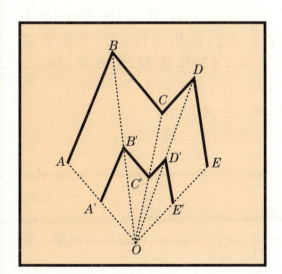

萨沙　仔细观察边角表，Ⓐ的各边长正好是Ⓑ的各边长的2倍，角相同。

罗伯特　看边角表，如果角相同，各边有一定倍率的话，这两个图形就相似。

开心博士　于是把2倍的2叫相似比或相似比率。

开心博士 大家大体上懂得了相似这个问题吧?那么,在下面的两个图中,折线ABCD和折线A'B'C'D'相似,请求图中的 x,y,z。

①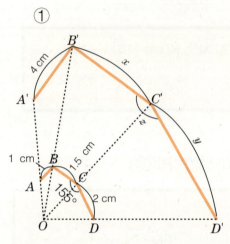

②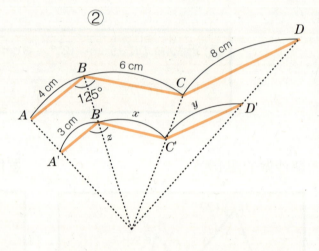

萨沙 先做图①中的问题。

米丽娅 比较AB和$A'B'$的长度,得知相似比是4。

萨沙 是那样,x的长度应是对应边BC的4倍,所以是1.5 cm×4=6 cm。y是2 cm×4=8 cm。

米丽娅 z照样是155°。

开心博士 做得很好!那么图②中的问题呢?

罗伯特 折线$A'B'C'D'$是$ABCD$的$\frac{3}{4}$。$\frac{3}{4}$是相似比,用$\frac{3}{4}$乘各边长,x,y的长度就得出来了。x是6 cm×$\frac{3}{4}$,为4.5 cm,y是8 cm×$\frac{3}{4}$为6 cm。

米丽娅 z是125°。

开心博士 现在归纳一下吧!

(1)相似图形对应线段长度的比等于相似比,对应角相等。

(2)给出两条折线的边角表时,如果对应边的比相等,对应角也相等,则这两条折线相似。

1. 把方格纸A的折线，画在方格纸B上（方格纸B的边长是方格纸A的边长的2倍），折线边长扩大了几倍？

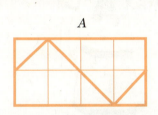
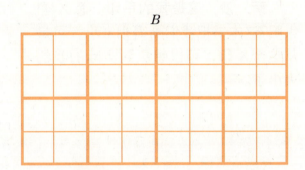

2. 联结折线的顶点和点O，按下列倍率画折线。(a)倍率2，(b)倍率$\frac{1}{2}$。

(a)
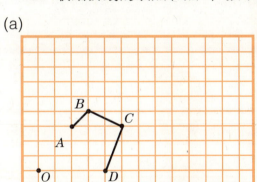

(b)
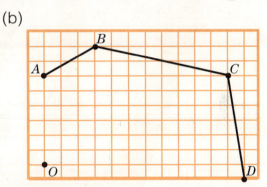

3. 折线ABCD和哪条折线相似？说明它的倍率。

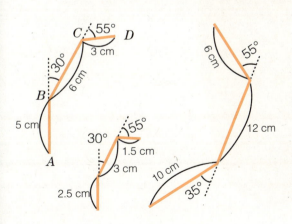
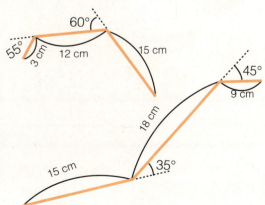

数学世界探险记

倍率和缩尺

萨 沙 这是我的手印。怎么样!大吧?这本书把我们画得相当小,可是从这个手印,可以想象到实际的我的大小了。

开心博士　左图是萨沙的照片。这个照片把1 m长表示为5 cm，所以说倍率为

$$5 \text{ cm} \div 100 \text{ cm} = \frac{1}{20}$$

也就是说，图片上的长度是实物的长度的 $\frac{1}{20}$。

罗伯特　把实际长乘 $\frac{1}{20}$，就得出实物在图上的长度。

萨　沙　图上长度的20倍，就是实际长度。

开心博士　是啊！把像这样比1小的倍率叫缩尺，一般说来缩尺有下列表示方法：

(1) $\frac{1}{100}$；(2) 1∶100；(3) 0 1 2 3 4 5m

右图是米丽娅的家的平面图，这个略图是用缩尺（$\frac{1}{100}$）描下来的，这个居室的长、宽各是多少米？

啊！哪个是实际的胖噜噜。

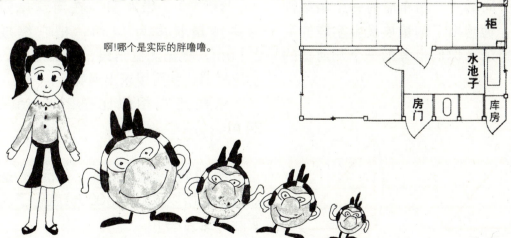

缩 图

演出休息时米丽娅三人走出帐篷。一看，在一条河流上有一只小船，可以看清船上人的姿态。

萨 沙　这条河有多宽？

米丽娅　河下游有座桥，到那个桥上去就可以测河的宽度。

罗伯特　如果没有那个桥的话，河的宽度就不能测量了吗？我觉得能测。

（听到这个，开心博士笑了。）

开心博士　古希腊有一个叫达雷斯的，他想出了测量埃及金字塔的高度的方法，你们也考虑一个测河宽的方法吧！达雷斯使用直角三角形，画出倍率小于1的图——缩图，知道了金字塔的高度。

萨 沙　是直角三角形吗？

罗伯特　啊！我明白了。考虑相似形吧！

萨 沙　如左图，在河这岸沿河岸测量长度为24 m，把它缩成2.4 cm，根据测量结果，画出缩图。利用相似比就可以求出河宽了。

米丽娅　相似比是 2.4 cm ÷ 24 m = $\dfrac{1}{1\,000}$。

罗伯特　对！缩图上的河宽是2.9 cm，所以取它的1 000倍就行了。实际河宽为29 m。

米丽娅 如果知道两个角的大小和这两个角所夹的边的长，就能确定这个三角形。因此，即使不用直角三角形也可以测量长度。

罗伯特 嗯，我也这样想。如右图，根据这个缩图，求出缩尺，不就可以求出由点B到点A的距离吗！

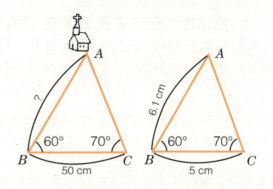

开心博士 请看一看这里的地图。

萨沙 图中缩尺有两个刻度共60 m，一个刻度是30 m。

米丽娅 1刻度30 m，这个缩尺不标准。

开心博士 那也可以。每一刻度代表30 m，看地图上标有"?"的距离有几个刻度，不就可以知道要求的距离了吗？

罗伯特 我计算出来了，这段距离是150 m。

开心博士 对啦。

右图是为了测量树高而画出的缩图，树高多少米？

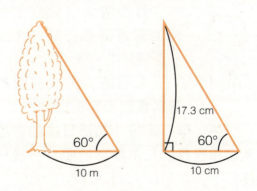

也有这样的相似

罗伯特 有一次我去参观"海洋展",看到了汽船的模型,3万吨的大船用缩尺缩成1 m左右的模型了。开心博士,这也可以说是相似吗?

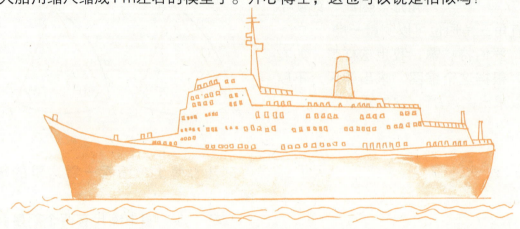

开心博士 世界上相似的东西很多,好好考虑一下吧!

米丽娅 男人喜欢的塑料模型和实物相似。

萨沙 读报才知道日本的赤坂离宫和巴黎的凡尔赛宫的照片一模一样。

开心博士 确实相似。

罗伯特 照片放大或缩小是怎么回事?

开心博士 如果没有依据相似的方法把东西扩大或缩小,地图就不会有,建筑或机械设计图也不存在,人类的文明将会土崩瓦解,所以,相似是很重要的。

1. 下边的图形中，哪个和哪个是相似的？

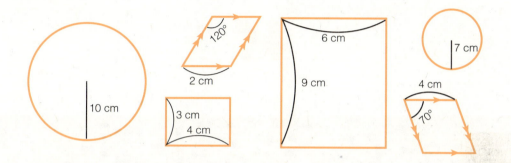

2. 折线 $ABCDE$ 和折线 $A'B'C'D'E'$ 相似，求 x，y，z。

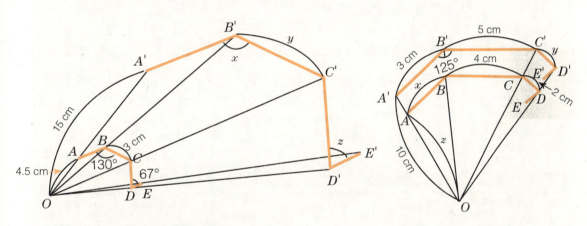

3. 将下表中的空白填上。

实长	倍率	图上的长度
2 mm	500	
1.2 cm	5	
20 m	$\frac{1}{10}$	
78 m	$\frac{1}{100}$	
5.2 km	$\frac{1}{1000}$	
200 km	$\frac{1}{10000}$	

实长	倍率	图上的长度
	400	2.1 mm
	10	2 cm
	$\frac{1}{5}$	7 mm
	$\frac{1}{5000}$	1 cm
	$\frac{1}{25000}$	7.5 mm
	$\frac{1}{100000}$	4.2 mm

数学世界探险记

用短线就能构成这样美丽的图案,我也要试一试。

由线构图
1917年

请你仔细看看这张画,这种画叫"点描画",无数的点聚集起来,就巧妙地表示出人和马等。

杂技
1891年

数学世界探险记

一些没有组装的东西
1929年

这是一幅难懂的画，有各种立方体，有人物、有鸟……

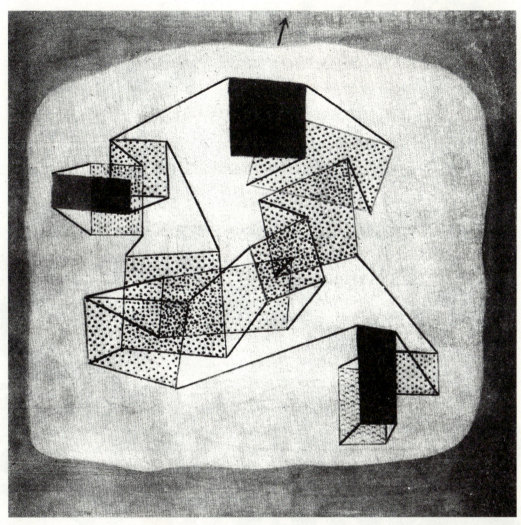

悬浮物
1930年

好像奇怪的手工纸，时而飞向那边，时而又飞到这边来……巧妙的构思，给人以立体感。

图形美术馆的工作到此结束。图形是挺有意思的，你有什么感想？

数学世界探险记

立体杂技演出开始了!

过了不长时间，杂技团的演员们又要登台演出了。舞台上摆上了各种道具。小丑们在积极做立体杂技表演的准备工作。

萨　沙　这是立体杂技！

罗伯特　所谓立体，就不是平面上的图形。

米丽娅　哎！舞台上的箱子，球以及杂技团的帐篷等都是立体吧！

大块头　在这之前，是在只有宽、长的平面上来考虑图形，从现在起要到长、宽、高的世界里来考虑图形。

嘟　嘟　立体杂技马上开演！

数学世界探险记

点动成线

秋千在舞台上空荡来荡去。音乐声一停,场内立刻传出女广播员的声音。

广播员　各位观众,现在大家所看到的是空中秋千表演。我们要说明点动成线的现象。

(照明停止了,舞台上刹时一片黑暗。)

广播员　请大家看秋千前端的小灯泡。

在黑暗中看到随着秋千来回摆动,闪烁着红、黄、橙各种颜色的小灯泡,画出了多么美丽的曲线啊!

萨　沙　我举个点动成线的例子吧!看,这个小男孩手里拿着一个灯,他飞快地摇着胳膊,手里的灯光就画出一道圆弧。

罗伯特　再举一例吧!

黑夜行驶在高速公路上汽车的前灯也是这样。

米丽娅　点上线香以后,香烟不是一点一点地向上冒吗?这不也是点动成线吗?写字时铅笔尖一动,画出了各种各样的线。

萨　沙　各种例子举不胜举啊!

线动成面

秋千上的小灯泡突然灭了!舞台上一片漆黑。

广播员 大家不要惊慌,下面利用秋千表演线动成面的现象。

(这时挂秋千的绳子发光了。随着秋千的摆动,秋千绳子上的莹光灯那样蓝色的光,形成由小到大的扇形的光面。)

米丽娅 真漂亮!

萨 沙 不过,点运动形成了线,线运动又形成了面,这和立体有关系吗?

开心博士 啊!不要急!马上就会明白了!

罗伯特 考虑一下线动成面的例子吧!

米丽娅 将蜡笔放在纸上,横着在纸上画会怎么样?

萨 沙 把蜡笔看做线,按你这种画法,线动就成面了。

罗伯特 再看汽车前窗玻璃上的刮水器。当下雨时,一扭动开关,刮水器就转动,于是玻璃窗上便形成一个没有雨点的扇面了。

萨 沙 啊!玻璃窗是曲面,线动还可能形成曲面啊!

嘟 嘟 把一条绷紧的绳子,拦腰切断,这个切面也是个面。

米丽娅 妙!嘟嘟,你说的完全正确。

面动……

萨 沙 面动会变成什么样呢?

米丽娅 真的,会变成什么样呢?

罗伯特 比如,圆一动……

(说着,他用手指圈成一个圆。这个圆迅速一动之后……)

罗伯特 变成圆柱了。所以,面一动,一定……

米丽娅 成为立体呗!

萨 沙 是的。哎呀!快看!

(舞台上,立体杂技演出开始了。)

(左上方的那个泛着银光的长方形在上下来回运动着,形成了耀眼的长方体。中央那个金色的直角三角形,绕着垂直于舞台的那个直角边飞速旋转,形成了像圣诞树那样的圆锥体。)

米丽娅 这可太美啦!

萨 沙 右上方那个半月牙似的图形也旋转起来了!看上去像个橄榄球。

罗伯特 果然是面运动起来就形成立体了。

1. 请你考虑一下，下面的立体究竟是些什么样的图形?它们是由什么图形运动生成的?

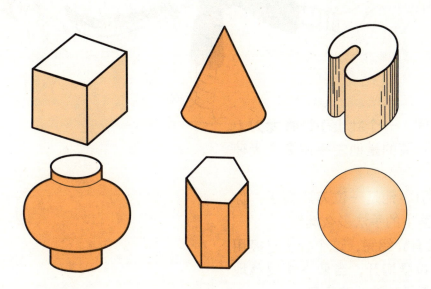

2. 下面的各种图形，如果朝箭头方向运动，会形成什么样的立体呢?请画一画吧!

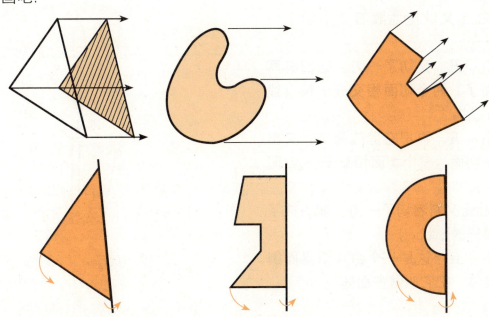

数学世界探险记

削萝卜能手

突然间，一个壮士手提青龙刀上了舞台，可笑的是他左手还拿个大萝卜。

小 丑 他是一位刀法高手，你看，他砍萝卜的手法多么娴熟。

(还没有介绍完，这个壮士已经用刀将萝卜拦腰切开，当萝卜快要落地时，唰一下子又被他接住了。)

小 丑 这个萝卜的切面是一个平面(图①)。

①

(壮士又敏捷地顺着萝卜切了一刀。)

小 丑 又切了一刀，这回有两个切面了。两个切面相交成一条直线(图②)。

②

小 丑 再把它劈成两半，又出现一个切面，三个切面相交于一点(图③)。

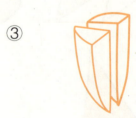

③

(壮士又斜着切了一刀，萝卜成了图④那样的形状。)

小 丑 这是一个由几个平面围成的立体，把它叫做多面体。

④

厨师上台献技

舞刀表演刚一结束，观众席上一位厨师兴致勃勃地飞奔到台上。

厨　师　我不光能切萝卜。每天几十千克的菜都由我来切，看我露一手给你们看看。

（说着厨师从手提袋里拿出一样东西来，还没等大家看清是萝卜还是土豆，厨师早已很快切成了像右边那样的几种多面体来。）

（对于这样神奇的动作，观众不断喝彩。）

开心博士　真是个手艺高超的厨师啊！

多面体根据它的面数，分为四面体、五面体、六面体。多面体的两个面的交线叫做棱，棱的交点叫做顶点。

而面最少的是四面体。请考虑一下，右边从①到⑤的这几个多面体都是几面体？

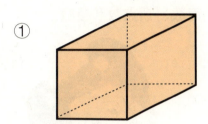

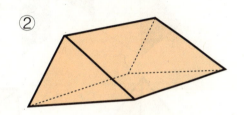

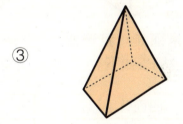

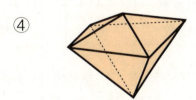

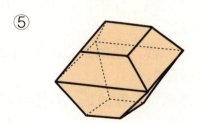

多面体的性质

开心博士 大家挑选一下你所喜欢的多面体，数一数你挑选出的多面体的面数、顶点数和棱数。

米丽娅 我选四面体，列表如下。

萨沙 我选长方体，列表如下。

罗伯特 我把房子作为多面体，列表如下。

四面体	
面数	4
顶点数	4
棱数	6

长方体	
面数	6
顶点数	8
棱数	12

九面体	
面数	9
顶点数	9
棱数	16

开心博士 根据你们列的表，计算一下：面数+顶点数-棱数。

罗伯特 我的是：9+9-16=2。得数是2。

萨沙 我的是：6+8-12=2。得数也是2。

米丽娅 我的是：4+4-6=2。得数也是2。

萨沙 这可奇怪啦!

罗伯特 我们三人都得2。

开心博士 无论什么样的多面体，如没有凹进去的部分，都有这样的规律：面数+顶点数-棱数=2。

这个式子是数学家欧拉发现的，取名为欧拉多面体公式。

1. 好好看看再回答，下面的多面体是几面体？

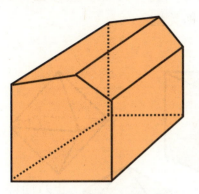
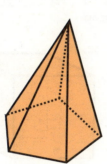
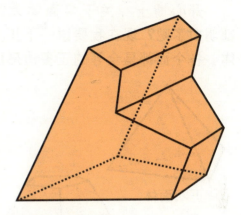

2. 计算一下下列各多面体的"面数+顶点数－棱数"是多少。

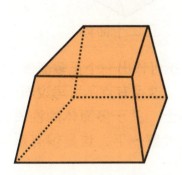
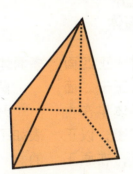
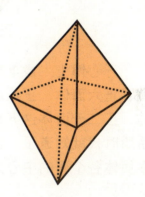

3. 欧拉多面体公式对下列各多面体成立吗？验证一下。

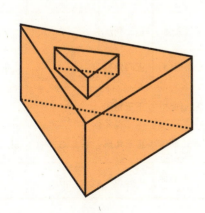
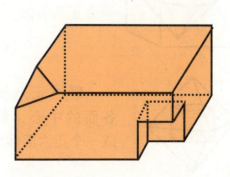

正多面体只有五种

开心博士 关于多面体大体上都明白了吧？现在我要讲一下正多面体。各个面都是全等的正多边形所组成的多面体叫正多面体。正多面体只有如下五种类型。

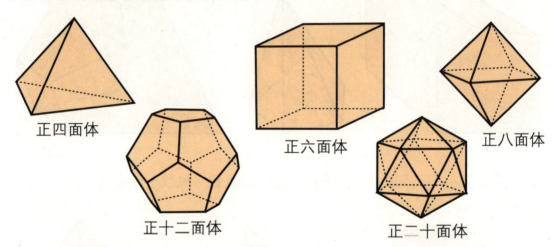

正四面体　　正十二面体　　正六面体　　正二十面体　　正八面体

开心博士 像上面那样，正四面体、正六面体、正八面体、正十二面体、正二十面体这五种多面体早在古希腊时代就知道了。请看下图，以正多面体各个面的中心为顶点，在原正多面体中，还可作出一个正多面体。

萨 沙 这可有点不可思议啊！

开心博士 关于多面体的性质列表如下，请考察一下，这是很有意思的。

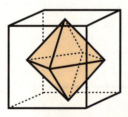

联结正六面体各面的中心能形成一个正八面体。

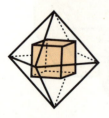

联结正八面体各面的中心，能形成一个正六面体。

	各面的形状	集中到各顶点的棱数	所含的正多面体
正四面体	正三角形	3	正四面体
正六面体	正四角形	3	正八面体
正八面体	正三角形	4	正六面体
正十二面体	正五角形	3	正二十面体
正二十面体	正三角形	5	正二十面体

立体方格的游戏

你还记得在这本书开头部分介绍了可爱的动物母子在方格内做杂技表演，探险队员们通过讨论孩子能否准确地找到母亲呆过的地方的问题，了解了平面上的坐标吗？

萨　沙　啊！这回小丑拿来了立体方格架。

米丽娅　公园里有这种简单的金属攀登架。

小　丑　哎呀呀！这是一个立体方格架。3个动物的妈妈都占据在各自的位置上。那么在另一个立体方格架上，它们的孩子是否都占据在和妈妈相同的位置上呢？要是占对啦，请你喝彩！

然而，确实有个小家伙占错了位置。怎么知道它占错位置了呢？怎样才能占对呢？

罗伯特　我认为，如果考虑坐标，就能占对位置。

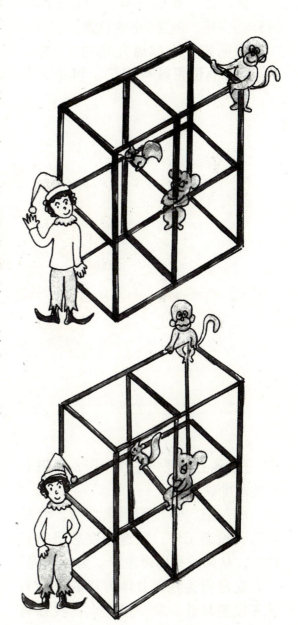

所说的坐标是怎么回事呢？

数学世界探险记

米丽娅 先看一下熊的位置吧！

罗伯特 以立体方格的左前下的位置是为始点，熊妈妈处在向右1格，向上1格，的位置。

萨 沙 是的，猴妈妈处在向右2格向上2格，向里0格的位置。

米丽娅 小猴崽儿到向右2格，向上2格的位置就可以了，可是又向里1格了，这个小家伙倒挺可爱的。

萨 沙 如果它不向里就好啦，用立体方格确定位置就是要从出发点向右、上、里3个方向扩展。

（萨沙挺起胸膛显示出洋洋得意的姿态。）

那么，松鼠的位置就容易说明了，你说说看！

（银幕上映现一条条大街，小丑非常神气地说。）

小 丑 杂技团到来之前，我从事报刊投递工作，投递速度总是第一位的，从来没有出过差错。为什么呢？

这是因为我用立体方格的思考方法来投递邮件。每个投递点，我都有记录。比如，有个投递点在从邮局出发向右拐，到第二个交叉路口，再向左拐，到第一个交叉路口旁的三楼这个地方，我就把它记为(2，1，3)，就像这样(2，1，3)，(1，2，4)地记投递点，有多少邮件也不会出差错。

萨 沙 当有人向你问路时，用立体方格来回答保准没错。

（小丑一个劲地滔滔不绝地讲了下去。）

点P的位置

（小丑没完没了地讲，都使人感到厌烦了。）

开心博士 我给大家讲几句，请看下图。萨沙方才讲过，立体方格有3个扩展方向，掌握这点十分重要。这个图是从基础点O开始，向x，y，z三个方向扩展。这一点很清楚吧！

米丽娅 这好像是一个房屋的角落。

开心博士 嗯！下面看看如何正确地表示点P的位置吧！

罗伯特 哎！点P在从O向x方向取4，y方向取3，z方向取5的位置。

开心博士 很好！我们把基础点O叫做原点。从原点指向x方向的轴叫x轴，指向y方向的轴叫y轴，指向z方向的轴叫z轴，这要记住。

萨沙 于是点P在x轴，y轴，z轴方向上分别处于4，3，5的位置，所以按x，y，z的顺序表示为4，3，5就可以了。

开心博士 归纳一下：把点P在4，3，5的位置，写为P(4，3，5)。把(4，3，5)叫做点P的坐标。

米丽娅 明白了，那么点Q的位置可记为Q(4，3，0)。

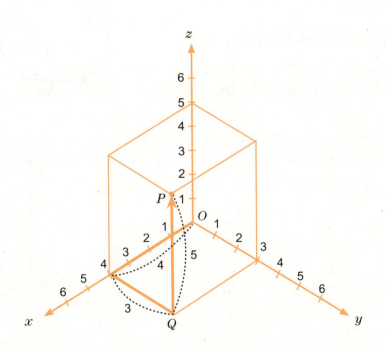

数学世界探险记

这里有许多点。
写一写 P，Q，R，S，O，A，B，C的坐标。

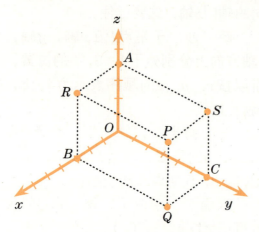

罗伯特　其他点都明白了，就是点O不知道怎样表示。

米丽娅　就是原点的坐标应怎么表示吧？它有坐标吧？

萨　沙　x轴方向是0，y轴，z轴也都是0，用$O(0，0，0)$不就可以了吗？

开心博士　萨沙解释得很清楚。
(嘟嘟突然拉起架子，提出了问题。)

嘟　嘟　把下面各点画在图上！
① $P(4，2，1)$，$Q(3，5，2)$。
② $R(0，3，1)$，$S(0，4，0)$。

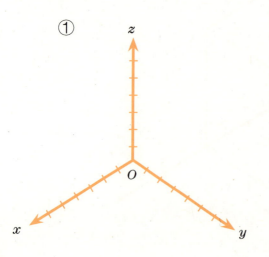
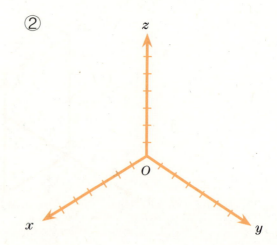

刚刚明白点儿的坐标，小丑又提出了下面的问题。

小　丑　通过两个定点只有一条直线。现在通过点 $A(0, 0, 0)$，$B(2, 3, 4)$ 画一条直线吧。

米丽娅　首先确定点 A 的位置，因为点 A 是原点，所以是3个轴的交点。

萨　沙　其次确定点 B 的位置，在 x 轴上取2，y 轴上取3，z 轴怎么办呢？

罗伯特　我想起房间的角落，如果把长方体放到那里，马上就明白了。

米丽娅　画个长方体，直线 AB 的位置不就清楚了吗？

小丑提出的问题②，画出通过点

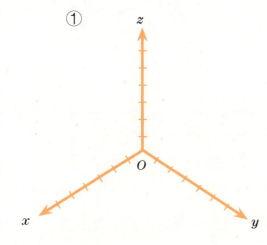

$P(3, 3, 2)$，$Q(1, 4, 5)$ 的直线。

$R(0, 2, 0)$，$S(1, 0, 4)$ 的直线。

小丑提出的问题③，画出通过点

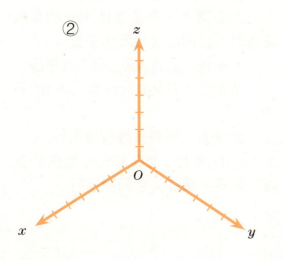
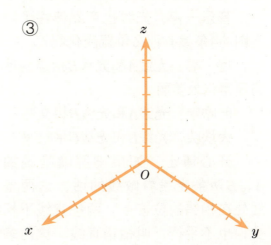

光线的杂技

那是使人眼花缭乱的光线的杂技，随着激昂的乐曲的节奏，红、蓝、黄、绿各色的光线狂舞起来。

音乐一停，光线也突然停住了。上图的4条线有什么位置变化呢？

嘟　嘟　光线A和光线B相遇的地方显得格外美丽。

胖噜噜　光线A和光线B相交吗？

大块头　光线B和光线C平行吗？

开心博士　如果把胖噜噜说的A，B两条光线看做线的话，这两条线处在相错的位置上。两条直线不相交，也不平行，叫相错直线。这两条直线不在同一平面内。

萨　沙　那么光线A和光线D的关系如何呢？相交的角好像是直角。

开心博士　两条直线相交的角是直角时，这两条直线互相垂直。

米丽娅　直线A是直线D的垂线。

罗伯特　直线D当然是直线A的垂线。

大块头　两条直线何时平行？

开心博士　处在同一平面内的直线，如果不相交，它们就平行。

平行直线的判定

开心博士 在有x轴，y轴，z轴的墙角，考虑一下平行直线吧！

萨沙 三条直线OP，AB，CD都是朝着同一方向的，也就是说它们是平行的。

米丽娅 怎样判定两直线平行呢？

罗伯特 直线OP是通过$O(0，0，0)$和$P(3，2，1)$两点的直线。

米丽娅 直线AB通过$A(4，4，0)$和$B(7，6，1)$两点。

萨沙 直线CD通过$C(0，4，5)$和$D(3，6，6)$两点。

开心博士 直线OP上这两点在三个轴上的坐标差分别为3，2，1。直线AB上这两点在三个轴上的坐标差分别为3，2，1。直线CD上这两点在三个轴上的坐标差也分别为3，2，1。从上面的例子可以看出，在一条直线上任取两点，计算它们在三个轴上各自的坐标差，如果和另一直线上两点在三个轴上的坐标差分别相等，这两条直线就平行。

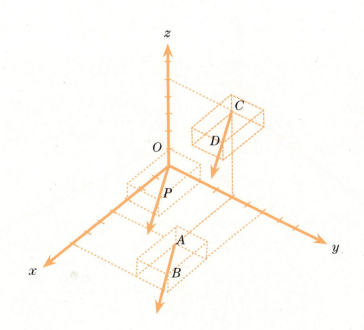

把通过下面两点的直线画在下图中。哪条直线和哪条直线平行?

① 通过 $A(1, 5, 3)$, $B(2, 9, 4)$ 的直线。
② 通过 $C(2, 1, 4)$, $D(6, 4, 6)$ 的直线。
③ 通过 $E(3, 2, 0)$, $F(4, 4, 2)$ 的直线。
④ 通过 $G(0, 0, 0)$, $H(4, 3, 2)$ 的直线。

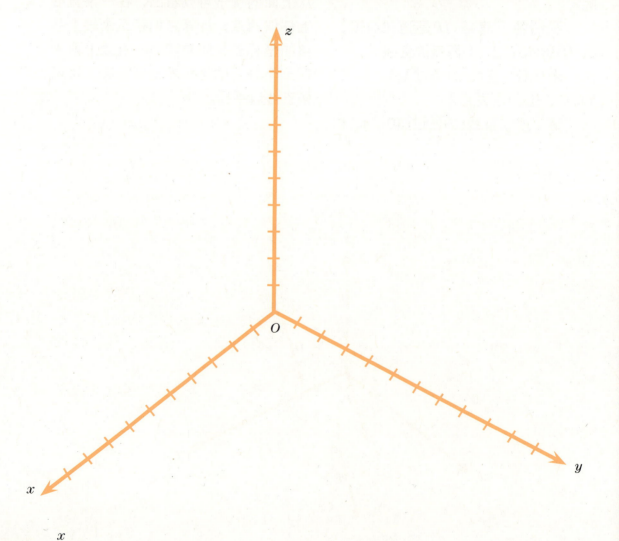

平行移动和旋转

（肥胖的小丑拿着一条想往粗腰上系的C形曲线，出现在舞台。高个子小丑拿着一根木棒跟着走了出来。）

肥胖的小丑 从现在开始……

高个子小丑 请欣赏这场在世界上独一无二的杂技表演。

（首先肥胖的小丑迅速地做了个把手中曲线从下往上拿的动作，于是曲线就形成了像柱子那样的面。接着高个子小丑把棒竖起来，迅速地绕着自己的身体旋转了半圈，于是也形成了一个曲面。）

萨　沙 真有趣啊！

肥胖的小丑 请看左图，我所拿的那条曲线C沿着一条直线平行移动所形成的面叫柱面。

高个子小丑 柱面还可以说是像这根棒一样的一条直线沿着曲线C平行移动所形成的曲面。

罗伯特 果然是这样。

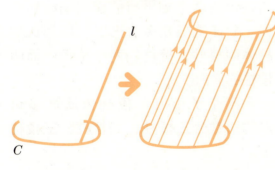

高个子小丑 像左图那样，形成柱面的那些直线叫柱面的母线。

肥胖的小丑 这条曲线C叫导线。

米丽娅 原来二人拿着柱面的母线和导线啊。

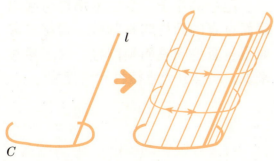

数学世界探险记

面和线

(肥胖的小丑登台了,他手里拿个圆盘。)

肥胖的小丑 看看这回我要表演什么。

(他一边说着,一边以高个子小丑立着的木棒为母线,把圆盘平着由下向上平行移动,木棒竖直立着时,形成了一个竖直的柱体;木棒斜着时,形成了一个斜着的柱体。)

(这个精彩的表演博得观众一阵掌声。)

肥胖的小丑 像这样,一个平面上的封闭图形沿一条直线平行移动以后所形成的立体就叫做柱体。封闭图形是圆时,所形成的柱体叫圆柱体,圆柱体的两个相平行的面叫圆柱的底面。封闭图形是多边形时,所形成的柱体叫棱柱,棱柱的两个平行的面叫棱柱的底面。

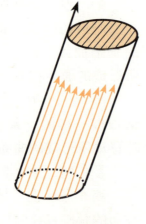

高个子小丑 棱柱依底面多边形的边数分三棱柱、四棱柱、五棱柱等。

肥胖的小丑 像左图那样母线与底面垂直的圆柱叫直圆柱,母线与底面不垂直的圆柱叫斜圆柱。对于棱柱来说,同样分为直棱柱和斜棱柱。

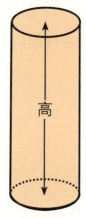
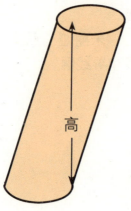

锥

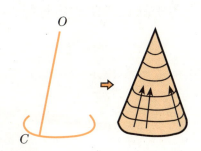
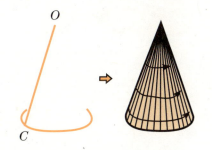

开心博士 我先讲一下锥面。按照小丑们的说法，像上图那样，假设有一条曲线C，及C所在平面外一点O。

曲线C沿着由点O向曲线各点发出的射线渐渐缩小(或扩大)就形成了锥面。

锥面也可以认为是通过点O，沿着曲线C移动的直线所产生的曲面。这些直线叫锥面的母线，O叫锥面的顶点，曲线C叫锥面的准线。

开心博士 我再讲一下锥体。我们用一个多边形或圆这样的封闭图形代替曲线C，由这个图形所在平面外一点，向这个图形的所有点连线，组成一个空间图形，把它叫做锥体。

嘟 嘟 好难啊！

米丽娅 用语言表达很麻烦，可是一画出图就清楚了。

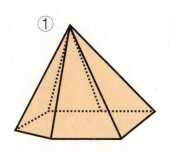
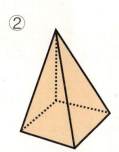
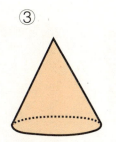
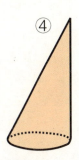

开心博士 像上面的①，②那样，底面是多边形的锥体叫棱锥；像③，④那样，底面是圆的锥体叫圆锥，锥体的侧面叫锥面。

从顶点到底面的距离叫做锥体的高，有关锥体的内容就说到这吧！

数学世界探险记

杂技团确实有各种形状的道具。柱体啦，锥体啦，多面体啦……

你能说出下图中的立方体的名称吗？再把这些图形画一画。

旋转杂技

(舞台上上演旋转杂技了。)

米丽娅　这是要做什么呢?

罗伯特　哎呀!舞台上的图形好像有一半被撕掉了。

(节目主持人仍然是那个戴贝雷帽的小丑。)

小　丑　舞台上这些图形就要以从上到下的线为轴飞快地转动。

请好好地考虑一下，如果转起来能形成什么样的图形呢？

萨　沙　　最左边的图形肯定是灯笼形。

米丽娅　　最右边的一定是圆锥形。

罗伯特　　左数第二个图形应该是什么形状呢？

（那么，请你想一想，转动后每个图形的形状。）

注意，舞台上的图形要转起来了。

图形—快速旋转……

突然,舞台上的聚光灯刷地一下全亮了,照得舞台一片通明。原来那些静止不动的图形,变身为立体图形了。

萨 沙 你看!左边那个图形果然是个灯笼!

罗伯特 左边第二个图形像个碗!

米丽娅 最右边那个图形是圆锥体。

小 丑 我说明一下吧!好吗?这些旋转后的图形和你们预想的图形一样吗?直线或曲线绕所在平面内的一条固定轴旋转可形成曲面,这个曲面叫旋转曲面。平面图形绕所在平面内一条固定的轴旋转形成立体,这个立体叫旋转体。把这几个图形从左至右记作①,②,…,⑧,图形⑤是圆。垂直于旋转轴的线段,绕轴旋转一周就形成一个圆,线段的长度就是圆的半径。

图形⑥是球。以直径为轴的半圆旋转一周就成为球，这时的旋转面叫球面。当初这个半圆的中心，照样是球的中心，半圆的半径当然是球的半径。

萨　沙　是那样的。

小　丑　图形⑦是直圆柱。侧面的母线，也就是圆柱面的母线，这一点大家知道了，侧面母线与旋转轴平行时，一旋转，就形成直圆柱。

罗伯特　长方形绕它的一条边旋转一周就成为直圆柱。

小　丑　图形⑧是直圆锥。一条和轴相交的直线绕轴旋转一周就形成了圆锥面。

米丽娅　直角三角形绕一条直角边旋转一周就形成了圆锥。

嘟　嘟　旋转杂技很有趣啊！

旋转体是由什么图形旋转来的

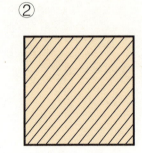
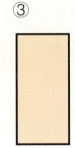

（这回由戴着高顶帽的魔术师登场，舞台上圆形的电锯发出嗡嗡震耳的声响。）

魔术师 我要用电锯切开各种的旋转体以便发现这些旋转体都是由什么样的图形经旋转而形成的。这里有个圆柱(图①)。

（魔术师用锯将圆柱竖着切开，切面为图②。）

魔术师 再把它切成一半，截面是个长方形，如图③所示，这个长方形，旋转后就是圆柱了！

（观众席上响起一阵阵掌声，魔术师低头致谢。）

魔术师 这里有3个旋转体，看看它们是由什么图形旋转来的。

（说着，魔术师拿出了下面这几个旋转体。）

米丽娅 萨沙，你做做看。
萨　沙 我没把握。
（大块头准备试一试。）

大块头 好，我做做看！
（大块头笑嘻嘻地向舞台走去。）

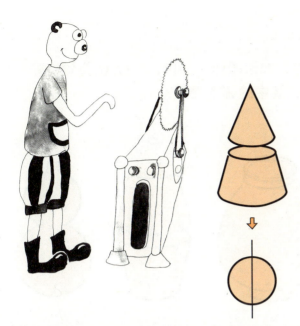
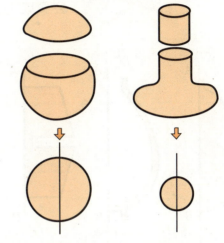

（大块头站在电锯前，将3个旋转体切成上图那样。魔术师张开双手吃惊地看着被切开的图形。）

魔术师　哎呀！这哪行啊！三个切面的图形都是圆，圆绕直径旋转不是形成球吗？

（大块头想不出办法来，不知所措地站在那里，这时胖噜噜飞身登上舞台。）

胖噜噜　大块头，我帮你一把吧！旋转前的平面图形必须和旋转轴在同一个平面上，应该沿着旋转轴来切，不能垂直于旋转轴来切。

大块头　胖噜噜，你比我聪明啊！

胖噜噜　我向开心博士请教过了。

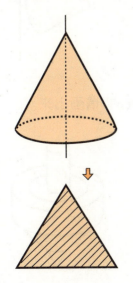
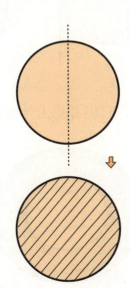
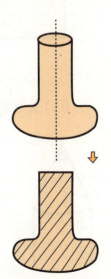

1. 下图中，如果图形ⓐ，ⓑ，ⓒ以AB为轴旋转，会变成①，②，③中的哪个图形？

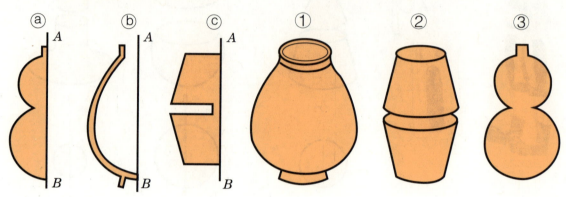

2. 如果下列各图形以直线 *l* 为轴旋转，会形成什么样的立体呢？你画个大概图形吧！

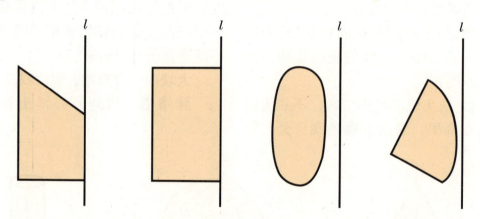

3. 下列图形都是旋转体，它们都是由什么图形旋转来的？请画出来。

展开图

魔术师把三棱柱搬来了。

魔术师 大家都知道什么是立体的表面积吧？也就是说，包围着立体表面的面积的总和，表面积中，底面、侧面的面积，分别叫做底面积和侧面积，然而，这个五面体的表面积是多少呢？

萨 沙 要求表面积啊！

罗伯特 不那么简单吧！各面都得考虑，一个面一个面地计算吧！

米丽娅 底面是等腰三角形，上下底A和B的面积相等，侧面D和E的面积相等。

萨 沙 对呀！把它们一个一个地算出来，再求表面积，就不费劲了。

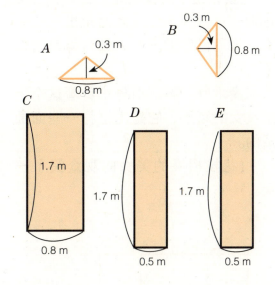

上下底面积 = $\dfrac{0.8\,\text{m} \times 0.3\,\text{m}}{2} \times 2 = 0.24\,\text{m}^2$

侧面积 = $0.5\,\text{m} \times 1.7\,\text{m} \times 2 + 0.8\,\text{m} \times 1.7\,\text{m} = 3.06\,\text{m}^2$

三棱柱的表面积 = $0.24\,\text{m}^2 + 3.06\,\text{m}^2 = 3.3\,\text{m}^2$

答：$3.3\,\text{m}^2$。

数学世界探险记

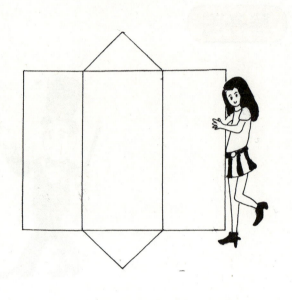

（就在这个时候响起了铃声，三棱柱啪一声打开了，从里面跳出一个美女。米丽娅他们三个人惊讶得目瞪口呆。）

魔术师 啊，请仔细看看这个走出美女的箱子，它是由这样一些面围成的。

（花枝招展的美女向观众笑了一笑。）

美 女 把立体的各面展在平面上的图叫展开图。

萨 沙 原来如此啊！无论什么样的立体，只要能够画出展开图，就能用硬纸板把它做出来。

皮卡里 不过三棱柱的展开图也不止一种啊？可有好几种画法！

米丽娅 展开图有各种各样的画法。

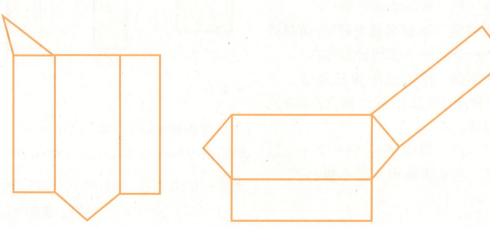

美女　这里有个直圆柱，求这个圆柱的表面积，不过还是先画个展开图吧!

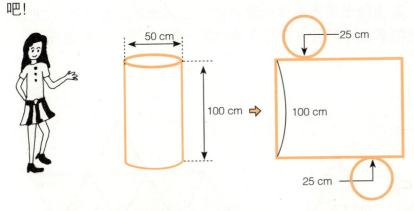

罗伯特　好!我们求它的表面积。圆的直径是50 cm，圆柱高是1 m。首先得画个展开图。

萨沙　对，画个展开图。

米丽娅　圆的面积是半径×半径×π，所以

25 cm×25 cm×3.14=1 962.5 cm²

因为底面有两个，所以应乘2，即

1 962.5 cm²×2=3 925 cm²

萨沙　圆柱侧面积就是把圆周乘上高吧!因为圆周长等于直径×π，所以是50 cm×3.14，即是157 cm。再乘以高，就是157 cm×100 cm=15 700 cm²。

罗伯特　这样，这个圆柱的表面积，就是将他们两人的得数相加，即

3 925 cm²+15 700 cm²=19 625 cm²

萨沙　哎呀!好麻烦哪!

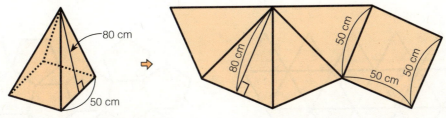

米丽娅　这个是棱锥呀!

罗伯特　展开图也很简单。

萨沙　底面是边长为50 cm的正方形，再看高……

罗伯特　萨沙，求侧面面积时，不必求棱锥的高，但必须求侧面那些三角形的高。

萨沙　那好啦!三角形的高是80 cm，三角形的面积是50 cm×80 cm÷2=2 000 cm²。

罗伯特　底的面积50 cm×50 cm，所以是2 500 cm²。

米丽娅　因为这样的三角形有4个，所以

2 000 cm²×4+2 500 cm²=10 500 cm²

美女　各位做得很准确。

这页给出正多面体的展开图。正多面体只有五种。223页给出的多面体的展开图是几面体呢?画展开图,做做多面体。

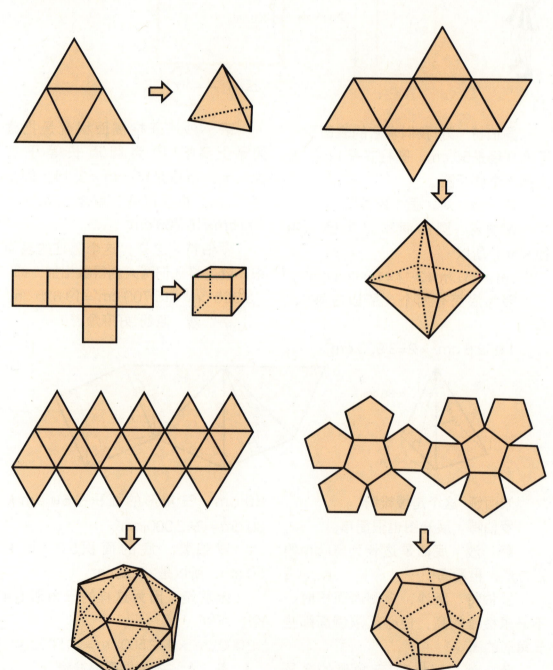

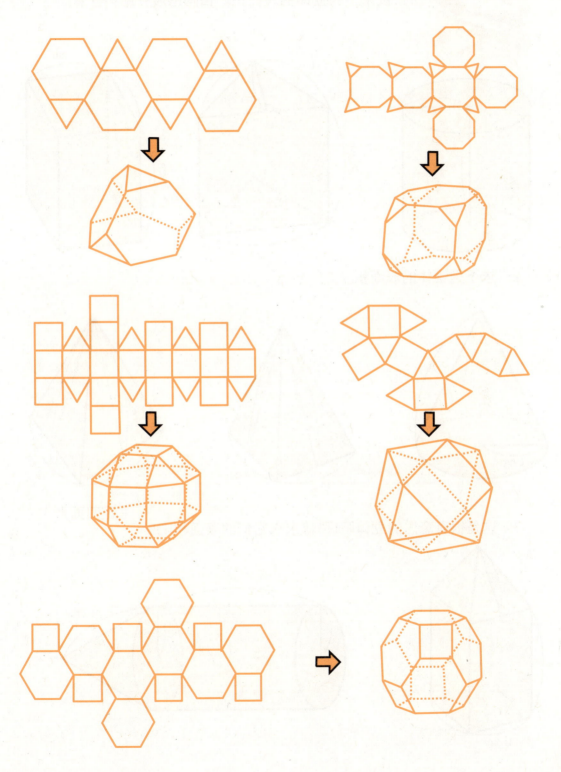

数学世界探险记

1. 试求下列立体的表面积。请画出展开图再计算。

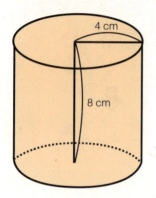
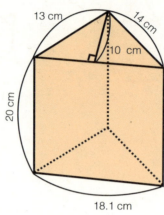
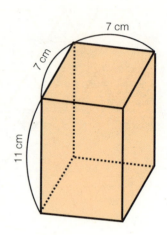

2. 求下列锥体的表面积。

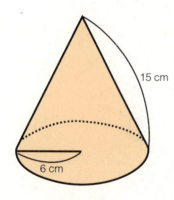
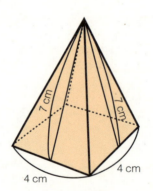
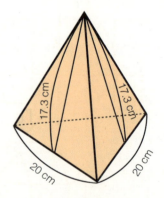

（正四面形）

3. 这是很有意思的立体吧！那就求求它们的表面积吧！

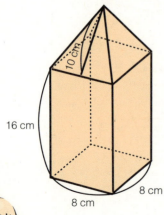
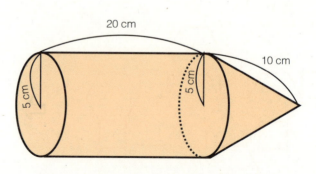

球的表面积

肥胖的小丑蹬着大球摇摇晃晃地出来了。

小 丑 这个球的直径为1 m，求这个球的表面积吧！

萨 沙 画出球的表面展开图就可以啦！

米丽娅 你说球面的展开图，我可不明白啦！

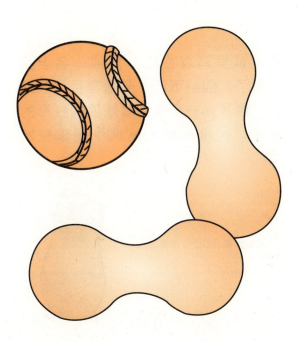

罗伯特 哎呀！考虑考虑吧！什么地方不明白！

米丽娅 球的表面不是平面呀！曲面的面积怎么求啊！

罗伯特 唉！我想起棒球来了，职业棒球队所使用的球是很硬的球。

萨 沙 棒球是用两块皮子连在一起做成的。

米丽娅 篮球是由几块皮子连在一起做成的。

罗伯特 在纸上画个展开图，用方格纸测量一下面积，不就明白了吗！

开心博士 罗伯特，你想的不对，用这种方法得不出正确答案。因为皮革是有韧性的，容易变形，所以能做成球。

罗伯特 那么说正确的展开图就画不出来啦？

开心博士 对，不能画球面的展开图。

阿基米德的发现

开心博士　罗伯特，你知道阿基米德吗？

罗伯特　他是一位古希腊的数学家。所谓黄金之冠是由纯金做成还是掺有不纯成分这一难题，就是他在洗澡时解决的。

开心博士　他先把金冠放入一个装满水的容器内，根据溢出的水量，测出金冠的体积，再称出金冠的质量。然后求和金冠质量相同的纯金占有多大体积，与金冠体积相比较，问题就解决了。他早在两千多年前，就想出了计算球的表面积的方法。

假设把一个半径为r的球装在一个大小适宜的圆柱形容器里，要求圆柱底面半径为r，圆柱的上下底面正好能接触球面，也就是说圆柱的高为$2r$。阿基米德发现，这个圆柱的侧面积和球的表面积相等。

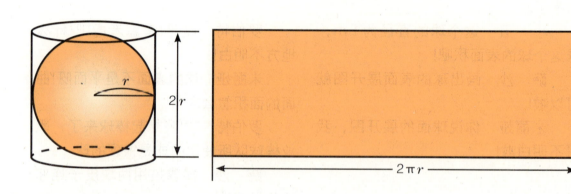

因为圆柱半径和球半径相同，圆柱的高和球的直径相同，也就是$2r$，所以圆柱侧面积就是

$(2×π×r)×2r=2×2×π×r=4πr^2$

球的表面积$=4πr^2$

萨　沙　球的表面积和恰好包含它的圆柱的侧面积相同，这点我觉得有点不好理解。

开心博士　阿基米德还发现了杠杆原理，后来这位伟大的学者所住的城被罗马攻占后，他被一名士兵杀害了。他留下了一句遗言："我死后，给我立一个包含着球的圆柱形的碑。"阿基米德的墓迄今尚未被发现。

阿基米德可是个了不起的人物啊！

地图

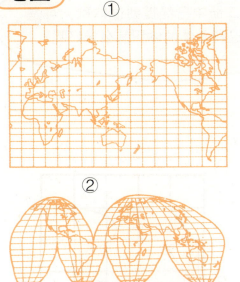

罗伯特 开心博士，如果球面不能展开，那么挂在墙上面的地图是怎么画出来的呢？我觉得地图是球的展开图。

开心博士 罗伯特，这是个很好的发现。地图确实是将接近于球的地球表面画在平面上了。姑且不谈地球仪这个球体和地球这个球体的差异，地图和地球表面也有相当大的误差。

画一张地图要注意以下四个重要因素：

1. 距离准确。
2. 面积准确。
3. 方位准确。
4. 各局部的形状都应准确。

可是满足这四个条件的地图现在还没有呢！

图①是麦尔卡特鲁图形法，因为用直线能够正确表示方位，所以用它做航海图是再好不过的了。但是在接近极点的高纬度的地方，面积、距离就不准确了。因此，这种地图不宜作为分布图，也不能用做航空图。

图②是库特图法。这种画法在使面积准确上下了功夫，可是由于中间的格变细，不容易看清，这也是缺点。

图③是正距方位图法，以眼睛为中心，就所有方向的距离而言，都很准确，可作为航空图等。但视野所涉及圆周的误差过大。

此外，还有各种地图，但都存在各自的优缺点。

萨沙 是这样啊！我对地图考虑得不仔细，开心博士讲的话很有意思啊！

体 积

第二册中已经提到过体积,可是像下面这样立体的体积怎么求好呢?

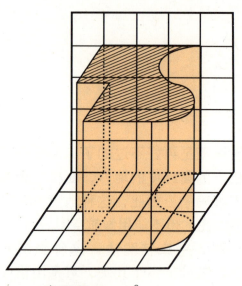

底面积10 cm²

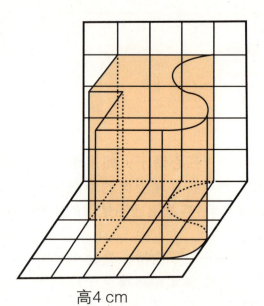

高4 cm

柱的体积

米丽娅 这个立体是柱呀!

萨 沙 可是这个柱体上下底的面积可相当复杂呀!

开心博士 我想你们对柱的体积求法都会了吧!就是

柱的体积=底面积×高

罗伯特 把柱体放在方格纸上,计算一下底面积吧!看图,啊!这就明白了,底面积不是10 cm²吗!

米丽娅 $10\text{ cm}^2 \times 4\text{ cm} = 40\text{ cm}^3$。

答:40 cm³。

萨 沙 妙极啦!

(这时小丑不声不响地抱着许多圆盘和方箱登上了舞台。)

米丽娅 他们要干什么?

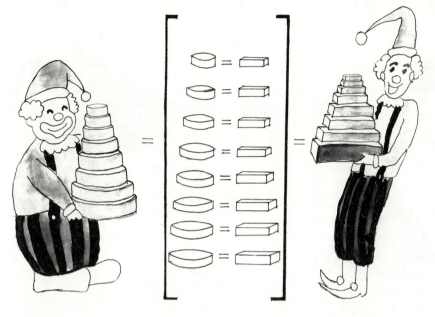

肥胖的小丑 我带来一些大小不等的圆柱形立体,它们一个一个地……

高个子小丑 我也带来一些棱柱形立体,并且这些立体一一地和胖子带来的圆柱体有相同的底面积和高。

肥胖的小丑 我拿来这些立体的体积总和……

高个子小丑 我拿来的这些立体的体积总和与胖子那里的立体的体积总和相等。

肥胖的小丑 底面积相等的几个柱体,用平行于底面的任何平面截这些柱体,截面积都相等。

萨 沙 我想是这样的。

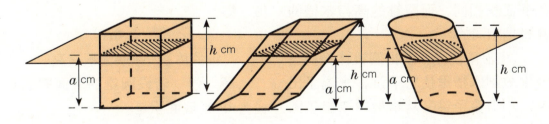

高个子小丑 根据上面的说法,底面积相等,且高相等的柱体的体积是相等的。

就像上图那样,即使柱体是斜的,这个结论也成立,即

$$V=Sh$$

柱体的体积=底面积×高

锥的体积

（这回是肥胖的小丑一个人将一个锥体和一个圆柱形的水槽搬上了舞台。水槽里注满了水。）

小 丑 这个水槽正好能装3l水，我准确地在水槽壁上刻上了刻度。

可是这个锥体的体积是多少呢？把它放到水槽里测量一下吧！

这个圆锥钵的底面积恰好与水槽的底面积相同，而圆锥的高与水槽的高也是相同的。

（小丑刚说完，就把圆锥体稳稳当当地放到水槽里使它下沉，水溢了出来。小丑笑了笑又从水槽中取出了圆锥体。）

小 丑 溢出的水量是这个圆锥体的体积。那么水槽中还剩多少水呢？

从水槽壁上的刻度清楚地看到水槽的水剩2l了。

罗伯特 圆锥体的体积是这个圆柱体的体积的 $\frac{1}{3}$ 吧？

米丽娅 是这样吗？

（开心博士微笑地说。）

开心博士 确实如此。圆柱的底面积和圆锥的底面积相等、高也相等，那么，圆锥的体积是圆柱的体积的 $\frac{1}{3}$。不仅是圆锥，棱锥也可以这样做，即

$$V = \frac{1}{3} Sh$$

锥的体积＝$\frac{1}{3}$底面积×高

萨 沙 若设圆锥的底面圆的半径为 r，则底面积是

$$S = \pi r^2$$

所以 圆锥的体积＝$\frac{1}{3} \pi r^2 \times$ 高

开心博士 对啦！还是记住 $V = \frac{1}{3} \pi r^2 h$ 为好！

1. 求下列立体的表面积。(单位：cm)

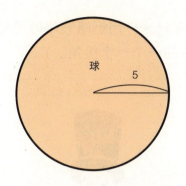 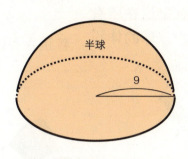 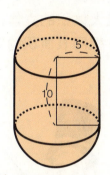

2. 求下列柱体的体积。(单位：cm)

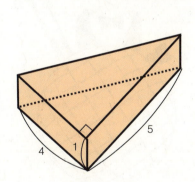 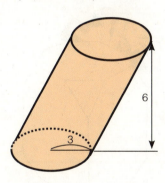 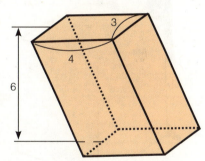

3. 计算一下下列锥体的体积。

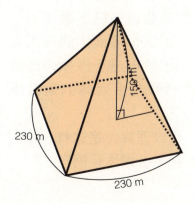 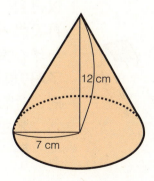 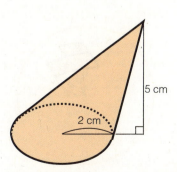

球的体积

刚才那位魔术师挥舞着手杖熟练地蹬着球,又出现在舞台上。

魔术师 大家都知道球是世界上最美的图形。球是以最小的表面积围成最大体积的立体,也就是说在所有具有相同表面积的立体中,球的体积最大。那么如何求球的体积呢?看我来表演,这里有一个正六面体,它恰好能容纳一个球。当然这个六面积的体积比球的体积要大了。为了使六面体的体积接近球的体积,在接触到球面的地方,一个一个地把正六面体的棱角都切掉。

(魔术师就这样用锯咯吱咯吱地锯着正六面体的一个一个棱角。)

魔术师 我这样地锯下去,就可以得到一个面数相当多的多面体了。再设想一下,把这个多面体的各顶点与球心相连,不就形成了许多个棱锥了吗?棱锥的个数与多面体的面数相同,对吧?

米丽娅 可以理解,是这样。

萨 沙 那怎么求体积啊!

开心博士　这个接近球形的多面体可以看做是由和多面体体积相同的棱锥组成的。如果这一点大家都明白了,那么求球的体积的公式马上会得出来,大家再进一步考虑一下吧!

萨　沙　不了解棱锥的个数啊!

尤里卡　也不知道棱锥的底面面积呀!如果知道了棱锥的个数和各个棱锥的底面积,又知道棱锥的高是球的半径,那么,多面体的体积不就清楚了吗!

开心博士　那么,就列式看看吧!

米丽娅　做做看!

(米丽娅组成下式。)

多面体的体积=棱锥体积的和=
$\frac{1}{3}$×棱锥的底面积的和×高=
$\frac{1}{3}$×多面体的表面积×球的半径

萨　沙　完全对!米丽娅不简单!

开心博士　再使把劲,进一步把这个多面体的棱角无限地切下去,多面体的表面将会怎么样呢?

罗伯特　开心博士,我懂啦!把多面体的表面的棱角都去掉的话,最后就和球的表面相同了。

开心博士　是啊!怎么列式子呢?

罗伯特　用球面的面积代替米丽娅所列的式子中的多面体的表面积就行。

球的体积=$\frac{1}{3}$×球面的面积×球的半径,球面的面积是$4\pi r^2$,所以

球的体积=$\frac{1}{3}$×$4\pi r^2$×r

开心博士　对啦!再简单点就是
$$V=\frac{4}{3}\pi r^3$$
也就是说

球的体积=$\frac{4}{3}$×π×(半径)³

萨　沙　果真这样,我完全明白了。

数学世界探险记

1. 求球的体积。

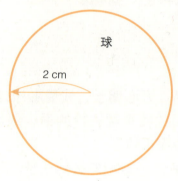 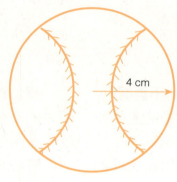 

2. 填下表。（这也是本书最后一个表，大家加油啊!）

半径 r	表面积 $S=4\pi r^2$	体积 $V=\dfrac{4}{3}\pi r^3$
1 cm		
2 cm		
3 cm		
4 cm		
5 cm		
6 cm		

3. 求下列立体的体积。（大家都学得不错，"做做看"到此结束!）

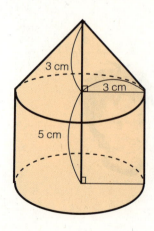 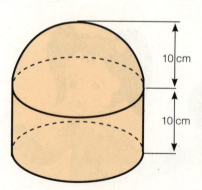 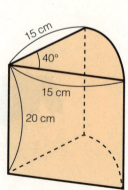

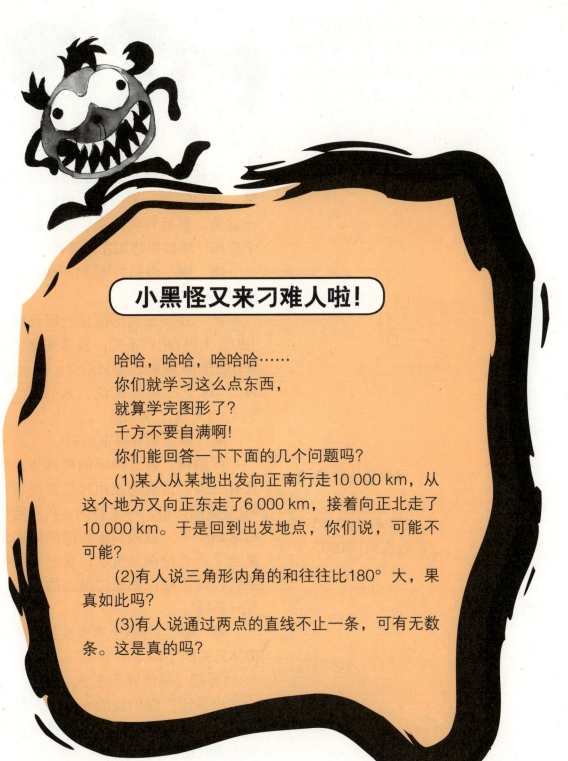

小黑怪又来刁难人啦!

哈哈,哈哈,哈哈哈……
你们就学习这么点东西,
就算学完图形了?
千方不要自满啊!
你们能回答一下下面的几个问题吗?

(1)某人从某地出发向正南行走10 000 km,从这个地方又向正东走了6 000 km,接着向正北走了10 000 km。于是回到出发地点,你们说,可能不可能?

(2)有人说三角形内角的和往往比180°大,果真如此吗?

(3)有人说通过两点的直线不止一条,可有无数条。这是真的吗?

数学世界探险记

萨 沙　这个小黑怪净胡说八道!

罗伯特　我也这么看。现在咱们用事实来批驳这个家伙的胡言乱语吧!

嘟 嘟　对,一定努力把它驳倒。

米丽娅　画一条折线就能说明道理。开始向南,再向东。所以是拐了一直角,然后再向北去,又是拐了一个直角,所以折线如左图那样。

(1)

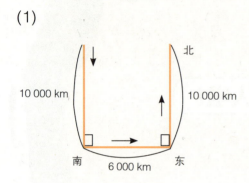

嘟 嘟　做得好!回到原地,是无论如何也不可能的。

萨 沙　三角形内角的和还能比180°大吗?绝对不能。我清楚地记得求n边形内角和的公式是$2×n-4$(直角),对于三角形来说,应该是$2×3-4=2$(直角),即180°。

嘟 嘟　解释得很明白!

(2)

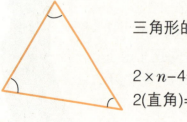

三角形的内角和

$2×n-4=2×3-4=2$(直角)$=180°$

罗伯特　通过确定的两点的直线只有一条。过这两点用尺画直线看看吧!只能画一条。不信的话,再用蓝色铅笔描一下,蓝线和前面的黑线完全重合了。无论画多少次,这些直线都重合,这不就说明通过两点的直线只有一条吗!

嘟 嘟　好啊!小黑怪被我们批驳得体无完肤了!

(可是小黑怪满不在乎。)

(3)

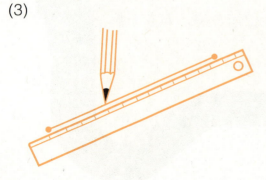

小黑怪　你们说的有道理,可是我说的也是事实啊!我看,还是向开心博士请教请教吧!

开心博士　好!我现在给大家讲讲。实际上小黑怪出的题绝对不是信口开河。你们在地球这么一个大的球面上来考虑考虑小黑怪提出的问题吧!

对于第一个问题,选取出发点是北极,向南行10 000公里便到了赤道,沿赤道往东行6 000 km,再向北行10 000 km,就又回到北极了。

这个在平面上是很难想象的问题,在球面上就得到了圆满的解答。

对于第二个问题,测测这个三角形内角的和,三角形内角中,有两个角都是直角,所以内角和一定大于180°。平面上的三角形三内角之和等于180°,在球面上的三角形,内角和就大于180°了。

对于第三个问题,比如在北极和南极之间引一直线,就是地球的轴,只有一条。可是我们生活在地球表面上,从北极到南极去,笔直的路有无数条。

萨　沙　真让我感到吃惊。

(萨沙睁大眼睛长出了一口气。)

开心博士　小黑怪提出的问题不能只在平面上来考虑。

萨　沙　小黑怪这家伙真有两下子,它知道的事还真不少呢。

嘟　嘟　喂!下一个杂技节目开始啦!

数学世界探险记

杂技团最后的表演十分扣人心弦。在轻松愉快的乐曲中,数条聚光灯线交映在舞台上。"图形杂技团"的全体演员伴随着音乐声翩翩起舞。

嘿,你瞧!那个小黑怪害臊得躲藏在观众席后,不好意思站起来。

团　长　演出到此结束。谢谢大家!

(突然间,乐队奏起《送别圆舞曲》。萨沙激动得热泪滚滚。)

再见吧!"图形杂技团"的全体演员们!

答案

妈妈在哪里？(第6～17页)

<第9页>

1-成为下图。

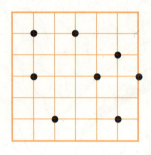

2.成为下图。

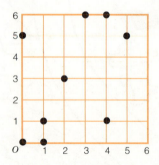

给嘟嘟打的电报：我也要到图形杂技团去！

<第14页>

喜鹊的问题1 成为下图。

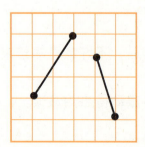

喜鹊的问题2 成为下图。

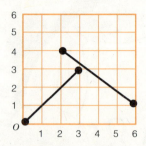

喜鹊的问题3 由左向右，各直线上的点依次为(1，5)和(2，2)，(3，1)和(4，5)，(5，5)和(6，3)。成为下图。

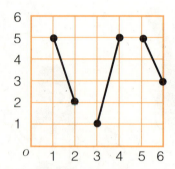

<第15页>

逃跑的动物是海驴。

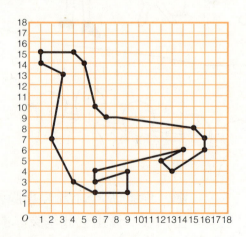

<第17页>

略。

240

角和角度第18~41页)

<第22页>

按中、右、左的顺序由大到小。

<第24页>

右角大。

<第28页>

从左起按顺序为：66°，75°，33°，80°，140°。

<第29页>

标有符号的角中，锐角是21个，钝角是10个

<第30页>

略。

<第32页>

从左起按顺序为：47°，82°，73°。

<第33页>

从左起按顺序为：51°，38°，72°。

<第35页>

桥：由北向西47°，邮局：由北向西148°，车站：由北向东65°，小学校：由北向东90°。

平行和角(第42~55页)

<第45页>

1.从左起按顺序为：$x=50°$，$x=90°$，$x=70°$。

2.从左起按顺序为：$x=63°$；$x=60°$，$y=75°$；$x=35°$，$y=145°$。

<第51页>

1.从左起的直线按顺序为：右3，上5；右4，上3；右3，上1；右9，上2；右2，上5；右3，上5。两边的直线(右3，上5)平行。

2.分别通过图中各点和右4，上3(或者左4，下3)的点的直线与原直线平行。

3.略。

<第54页>

1.从左起按顺序为：$x=70°$，$y=110°$；$x=87°$，$y=87°$；$x=90°$。

2.从左起按顺序为：平行(100°角的补角和80°角的错角相等)，不平行(错角不相等)，平行(错角相等)。

折线和多边形(第56~73页)

<第58页>

从左起折线按顺序为：

6 cm—140°—5 cm—130°—5 cm。

3 cm—85°—8 cm—110°—5 cm。

5 cm—90°—4 cm—65°—2 cm—120°—5 cm。

<第59页>

∞—115°—3 cm—115°—11 cm—68°—6 cm。

<第61页>

1.Ⓐ∞—115°—4 cm—83°—5 cm。

Ⓑ 9 cm—125°—4 cm—75°—5 cm—105°—6 cm。

Ⓒ 11 cm—135°—10 cm—87°—4 cm。

Ⓓ∞—145°—9 cm—113°—8 cm—120°—7 cm。

Ⓔ 8 cm—83°—7 cm—40°—6 cm—100°—5 cm。

Ⓕ∞—85°—4 cm—70°—1 cm—93°—2 cm—58°—9 cm—80°—10 cm—105°—4 cm

2.Ⓐ折线ABCD，3 cm，右45°，5 cm，左120°，3 cm。

Ⓑ折线ABCDE，2 m，左60°，8 m，右105°，15 m，

右30°，4 m。

ⓒ折线XABC，半直线，右50°，35 m，左60°，40 m"

3.Ⓐ折线XABC→∞—45°—3cm—70°—5 cm。

Ⓑ折线ABCDE→10 cm—10°—2cm—30°—7 cm—60°—3 cm。

<第62页>

略。

<第63页>

按边角表画成下图，宝物在鳄鱼嘴里。

2.从左起按顺序为：

折线ABCD—3 cm—75°—14 cm—108°—7 cm—90°。

折线ABCDE→2.2 cm—50°—1.8 cm—60°—3.4 cm—50°—5 cm—130°。

折线ABCDE—5 cm—128°—6.7 cm—90°—2 cm—20°—2 cm—65°。

<第69页>

从左起按顺序为：$x=41°$；$x=65°$；$x=50°$，$y=65°$。

全等(第74~80页)

<第80页>

1.对应角和对应边都相等，所以全等。

2.全等。

对称(第81~102页)

<第89页>

1.从左起按顺序为：

$a=2$ cm，$b=55°$，$c=60°$，$d=3$ cm；

$a=4$ cm，$b=5$ cm，$c=1.2$ cm，$d=1$ cm，$e=115°$；

$a=115°$，$b=150°$，$c=3$ cm，$d=2$ cm。

2.组成下图。

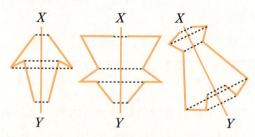

3.最左端的图形不是轴对称图形。

<第92页>

1.从左起按顺序为：$a=3$ cm，$b=65°$，$c=2$ cm；$a=70°$，$b=3$ cm；$a=90°$，$b=6$ cm，$c=65°$。

<第65页>

1.

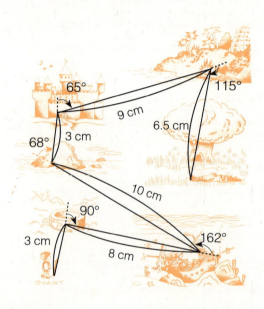

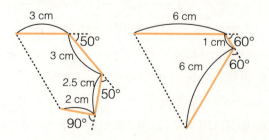

2.成为下图。

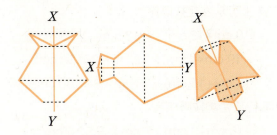

3.左数第二个图不是轴对称图形。其他图形的对称轴用直线XY表示。

<第96页>

1.从左起按顺序为：$a=5$ cm，$b=4$ cm，$c=2$ cm，$d=90°$，$e=110°$，$f=3.4$ cm；$a=9.2$ cm，$b=6$ cm，$c=4$ cm，$d=60°$；$a=4$ cm，$b=6$ cm，$c=130°$。

2.成为下图。

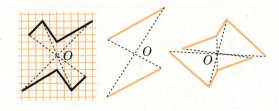

<第97页>

3.从左起按顺序为：$a=6$ cm，$b=5$ cm，$c=3$ cm，$d=130°$；$a=9$ cm，$b=14.7$ cm，$c=10.2$ cm，$d=78°$；$a=30°$，$b=70°$，$c=2$ cm。

4.略。

5.成为下图。

<第98，99页>

略。

对称四边形(第103~105页)

<第105页>

1.从左起按顺序为：$a=5$ cm，$b=65°$，$c=115°$；$a=9$ cm，$b=6$ cm；$a=5$ cm，$b=3$ cm，$c=105°$，$d=105°$，$e=75°$。

2.最右边的是等腰梯形。

3.略。

风筝形(第106~116页)

<第107页>

1.从左起按顺序为：$a=3.5$ cm，$b=5.8$ cm，$c=85°$；$a=20°$，$b=30°$，$c=90°$，$d=130°$；$a=6$ cm，$b=8.7$ cm，$c=110°$。

2.从左起第二、三个图形为筝形。

3.略。

<第109页>

1.从左起按顺序为：$a=68°$，$b=68°$，$c=112°$；$a=8$ cm，$b=10$ cm，$c=65°$；$a=115°$，$b=65°$；$a=7$ cm，$b=5$ cm。

2.最左边的是平行四边形。

3.略。

<第111页>

从左起按顺序为：$a=90°$，$b=12$ cm，$c=9$ cm；$a=110°$，$b=55°$，$c=35°$；$a=4.5$ cm，$b=4.5$ cm，

c=4.5 cm。

<第113页>

从左起按顺序为：a=110°，b=5 cm，
c=5 cm，d=5 cm；a=90°，b=6 cm，
c=8 cm；a=90°，b=35°，c=55°，
d=35°。

2.略。

<第115页>

1.从左起按顺序为：a=4 cm，b=4 cm，
c=4 cm，d=90°；a=90°，b=3 cm，
c=6 cm，d=45°；a=90°，b=6 cm，
c=90°。

2.略。

面积(第126～140页)

<第129页>

1.上行从左起按顺序为：80 cm²，48 cm²，
40 cm²和40 cm²；下行从左起按顺序为：
72 cm²，110 cm²，550 cm²。

2.从左起按顺序为

a=54 cm²÷9 cm=6 cm

a=114 cm²÷12 cm=9.5 cm

a=264 cm²÷16 cm=16.5 cm

a=47.2 cm²÷4 cm=11.8 cm

3.①3 500 m²÷70 m=50 m。

②5.1 cm×2.3 cm=11.73 cm²。

<第131页>

1.上行从左起按顺序为：45 m²，40.5 m²，
40.5 m²；下行从左起按顺序为：
1 280 cm²，6 cm²，112.5 cm²。

2.左上70 m²，左下9.6 cm²，
右上3.1 m²，右下9.24 cm²。

3.①675 m²。

②7.2 m²。

<第133页>

1.上行从左起按顺序为

(10 cm+12 cm)×12 cm÷2=132 cm²

(19 cm+4 cm)×12 cm÷2=138 cm²

(5 cm+15 cm)×13 cm÷2=130 cm²

下行从左起按顺序为

(6 cm+9 cm)×7 cm÷2=52.5 cm²

(7 cm+12 cm)×9 cm÷2=85.5 cm²

(6 cm+4.5 cm)×5.5 cm÷2=28.875 cm²

2.

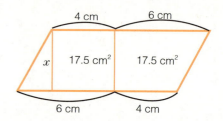

考虑上图的平行四边形的面积

(6 cm+4 cm)×x=17.5 cm²×2

10 cm×x=35 cm²

x=35 cm²÷10 cm

x=3.5 cm

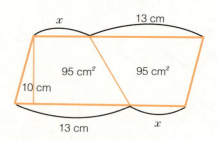

考虑上图的平行四边形的面积

(x+13 cm)×10 cm=95 cm²×2

(x+13 cm)×10 cm=190 cm²

x+13 cm=190 cm²÷10 cm

x+13 cm=19 cm

x=6 cm

用图作同样考虑

$(8\text{ cm}+3\text{ cm})\times x=44\text{ cm}^2\times 2$

$11\text{ cm}\times x=88\text{ cm}^2$

$x=8\text{ cm}$

3.一个梯形的面积为

$(2.5\text{ cm}+8\text{ cm})\times 8\text{ cm}\div 2=42\text{ cm}^2$

一共有20个梯形,所以

$42\text{ cm}^2\times 20=840\text{ cm}^2$

<第136页>

1.上行从左起按顺序为:64.8 cm², 19.2 cm², 141.5 cm²;

下行从左起按顺序为:121.5 cm², 150.5 cm², 60 cm²。

2.

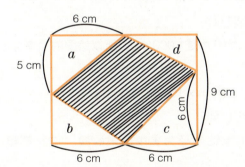

$a=5\text{ cm}\times 6\text{ cm}\div 2=15\text{ cm}^2$

$b=4\text{ cm}\times 6\text{ cm}\div 2=12\text{ cm}^2$

$c=6\text{ cm}\times 6\text{ cm}\div 2=18\text{ cm}^2$

$d=3\text{ cm}\times 6\text{ cm}\div 2=9\text{ cm}^2$

白色部分的面积为

$a+b+c+d=15\text{ cm}^2+12\text{ cm}^2+18\text{ cm}^2+9\text{ cm}^2=54\text{ cm}^2$

全面积为

$9\text{ cm}\times 12\text{ cm}=108\text{ cm}^2$

所求面积为

$108\text{ cm}^2-54\text{ cm}^2=54\text{ cm}^2$

另外两图答案略。

<第140页>

狗 $33+\dfrac{85}{2}-1=74.5$。

鸟 $1+\dfrac{14}{2}-1=7$。

猴 $8+\dfrac{50}{2}-1=32$。

蛇 $2+\dfrac{52}{2}-1=27$。

圆(第141~169页)

<第146页>

① 正九边形,中心角为40°。

② 正十边形,中心角为36°。

③ 正十二边形,中心角为30°。

<第156,157页>

① $18\text{ cm}\times 3.14=56.52\text{ cm}$。

② $4.3\text{ cm}\times 4.3\text{ cm}\times 3.14=58.0586\text{ cm}^2$。

③

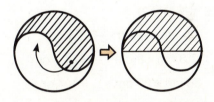

像上面的图那样考虑,(c)中画斜线部分的面积为

$3\text{ cm}\times 3\text{ cm}\times 3.14\div 2=14.13\text{ cm}^2$

(d)中画斜线部分的面积为2 512 cm²。

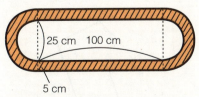

(e)中画斜线部分的面积是从上图的总面积减去白色部分的面积,即

总面积=17.5 cm × 17.5 cm × 3.14+35 cm × 100 cm=4 461.625 cm²

白色部分面积=12.5 cm × 12.5 cm × 3.14+25 cm × 100cm= 2 990.625 cm²

所求部分面积=4 461.625 cm² − 2 990.625 cm² = 1471 cm²

<第162页>

1.从左起按顺序为

$$8 \text{ cm} \times 2 \times 3.14 \times \frac{75}{360} \approx 10.47 \text{ cm}$$

$$6 \text{ cm} \times 2 \times 3.14 \times \frac{90}{360} = 9.42 \text{ cm}$$

$$10 \text{ cm} \times 2 \times 3.14 \times \frac{320}{360} \approx 55.82 \text{ cm}$$

2.从左起按顺序为

$$10 \text{ cm} \times 10 \text{ cm} \times 3.14 \times \frac{60}{360} \approx 52.33 \text{ cm}^2$$

$$8 \text{ cm} \times 8 \text{ cm} \times 3.14 \times \frac{290}{360} \approx 161.88 \text{ cm}^2$$

$$12.5 \text{ cm} \times 12.5 \text{ cm} \times 3.14 \times \frac{20}{360} \approx 27.26 \text{ cm}^2$$

$$6 \text{ cm} \times 6 \text{ cm} \times 3.14 \times \frac{210}{360} = 65.94 \text{ cm}^2$$

$$7 \text{ cm} \times 7 \text{ cm} \times 3.14 \times \frac{55}{360} \approx 23.51 \text{ cm}^2$$

3.从左起按顺序为

$$8 \text{ cm} \times 5 \text{ cm} \times \frac{1}{2} = 20 \text{ cm}^2$$

$$17.8 \text{ cm} \times 8 \text{ cm} \times \frac{1}{2} = 71.2 \text{ cm}^2$$

$$36 \text{ cm} \times 23 \text{ cm} \times \frac{1}{2} = 414 \text{ cm}^2$$

放缩尺（第170~187页）

<第177页>

1.边长扩大了2倍，图省略。

2.

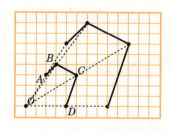

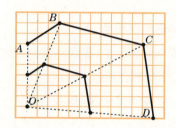

3.与左起第二条折线相似，倍率为 $\frac{1}{2}$。

<第179页>

宽4.4 cm，长5.5 cm，所以实际为宽440 cm(4.4 m)，长550 cm(5.5 m)。

<第181页>

因为10 m是1 000 cm，所以缩图的倍率为

$$\frac{10}{1000} = \frac{1}{100}$$

17.3 cm × 100=1 730 cm(17.3 m)

<第183页>

1.无论半径为多少厘米的圆，彼此都相似。

2.从左起安顺序为：$x=130°$，$y=10$ cm，$z=67°$ $x=2.4$ cm，$y=2.5$ cm，$z=8$ cm。

3.左表从上到下按顺序为：1 m，6 cm，2 m，78 cm，5.2 m，20 m。

右表从上到下按顺序为：0.005 25 mm，2 mm，3.5 cm，50 m，187.5 m，420 m。

立体杂技演出开始了！（第188~239页）

<第193页>

1.从左起按顺序为

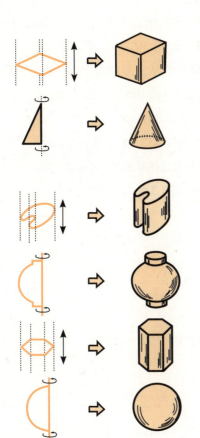

3. 左侧的图形，欧拉公式成立，验证略。

<第202页>

喜鹊的问题 $P(3, 6, 4)$, $Q(3, 6, 0)$, $R(3, 0, 4)$, $S(0, 6, 4)$, $O(0, 0, 0)$, $A(0, 0, 4)$, $B(3, 0, 0)$, $C(0, 6, 0)$。

嘟嘟的问题

① ②

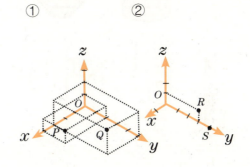

<第203页>

小丑的问题

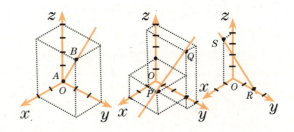

2. 成为下面的立体。

<第197页>

1. 从左起，七面体、六面体、八面体。

2. 从左图起，按顺序设为 A, B, C。

	面数	顶点数	棱数	面数+顶点数−棱数
A	6	8	12	6+8−12=2
B	5	5	8	5+5−8=2
C	8	6	12	8+6−12=2

<第206页>

直线②和④平行，图略。

<第210，211页>

略。

数学世界探险记

<第218页>

1. ⓐ-③，ⓑ-①，ⓒ-②

2.

3.

50.24 cm², 113.04 cm², 200.96 cm², 314 cm², 452.16 cm²。

体积栏从上起按顺序为：约4.187 cm³, 约33.493 cm³, 113.04 cm³, 约267.947 cm³, 约523.333 cm³, 904.32 cm³。

3.从左起按顺序为：169.56 cm³, 约5 233.3 cm³, 1 570 cm³。

<第222，223页>

略。

<第224页>

1.从左起按顺序为：301.44 cm²，1 083 cm²，406 cm²。展开图略。

2.从左起按顺序为：395.64 cm²，72 cm²，692 cm²。

3.从左起按顺序为：736 cm²，863.5 cm²。

<第231页>

1.从左起按顺序为：314 cm²，763.02 cm²，628 cm²。

2.从左起按顺序为：10 cm³，169.56 cm³，72 cm³。

3.从左起按顺序为：2 645 000 m³，615.44 cm³，约20.93 cm³。

<第234页>

1.从左起按顺序为：约33.493 cm³，267.946 cm³，1 087 252 514 773.3 km³。

2.表面积栏从上起按顺序为：12.56 cm²,

数学世界探险记

恼人的小数分数

刘修博 编译

哈尔滨工业大学出版社

图书在版编目(CIP)数据

恼人的小数分数/刘修博编译. —哈尔滨:哈尔滨工业大学出版社,2012.4(2013.7重印)
(数学世界探险记)
ISBN 978-7-5603-2892-8

Ⅰ.①恼… Ⅱ.①刘… Ⅲ.①数学-少年读物 Ⅳ.①O1-49

中国版本图书馆 CIP 数据核字(2012)第 265284 号

策划编辑	甄淼淼　刘培杰
责任编辑	王勇钢
出版发行	哈尔滨工业大学出版社
社　　址	哈尔滨市南岗区复华四道街10号　邮编150006
传　　真	0451-86414749
网　　址	http://hitpress.hit.edu.cn
印　　刷	哈尔滨市工大节能印刷厂
开　　本	787mm×1092mm　1/16　印张 13.375　字数 214 千字
版　　次	2012年4月第1版　2013年7月第3次印刷
书　　号	ISBN 978-7-5603-2892-8
定　　价	198.00元(套)

(如因印装质量问题影响阅读,我社负责调换)

编 者 的 话

我曾在中国生活到大学毕业，中学毕业于一所省级重点中学，数学一直是我的一个弱项，尽管后来我考入了西南交通大学，但数学一直困扰着我，回想起近20年学习数学的经历，我现在才认识到是小学时没能激发起学习数学的兴趣，当时的小学课本及"文化大革命"后期的数学老师讲解过于枯燥。

大学毕业后，我到了日本，发现日本有许多数学课外书编的很生动、有趣，而且图文并茂，我的小孩很爱读。

新闻业有一句听上去很绝望的格言，叫做"给我一个故事，看在上帝的份上，把它讲得有趣些"这句话其实更应对数学界说。近年来，我成立了翻译公司便着手开始编译了这套适合中、日儿童的少年科普图书。

这套丛书共由十册组成。

第一册　有趣的四则运算。
第二册　各种各样的单位。
第三册　恼人的小数分数。
第四册　稀奇古怪的单位。
第五册　有关图形的游戏。
第六册　神奇莫测的箱子。
第七册　隐藏起来的数字。
第八册　妙趣横生的集合。
第九册　上帝创造的语言。
第十册　超常智力的测验。

这套书的读者对象是少年儿童，所以选择以探险为故事情节。

有人说儿童总是显得比成年人勇敢，恰似小型犬总是比大型犬显得勇敢，可是宠物专家说，那不是勇敢，只是容易激动。儿童比成人有好奇心，就让这难得的好奇心带着儿童走进数学的殿堂。

刘修博
2013年1月于日本

恼人的小数分数

你们好!,我是胖噜噜。
　　本册将要探讨新的数——小数和分数。在这里,我将扮演主要角色。请多加关照。谢谢!

数学世界探险记

恼人的小数分数

目 录

小数是什么样的数---6
- 比1小的小数------------10
- 小数的定位------------11
- 整数是小数的伙伴吗?------14
- 用直线表示小数----------18
- 仔细观察2和3之间-------19

小数的加法--------21

小数的减法-------28

分数是什么样的数------35
- 分子不是1的分数-----------41
- 各种形式的分数------------42
- 假分数----------------43
- 使分数变形-------------46
- 用直线表示分数-----------50
- 把大小相等的分数画成图形----52
- 倍分和约分-------------53

分数的加法------56

分数的减法-----62

近似数-------------116
- 舍去----------------117
- 进位----------------118
- 四舍五入--------------119
- 大数的舍去,进位,四舍五入
  ---120

小数的乘法---------72
- 这才是小数的乘法计算!----78
- 开心博士让大家做的题---- 84

小数的除法-------86
- 小黑怪出的难题(小数÷小数)------------ 90
- 怎么?商比被除数还大!--98
- 做除法时还要考虑具体意义-------------106
- (出来余数的)小数÷小数-------------108
- (不能除尽的)小数÷小数-------------112

数的性质-------128
- 倍数------------129
- 约数------------135
- 公倍数-----------140
- 公约数-----------143
- 求最大公约数的方法--144
- 求最小公倍数的方法--149

分数的通分与加、减法
---------------------154

小数和分数的关系--164
整数÷整数，可以变成分数
---------------------166
把分数变成小数--------168
把小数变成分数--------170

分数的乘法------172

分数的除法------181

倒数---------------- 190
乘法和除法的混合运算
---------------------192
分数的加减乘除混合运算
---------------------196

答案----------------200

喜　鹊　学完了前两册，再学这册，可能会轻松些。

罗伯特　嗯，在计算上会更加自如。

米丽娅　罗伯特，你别唱高调，你真的一定行？

萨　沙　那么，小数、分数都是什么样的数呢？

数学世界探险记

米丽娅　瞧，大块头和胖噜噜都在这儿呢！
罗伯特　嗬，还拿个大茶杯呢！
萨　沙　要喝啤酒吧？

真好喝呀！这是菠萝汁。你猜，这是几升？猜中的，就可以把它喝了。

啊！是这样。大块头，你知道吧？

(胖噜噜像大人似的向憨厚的大块头提出一个问题。你说,这个大杯子,如果装满菠萝汁,那菠萝汁有多少升?答对了,你可以把它全喝了。)

那很简单呀!我拿1l的杯子来量。

哎呀?装了两满杯,还剩一点。

啊!是2l和……

这可不好办了。多余的这些是多少呢?

数学世界探险记

小数是什么样的数

(刚才大块头为多余的菠萝汁而苦恼。这是因为他不知道小数。那么,小数究竟是什么样的数呢?)

开心博士的提示

开心博士　大家好像挺为难。这也难怪。是新的数嘛!对胖噜噜不要反感,他是在启发你们。好好看看这里的瓷砖。一块一块的瓷砖凑上10个就是一条;再把一条一条的瓷砖凑上10个就是一片。那么把100等分成多少份是10呢?把10等分成多少份是1呢?这就是我对你们的提示。

　米丽娅　把100等分成10份就得10。
　萨　沙　把10再等分成10份就得1。这个一提就懂,开心博士,我们答的对吧?
　开心博士　对。
　罗伯特　我罗伯特明白啦!

(罗伯特突然笑了起来。到底他想出了什么呢?你们也考虑一下吧!)

数学世界探险记

罗伯特的主意

罗伯特　拿10个这样的杯子，使得每装满10杯的菠萝汁恰好是1 l。这样测量不就行了吗？

米丽娅　这倒是个好主意呀！可是如果有多余的，该怎么办呢？

罗伯特　遇到这种情况，再用10个杯子中的1个杯子来测量。

萨　沙　主意确实不错。如果有1 l的杯子，再有比它小的中号杯子(装满10个中号杯子相当于装满1 l的大杯子)，小号杯子(装满10个小号杯子相当于装满1个中号杯子)，那马上就可以测出来了。现在就按这个办法测一测看。

准确地测出来了。
1 l杯子，　2杯；
中号杯子，3杯；
小号杯子，4杯。

可是，这不是所要求的答案呀！

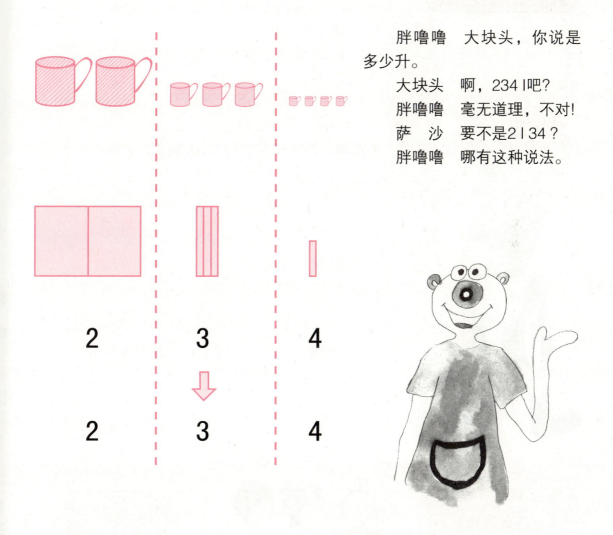

胖噜噜　大块头，你说是多少升。

大块头　啊，234 l吧？

胖噜噜　毫无道理，不对！

萨　沙　要不是2 l 34？

胖噜噜　哪有这种说法。

开心博士　大家都在动脑筋，可胖噜噜对你们的答案都不满意。现在我来说明一下吧。

请看上图。为了区别1和比1还小的部分，在2和3之间点个点。于是就写成2.34，这个点叫小数点，使用小数点的数叫做小数；没有小数点的数，像3啦，15啦，231啦，等，叫做整数，整数是大家都熟悉的。

大块头　嘿，是2.34 l吧！

数学世界探险记

比1小的小数

(大块头喝菠萝汁啦。)

 2.34 l

胖噜噜　菠萝汁有2.34 l。大块头，你喝吧！

 1.34 l

胖噜噜　大块头喝了1 l，还有1.34 l。

 ? l

胖噜噜　大块头又喝了1 l，还有多少升？

好喝！
好喝！

噢，这可不好办了。怎么读呢？

读作0.34 l 不行吗？

开心博士　小数点前面的数没有了。那么，小数点前面是什么数？

萨　沙　那是零，噢，就读做0.34 l吧！

开心博士　是这样。换成瓷砖来表示，就像右图那样。存在比1还小的数，这个你懂吧！

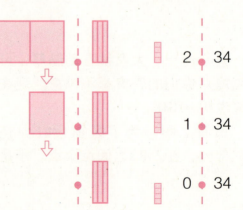

小数的定位

萨 沙 开心博士，对于小数，好像没有个、十、百、千那样的位数。对吧？

开心博士 这是关键的问题，事实上，比1小的部分也有位数。请看下图。把1十等分是什么数？

萨 沙 是0.1。

开心博士 把0.1再十等分是什么数？

萨 沙 是0.01。开心博士，把0.01再十等分就是0.001。把0.001再十等分是0.000 1。这么考虑对吧？

开心博士 是的。递次地十等分任何数，都能形成小数。小数0.1的位叫小数第一位，0.01的位叫做小数第二位。

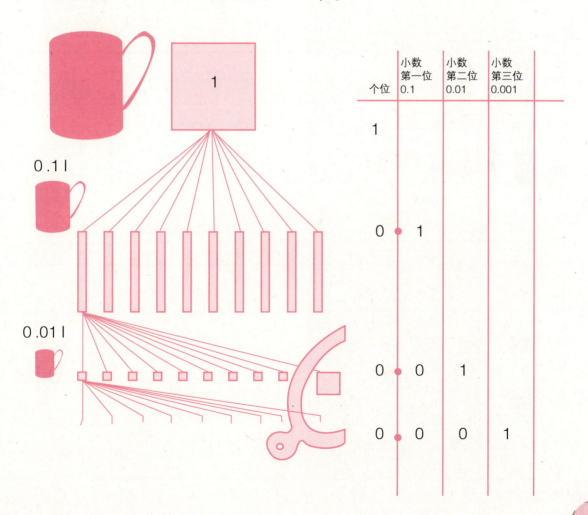

个位	小数 第一位 0.1	小数 第二位 0.01	小数 第三位 0.001
1			
0	1		
0	0	1	
0	0	0	1

数学世界探险记

瓷砖			
读出来	二点四六	三点五六	
数字	2.46		0.52

	八点零五	
		0.02

整数是小数的伙伴吗?

开心博士 大家都很努力,喝点果汁吧!现在有2.32 l果汁。有趣的是,这里的2.32变成下图中瓷砖了。

 2.32

开心博士 那么,让胖噜噜和嘟嘟用0.01 l的杯子来喝。

  2.30
↓
2.3

开心博士 再把0.1 l的杯子给米丽娅、萨沙、罗伯特来用。

  2.0
↓
2. =2

罗伯特 哎哟,2.0是小数, 2是整数。这两个数相同吧?

开心博士 是的。整数2就是小数2.0,也是2.00,因此可以说,整数是小数的伙伴。

嘿!
把果汁都喝光了。
什么也没有了。这就是0 l啦。

萨 沙 嗬！这可怪啦。如果把120写成120.0，不就是小数了吗？

罗伯特 开心博士，那么说，对整数5来说，不就可以写成5=5.0= 5.00=5.000=5.0000=…这样了吗？

开心博士 正是这样。整数可以看做是把.000…省略了的数。

米丽娅 正因为这样，所以才说整数是小数的伙伴。

比较大小。请用等号(=)，不等号(>，<)表示出来。

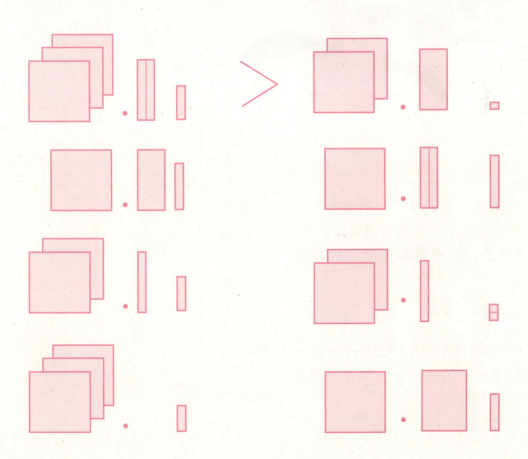

数学世界探险记

胖噜噜做实验

胖噜噜 据说这个水槽装有1.4 l 的水，实验一下，看是否属实。

（于是，胖噜噜拿出了0.1 l 的杯子。）

（胖噜噜把水用0.1 l 的杯子一次一次地倒进细长的水槽里，并在水槽上做了标记。）

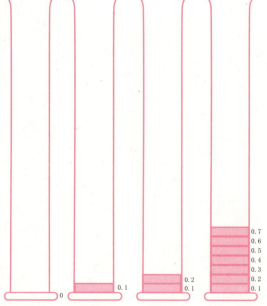

胖噜噜　哎哟，可算量完了，共量了14杯。0.1 l的14倍是1.4 l呀！

开心博士　胖噜噜，你受累啦。把表示1.4的那些瓷砖摆成一行，这样就成了一条线。由此看来，小数也可以用线来表示嘛。

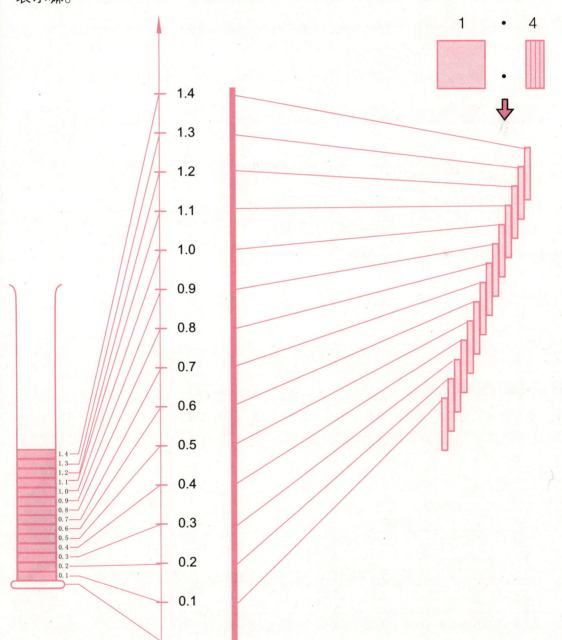

用直线表示小数

质量也能用线表示

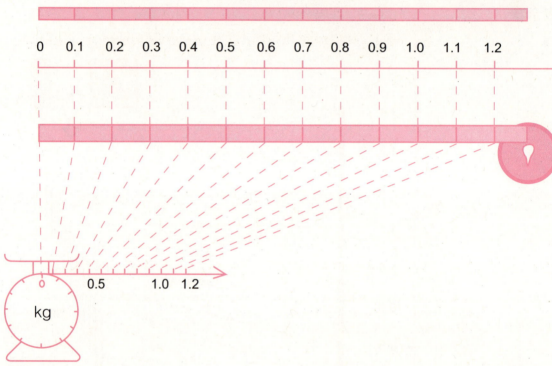

好好观察0和0.1之间

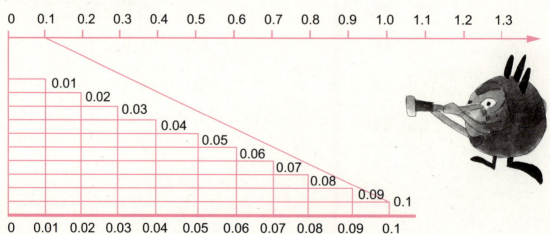

仔细观察2和3之间

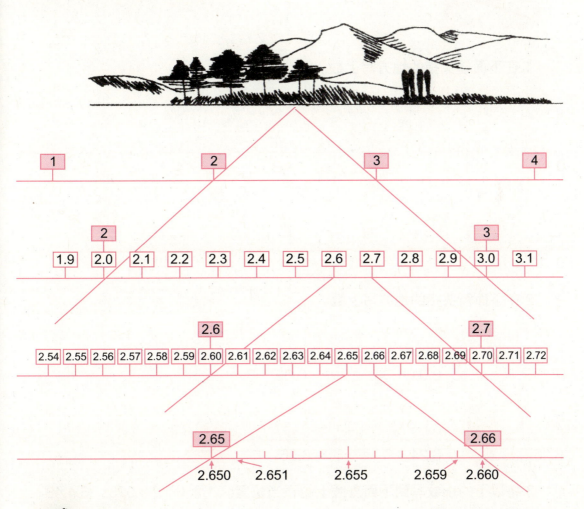

米丽娅　嗬!不得了啦。这么多小数,排得满满的。

萨　沙　还能细分成许许多多呢。

胖噜噜　这么多呀!可以画出无数个小数的刻度吧!

1. 在下面箭头指的地方写上数。

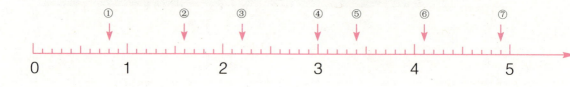

2. 在下面箭头指的地方写上数。

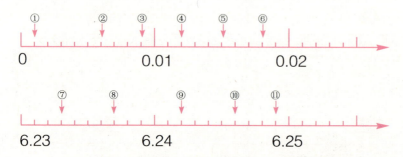

3. 将以下的小数写到下面直线上的适当位置。①2.4 ②8.025 ③4.48 ④8.012 ⑤0.7 ⑥1.4 ⑦4.27 ⑧8.033 ⑨4.51

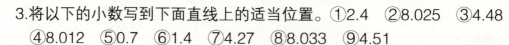

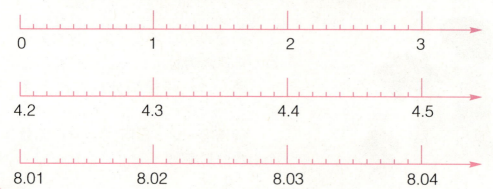

小数的加法

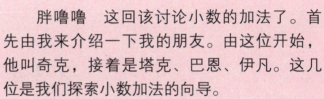

胖噜噜 这回该讨论小数的加法了。首先由我来介绍一下我的朋友。由这位开始，他叫奇克，接着是塔克、巴恩、伊凡。这几位是我们探索小数加法的向导。

米丽娅 都是可爱的小朋友呀，请多多关照啦!

奇克提出的问题

蚂蚁兄弟运砂糖。哥哥运了2.34 g，弟弟运了1.53 g，共运多了少克？

2.34 g+1.53 g

个位	小数 第一位 0.1	小数 第二位 0.01
	2.3	4
+1.5	3	
3.8	7	

萨沙 一带小数点就难计算了。

米丽娅 不过，我想，这还是一个很容易做的题。先把位对齐。

罗伯特 是这样，先把小数点对齐，然后相加不就行了吗？

萨沙 是啊，把小数点对齐后，再像整数的加法那样做就行了。

0.46+0.32

```
  0.46
+ 0.32
------
  0.78
```

米丽娅　哎哟，整数的个位是0啊！不过，做法还是和整数加法一样的。在答数中可别忘了小数点啊！

0.46+0.83

```
  0.46
+ 0.83
------
  1.29
```

罗伯特　可别忽略进位呀！把小数点对齐，计算时和整数算法是一样的。

	4.57 +3.21	3.81 +2.47	5.21 +3.84	3.74 +6.89	8.43 +6.72	5.79 +9.58
1.						
2.	3.68 +0.51	7.98 +0.47	0.28 +3.47	0.16 +2.63	9.24 +0.08	0.05 +5.79
3.	0.16 +0.38	0.07 +0.82	0.43 +0.08	0.08 +0.07	0.64 +0.82	0.67 +0.95

数学世界探险记

塔克提出的问题

买了3.26 kg香蕉,又买了4.5 kg苹果。那么一共买了多少千克(公斤)的水果?

3.26 kg+4.5 kg

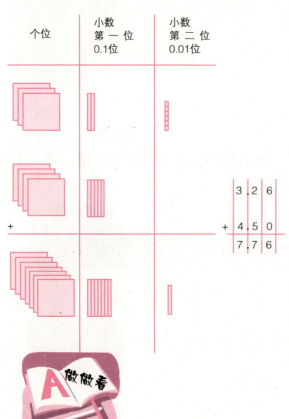

```
  3.2 6
+ 4.5 0
  7.7 6
```

萨沙 先把小数点对齐,这个式子看上去总觉得有点别扭。

米丽娅 由于没有小数的第2位,因此,看上去上下不齐。

罗伯特 这个事我明白。上下完全可以对齐,只要考虑到,4.5=4.50就可以了。

萨沙 罗伯特你真有两下子。

A 做做看

1.
```
   7.63        7.63      3.42      3.74      8.43      5.79
 + 3.2       + 3.20    + 2.5     + 6.7     + 2.3     + 0.9
             10.83
```

2.
```
   6.4         6.40      8.7       0.3       0.5       0.8
 +4.58        +4.58    +6.49     +5.67     +4.68     +0.42
              10.98
```

巴恩提出的问题

有一条2.46 cm的带子，还有一条3 cm的带子。两条带子共有多少厘米？

2.46 cm+3 cm

个位	小数 第一位 0.1位	小数 第二位 0.01位

米丽娅　列出竖式，这看起来也不顺眼啊。不过把3写成3.00就好看了。于是，有

$$2.46 \\ +3.00$$

萨　沙　嗯，加上小数点和0就好了。

```
  2.46
+ 3.00
------
  5.46
```

做做看

1.　
```
  3.21      6.28      0.49      0.99      0.07      0.2
+  5      +  8      +  7      +  9      +  4      +  6
```

2.　
```
   5        5.00       9         8         6         7
+2.48     +2.48      +6.14     +0.24     +0.05     +0.9
          ─────
           7.48
```

数学世界探险记

伊凡提出的问题

我早上吃了3.14 g饼干,白天又吃了2.46 g。那么我一共吃了多少克饼干呢?

3.14 g+2.46 g

个位	小数 第一位 0.1位	小数 第二位 0.01位
+		

```
  3.1 4
+ 2.4 6
───────
  5.6 0
    ↓
  5.6
```

罗伯特　这有什么,太容易啦!答案是5.60 g。

米丽娅　啊!小数第二位上的0好像用不着似的。

罗伯特　你说的对啦。因为5.60=5.6,所以答数中的尾数0可以去掉。

做做看

1.
4.29	4.28	0.34	0.22	0.07	0.39	0.42	0.06
+1.41	+0.62	+0.96	+0.48	+4.43	+0.81	+0.18	+0.04

2.
2.36	3.21	7.67	0.72	0.75	0.97	0.04
+5.64	+4.79	+0.33	+5.28	+0.25	+0.03	+0.96
8.00						
↓						
8						

	0.01	4.6	0.7
	+0.99	+2.4	+0.3

找出错误

这是萨沙做出的答案。请把错的地方纠正过来。

① 3.24＋4.53
```
  3.24
+ 4.53
──────
  7.77
```

② 3.46＋2.54
```
  3.46
+ 2.54
──────
  5.90
```

③ 4.5＋8.92
```
  4.5
+ 8.92
──────
  8.37
```

④ 0.05＋6
```
  0.05
+ 6
──────
  0.11
```

⑤ 8＋0.01
```
  8
+ 0.01
──────
  8.01
```

⑥ 0.04＋0.96
```
  0.04
+ 0.96
──────
  1.00
```

哎呀，糟糕，可别用我的答案。

数学世界探险记

小数的减法

米丽娅　噢，多么优美的舞姿啊！
罗伯特　跳得轻松自如啊。
萨　沙　我跳的可赶不上人家好。
胖噜噜　这回我们开始做小数的减法吧！
奇　克
塔　克　现在开始做有趣
巴　恩　的减法练习。
伊　凡

奇克提出的问题

池内有 3.65 l 水，狐狸喝了 1.23 l。池内还剩多少升水？

3.65 l – 1.23 l

```
      个位  小数   小数
           第一位  第二位
       3 . 6    5
     − 1 . 2    3
```

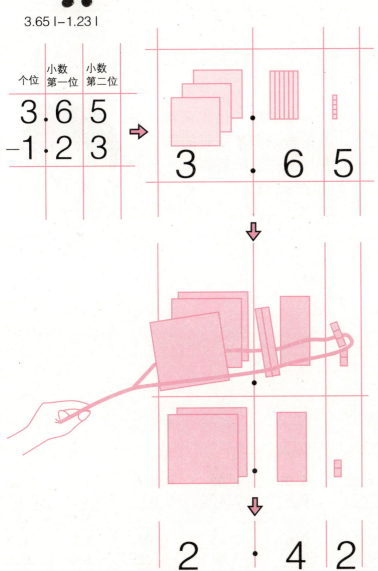

萨沙　首先要把位对齐，然后在每位上用减法运算不就行了吗？

罗伯特　嗯。小数减法和整数减法是一样的啊！

米丽娅　用瓷砖做一下，就更容易明白了。

数学世界探险记

米丽娅　小数减法也和加法一样，位对齐一减就行了，个位是零也无妨。答数是0.52。

$$3.97-3.45$$

$$\begin{array}{r}3.97\\-3.45\\\hline 0.52\end{array}$$

罗伯特　让我来算。我的做法和米丽娅的做法相同。在我的答数中，又多了一个零。

$$7.48-7.43$$

$$\begin{array}{r}7.48\\-7.43\\\hline 0.05\end{array}$$

做做看

6.24	6.03	7.82	4.08	1.02	0.84	0.57	4.58
−3.78	−5.37	−7.74	−0.69	−0.56	−0.63	−0.48	−0.09

1.03	0.67	0.14	0.67	0.15	0.04	4.6	1.3
−0.07	−0.08	−0.06	−0.09	−0.07	−0.02	−2.8	−0.9

塔克提出的问题

蟋蟀哥哥跳的高度是7.8 cm，弟弟跳9.12 cm，那么，哪个跳得高?高多少厘米?

9.12 cm−7.8 cm

```
  9 . 1 2
− 7 . 8
```
↓
```
  9 . 1 2
− 7 . 8 0
  1 . 3 2
```

答：弟弟跳得高，弟弟比哥哥高1.32 cm。

萨 沙　由于7.8=7.80，因此，可以把9.12−7.8写成9.12−7.80。噢，还得退位呢，有点麻烦。答案是1.32 cm。

罗伯特　前面(27页)你算错了一些题，那没关系，只要现在会算就行了。

	5.87 −3.2	9.46 −3.7	6.74 −4	4.42 −4.3	5.34 −4.7	5.48 −5.4	6.78 −6.7	9.34 −0.2
1.	5.16 −0.8	1.18 −0.2	1.41 −0.9	0.58 −0.2	8.49 −8.4	8.43 −8	6.3 −1	9.4 −9

2. 猫原来体重为4.75 kg，后来由于有病，减少到3.8 kg。问猫的体重减少了多少千克?

数学世界探险记

巴恩提出的问题

3.74 kg香蕉和2.74 kg橘子相比,哪个重?重多少千克?

3.74 kg－2.74 kg

```
  3.7 4
- 2.7 4
—————
  1.0 0
    ↓
  1.0 0
    ↓
  1
```

答:香蕉比橘子重1 kg。

嘟嘟　都是好吃的东西啊!让我来做做吧。

米丽娅　嘟嘟一听到有好吃的东西就醒了。那好,你来做做看吧。

嘟嘟　这题用减法来算,答案是1.00 kg。

米丽娅　答数里小数点后面的0应去掉。

1. 9.45　　6.74　　7.32　　4.08　　5.17　　1.86　　7.2
   －3.45　－4.74　－6.32　－1.08　－0.17　－0.86　－6.2

2. 罐头为0.8 kg,里面的东西吃完后一称,空罐为0.06 kg。装在罐头里的东西为多少千克?

伊凡提出的问题

原有6.8 g蜂蜜，被猫吃掉一些后一称，还剩下2.49 g。猫吃了多少克蜂蜜？

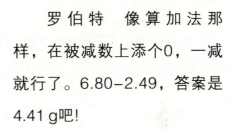

6.8 g－2.49 g

$$\begin{array}{r} 6.8 \\ -2.49 \\ \hline \end{array}$$

⬇

$$\begin{array}{r} 6.80 \\ -2.49 \\ \hline 4.31 \end{array}$$

答：4.31 g。

罗伯特　像算加法那样，在被减数上添个0，一减就行了。6.80－2.49，答案是4.41 g吧！

萨　沙　那怎么行啊？真滑稽。

米丽娅　噢，罗伯特，你忘退位啦！

罗伯特　不对，不对，我又慌了！得数应该是4.31 g。

1.
$$\begin{array}{r}5.8\\-3.27\\\hline\end{array}\quad \begin{array}{r}8.3\\-5.69\\\hline\end{array}\quad \begin{array}{r}3.4\\-2.98\\\hline\end{array}\quad \begin{array}{r}8.4\\-0.87\\\hline\end{array}\quad \begin{array}{r}1.6\\-0.21\\\hline\end{array}\quad \begin{array}{r}0.5\\-0.43\\\hline\end{array}$$

$$\begin{array}{r}4.7\\-0.09\\\hline\end{array}\quad \begin{array}{r}1.2\\-0.05\\\hline\end{array}\quad \begin{array}{r}0.1\\-0.08\\\hline\end{array}\quad \begin{array}{r}6\\-2.8\\\hline\end{array}\quad \begin{array}{r}8\\-3.9\\\hline\end{array}\quad \begin{array}{r}1\\-0.8\\\hline\end{array}$$

2.
$$\begin{array}{r}5\\-3.28\\\hline\end{array}\quad \begin{array}{r}5.00\\-3.28\\\hline 1.72\end{array}\quad \begin{array}{r}6\\-4.57\\\hline\end{array}\quad \begin{array}{r}8\\-7.43\\\hline\end{array}\quad \begin{array}{r}5\\-4.93\\\hline\end{array}\quad \begin{array}{r}6\\-0.41\\\hline\end{array}\quad \begin{array}{r}1\\-0.94\\\hline\end{array}\quad \begin{array}{r}4\\-0.03\\\hline\end{array}$$

数学世界探险记

做完这页的题，小数的加、减法的讨论就算结束了。

1. 把下列式子列成竖式并进行计算。

① 9.53−7.86 　② 18.43−8.49 　③ 18.04−0.56

④ 12.31−2 　⑤ 1.23−0.9 　⑥ 28−3.24

⑦ 235−8.71 　⑧ 29−0.04 　⑨ 4 678−4.678

⑩ 100−0.08 　⑪ 1 000−10.07

2. 将8 m的带子剪去7.48 m，还剩多少米？

3. 我父亲体重是76.8 kg，母亲是48.25 kg。两人相比谁重？重多少千克？

4. 甲、乙二人喝啤酒，甲喝了10.7 l，乙比甲少喝了1.85 l，乙喝了多少升？

5. 我家到学校的距离是0.9 km，我家到动物园的距离比到学校的距离远2.15 km，我家到动物园的距离是多少千米（公里）？

所说小数，小事也能表示。是个奇特的数。下边做分数的探险吧！

分数是什么样的数

胖噜噜　瞧，那是一座分数的城堡！
米丽娅　好神秘的城堡啊！
萨　沙　怪吓人的，好像要经历一场可怕的探险啊！
罗伯特　可是，到底什么是分数呢？

数学世界探险记

小黑怪来了

哈哈,哈哈……

你们这些家伙又到分数城堡来了。如果你们回答不出我的问题,就休想从这里通过!这里有红、蓝两条带子,蓝带子的长度是多少,我不告诉你们,我只告诉你们那条红带子的长度是1 m。算吧。

红

蓝

萨　沙　好．我来测量一下看。

米丽娅　如果算不出来，那可就不好办了。

罗伯特　米丽娅，不要担心。萨沙，让我来帮你。

萨　沙　好啊，谢谢你。

萨　沙　啊？比2 m长，比3 m短。

米丽娅　尾数怎么办？

罗伯特　这样办，把1 m分成10份，于是每一份是0.1 m。

萨　沙　对。测一测，看看有几个0.1 m。

米丽娅　不行啊，又出来新的尾数了！比0.3 m还长点。

罗伯特　真怪了！那么，再把0.1 m分成10份，这样，每一份是0.01 m，这回再测测小尾数吧！

米丽娅　对，就这么办，大家再加点油。

萨　沙　哎哟，比0.03还长点，又出来更小的尾数了。小数也不行啊！

米丽娅　不好！小黑怪在那说什么呢。

罗伯特　小黑怪，你不要嘲笑别人。告诉你，蓝带长度是2.33 m．

小黑怪　哈哈，还有尾数呢。别唬人。你们真是一群小糊涂虫！

数学世界探险记

开心博士来了。

开心博士　我是来帮你们解谜的。这条带子的长度不能用小数来表示，这里有个尾数表示法的问题。测一下蓝带子的尾数有多少个1 m呢？

罗伯特　来，萨沙，咱们一块测测吧!

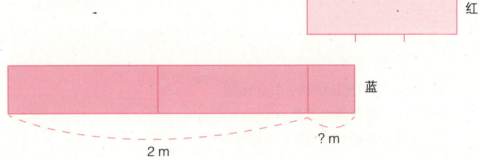

萨　沙　尾数正好是把1 m平均分成3份中的1份。

米丽娅　可是怎么表示好呢？

开心博士　这得用分数来表示，即用 $\frac{1}{3}$（三分之一）来表示。

罗伯特　这么说蓝带子的长度是2 m和 $\frac{1}{3}$ m喽。

开心博士　是这样。用分数可以表示为 $2\frac{1}{3}$（二又三分之一）。

萨　沙　这回明白了。小黑怪，这条蓝带子的长度是 $2\frac{1}{3}$ m。

小黑怪　你们总是向开心博士请教，真是一群小滑头。

你们真是一群小滑头

$\dfrac{1}{3}$……分子
$\overline{}$
$\dfrac{}{3}$……分母

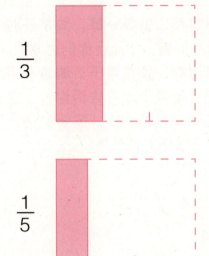

　　开心博士　我对分数再稍加说明。$\dfrac{1}{3}$ m是把1 m三等分以后每一份的长度。大家明白了吧。这点很重要，一定要记住。

　　这个$\dfrac{1}{3}$，横线上边的数叫分子，横线下边的数叫分母。这个叫法可以形象地比做"母亲背孩子"。

　　萨　沙　分数也能用瓷砖来表示吗？

　　开心博士　能。请看左图，$\dfrac{1}{3}$是把一块砖平均分成3份的1份，$\dfrac{1}{5}$是平均分成5份中的1份。

1. 蓝带子是多少米？

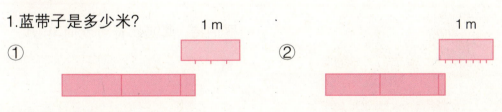

2. 把下面的瓷砖用分数来表示。

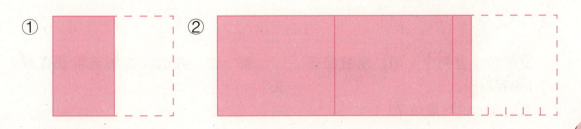

数学世界探险记

岗哨值班员

(在回答了小黑怪的问题以后,大家要进城堡,可是又被值班员给拦住了。)

值班员　请等一等。如果答对了我提出的问题,才能让你们进城堡。

这里有一条黄带子。测量一下,它的长度是多少米?告诉你们,这条红带子的长度是1 m。需要的话,可把蓝带子随便剪开使用。

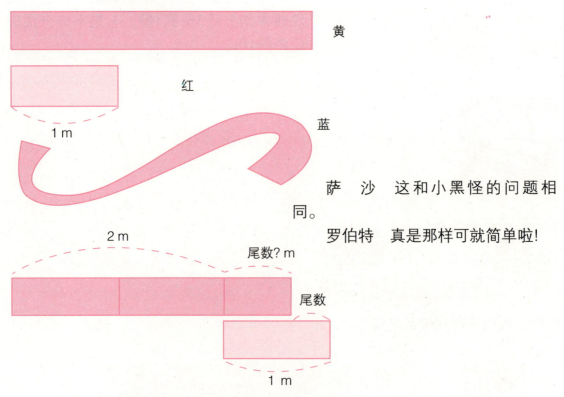

萨　沙　这和小黑怪的问题相同。

罗伯特　真是那样可就简单啦!

罗伯特　有两个1 m,尾数是多少个1 m呢?

米丽娅　这可麻烦了!

萨　沙　那么,这条蓝带子有多长?

分子不是1的分数

胖噜噜 看来大家有些发懵啦。这里的蓝带子有点神秘,我来帮你们测一测。把黄带子余出来的部分用蓝带子①来代替,与红带子一比,红带子还余出一部分。接着再把红带子多出来的部分用蓝带子②测量一下,看看是多少个1m。

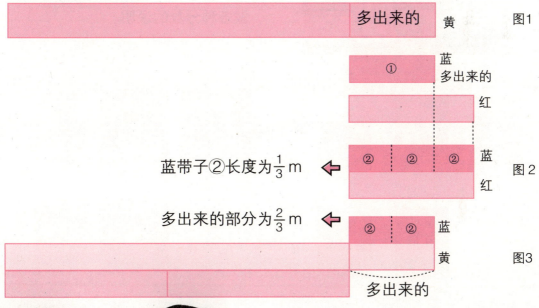

萨　沙 由于3个蓝带子②恰好是1m,因此,蓝带子②为$\frac{1}{3}$m。

罗伯特 明白了。再把黄带子多出来的部分用蓝带子②测量一下就可以了。由于黄带子多出来的部分恰好相当于2份蓝带子②,因此黄带子多出来的这部分长度是$\frac{2}{3}$m。

米丽娅 值班员,黄带子的长度是$2\frac{2}{3}$m。

各种形式的分数

米丽娅　多么宽敞、漂亮的房间呀!

萨　沙　又把水槽和瓷砖摆出来了。

罗伯特　这又要干什么?胖噜噜做各种分数的说明。

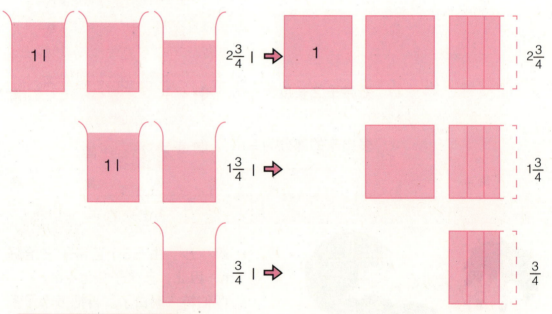

带分数和真分数

胖噜噜　开始水槽的水是 $2\frac{3}{4}$ l，用瓷砖来表示，就更清楚了。减去 1l，剩下 $1\frac{3}{4}$ l，再减去 1l，就剩下 $\frac{3}{4}$ l 了，这比 1l 还少。像这样比 1 小的分数叫做真分数，像 $2\frac{3}{4}$，$1\frac{3}{4}$ 这样比 1 大的带有整数的分数叫做带分数。

假分数

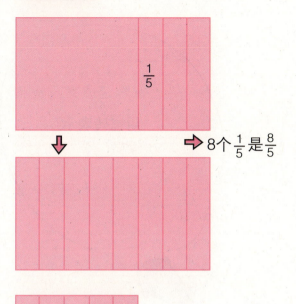

8个 $\frac{1}{5}$ 是 $\frac{8}{5}$

$\frac{5}{5}$

萨沙　这个瓷砖的图形表明什么呢？

米丽娅　真是不可思议，$1\frac{3}{5}$ 怎么变成 $\frac{8}{5}$ 了？

胖噜噜　不可思议吗？不过，如果你仔细地观察一下就会发现 $1\frac{3}{5}$ 相当于8个 $\frac{1}{5}$。所以 $1\frac{3}{5}$ 不就成为 $\frac{8}{5}$ 了吗？

罗伯特　果真是这样。1就是5个 $\frac{1}{5}$，所以，1就是 $\frac{5}{5}$。

胖噜噜　是的，像 $\frac{5}{5}$ 这样分子和分母相等的分数，或者像 $\frac{8}{5}$ 这样分子比分母大的分数，叫做假分数。

区分带分数、真分数、假分数。

$\frac{8}{9}$	$2\frac{3}{8}$	$\frac{5}{7}$	$\frac{9}{6}$	$7\frac{2}{3}$	$3\frac{3}{4}$	$\frac{12}{13}$	$\frac{29}{29}$	$1\frac{1}{5}$	$\frac{1}{11}$
$\frac{2}{2}$	$\frac{9}{8}$	$\frac{1}{10}$	$\frac{5}{38}$	$\frac{5}{4}$	$1\frac{3}{14}$	$10\frac{1}{3}$	$\frac{8}{7}$	$\frac{9}{9}$	

我来挑假分数

我来挑真分数　　　　我来挑带分数

数学世界探险记

读法(二又三分之二)
写做 $2\frac{2}{3}$)

$\frac{3}{4}$
用瓷砖表示
读做( )

喂，加油！

五分之七
用瓷砖表示
写做( )

等等，我又糊涂了。
你们弄懂了分数吗？
别装蒜啦？

二又十分之一
用瓷砖表示
写做( )

看，小黑怪这个家伙又来了！

$\frac{3}{3}$
用瓷砖表示
读做( )

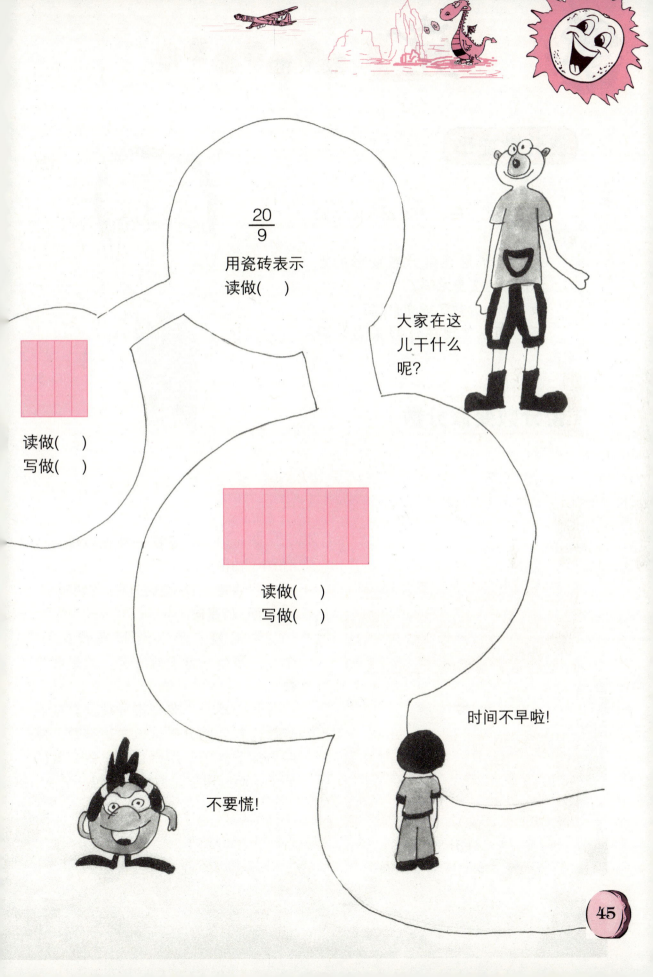

使分数变形

开心博士　啊，大家都很爱动脑筋啊。

这个屋子是观察分数变形的地方。你们知道变身术吗？

萨　沙　分数还能变身吗？

开心博士　现在让我来做向导吧。

带分数变假分数

$2\frac{3}{4} = \frac{?}{4}$

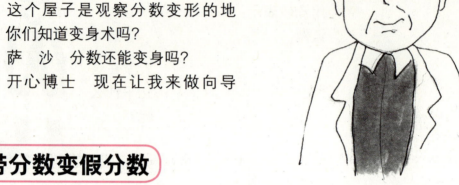

萨　沙　$\frac{3}{4}$是把一块瓷砖等分成4份中的3份。

罗伯特　1块瓷砖是$\frac{4}{4}$，2块砖是$\frac{8}{4}$，所以2是8个$\frac{1}{4}$。

米丽娅　那么合起来就是11个$\frac{1}{4}$，所以$2\frac{3}{4}$就变成$\frac{11}{4}$了。这是假分数。

开心博士　要把带分数换算成假分数，首先用分母乘以左边整数，然后再加上分子，所得数就是假分数的分子，而分母还是原来的分母。

4×2+3=11

把整数变成假分数

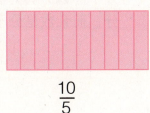

$$2 = \frac{?}{?}$$

$\frac{8}{4}$ $\frac{10}{5}$

开心博士 把整数换算成假分数，需要注意什么呢？

罗伯特 当把整数换算成假分数时，分母取什么数都行吧？当分母取3时，2可变成$\frac{6}{3}$，当分母取6时，2可变成$\frac{12}{6}$……

开心博士 大家要抓住问题的要害。正像罗伯特说的那样，在把2变成假分数时，把 $2=\frac{2}{1}=\frac{4}{2}=\frac{6}{3}=\frac{8}{4}=\frac{10}{5}=\frac{12}{6}=\frac{14}{7}=\cdots$ 中的任何一个假分数拿出来都可以。整数变分数时，把所取的分母和这个整数的乘积做分子就行了。任何整数都可以用假分数形式表示出来。

把带分数换算成带假分数

$$2\frac{3}{4} = 1\frac{?}{4}$$

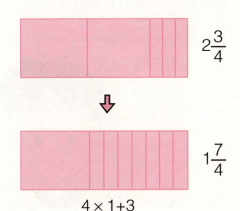

$2\frac{3}{4}$

$1\frac{7}{4}$

$4 \times 1 + 3$

萨沙 还有什么有趣的变形吗？

开心博士 还有这样的变形，就是变成具有带分数和假分数双重特点的分数。这样的分数可叫做带假分数。

米丽娅 变身表演到此该告一段落了吧？

把假分数变成带分数

$\frac{11}{4} = ?\frac{?}{4}$

$\frac{11}{4}$

$11 \div 4 = 2 余 3$

$2\frac{3}{4}$

米丽娅　这种变法好像也会，$\frac{4}{4}$ 是整数1吧，所以计算一下分子11当中有几个4就可以了。

萨　沙　那就是 $11 \div 4$ 吧？

罗伯特　是的。一算，得2余3，这个余的3就是分子.

开心博士　归纳起来，就是用分子除以分母，得的商数是整数部分，而余数是分子。

把假分数变整数

$\frac{12}{4} = ?$

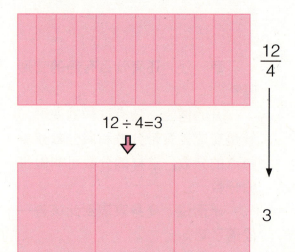

萨　沙　假分数能变成整数吗？$12 \div 4 = 3$ 除尽了。

罗伯特　除尽了，结果是整数3。

开心博士　正是这样。所以，整数也是分数的特殊形式。

把带假分数变成带分数

$2\frac{7}{4} = ?\frac{?}{4}$

$2\frac{7}{4}$

$7 \div 4 = 1 余 3$

$3\frac{3}{4}$

罗伯特 这回由我来施变身术吧。$7 \div 4 = 1$ 余 3，所以写做 $1\frac{3}{4}$。

米丽娅 那原来的整数2怎么办呢？

罗伯特 噢，不行，忘记加2了，应该是 $3\frac{3}{4}$。

萨 沙 分数的变身术倒是挺有趣的。

1. 将下列带分数变成假分数。

$3\frac{3}{7}$　　$7\frac{1}{3}$　　$2\frac{3}{8}$

$8\frac{1}{4}$　　$2\frac{5}{6}$　　$7\frac{1}{9}$

2. 求出□中的数。

$3\frac{1}{6} = 2\frac{\square}{6}$　　　$7\frac{3}{4} = 6\frac{\square}{4}$

$3\frac{2}{5} = 2\frac{\square}{5}$　　　$4 = \frac{\square}{6}$

3. 将下列假分数变成带分数或整数。

$\frac{17}{3}$　　$\frac{20}{4}$　　$\frac{8}{7}$　　$\frac{13}{5}$

$\frac{64}{8}$　　$\frac{53}{6}$　　$\frac{45}{9}$　　$\frac{15}{2}$

4. □中的数是几？(带假分数→带分数)

$3\frac{19}{6} = \square\frac{\square}{6}$　　　$3\frac{9}{2} = \square\frac{\square}{2}$

$1\frac{7}{5} = \square\frac{\square}{5}$　　　$2\frac{15}{4} = \square\frac{\square}{4}$

用直线表示分数

胖噜噜 分数也像小数一样，用线表示就容易懂了。嗨，把相当于 $2\frac{2}{3}$ 的瓷砖排成一列，不就形成一条线了吗？

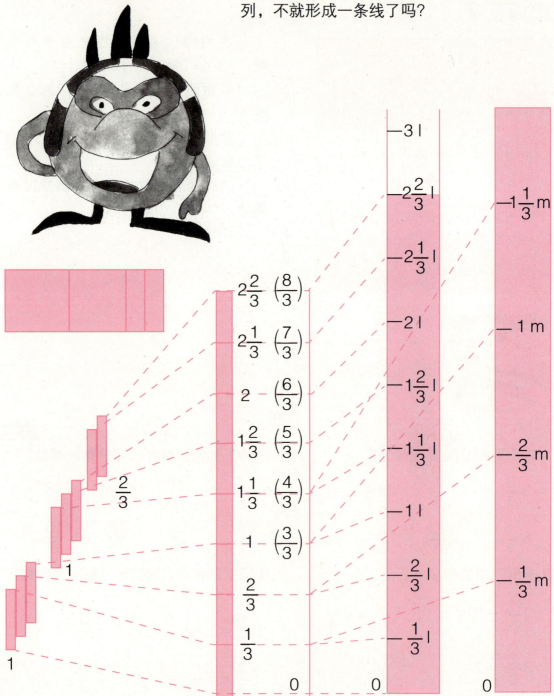

1. 分母是6的分数已标在直线上。用分数写出下面从①到⑦的棒的长度。

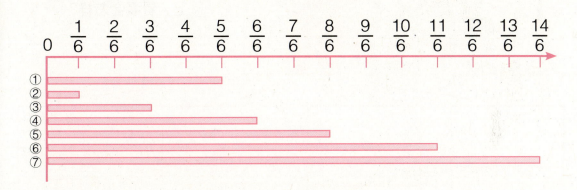

2. 将下列分数的卡片放在下面直线上的适当位置。

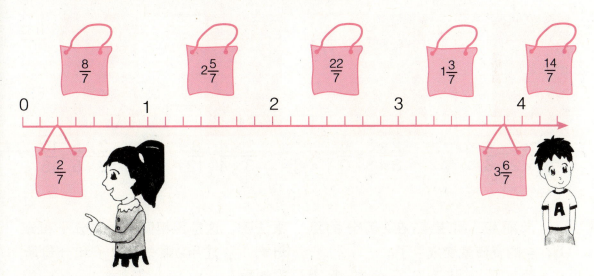

3. 比较下列分数的大小，用不等号 (>, <) 表示出来。

$(\frac{3}{5} < \frac{4}{5})$ $(2\frac{13}{10} \quad 1\frac{17}{10})$ $(2\frac{5}{7} \quad 2\frac{3}{7})$ $(\frac{1}{2} \quad \frac{4}{4})$ $(\frac{7}{4} \quad 1)$

$(2\frac{2}{3} \quad 1\frac{2}{3})$ $(\frac{12}{8} \quad 1\frac{3}{8})$ $(1 \quad \frac{3}{4})$ $(\frac{12}{6} \quad \frac{5}{2})$

把大小相等的分数画成图形

开心博士 这里有一块相当于 $\frac{2}{3}$ 的瓷砖,把它2等分、3等分、4等分、5等分,贴在透明纸上。看看会怎样?

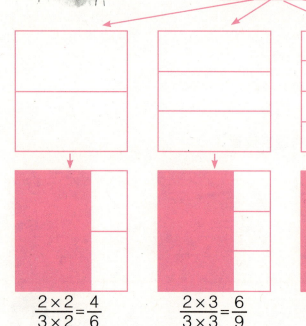

$$\frac{2\times 2}{3\times 2}=\frac{4}{6} \qquad \frac{2\times 3}{3\times 3}=\frac{6}{9} \qquad \frac{2\times 4}{3\times 4}=\frac{8}{12} \qquad \frac{2\times 5}{3\times 5}=\frac{10}{15}$$

米丽娅 如果贴在2等分的纸上,$\frac{2}{3}$ 的瓷砖就变成 $\frac{4}{6}$ 了。

萨沙 贴在3等分的纸上是 $\frac{6}{9}$,贴在4等分的纸上是 $\frac{8}{12}$,贴在5等分的纸上是 $\frac{10}{15}$。

罗伯特 奇怪!是 $\frac{2}{3}$ 的瓷砖为什么变得这么复杂?你瞧,$\frac{4}{6}$,$\frac{6}{9}$,$\frac{8}{12}$,$\frac{10}{15}$,…简直像乘法一样。哎哟,果真是乘法呀。这是用相同的数乘分子和分母啊。$\frac{4}{6}$ 是用2乘 $\frac{2}{3}$ 的分子和分母所得的数。

萨沙 果真是这样。$\frac{6}{9}$ 就是用3乘 $\frac{2}{3}$ 的分子和分母而得出来的……

倍分和约分

米丽娅 罗伯特，真棒！因为分子和分母同乘以任何一个不为0的数，其分数值不变，所以 $\frac{2}{3}$ 的大小当然是不变的。

开心博士 是的。这叫做倍分。

> 用一个不为0的数同时乘分母和分子，分数的大小不变。
> 用一个不为0的数同时乘分母和分子以后，便得到与原来分数大小相同的分数，这叫倍分。

开心博士 这回把瓷砖上面的透明纸都拿掉，看看是怎样呢？

罗伯特 开心博士，这就相当于把分子和分母用相同的数去除吧？

开心博士 说对啦，这就叫约分。大家验证一下看。

$$\frac{4\div 2}{6\div 2}=\frac{2}{3} \qquad \frac{6\div 3}{9\div 3}=\frac{2}{3} \qquad \frac{8\div 4}{12\div 4}=\frac{2}{3} \qquad \frac{10\div 5}{15\div 5}=\frac{2}{3}$$

> 用相同的不为0的数同时去除分母和分子，分数的大小不变。用相同的不为0的数同时去除分母和分子以后，便得到与原来的分数同等大小的分数，这叫做约分。

1. 用4乘下列分数的分母和分子（倍分）。

$\frac{1}{2} \quad \frac{2}{3} \quad \frac{3}{4} \quad \frac{2}{5} \quad \frac{5}{6} \quad \frac{6}{7} \quad \frac{11}{12} \quad \frac{18}{17} \quad \frac{6}{1}$

2. 把下列分数改成分母是24的分数（倍分）。

$\frac{1}{3} \quad \frac{5}{6} \quad \frac{3}{4} \quad \frac{5}{8} \quad \frac{7}{12} \quad \frac{1}{2}$

3. 用2去除下列分数的分母和分子（约分）。

$\frac{2}{4} \quad \frac{4}{6} \quad \frac{6}{8} \quad \frac{8}{10} \quad \frac{2}{8} \quad \frac{10}{12} \quad \frac{6}{16}$

数学世界探险记

开心博士 不论倍分还是约分，分数的大小都不变，关于这一点，请详细看下图，这会更有助于理解。

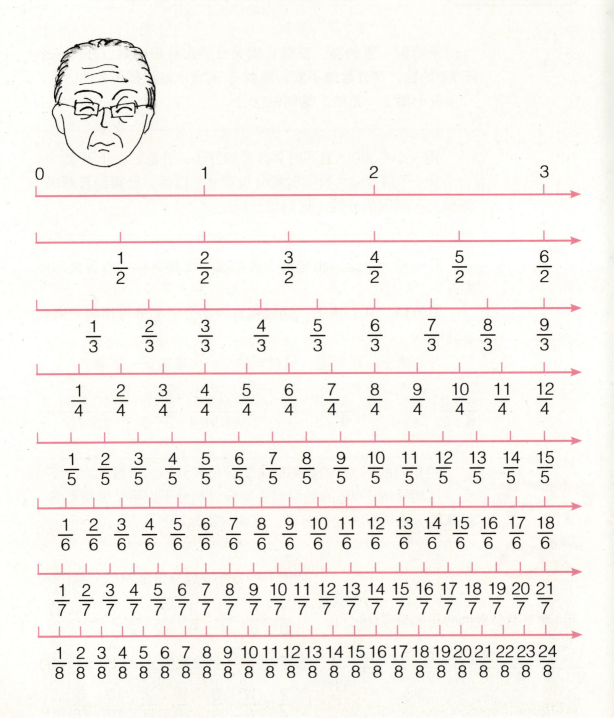

1. □中的数是什么数？

$\dfrac{1}{4} = \dfrac{\square}{8} = \dfrac{\square}{12} = \dfrac{\square}{24} = \dfrac{\square}{16}$ $\dfrac{3}{7} = \dfrac{6}{\square} = \dfrac{9}{\square} = \dfrac{12}{\square}$ $\dfrac{5}{9} = \dfrac{\square}{18} = \dfrac{15}{\square} = \dfrac{\square}{36} = \dfrac{35}{\square}$

$\dfrac{2}{5} = \dfrac{\square}{20} = \dfrac{16}{\square} = \dfrac{\square}{45}$ $\dfrac{24}{36} = \dfrac{\square}{24} = \dfrac{\square}{18} = \dfrac{\square}{9} = \dfrac{\square}{3}$ $\dfrac{16}{20} = \dfrac{8}{\square} = \dfrac{4}{\square}$

2. 用7对下列的分数进行约分。

$\dfrac{7}{14}$ $\dfrac{21}{35}$ $\dfrac{35}{28}$ $\dfrac{14}{21}$ $\dfrac{42}{63}$ $\dfrac{98}{49}$ $\dfrac{35}{42}$ $\dfrac{28}{7}$ $\dfrac{84}{98}$ $\dfrac{147}{84}$ $\dfrac{7}{147}$

3. 用括号中数对下面的分数进行约分。

$\dfrac{8}{12}$ (4) $\dfrac{30}{18}$ (6) $\dfrac{81}{45}$ (9) $\dfrac{70}{105}$ (5) $\dfrac{49}{84}$ (7) $\dfrac{111}{21}$ (3) $\dfrac{195}{91}$ (13)

4. 对下面的分数尽可能进行约分。

$\dfrac{4}{8}$ $\dfrac{10}{60}$ $\dfrac{36}{24}$ $3\dfrac{4}{12}$ $8\dfrac{2}{4}$ $7\dfrac{8}{6}$ $5\dfrac{10}{12}$

萨 沙　嗬，好大的门啊！
罗伯特　门上写着什么？是分数的加法吗？
米丽娅　是的。把这道题解开，门就开了。
萨 沙　好，马上就算！

分数的加法 第一个房间

两个猴子分别做了 $\frac{3}{7}$l 和 $\frac{2}{7}$l 的香蕉汁,它们共做了多少升的香蕉汁?

$\frac{3}{7}$l + $\frac{2}{7}$l

米丽娅　$\frac{3}{7}$是把1分成7份中的3份,而$\frac{2}{7}$是7份中的2份。加在一起,就是5个$\frac{1}{7}$,也就是$\frac{5}{7}$。

萨　沙　是这样吗?我是这么算的:$\frac{3}{7}+\frac{2}{7}=\frac{5}{14}$。

罗伯特　萨沙,你算错啦。分母不动,只是分子相加。如果把这个问题搞错了,那么,下一步探险就没法进行了。

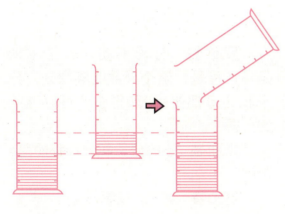

$\frac{3}{7}$ + $\frac{2}{7}$ = $\frac{5}{7}$

答:$\frac{5}{7}$l。

分数的加法 第二个房间

把 $\frac{3}{8}$ kg 的橘子放到有 $\frac{1}{8}$ kg 橘子的筐里,共有多少千克桔子?

$\frac{3}{8}$ kg + $\frac{1}{8}$ kg

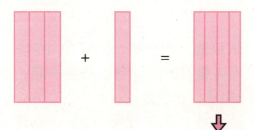

罗伯特 分母不动、分子相加是 $\frac{4}{8}$,可是,这个分数能够约分,分子和分母都能用2除得 $\frac{2}{4}$。可以继续约分得 $\frac{1}{2}$。

米丽娅 $\frac{4}{8}$ 的分子和分母都能用4除吧?

罗伯特 是的,能除。$\frac{4 \div 4}{8 \div 4} = \frac{1}{2}$。约分一次就可以了。以后算题可别忘了约分。

$\frac{3}{8} + \frac{1}{8} = \frac{4}{8} = \frac{1}{2}$

答:$\frac{1}{2}$ kg。

1. $\frac{2}{5} + \frac{1}{5}$ $\frac{4}{7} + \frac{2}{7}$ $\frac{5}{11} + \frac{3}{11}$ $\frac{1}{3} + \frac{1}{3}$ $\frac{6}{13} + \frac{5}{13}$ $\frac{16}{19} + \frac{2}{19}$ $\frac{3}{17} + \frac{2}{17}$

2. $\frac{1}{4} + \frac{1}{4}$ $\frac{3}{8} + \frac{3}{8}$ $\frac{2}{9} + \frac{4}{9}$ $\frac{1}{6} + \frac{1}{6}$ $\frac{3}{10} + \frac{1}{10}$ $\frac{7}{12} + \frac{1}{12}$ $\frac{2}{21} + \frac{5}{21}$

   $\frac{2}{15} + \frac{8}{15}$ $\frac{5}{16} + \frac{3}{16}$ $\frac{7}{18} + \frac{5}{18}$

分数的加法 第三个房间

用 $1\frac{2}{5}$ l 杨梅汁和 $2\frac{1}{5}$ l 牛奶做杨梅牛奶饮料，杨梅牛奶饮料是多少升？

$1\frac{2}{5}$ l + $2\frac{1}{5}$ l

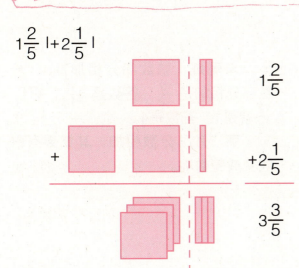

$1\frac{2}{5}$

+$2\frac{1}{5}$

$3\frac{3}{5}$

米丽娅　因为是带分数，所以整数部分和分数部分分开计算。

罗伯特　对！就像瓷砖所表示的图形那样。

萨　沙　带分数的加法，整数部分和整数部分相加，分数部分和分数部分相加。

答：$3\frac{3}{5}$ l。

$2\frac{7}{8} + 1\frac{5}{8}$

$2\frac{7}{8}$

+$1\frac{5}{8}$

$4\frac{4}{8}$ ➡ $4\frac{1}{2}$

萨　沙　整数部分是3，分数部分是 $\frac{12}{8}$，是假分数 $1\frac{4}{8}$，化成带分数，答数是 $4\frac{4}{8}$。

米丽娅　喂！$\frac{4}{8}$ 不能约分吗？

罗伯特　能，太能啦！

萨　沙　分子和分母都能用4除。

$2\frac{7}{8} + 1\frac{5}{8} = 3\frac{12}{8} = 4\frac{4}{8} = 4\frac{1}{2}$

数学世界探险记

分数的加法 第四个房间

奇克家的院子的面积是 $2\frac{7}{12}$ m²，塔克家的院子的面积是 $1\frac{5}{12}$ m²。两家院子的面积共有多少平方米？

$2\frac{7}{12}$ m² + $1\frac{5}{12}$ m²

    $2\frac{7}{12}$

米丽娅　整数部分相加是3，分数部分相加是 $\frac{12}{12}$。答数是 $3\frac{12}{12}$，啊！$\frac{12}{12}$ 就是1。答数是4。

    + $1\frac{5}{12}$

萨　沙　分数相加，其结果有时能变成整数呢。

    $3\frac{12}{12}$ = 4

答：4 m²。

1. $4\frac{1}{5}+3\frac{2}{5}$ $1\frac{2}{7}+5\frac{4}{7}$ $3\frac{1}{9}+4\frac{4}{9}$ $5\frac{7}{13}+4\frac{3}{13}$ $35\frac{14}{29}+12\frac{13}{29}$

2. $3\frac{1}{4}+2\frac{1}{4}$ $4\frac{3}{8}+5\frac{1}{8}$ $6\frac{2}{9}+3\frac{4}{9}$ $6\frac{2}{15}+4\frac{7}{15}$ $35\frac{3}{25}+25\frac{7}{25}$

3. $3\frac{2}{5}+6\frac{4}{5}$ $4\frac{5}{11}+5\frac{10}{11}$ $7\frac{15}{19}+5\frac{6}{19}$ $6\frac{3}{4}+2\frac{3}{4}$ $3\frac{7}{8}+4\frac{5}{8}$ $1\frac{13}{16}+4\frac{5}{16}$

4. $3\frac{1}{6}+4\frac{5}{6}$ $3\frac{5}{9}+2\frac{4}{9}$ $28\frac{21}{43}+21\frac{23}{43}$ $2\frac{3}{5}+\frac{1}{5}$ $\frac{1}{4}+8\frac{1}{4}$ $3\frac{1}{5}+\frac{4}{5}$

1. 如果有错，那么请改正过来。看看谁算错了，是怎么错的？

罗伯特
$$10\frac{3}{16}+12\frac{7}{16}=22\frac{10}{16}=22\frac{5}{8}$$

米丽娅
$$4\frac{7}{10}+8\frac{5}{10}=12\frac{16}{10}=12\frac{6}{10}$$

萨沙
$$3\frac{3}{7}+5\frac{4}{7}=8\frac{7}{7}=9$$

嘟嘟
$$6\frac{7}{11}+\frac{8}{11}=6\frac{15}{22}$$

2. 往墙壁上涂油。昨天涂了 $12\frac{2}{9}$ m²，今天涂了 $13\frac{8}{9}$ m²，两天共涂了多少平方米？

3. 上山拾柴。哥哥拾了 $3\frac{2}{5}$ kg，弟弟拾了 $2\frac{3}{5}$ kg，两人共拾柴多少千克？

4. 学校有两个游泳池。往小池放了 $2275\frac{6}{7}$ m³ 的水，往大池放的水多比往小池放的水多 $3245\frac{4}{7}$ m³，大池放了多少立方米水？

数学世界探险记

（登上分数的最后一层楼又有一道门，上面写着"分数的减法"。）

米丽娅　加法做完了，该做减法了。

罗伯特　这次可别再出错了。

萨　沙　问题又亮出来了。

分数的减法 第一个房间

有两个水槽，一个能容纳 $\frac{6}{7}$ l 水，另一个能容纳 $\frac{2}{7}$ l 水，两个水槽容纳的水相差多少？

$\frac{6}{7}$ l $-$ $\frac{2}{7}$ l

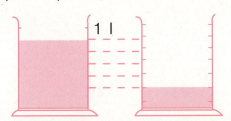

$\frac{6}{7} - \frac{2}{7} = \frac{4}{7}$

答：$\frac{4}{7}$ l。

罗伯特 列出式子，就是 $\frac{6}{7}$ l $-$ $\frac{2}{7}$ l。

萨沙 $\frac{6}{7}$ l 是把 1 l 分成 7 份中的 6 份，$\frac{2}{7}$ l 是 7 份中的 2 份。它们相差 4 份，于是得 $\frac{4}{7}$ l。

米丽娅 看一下用瓷砖的图形，仍然是 $\frac{4}{7}$。

罗伯特 果真和加法相同。分母不变，只是分子相减就可以了。

1. $\frac{3}{5} - \frac{2}{5}$　$\frac{7}{9} - \frac{5}{9}$　$\frac{8}{13} - \frac{7}{13}$　$\frac{16}{25} - \frac{4}{25}$　$\frac{13}{17} - \frac{5}{17}$　$\frac{16}{23} - \frac{15}{23}$　$\frac{9}{11} - \frac{2}{11}$

2. $\boxed{\frac{5}{6} - \frac{1}{6} = \frac{4}{6} = \frac{2}{3}}$　$\frac{3}{4} - \frac{1}{4}$　$\frac{5}{8} - \frac{3}{8}$　$\frac{8}{9} - \frac{2}{9}$　$\frac{9}{10} - \frac{3}{10}$　$\frac{7}{12} - \frac{5}{12}$

分数的减法 第二个房间

> 蜜蜂父子采蜜。父亲采了 $3\frac{5}{6}$ g，儿子采了 $1\frac{1}{6}$ g，相差多少克。

$3\frac{5}{6}$ g $-1\frac{1}{6}$ g

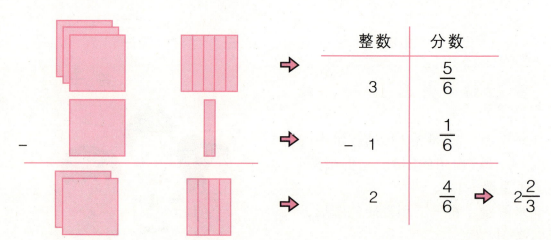

答：$2\frac{2}{3}$ g。

米丽娅　和做加法一样，整数部分相减，分数部分相减。

罗伯特　那么答数是 $2\frac{4}{6}$。可是，又能约分，一约分就是 $2\frac{2}{3}$ 了。

萨　沙　是否能约分，这点总是应该注意的。

一定注意约分呀!

分数的减法 第三个房间

姐姐的跳绳长$3\frac{1}{5}$m，我的跳绳长是$1\frac{4}{5}$m，两条绳差多少米？

$3\frac{1}{5}$ m $-1\frac{4}{5}$ m

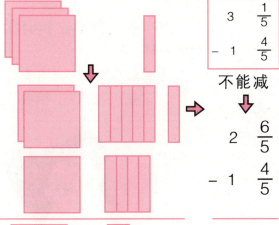

答：$1\frac{2}{5}$ m。

米丽娅 整数能相减，可是分数不能减啊！

罗伯特 这时候，就得由整数部分退位了。

米丽娅 由整数部分退位？

萨 沙 是这样，我会了。

让$3\frac{1}{5}$变成$2\frac{6}{5}$不就可以了。

米丽娅 明白了，这得退位。

1. $3\frac{4}{5}-1\frac{1}{5}$ $9\frac{6}{13}-4\frac{2}{13}$ $4\frac{5}{6}-2\frac{1}{6}$ $6\frac{5}{8}-4\frac{3}{8}$ $10\frac{7}{9}-5\frac{4}{9}$ $10\frac{7}{10}-9\frac{3}{10}$

2. $4\frac{2}{5}-2\frac{3}{5}$ $5\frac{2}{7}-2\frac{6}{7}$ $7\frac{4}{9}-3\frac{5}{9}$ $10\frac{3}{11}-3\frac{6}{11}$ $7\frac{3}{13}-2\frac{9}{13}$ $9\frac{26}{29}-2\frac{28}{29}$

3. $6\frac{1}{4}-3\frac{3}{4}=5\frac{5}{4}-3\frac{3}{4}=$ $6\frac{3}{8}-4\frac{7}{8}$ $5\frac{1}{6}-3\frac{5}{6}$ $10\frac{2}{9}-7\frac{5}{9}$ $6\frac{3}{10}-1\frac{7}{10}$

   $2\frac{2}{4}=2\frac{1}{2}$ $9\frac{7}{12}-4\frac{11}{12}$ $8\frac{3}{14}-3\frac{5}{14}$ $7\frac{9}{16}-4\frac{15}{16}$

数学世界探险记

分数的减法 第四个房间

在占地3 ha的公园内修建了占地为$1\frac{1}{4}$ ha的运动场,其余的地方是公园的广场,广场占地多少公顷?

$3\,ha - 1\frac{1}{4}\,ha$

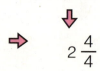
不能减

↓

$2\frac{4}{5}$

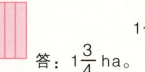

答:$1\frac{3}{4}$ ha。

米丽娅 分数不能从整数中减啊!

萨 沙 我想这和65页的退位一样。

米丽娅 对啦。3可变形为$2\frac{4}{4}$,这就可以与$1\frac{1}{4}$相减了。

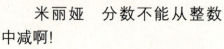

1. $4-3\frac{3}{4}$　　$7-3\frac{4}{5}$　　$9-5\frac{1}{6}$　　$12-7\frac{4}{7}$　　$15-11\frac{5}{8}$　　$13-3\frac{3}{8}$

2. $8-7\frac{3}{7}$　　$4-3\frac{2}{3}$　　$13-12\frac{3}{4}$　　$20-19\frac{1}{2}$　　$17-16\frac{12}{13}$

3. $8-\frac{2}{13}$　　$17-\frac{8}{5}$　　$2-\frac{5}{9}$　　$7-\frac{11}{17}$　　$3-\frac{1}{8}$　　$1-\frac{2}{5}$　　$1-\frac{1}{4}$

1. $4\frac{1}{6} - 3\frac{5}{6} = 3\frac{7}{6} - 3\frac{5}{6} = \frac{2}{6} = \frac{1}{3}$

   注意约分

   $3\frac{1}{9} - 2\frac{7}{9}$ $4\frac{5}{12} - 3\frac{7}{12}$ $6\frac{1}{8} - 5\frac{7}{8}$

   $6\frac{5}{6} - 5\frac{1}{6}$ $6\frac{7}{12} - 6\frac{5}{12}$ $5\frac{3}{8} - 5\frac{1}{8}$

   $3\frac{14}{15} - 3\frac{4}{15}$ $9\frac{7}{9} - 9\frac{4}{9}$ $6\frac{7}{12} - 6\frac{1}{12}$

2. $6\frac{3}{8} - \frac{5}{8} = 5\frac{11}{8} - \frac{5}{8} = 5\frac{6}{8} = 5\frac{3}{4}$

   $7\frac{1}{6} - \frac{5}{6}$ $4\frac{5}{14} - \frac{11}{14}$ $7\frac{11}{26} - \frac{21}{26}$ $8\frac{12}{12} - \frac{6}{12}$

   $18\frac{19}{27} - \frac{25}{27}$ $4\frac{3}{10} - \frac{1}{10}$ $7\frac{8}{9} - \frac{2}{9}$ $1\frac{1}{6} - \frac{5}{6}$

3. $5\frac{1}{4} - 2$　　$8\frac{1}{2} - 4$　　$6\frac{5}{7} - 6$　　$9\frac{9}{13} - 9$　　$7\frac{1}{3} - 4\frac{1}{3}$　　$10\frac{3}{7} - 6\frac{3}{7}$

4. 有 $6\frac{2}{7}$ m 的纸带，用去了其中的 $3\frac{6}{7}$ m，还剩多少米？

5. 罗伯特的家做了 5 l 江米酒，过完年一看，还剩下 $2\frac{1}{3}$ l，过年时喝了多少升江米酒？

1. 哪个重？重多少？

1) ① $17\frac{7}{10}$ kg ② $18\frac{1}{10}$ kg

2) ① 50 kg ② $49\frac{4}{5}$ kg

2. 如果有错误，请改正过来。

$8\frac{1}{4}-7\frac{3}{4}=$	$3-\frac{5}{9}=$	$4\frac{1}{7}-\frac{2}{7}=$	$9\frac{1}{6}-1\frac{5}{6}=$
$7\frac{5}{4}-7\frac{3}{4}=$	$2\frac{9}{9}-\frac{5}{9}=$	$3\frac{8}{7}-\frac{2}{7}=$	$8\frac{4}{6}=$
$\frac{2}{4}$	$2\frac{4}{9}$	$3\frac{5}{7}$	$4\frac{2}{3}$
米丽娅	萨沙	罗伯特	嘟嘟

3. 两个学生跳高。A 跳 $1\frac{1}{10}$ m，B 跳 $\frac{9}{10}$ m，谁跳得高?高多少?

4. 某一个雨天，水槽里的水由 $3\frac{7}{8}$ l 增加到 $5\frac{3}{8}$ l，增加了多少升?

5. 筐重 $\frac{3}{8}$ kg，把苹果装进去之后，一称是 $2\frac{1}{8}$ kg，苹果为多少千克?

6. 大力士 A 的体重为 $113\frac{3}{5}$ kg，B 的体重为 $89\frac{4}{5}$ kg。谁重? 重多少?

数学世界探险记

数学世界探险记

小数的乘法

（大家到胖噜噜家做客时，正赶上胖噜噜和大块头忙着往墙壁上涂油。）

胖噜噜　欢迎各位光临！不巧，我们正往这面新墙上涂油呢。

罗伯特　没关系，你们继续干活吧！

胖噜噜　不大功夫，正好涂完了 1 m²。

大块头　涂 1 m² 需要多少油？

胖噜噜　2.12 dl。

（回答后，胖噜噜眨了眨眼睛。）

胖噜噜　那么，今天的讨论就从这里开始吧！

喜 鹊 现在我提个问题。

往胖噜噜家的墙壁上均匀地涂油，已知涂1 m² 的墙壁要用油2.12 dl，而胖噜噜家的墙壁面积是3.2 m²。涂完胖噜噜家的墙壁共需要多少分升油？

萨 沙 我感到有些糊涂了！什么2.12 dl 啦，3.2 m² 啦，突然提出这些东西来，我实在感到为难。这是实在话，看来，我们的探险越来越难了。

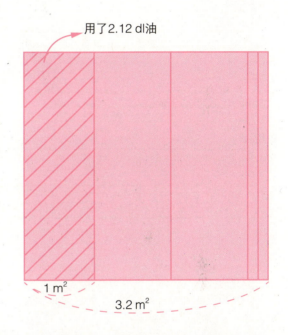

米丽娅 正像萨沙说的那样。我想喜鹊是开心博士的助手，提的问题像小黑怪一样，很刁难人，甚至使人有点吃惊。不过这个题是否可以用乘法？怎么乘好呢？这个我还没有想好。

罗伯特 按米丽娅理解，是用乘法计算。我看这个想法行。因为1 m² 用2.12 dl 油，那么3.2 m² 用多少分升油呢？如果这个3.2是整数，就好办了。

罗伯特 看看上图，有助于理解胖噜噜家的墙壁和使用油的关系。

萨 沙 那么到底该怎么列式子呢？

米丽娅 还是用乘法呗。由于1 m² 使用2.12 dl 油，因此，3.2 m² 需油为2.12×3.2，这可怎么计算呢？

罗伯特 这点如果明白了，那就不费劲了。

萨 沙 对，用乘法，我也懂啦！

用摆瓷砖的办法来理解 2.12 dl × 3.2 m²

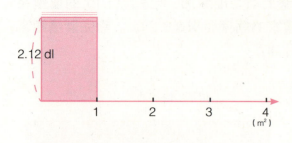

罗伯特　还是我来吧。我们用摆瓷砖的办法计算一下，好吗？

米丽娅　那好啊！首先在 1 m² 的地方摆上相当于 2.12 dl 的瓷砖。

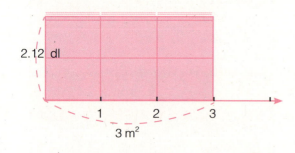

罗伯特　如果胖噜噜家墙壁是 3 m² 的话，就是 2.12 dl × 3。

萨　沙　不过，2.12 dl × 3.2 比你说的那个还要大。

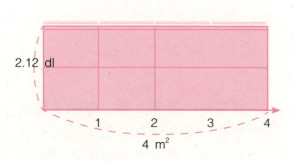

罗伯特　如果是 4 m²，就是 2.12 dl × 4。

米丽娅　3.2 在 3 和 4 之间，把 3 到 4 分成 10 等份，不就行了吗？

萨　沙　好！做做看吧！

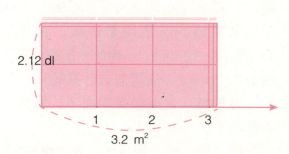

萨　沙　噢，这样可以。把 2.12 dl × 3.2 用瓷砖摆出来吧。

米丽娅　这瓷砖，横的、竖的都得数。

罗伯特　对，瓷砖一定出个位，小数第一位，小数第二位，看起来就准确了。

瓷砖分成小块

萨 沙　用这个图表分析一下，看看怎么样？

个　　位	小数第一位	小数第二位	小数第三位
1块瓷砖	0.1块瓷砖	0.01块瓷砖	0.001块瓷砖
6	7	8	4

萨 沙　个位的瓷砖共6块，小数第一位的瓷砖共7块。

罗伯特　小数第二位的细长的瓷砖共8块，小数第三位的瓷砖共4块。

米丽娅　合起来是6.784。于是 2.12 dl × 3.2 = 6.784 dl，这就是说涂3.2 m² 的墙壁，需要6.784 dl油。

用瓷砖来表示，大家都明白了吧。下面请用竖式做做看。

2.12×3.2的计算式

罗伯特 照喜鹊说的那样,写出竖式就能计算出来。

萨 沙 嗯,做做看吧。我们知道,在以前做过的小数的加法和减法中,把数位对齐是个关键。

米丽娅 是啊。现在大家都来计算吧。

(于是,大家都做了计算……)

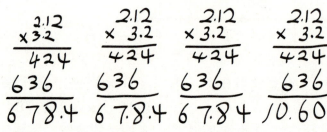

米丽娅 怎么?结果都不一样!

罗伯特 嘟嘟写出的式子,位没有对齐,小数点还点在两个地方,真好笑。

萨 沙 在我的计算中错位了。罗伯特和米丽娅的算法倒相同,可是,为什么小数点的点法不一样呢?

米丽娅 按瓷砖图,答数是6.784,可是为什么列式计算的结果却不一样呢?

嘟 嘟 用乘法计算,我原来就不怎么会。真的,我说的是实话。

罗伯特 我在计算中,位也对齐了,可是,为什么小数点与用瓷砖得到的答案不一样呢?

萨 沙 问题出在哪里呢?

开心博士　看来你们真叫这道题给难住了！我的算式是这样的，请好好看看吧。

萨　沙　唉呀，开心博士和嘟嘟一样，写错位啦！

米丽娅　而且小数点的位置乱七八糟的。

开心博士　是吗？

（开心博士微笑地说着。这时小黑怪又来捣乱了。）

看，这叫什么数学！计算的时候，把位对齐不是最重要的吗？

开心博士的这个计算，好像里面有鬼。

数学世界探险记

这才是小数的乘法计算!

开心博士 小黑怪说我在计算中捣鬼。这是胡说。请看下图,这才是真正的小数乘法呢!我给你们讲讲。

退到整数　乘整数　　　　点小数点

开心博士 小数的乘法,先不要考虑小数点。当做整数的212×32来做。在竖式中把末数对齐,然后做乘法计算。计算的结果,是6 784。那么,小数点点在哪里呢?为了解决这个问题,先要看被乘数和乘数的小数点。被乘数是2.12,小数点后有2位,乘数是3.2,小数点后面有1位,2位和1位加在一起是3位。这就意味着答数的小数点后有3位。这样,在方才答数6 784中,从后往前数3位,点上小数点就行了,即答数为6.784。这和用瓷砖做出的结果是一样的。

喜　鹊　胖噜噜家的墙壁的面积是3.2 m²，现在想往这墙壁上均匀地涂油。为了涂这面墙，已知涂1 m²的墙需使用油2.1 dl。那么，全部涂完需要多少分升油？

开心博士　通过这个问题，验证一下我在前面所做的说明吧。

米丽娅　用摆瓷砖的办法计算的结果是6.72。

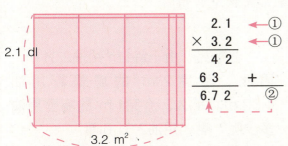

罗伯特　用整数乘整数的算法，结果是672，再看看小数点位置在哪儿。2.1和3.2，小数点后都有1位，加在一起是2位。所以，答数是6.72。

胖噜噜　已知每涂1 m²的墙壁需用油3.1 dl，那么涂完3 m²的墙壁需用油多少分升？

萨　沙　3.1 dl×3。按整数考虑，计算结果是93。再看小数点的位置：被乘数的小数点后面有1位，乘数没有小数点，所以答案是9.3 dl。

开心博士　完全正确。

关于小数乘小数的计算，要抓住两个关键：

(1)退到整数乘整数来计算；

(2)积(乘法的得数)的小数点的位置取决于被乘数和乘数的小数点后位数之和。

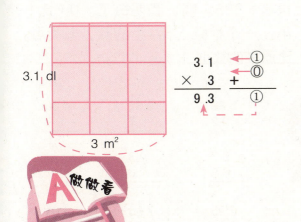

做做看

4.56	3.27	6.07	82.1	90.2	18.6	9.82	4.06	1.482	6.3
× 2.9	× 8.6	× 5.8	× 3.04	× 6.07	× 2.9	× 1.07	× 5.01	× 3.007	× 2.7

数学世界探险记

（瞧，奇克、塔克、巴恩、伊凡四个人乘着一辆小汽车从那边来了。）
奇　克　大家都好啊！
米丽娅　啼，一群小人。
塔　克　我们是来向你们提问题的。可以吗？

奇克提出的问题

每涂 $1 m^2$ 的墙壁需用 2.31 dl 的油，那么涂完面积为 $2 m^2$，$1 m^2$，$0.6 m^2$ 的墙壁各需要多少油？

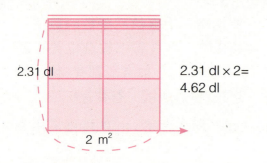

米丽娅　由于每 $1 m^2$ 用油 2.31 dl，因此，涂完 $2 m^2$ 的墙壁需用油 4.62 dl。那么，涂完 $1 m^2$ 的墙壁用油多少呢？啊，用油 2.31 dl 嘛。

萨　沙　涂完 $0.6 m^2$ 的墙壁，需要油 1.386 dl。啼，得数比 2.31 还小呢。

罗伯特　按乘法算完，得数真的变小了！不过，用瓷砖来计算，结果也是 1.386。噢，我明白了。0.6 比 1 小。一个数乘上比 1 小的数，其得数比原来的数小。

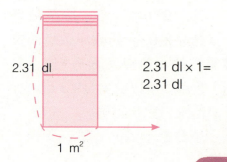

做做看

1.　5.86　　9.35　　4.08
　　×0.2　　×0.7　　×0.9

　　9.7　　 2.3
　　×0.8　　×0.6

2.　2.95　　7.03　　3.01
　　×0.43　 ×0.62　 ×0.54

　　1.5　　 4.2
　　×0.79　 ×0.88

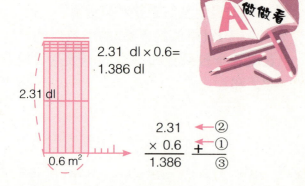

塔克提出的问题

1 m 长的铁棒的质量为 1.25 kg，3.6 m 长的铁棒的质量是多少千克？

$$1.25\,kg \times 3.6$$

```
   1.25
 × 3.6
 ─────
   750
  375
 ─────
  4.500
```

米丽娅　1.25×3.6 按整数乘整数来计算，得 4 500，被乘数的小数点后有 2 位，乘数的小数点后有 1 位，合起来有 3 位，所以得数是 4.500。

罗伯特　米丽娅计算的结果是 4.500。00 就不要了。这样，结果就是 4.5。

塔　克　完全正确。

塔　克　再计算一下 12.4×7.5。

$$12.4 \times 7.5$$

```
   12.4
 × 7.5
 ─────
   620
  868
 ─────
  93.00
```

答：4.5 kg。

萨　沙　按整数乘整数计算，结果是 9 300。小数点后有 2 位，所以，得数是 93.00，去掉两个零，得数是 93。

米丽娅　小数点也得去掉啊，得数是 93。

1.　9.76　　　1.75　　　0.25　　　1.84　　　6.25
　　×3.25　　×3.26　　×8.72　　×0.75　　× 8.4

2.　5.34　　　7.08　　　0.85　　　0.92　　　5.04
　　×2.65　　×4.05　　× 3.6　　× 8.5　　× 0.5

3.　1.25　　　98.4　　　8.25　　　46.8　　　2.5
　　×2.48　　× 7.5　　× 9.6　　× 2.5　　× 0.4

数学世界探险记

巴恩提出的问题

往我家 1 m² 的墙壁上均匀地涂油。全部涂完共用了 0.38 dl 的油,那么当涂完 0.14 m² 时,需多少分升油?

0.38 dl × 0.14

```
    0.38    ----- ②
  × 0.14    ----- ②
   ─────
    152
     38      +
   ─────
   0.0532   ----- ④
```

加上个 0,再点小数点

答:0.053 2 dl。

罗伯特 这是一个刁难的问题。0.38 dl × 0.14。只用整数乘法考虑。38 × 14 = 532。因为被乘数和乘数的小数点后面都有 2 位,加起来是 4 位,所以在答数中,小数点应点在后 4 位的前面。可是得数没这么多位呀!

萨 沙 这可不好办啦。

巴 恩 好办!在得数前加上个 0 占位就可以了。

罗伯特 那就是 0.053 2。

巴 恩 你说的对。

巴恩的计算

```
    0.38           0.38
  × 0.14         × 0.14
  ──────         ──────
    152            152
     38             38
    000         ────────
  ──────         0.0532
   0.0532
```

1.   0.17   0.95   4.07   0.04   0.2
    × 0.52   × 0.03   × 0.02   × 1.69   × 0.4

2.   0.09   0.14   0.03   0.02   0.01
    × 0.07   × 0.06   × 0.08   × 0.3   × 0.1

3.   0.86   0.23   3.79   0.05   0.8
    × 0.37   × 2.06   × 0.03   × 7.3   × 0.7

伊凡提出的问题

1 m长的金属丝重0.42 g，那么0.15 m长的同样的金属丝重多少克？

0.42 g × 0.15

```
     0.42      ----- ②
   × 0.15      ----- ②
   ──────
     210
     42       +
   ──────
   0.0630     ----- ④
```
添加 去掉

答：0.063 g。

米丽娅　0.42×0.15。先按整数计算，结果是630，由于被乘数和乘数的小数点后都有2位，加起来是4位，因此，应该把小数点点在得数中的后4位的前面。所以答案是0.0630 g。

(这时，嘟嘟突然叫起来。)

嘟　嘟　喂，尾数的0得拿掉呀。

米丽娅　说得对。

1. 　0.68　　　0.75　　　0.84　　　10.5　　　0.05
　　×0.25　　×0.82　　×0.5　　　×0.04　　×0.8

2. 　0.096　　0.008　　　0.45　　　0.6　　　0.2
　　×0.05　　×0.005　　×0.004　　×0.5　　×0.5

开心博士让大家做的题

开心博士 现在我们再一起做一做小数的乘法，先做带整数的乘法。萨沙，你算一下 45×2.3。

萨 沙 把整数的 45 当做 45.0。来考虑，即 45.0×2.3。

$$
\begin{array}{r}
45 \times 2.3 \\
\hline
45 \\
\times 2.3 \\
\hline
135 \\
90 \\
\hline
103.5
\end{array}
$$

开心博士 嗯，你是把整数看做是小数点后面都是 0 的小数。那么，嘟嘟你做一下 1.38×42。

嘟 嘟 这个题好像和刚才让萨沙做的题差不多是一样的，只是这里乘数是整数。不过对我来说，恐怕要有点费劲。

（嘟嘟计算了很长时间，刚做完，又开始打盹了。）

$$
\begin{array}{r}
1.38 \times 42 \\
\hline
1.38 \\
\times 42 \\
\hline
276 \\
552 \\
\hline
57.96
\end{array}
$$

开心博士 嘟嘟爱打盹，这谁也比不上，不过，这道题还真没算错。下面，请罗伯特算 68×79。

罗伯特 这完全是整数相乘啊？

开心博士 那就不做了吗？

罗伯特 我做。由于乘数和被乘数的小数点后都是 0，因此得数照样是 5 372。

$$
68 \times 79 \Rightarrow 68. \times 79.
$$

$$
\begin{array}{r}
68 \\
\times 79 \\
\hline
\end{array}
\Rightarrow
\begin{array}{r}
68. \\
\times 79. \\
\hline
612 \\
476 \\
\hline
5372
\end{array}
$$

米丽娅 啊，如果把 68×79 考虑成 68.×79.的话，那就成为小数乘小数了。

开心博士 完全正确，关于小数的乘法很有趣吧！

1.
 4.89 8.53 2.6   0.8 0.6 0.25 0.91
× 38 × 47 ×158 ×79 × 7 × 46 × 70

 0.05 0.03 0.23 0.08 0.15 248
×368 × 26 × 4 × 5 × 4 ×318

2. 如果有错，请改过来。

①   0.89 ②   0.02 ③   0.25 ④   0.0045
  × 0.09   × 3.8   × 0.24   × 0.06
  721   16   100   0.0002700
  7.21   6
       0.076   50
               0.600

3. 1 l的砂子重为2.4 kg，现有8.46 l，0.35 l的砂子，那么，其质量各是多少千克？

4. 每月使用27.8 l水，那么一年共使用多少升水？

5. 1 kg砂糖卖8元，那么买23.6 kg砂糖，需要多少钱？买0.8 kg呢？

数学世界探险记

小数的除法

（大家又来到胖噜噜家，正赶上胖噜噜往房后的墙壁上涂油。）

米丽娅　胖噜噜，你好！

胖噜噜　啊，欢迎欢迎，请进！对不起，我正在涂油，还没完事呢。

米丽娅　不客气，继续涂吧！

胖噜噜　等我涂完墙再开始进行我们的讨论吧。

我家房后这面墙的面积为 3 m²，涂这面墙共用油 7.8 dl。那么平均每平方米用油多少分升？

6 dl ÷ 3 = 2 dl

9 dl ÷ 3 = 3 dl

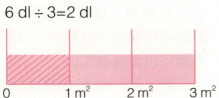

7.8 dl ÷ 3 = ?

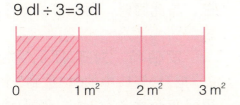

7.8 dl ÷ 3 =

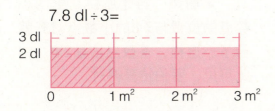

米丽娅　涂 3 m² 的墙壁共用了 7.8 dl 的油，那么平均 1 m² 的用油量是 7.8 dl ÷ 3。不过，我现在还不会算小数的除法呀。

大块头　大家可能不怎么明白，先大致估计一下 1 m² 用油多少吧。

萨　沙　由于 6 dl ÷ 3 = 2 dl，因此 1 m² 的用油量要比 2 dl 多。

罗伯特　嗯，是这样。因为 9 dl ÷ 3 = 3 dl，所以，1 m² 的用油量又比 3 dl 少。

米丽娅　那么画个水槽图来考虑一下吧。

萨　沙　好啊，画个图也许容易弄明白。现在我们已经知道 7.8 dl ÷ 3 的结果一定比 3 dl 少，而比 2 dl 多……

罗伯特　那么这个数一定是 2…的一个小数。

（真的像罗伯特所说的那样吗？大家一起讨论讨论吧。）

数学世界探险记

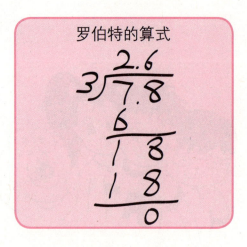

罗伯特的算式

罗伯特 7.8÷3，我计算的结果是2.6 dl。

萨 沙 好像是对的。不过用什么方法来确认呢？

米丽娅 用摆瓷砖的办法也许能验证出来。

用摆瓷砖的办法来验证

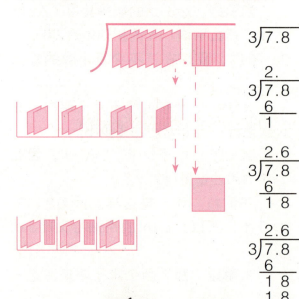

米丽娅 那就摆摆看吧。我想如果把瓷砖分放到3个水槽里，那就可以看清楚了。

萨 沙 是啊，那么我们把相当于7.8的瓷砖分放到3个水槽里，与此同时，再和算式做个比较。

罗伯特 对于3⟌7.8，先上2，把7块瓷砖中的6块放到3个槽里，每个槽各有2块，还剩1块。再把剩下这一块均分10份，每份为0.1。

萨 沙 接着再把0.8中的8落下，于是有18。这时再上6就除开了。

米丽娅 再让所得商里的小数点的位置与7.8的小数点对齐就行了。这样，答数应该是2.6。由此可见，罗伯特算得对。

喜　鹊　我喜鹊就这一段的讨论，简单地做个小结吧。

①商的小数点要与被除数的小数点对齐。

②所用的计算方法与整数除法相同。

(喜鹊做了小结后，大家心里似乎都有了底。那么，让我们去迎接下一步更加艰难的挑战吧!)

$2\overline{)6.8}$　　　　$4\overline{)15.2}$　　　　$8\overline{)53.6}$　　　　$3\overline{)104.1}$

$24\overline{)271.2}$　　　$38\overline{)923.4}$　　　$16\overline{)132.8}$　　　$8\overline{)35.2}$

$42\overline{)110.46}$　　$23\overline{)98.21}$　　$62\overline{)210.8}$

数学世界探险记

小黑怪出的难题（小数÷小数）

等等！我实在难以忍受啦！

你们都没有啥了不起的！

别会了这么点东西，就觉得什么除法都会啦！

告诉你们，别高兴得太早啦！

我再出个题你们算算！

用黑油均匀地涂完我家 3.6 m² 的墙壁，共用黑油 9.72 dl，每 1 m² 涂了多少分升黑油？怎么样？会算吗？

米丽娅 小黑怪这家伙，又给我们出难题了。涂3.6 m²的墙壁用油9.72 dl。要想知道每1 m²用油多少。可不可以用9.72 dl÷3.6来算？

罗伯特 我看行。刚才算胖噜噜家墙壁涂油那道题时就是用7.8 dl÷3算出来的。做小黑怪这道题也是一样。

萨 沙 可是，9.72÷3.6我们也不会做呀。

罗伯特 努力去做吧。

大块头 对，慢慢做吧。

(在大块头的鼓励下，三个人开始算了。)

米丽娅	萨 沙	罗伯特
0.27 $3.6\overline{)9.72}$ 72 252 252 0	$27.$ $3.6\overline{)9.72}$ 72 252 252 0	0.027 $3.6\overline{)9.72}$ 72 252 252 0

哈哈，哈哈，哈哈哈哈!
米丽娅把小数点对准了被除数。萨沙这个笨蛋把小数点点到最后了。冒失鬼罗伯特把小数点点到两个0中间了。

哈哈，都错啦!

拉倒吧!你们别算啦!也别学啦!每天都像小鸟那样尽情地去玩吧!

难住我们了!怎么办呢?

开心博士　大家冷静些，不要慌！回过头来，用水槽图来考虑，看看怎么样？

罗伯特　好，做做看吧。

萨　沙　可以按前面的思路来考虑。因为小数÷整数是可以的，所以9.72可以先用3和4去除，看看会怎样。

图1

9.72 dl ÷ 3 = 3.24 dl

米丽娅　图1所表示的是9.72被3除，结果得出了每1 m² 的用油量为3.24 dl。

图2

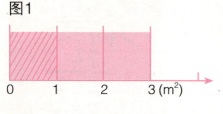

9.72 dl ÷ 4 = 2.43 dl

萨　沙　同样，图2所表示的是9.72被4除，结果得出了每1 m² 的用油量为2.43 dl。可见，后一种情况下的每1 m² 的用油量比前一种情况下的每1 m² 的用油量少。

图3

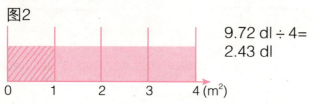

9.72 dl ÷ 3.6 = (　　) dl

罗伯特　图3是把3 m² 和4 m² 之间的部分10等分。写在这个图下面的3个算式，是我们刚才做的，都错了。不过，这样的计算对整数除法来说，就没错。看来就是商数的小数点点错了。我看点这个小数点时参照一下图1和图2，马上就清楚了。

米丽娅　那怎么就清楚了呢？

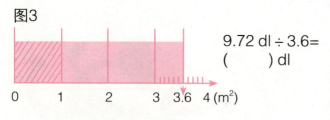

罗伯特　因为答数应该比图1的3.24 dl少，而比图2的2.43 dl多呀。你再看一下图就明白了。

萨　沙　罗伯特，你真棒！

小黑怪　真对吗？可别开玩笑啊！

还是好好证明一下，再写出答案来。

萨　沙　那好，现在我就来给你证明，小黑怪，你等着。

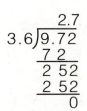

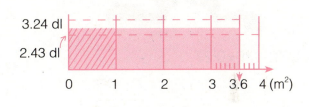

萨　沙　加油！

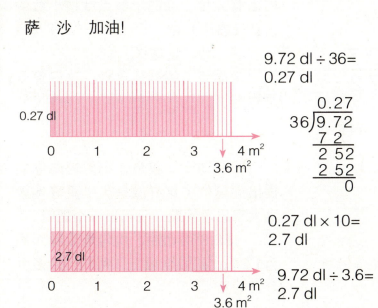

9.72 dl ÷ 36 = 0.27 dl

0.27 dl × 10 = 2.7 dl

9.72 dl ÷ 3.6 = 2.7 dl

米丽娅　萨沙，怎么证明呢？

萨　沙　我发现一个诀窍，那就是把3.6 m² 等分成0.1 m²，于是就有36个0.1 m²，这样，就变成小数÷整数。这样的除法我们会做。9.72 dl ÷ 36 = 0.27 dl。但是，由于1 m² 是0.1 m² 的10倍，所以1 m² 的用油量是0.27 dl × 10 = 2.7 dl。

罗伯特　萨沙，你真有两下子呀！啊！

萨　沙　小黑怪，这回怎么样？

小黑怪　你们这帮家伙，下页见吧！

数学世界探险记

小黑怪　我问你们，商数的小数点究竟点在哪个位置上？你们能说出规则吗？

米丽娅　这个嘛，还没研究过。
罗伯特　按萨沙刚才说的。

9.72÷36=0.27

$$36\overline{)9.72}^{\,0.27}$$

9.72÷3.6=2.7

$$3.6\overline{)9.72}^{\,2.7}$$

小数点后面有1位

9.72÷36=0.27，9.72÷3.6=2.7。仔细一看，36变成3.6后，商数由0.27就变成了2.7。小数点向右边移了1位。看来一定是这样：除数的小数点后面有几位，商的小数点就按小数的位置往右移几位。

萨　沙　是这样。
米丽娅　的确是这样。这好像就是规则了。

开心博士　我是让小黑怪向你们提出问题的，这样做是为了更好地激励大家思考问题。我再出一个题吧。

把2.852 dl油，均匀地涂到面积为1.24 m²的胶合板上，每1 m²涂多少分升油？

2.852÷1.24=

向右移2位

$$1.24\overline{)2.852}^{\,2.3}$$

小数点后面有2位

萨　沙　这道题，列出式子就是 2.852 dl÷1.24。

米丽娅　我来计算一下，在 $1.24\overline{)2.852}$ 中，由于除数的小数点的后面有2位，因此，被除数的小数点要往右移2位，一除得2.3。

答：每1 m²涂油2.3 dl。对不？

　　大块头　米丽娅的算法到底对不对，我看还是用水槽图来做证实吧。

　　米丽娅　那也好，像方才萨沙把3.6 m²等分成0.1 m²那样，这回也把0.1等分成10份，这样，每份是0.01 m²。大家都来做吧!

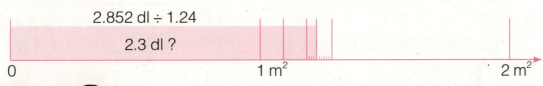

　　米丽娅　为了验证刚才我对2.852 dl÷1.24算出来的答数2.3 dl，到底是不是每1 m²的用油量，我们把0.1再等分成0.01看看吧!

2.852 dl÷124=0.023 dl

　　萨　沙　这样，1.24 m²就相当于124个0.01，于是每0.01 m²的用油量，就是2.852 dl÷124=0.023 dl。

0.023 dl×100=2.3 dl

　　罗伯特　由于1 m²等于100个0.01 m²，因此，把每0.01 m²的用油量0.023 dl再增大100倍，就是每1 m²的用油量了，所以，每1 m²的用油量为0.023 dl×100=2.3 dl。米丽娅，你算对了。

　　嘟　嘟　算得好!米丽娅，这回得好好教训教训小黑怪啦!

数学世界探险记

米丽娅 小黑怪。你听着!这就是小数÷小数的规则:

　　除数小数点后面有几位,商的小数点就按被除数的小数点的位置往右错几位。其余的,都按整数除法去算就可以了。

　　(小黑怪听米丽娅这么一讲,心里很不痛快,走掉了。)

　　嘟 嘟 好痛快!小黑怪这家伙逃之夭夭了。

$$1.24\overline{)2.852}$$ (1)点小数点。

2位 ⇩

$$124\overline{)2852}$$
　　　248
　　　372
　　　372
　　　0

商为 23

(2)按整数除法来计算。

你们等着开心博士来吧,他会跟米丽娅算账的!

教训了小黑怪，真痛快！你们再通过下面的题，熟悉一下小数÷小数的规则。

1.计算下列各题。

2.4)7.536 1.2)5.76 9.6)10.56

2.7)8.154 5.3)9.54 7.9)18.17

6.8)9.52 5.1)34.68 3.9)8.034

2.计算下列各题。

1.68)7.224 3.49)6.631 2.09)12.958

2.34)8.658 4.02)9.648 5.41)16.771

1.62)8.586 9.45)59.535 4.23)4.653

3.改错。

①
```
       0.27
3.6)9.72
     72
     252
     252
       0
```

②
```
        0.13
6.48)8424
      684
     1944
     1944
        0
```

③
```
      52
4.6)23.92
     230
      92
      92
       0
```

④
```
        64.3
7.03)47.101
      438
      330
      292
      281
      219
       62
```

4.把长度为34.2 m的布剪成长度相同的9块。每块布的长度是多少米？

5.把15.6 kg盐平均分装在6个袋里。那么每袋各装盐多少千克？

6.1.2 m长的金属丝的质量为3.84 g，那么1 m长的这种金属丝的质量是多少克？

数学世界探险记

怎么?商比被除数还大!

嘟 嘟 在我家面积为 2.6 m² 的墙壁上,均匀地涂上了 2.34 dl 油,那么 1 m² 涂了多少分升油?

胖噜噜 我家的墙壁的面积是 1 m²。

奇 克 我家的墙壁的面积是 0.6 m²。

胖噜噜 如果我们在各自的墙壁上分别均匀地涂上 2.34 dl 的油,那么 1 m² 应该涂多少分升油?请大家考虑一下。

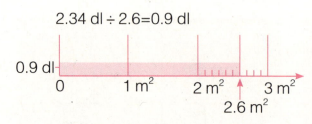

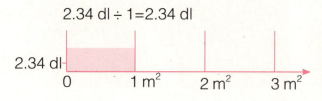

米丽娅 我来算嘟嘟的。先列式啊,这只能算是我初步的尝试。好了,1 m² 应该涂油 0.9 dl。

萨 沙 胖噜噜家墙壁的面积是 1 m²,所以 1 m² 应该涂油 2.34 dl。这太简单啦。

罗伯特 算奇克家的墙壁涂油问题可就麻烦喽。因为 0.6 m² 比 1 m² 少,所以,还得把 1 m² 细分才行。

米丽娅 的确是这样。

萨 沙 说的挺吓人。实际上,计算一下 2.34 dl ÷ 0.6 不就行了吗?

罗伯特 一看图就知道,答数比 2.34 dl 还多呢!

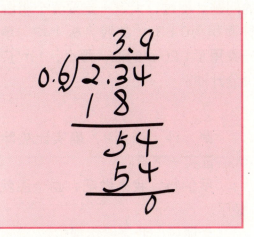

萨　沙　不管怎么说，也得照我们已经知道的算法来算。噢，得数是3.9。刚才罗伯特不是说得数比被除数2.34还大吗？这确实有点不好理解。可是，这个得数确实是1 m²的用油量啊？

罗伯特　求出0.1 m²的用油量，再将它扩大10倍，就是1 m²的用油量。如果得数是3.9，那就对了。

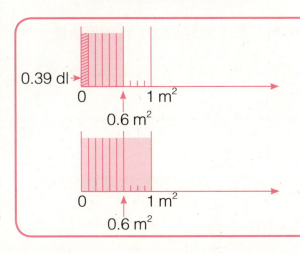

每0.1 m²的油量

2.34 dl ÷ 6 = 0.39 dl

接着是每1 m²的油量，应该是每0.1 m²油量的10倍，即

0.39 dl × 10 = 3.9 dl

罗伯特　对了，3.9 dl确实是1 m²的用油量。

萨　沙　出现商比被除数大的情况，就叫人提心吊胆的。

米丽娅　我完全明白了，归纳一下，就是：

①用比1大的数去除，商比被除数小。

②用比1小的数去除，商比被除数大。

数学世界探险记

胖噜噜 这回我说的还是一个商比被除数大的问题。不过，大家一定要弄个明白。

往面积为 0.63 m² 的胶合板上均匀地涂油，一共用了 1.26 dl 的油，那么，1 m² 应该用多少分升油?

1.26 dl ÷ 0.63   答：2 dl。

萨 沙 商为 2，确实比被除数大。证实一下看。

罗伯特 我来做吧，画个图就清楚了。

米丽娅 我来给你帮忙。

罗伯特 把 0.63 m² 等分成 63 份，然后算出每 0.01 m² 的用油量。

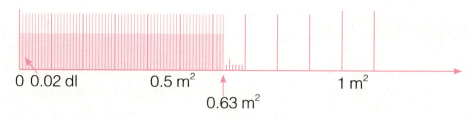

米丽娅 因为 1 m² 是 0.01 m² 的 100 倍，所以把 0.02 dl 扩大 100 倍，就得到 1 m² 的用油量

0.02 dl × 100 = 2 dl

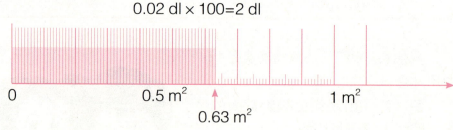

萨 沙 我的算法没错。

做做看

0.9) 6.48   0.4) 32.84   0.3) 4.296   0.5) 98.35

0.24) 6.264   0.54) 6.858   0.81) 93.15   0.19) 2.299

0.7) 0.798   0.6) 0.924   0.23) 0.69   0.17) 0.612

奇克提出的问题

奇　克　我提个问题。在4.3 m²的土地上收获了38.7 kg地瓜，那么平均每1 m²收多少千克地瓜？

38.7 kg ÷ 4.3

```
          9     ← 小数点点在此
     ┌─────
 4.3 )38.7
       387
       ───
         0
```

小数点以下

9.48 ÷ 2.37

```
          4
     ┌─────
 2.37)9.48
      948
      ───
        0
```

萨　沙　先列出式子。由于在4.3 m²土地上收地瓜38.7 kg，因此，在每1 m²的土地上应收地瓜38.7 kg÷4.3。因为在除数的小数点后面有1位，所以商的小数点要按被除数小数点的位置往右错1位。答案是9 kg。

奇　克　是这样。商数是整数。那么 9.48÷2.37=？

米丽娅　因为在除数的小数点后面有2位，所以商的小数点要按被除数的小数点的位置往右错2位。答案是整数4。

奇　克　那么，我们做下面的题吧，都是整数。

1. 4.8)28.8　　2.3)13.8　　6.7)33.5　　8.4)50.4　　1.5)4.5　　9.2)73.6
   5.6)11.2　　7.2)7.2

2. 2.43)4.86　　6.28)37.68　　4.75)23.75　　1.09)3.27　　7.02)56.16
   8.54)25.62　　2.01)18.09　　3.86)27.02

塔克提出的问题

塔　克　各位都很辛苦了。现在我再出个题。有1条长为4.2 cm，重为3.654 g的金属链，平均每1 cm有多少克？

米丽娅　列式，3.654 g÷4.2，由于在除数的小数点后面只有1位，因此商的小数点要按被除数的小数点的位置往后错1位。

3.654 g÷4.2

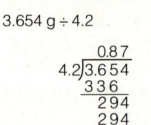

答：0.87 g。

塔　克　算算0.864÷2.7吧！

嘟　嘟　这回让我来做。由于除数小数点的后面有1位，因此商数的小数点应按被除数小数点的位置后错1位。所以一计算就知道商是0.32。

米丽娅　做得很好啊，嘟嘟。

0.864÷2.7

$3.2\overline{)0.224}$　　$5.6\overline{)0.168}$　　$9.4\overline{)0.188}$　　$8.2\overline{)0.738}$　　$6.1\overline{)0.305}$

$6.2\overline{)0.372}$　　$1.3\overline{)0.104}$　　$8.3\overline{)0.581}$　　$3.6\overline{)0.0612}$　　$0.7\overline{)0.049}$

塔克 已知6.2 dl沙子的质量为0.372 kg，那么1 dl沙子的质量为多少千克？又已知3.4 dl沙子的质量为0.068 kg，那么1 dl沙子的质量是多少克？

0.372 kg ÷ 6.2

```
      0.06
6.2)0.372
      372
        0
```

答：0.06 kg。

萨沙 我做第一个题。这个题列出式子很简单。0.372 kg ÷ 6.2。

商的小数点按被除数小数点的位置往右错1位，一计算得0.06 kg。

0.068 kg ÷ 3.4

```
      0.02
3.4)0.068
       68
        0
```

答：0.02 kg。

罗伯特 我做第二个题。考虑小数点的位置，答案是0.02 kg。

塔克 讨论到此，告一段落。

5.6)0.448　　6.2)0.372　　7.3)0.657　　2.4)0.192　　3.82)0.764　　4.03)0.4836

6.97)0.9061　　2.3)0.046　　1.2)0.084　　3.1)0.062　　4.2)0.042　　4.23)0.0846

3.09)0.0927　　2.18)0.0872

数学世界探险记

巴恩提出的问题

巴　恩　我提一个问题，可以吗？请计算 $6.2 \div 1.24$。

萨　沙　除数小数点的后面有2位而被除数的小数点后面……这得怎么给商的小数点定位呀？

巴　恩　在被除数的小数的第2位上补个0，怎么样！

萨　沙　是吗？这样，对于用1.24除6.20的商既能点小数点，也能计算了。

$$1.24\overline{)6.2} \Rightarrow 1.24\overline{)6.2\,?} \Rightarrow 1.24\overline{)6.20} \Rightarrow 124\overline{)620} \atop \underline{620} \atop 0 \Rightarrow 1.24\overline{)6.20} \atop \underline{6\;20} \atop 0$$

补上0

巴　恩　再计算一下 $25 \div 6.25$。

罗伯特　是这样吧：如果在25后加上的小数点后面再补上两个0，那么商的小数点的位置就可以确定了。

巴　恩　做得很好。一定要注意①小数点在哪儿？②怎样补"0"。

$$6.25\overline{)25} \Rightarrow 6.25\overline{)25.\,?} \Rightarrow 6.25\overline{)25.00} \Rightarrow 625\overline{)2500} \atop \underline{2500} \atop 0 \Rightarrow 6.25\overline{)25.00} \atop \underline{25\;00} \atop 0$$

点小数点　　　　　　补上0

1. $1.34\overline{)6.7}$　　$2.14\overline{)171.2}$　　$0.73\overline{)43.8}$　　$0.03\overline{)1.5}$　　$0.06\overline{)0.9}$

2. $2.25\overline{)135}$　　$1.25\overline{)20}$　　$3.25\overline{)39}$　　$3.6\overline{)18}$　　$0.4\overline{)2}$　　$0.75\overline{)6}$

伊凡提出的问题

伊 凡　我提一个大家都很熟悉的问题。能计算 8.67÷3 和 296÷4 吗？

米丽娅　8.67÷3，这是用整数除小数啊，这是早就会做的问题。

伊 凡　会做这样的题不难，可是如果在作为除数的整数的后面点个小数点，看看会怎样？

米丽娅　因为3.的小数点后面的位置是0．所以，商的小数点与被除数的小数点对齐，就行了。这表明，小数÷整数也可以用小数÷小数的规则来计算。

伊 凡　是这样。

$$3\overline{)8.67} \Rightarrow 3.\overline{)8.67} \Rightarrow 3.\overline{)8.67} \Rightarrow 3\overline{)867}\begin{array}{r}289\\\underline{6}\\26\\\underline{24}\\27\\\underline{27}\\0\end{array} \Rightarrow 3.\overline{)8.67}\begin{array}{r}2.89\\\underline{6}\\2\,6\\\underline{2\,4}\\27\\\underline{27}\\0\end{array}$$

添加小数点

罗伯特　像 296÷4 这样的整数也能用小数÷小数的规则来做。添加小数点

$$4\overline{)296} \Rightarrow 4.\overline{)296.} \Rightarrow 4.\overline{)296.} \Rightarrow 4\overline{)296}\begin{array}{r}74\\\underline{28}\\16\\\underline{16}\\0\end{array} \Rightarrow 4.\overline{)296.}\begin{array}{r}74.\\\underline{28}\\16\\\underline{16}\\0\end{array}$$

添加小数点

做做看

$2\overline{)5.64}$　　$5\overline{)3.25}$　　$3\overline{)25.2}$　　$7\overline{)16.8}$　　$45\overline{)58.5}$　　$82\overline{)295.2}$　　$13\overline{)127.4}$　　$24\overline{)206.4}$

$9\overline{)0.45}$　　$3\overline{)0.96}$　　$2\overline{)0.08}$　　$6\overline{)0.06}$　　$4\overline{)856}$　　$6\overline{)924}$　　$18\overline{)7218}$　　$56\overline{)5600}$

数学世界探险记

做除法时还要考虑具体意义

开心博士 大家对小数的乘法和除法都做了探讨。今天请大家来，是让你们一边吃点心，一边听我讲。这里有两个问题。

①把7.2 dl的油均匀地涂到2.4 m²的板子上，每1 m²涂多少分升油？

②每1 m²的板子涂2.4 dl油，那么7.2 dl油能涂多少平方米的板子？

怎么样？你知道这两个题的不同点是什么吗？

萨　沙　首先把问题解出来看吧！

① 7.2 dl ÷ 2.4 = 3 dl

② 7.2 dl ÷ 2.4 dl = 3

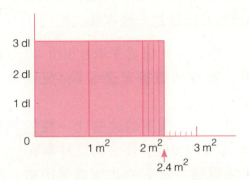

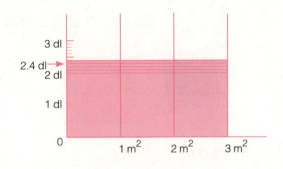

米丽娅　这两个题的答案的单位不同。①题求出的是每 1 m² 所需的油量，答数与被除数有相同的单位(dl)。②题求出的是能涂多少平方米的板子，尽管求出的答数同样是3，但单位却是平方米（m²）。

开心博士　请和我一起考虑下面的题。如果12张扑克，由3个人均分，那么通过 12÷3，可求出每人得4张。另外，如果是12张扑克每个人分得3张，那么同样用 12÷3，可求得能分给4个人。这个题的前一种情况相当于①题，后一种情况相当于②题。做这样的题，在计算时可以不考虑单位，写成 2.4$\overline{)7.2}$，把它们作为数的除法来计算。算出来答案以后，再根据具体意义写出单位。

（出来余数的）小数÷小数

开心博士　举个例子。已知奶瓶的容积是1.8 dl。现在要把8.5 dl的橘汁，装到这样的奶瓶里，那么，能装满多少奶瓶呢？

萨　沙　如果不能正好装满几瓶，那么就会有余数，答案将成为几瓶外加一些零头。

罗伯特　列出式子有8.5 dl÷1.8 dl计算，就会知道答案是装满4瓶还余下13 dl。

萨　沙　余下的这些比一瓶的容积1.8 dl还大得多呢，哪会有这种事呢？

米丽娅　余下的数应该是小数，所以，余下的不是13 dl，而应该是0.13 dl吧？

萨　沙　我认为，余下的应该是1.3 dl。可是，怎样证实一下呢？

米丽娅　这样考虑看看，怎么样？

装满第1瓶后，还剩

　　8.5 dl−1.8 dl=6.7 dl

装满第2瓶后，还剩

　　6.7 dl−1.8 dl=4.9 dl

就这样减下去，便能看出余下的橘汁是多少了。结果表明，萨沙说余下的橘汁是1.3 dl是对的。

罗伯特　我懂了。把余数的小数点位置和被除数的小数点的位置对齐，写在下面就行了。

开心博士　说得对。那么，下面对余数是小数的除法进一步做一下探讨吧。

8.5 dl÷1.8 dl

```
      4.
1.8)8.5
    7 2
    1 3
```

第一瓶……8.5 dl−1.8 dl=6.7 dl
第二瓶……6.7 dl−1.8 dl=4.9 dl
第三瓶……4.9 dl−1.8 dl=3.1 dl
第四瓶……3.1 dl−1.8 dl=1.3 dl

瓶的数 → 4.

余数

```
      4.
1.8)8.5
    7 2
    1.3
```

答：4瓶，余1.3 dl。

7.5 ÷ 2.1

```
        3.
2.1 ) 7.5
      6 3
        1 2
```

　　　　1.2……余数

2.34 ÷ 6.95

```
         2.
2.34 ) 6.95
       4 68
       2 27
```

　　　　2.27……余数

罗伯特　计算 8.5 ÷ 1.8 时，最令人头痛的是余数的小数点的位置在哪儿。

萨　沙　实际上，像左边那样把被除数的小数点落下来就行了。

米丽娅　我觉得还是用瓷砖图的形式来考虑容易理解。

萨　沙　这个题的除数和被除数的小数点的后面都有两位，这很简单，答数是2。要注意余数的小数点。被除数的小数点落下，余数是2.27。嘿！这个余数比商还大。

米丽娅　但是，由于余数比除数小，因此没有错。

罗伯特　我们还要探讨各种各样的余数的运算吧？小人们等着我们呢。

1. 2.4) 28.6　　3.5) 69.7　　6.5) 7.6

　　7.2) 18.6　　1.8) 14

2. 3.42) 8.97　　2.14) 9.75　　2.06) 5.63

　　2.31) 8.54　　4.56) 90.86　　3.21) 79.43

　　5.04) 6.27　　1.49) 8.73

奇克提出的问题

奇 克 把35.66 kg的砂糖装入罐中，如果每罐能装砂糖4.08 kg，那么，能装满几罐？还余多少？

35.66 kg ÷ 4.08 kg

```
         8.
   ┌────────
4.08)35.66
     32 64
     ─────
      3 02
      ↓
      3.02
```

答：8罐，余3.02 kg。

米丽娅 用4.08 kg去除35.66 kg，得8余3.02。余数的小数点是被除数的小数点落下来的，所以才有3.02。答案是8罐，还余3.02 kg，这么计算行不行？

奇 克 行！行！

塔克提出的问题

塔 克 均分5.9 dl的蜂蜜，每人得2.6 dl，那么，分给了几个人？还余多少？

5.9 dl ÷ 2.6 dl

```
       2.
   ┌──────
2.6)5.9
    5 2
    ───
      7
      ↓
      0.7
```

答：2人，余0.7 dl。

萨 沙 这题很简单。答案是分给了2个人，还余7 dl。

塔 克 萨沙，你算得对吗？

萨 沙 噢，忘落小数点了。应该分给2个人，还余0.7 dl。

塔 克 注意小数点啊！

1. 3.04)7.09 3.26)83.53 7.23)8.27 3.48)9.98 6.24)9.25

2. 1.8)5.9 2.4)28.5 0.5)29.8 0.4)2.7 7.25)65.78

   8.34)50.13 0.61)14.65 0.08)0.59 0.06)8.39

巴恩提出的问题

巴恩　由于船遇难，因此，一个男人开始过起了漂流生活，他身边只有15.68 dl的饮用水，如果平均一天只能喝4.56 dl水，那么他身边的饮用水能喝几天？还余多少水？

15.68 dl ÷ 4.56 dl

```
        3.
4.56)15.68
     13 68
      2 00
      2.00
```

余数…2

答：3天，余2 dl。

罗伯特　一计算便知商为3，余2.00。答案是能喝3天，余2.00 dl。

巴　恩　是这样吗？

罗伯特　不行。小数点后的零应该去掉，余2 dl。

伊凡提出的问题

伊　凡　最后我伊凡提一个问题。把8.79 kg的果子酱装到瓶里，如果每瓶都装3.2 kg，那么这些果子酱能装多少瓶？余多少？

嘟　嘟　让我来做，答案是能装2.7瓶，还余0.15 kg。

8.79 kg ÷ 3.2 kg

```
     2.7           2.
3.2)8.79      3.2)8.79
    6 4           6 4
    2 39          2.39
    2 24
    0.15
```

伊　凡　哎呀！嘟嘟，还能说2.7瓶吗？

米丽娅　我的答案是装2瓶，还余2.39 kg。

余数…2.39 kg　答：2瓶，余2.39 kg。

1. 2.34)19.04　　7.02)35.18　　8.09)59.72
2. 3.17)37.25　　8.46)61.92　　7.02)28.06
3. 3.1)5.24　　4.3)9.08　　2.6)34.26　　7.3)86.52　　6.5)19.74
   9.2)37.05　　0.8)73.18　　2.06)8.643　　0.53)0.432

数学世界探险记

（不能除尽的）小数÷小数

开心博士 这回该做什么样的题了呢？瞧，小人们把问题都准备好了。

> 把4.2 kg肥料撒在2.3 a的田地上，那么平均每1 a撒多少千克的肥料？答数求到小数点后第1位。

4.2 kg÷2.3

奇　克 那么，请一边看图，一边做吧。

米丽娅 用2.3去除4.2 kg就可以了。

罗伯特 见图①。在底相当于2.3 a的水槽里，恰好放1升的水。列式计算一下，就有4.2 kg÷2.3=1 kg，余1.9 kg。

塔　克 那么，你的答案是说每1 a撒肥料1 kg还余1.9 kg吗？

罗伯特 哎哟，不对了，剩下的1.9 kg，还能撒下去呢！

伊　凡 是这样。如果求的不是多少瓶啦，多少人啦，等，就要继续算下去了。

萨　沙 可是怎么继续往下算呢？

巴　恩 这很简单。在19后面补个0，于是有190。这样就可以继续除下去了。

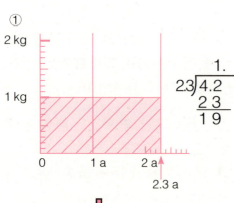

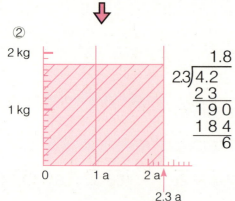

答：1.8 kg。

米丽娅 这样就有左下方的计算，答数求到小数第1位。

奇　克 很好。可是如果答数让你算到小数第2位，怎么办？

萨　沙 怎么也除不尽啊！

```
       1.826086956521739
2.3/4.2
    23
    ─────
    190
    184
    ─────
     60
     46
     ─────
     140
     138
     ─────
      200
      184
      ─────
       160
       138
       ─────
        220
        207
        ─────
         130
         115
         ─────
          150
          138
          ─────
           120
           115
           ─────
            50
            46
            ─────
             40
             23
             ─────
             170
             161
             ─────
              90
              69
              ─────
              210
```

多少位的数学啊！
请再除，再除！

米丽娅 不得了，怎么也除不尽啊！

萨沙 好吓人的一串数字啊！弄得我眼花缭乱的。

罗伯特 无论怎样除下去，还是有余数啊！

数学世界探险记

开心博士 大家都很吃惊吧？像这样怎么除都除不尽的数，将在第九册里详细说明，对于这种情况，需要有新的思考方法。现在，请大家考虑下面的问题。

罐子里装3.4 l蜂蜜，现在想把这些蜂蜜装在容积为0.4 l的瓶里出售，能装满多少瓶？

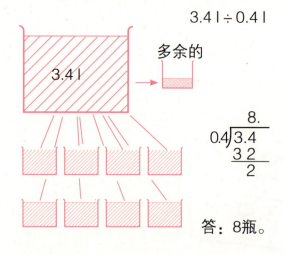

3.4 l ÷ 0.4 l

答：8瓶。

罗伯特 用容积为0.4 l的瓶子去装蜂蜜，能装满8瓶，还剩些零头。

大块头 多余0.2 l不要了吗？那就给我吃吧！

萨沙 那可不行！大块头，你的嘴巴真馋！

米丽娅 如果允许多余的0.2 l也装在瓶里，那样就是9瓶了。

大块头 就剩0.2 l还要占个瓶，真不值得？

把蜂蜜全部装到瓶里，需要多少个瓶？

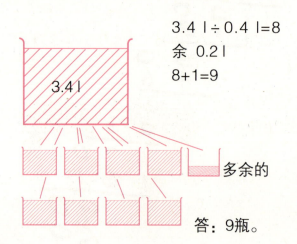

3.4 l ÷ 0.4 l = 8
余 0.2 l
8 + 1 = 9

答：9瓶。

罗伯特 开心博士，也可以把零头装到一个瓶里嘛，是吧？

开心博士 是的。一看图就明白了。上边的图是舍去，下边的图是进位。在我们生活中，类似这样的例子到处都是，找找看。下面来探讨近似值。

1. 求到小数第一位。

```
       1 2.4
6.7 ) 8 3.4
      6 7
      1 6 4
      1 3 4
          3 0 0
          2 6 8
            3 2
余…0.32
```

3.5) 9.2   0.42) 23.6

4.68) 9.7   0.9) 78.1

0.21) 0.8   3.2) 6.45

1.03) 0.5   0.47) 7.83

0.78) 9.54

2. 求到小数第二位。

```
       1.5 3
2.4 ) 3.6 8
      2 4
      1 2 8
      1 2 0
          8 0
          7 2
            8
余…0.008
```

4.8) 2.406   0.4) 7.7

5.7) 0.26   4.3) 0.865

0.49) 0.569 0.09) 0.8

0.41) 1.7   3.86) 9.71

0.07) 0.09

3. 求到小数第三位。

3.4) 5.8   7.2) 8.733   4.9) 2.57

0.29) 1.48   0.3) 0.07

4. 试着除尽！

2.4) 5.64   6.25) 4.5   1.2) 0.9

0.4) 0.053   0.35) 2.17   8) 5

5. 把长为43.2 m的软线，截成小段使每小段的长度为2.5 m。问：总共能截得多少段？

6. 把75 dl的盐按相同的量分装在口袋里。如果每袋装1.8 dl，那么能装几袋?还剩多少分升？

7. 用载重量为2 000 kg的卡车，运载装着货的筐。如果每个筐(连筐带货)的质量为2.04 kg，卡车满载时能装多少这样装着货的筐？

8. 1 m长的金属丝为0.7 g。现取来35 g这种金属丝，长度是多少米？

数学世界探险记

近似数

　　（我们和开心博士一块来到牧场探讨近似值的问题。这是一片空气清新，一望无际的大草原。开心博士笑眯眯地注视着远方。不一会儿，我们就聚到一起了。）

　　开心博士　某一个数，经过舍去或进位以后得到的数叫做这个数的近似数。此外，还有四舍五入的说法。这次讨论的目的，是要把除不尽的数的商和位数很多的数用简单的数表示出来。这样就方便多了。

舍 去

大块头 这回我提一个问题吧!一个人做了 4.605 l 草莓酱,然后把草莓酱分装在(要装满) 1 l 的瓶里卖掉。问卖了多少升。

罗伯特 一计算就知道,卖掉了 4 l 草莓酱,还剩下 0.605 l,这就是舍去的问题。

开心博士 说得对,抹去零头 0.605 后,成为 4 l 的这个 4 就叫做把 4.605 舍去到个位的近似数。请看下图。

把 4.605 舍去到个位:

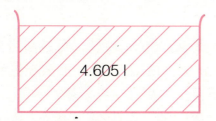

把 4.605 舍去到小数第一位:

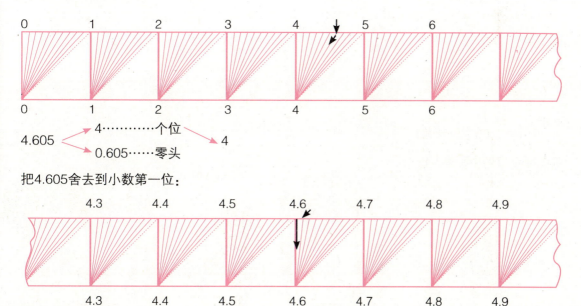

4.605 → 4.6|05   4.6

把 4.605 舍去到小数第二位:

4.605 → 4.60|5   4.60

进 位

米丽娅 提起进位,最近我去邮局寄包裹,一看邮费表是这样写的:

[市内] 1 kg,15元; 2 kg,18元; 3 kg,21元。我的小包的质量是2.5 kg而邮费是21元。请问开心博士,这也可以说是进位吧?

开心博士 米丽娅说得对,质量超过2 kg,而不到3 kg的,不管尾数是多少都收邮费21元,这就叫进位。

米丽娅邮包裹的问题,应该说是把2.5进位到个位,那么看看下面的问题应该怎么解决?

想买2.65 kg砂糖,可是商店只有1 kg一袋的袋装砂糖。那么在这种情况下至少得买几千克砂糖?

萨 沙 至少买3 kg了,零的不卖嘛。

开心博士 请看下图。

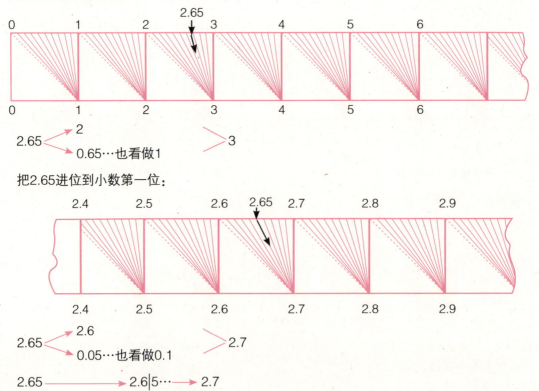

四舍五入

开心博士　把大数表示在线上，下图是从远处看的情形。

萨　沙　的确是这样。

罗伯特　于是，不管多么大的数，都可以用数轴来表示。

开心博士　近似数是通过舍去零数或进位得到的。那么，你们再测一测嘟嘟和胖噜噜的身高，并以厘米为单位说出来。

米丽娅　嘟嘟的身高比30 cm少2 mm，大约为30 cm。

萨　沙　胖噜噜的身高比29 cm多2 mm，大约为29 cm。

开心博士　像这样，当零数比5小时，舍去；当零数等于5或大于5时，进位，进到上一位，这就叫做四舍五入。

胖噜噜的身高为29.2 cm
嘟嘟的身高为29.8 cm
胖噜噜的身高大约为29 cm
嘟嘟的身高大约为30 cm

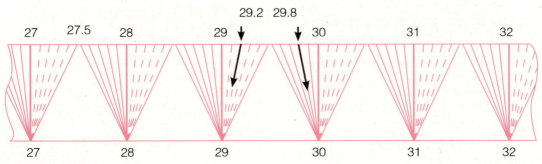

用四舍五入的办法，写出2.387 6的到小数第二位的近似数。

$$2.387\ 6 \begin{cases} 2.38 \cdots\cdots 小数有2位 \\ 0.007\ 6 \cdots\cdots 零数 \end{cases}$$

2.38|76 ················ 2.38|76　　答：2.39。

数学世界探险记

大数的舍去，进位，四舍五入

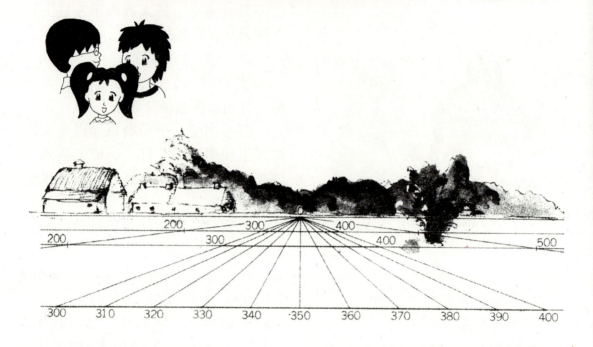

舍 去

有968 g糖炒栗子，每100 g包成一包卖掉，那么卖掉了多少克？

进 位

商店只出售每1 000张为1捆的纸，如果要买2 850张纸，那么，至少得买多少张纸？

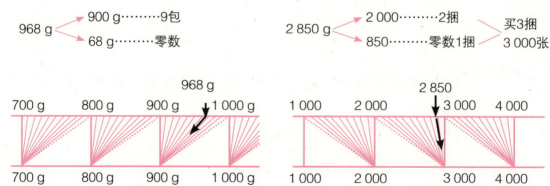

四舍五入

日本最高的富士山，其山高是 3 776 m，请用四舍五入的办法求到百位。

罗伯特　这个题挺有趣。答案是 3 800 m。这个数比 3 776 m 更好记呀！

开心博士　你算抓住要害了。这种用四舍五入所表示出的数是近似数。富士山高度"大约是 3 800 m"这种说法使人更易于接受。

$$3\,776 \begin{cases} 3\,700 \cdots\cdots \text{到百位} \\ 76 \cdots\cdots \text{零数} \end{cases}$$

37|76 → 37|7̶6̶ 38|00 → 3 800　答：3 800 m。

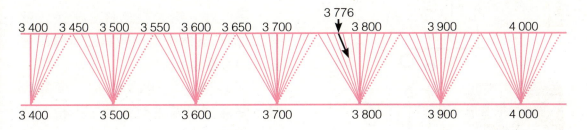

1. 把下面的数，按（ ）中的要求舍去。
(个位) 8.3　8.91　16.23　18.24
(小数第一位) 2.34　5.608　15.342 9
(小数第二位) 9.467　0.489　0.014 3

2. 把下面的数，按（ ）中的要求进位。
(个位) 7.6　8.45　9.03　0.94
(小数第一位) 6.37　8.09　0.98　0.37
(小数第二位) 4.568 2　0.497　0.003

3. 按（ ）中的要求，将下面的数四舍五入。
(个位) 8.45　7.52　6.84　13.97　0.8
(小数第一位) 6.73　1.46　66.08　5.997
(小数第二位) 19.894　3.768　4.085

4. 将下面的数四舍五入求到（ ）的位。
(100)　839　4 550　5 892　79 946　7 320
(1 000)　74 632　98 432　580 462　9 983 219
(10 000)　307 345　632 168　87 995 687

5. 按（ ）中的要求，将下表里的数四舍五入。

黑龙江省的面积	454 579 km²（十）	珠穆朗玛峰的高度	8 848 m（百）
地球的半径	6 378 388 m（一万）	太阳的半径	695 990 km（十万）
亚洲的面积	494 810 000 km²（百万）	木星的半径	71 373 km（千）

数学世界探险记

除法和四舍五入

开心博士 大家对近似数都理解了。现在我们用新的思考方法,讨论一下除不尽的数吧!4.2÷2.3这类题都会算了。请把答数用四舍五入求到小数第二位。

```
      1.8̶2̶6̶³
2.3)4.2
    23
    １９０
    １８４
      ６０
      ４６
     １４０
     １３８
        ２
```

萨 沙 好,我来做吧!因为是求到小数第二位,商是1.82。哎哟,不行吧?在哪儿四舍五入呢?

罗伯特 要计算到小数第三位的6。

萨 沙 啊,是这样。于是,就有1.826。当然是对小数第三位做四舍五入。答数是1.83。

开心博士 用四舍五入写答数时,要算到所要求数位的下一位。这一点要牢记。

1. 用四舍五入计算出下列除法的商,求到( )中指明的数位。

(小数第一位)

```
         1
       1.0̶7̶
  2.4)2.58        5.6)4.58
      24              448
     180             100
     168              56
      12              44
```

4.6)78.93　　5.8)97.3　　0.3)77.3

0.9)0.28　　0.48)1.3　　0.07)0.3

43)89.7　　13)3.84　　3)9.4

3)0.83

(小数第二位) 3.2)9.65　1.3)42.7　0.6)38.74　3.1)17　6.3)84　7)45　9)8

2. 将长度为9.73 m的带子剪成同样长度的六段,每一段的长度是多少米?用四舍五入求到小数第二位。

3. 改错。

用四舍五入求到小数第一位

用四舍五入求到小数第二位

数学世界探险记

简单的小数计算

$$\times 10, \quad \times 100, \quad \times 1\,000$$

大块头 大家来算下面的两道题。
4.325×10。　　4.325×100。

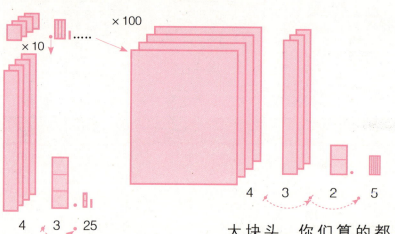

$$\begin{array}{r} 4.325 \\ \times\quad 10 \\ \hline 0000 \\ 4325 \\ \hline 43.250 \end{array}$$

$$\begin{array}{r} 4.325 \\ \times\quad 100 \\ \hline 0000 \\ 0000 \\ 4325 \\ \hline 432.500 \end{array}$$

大块头 你们算的都对。要注意的是：

如果是×10，那么积的小数点向右移一位。如果是×100，那么积的小数点向右移两位。是这样吧？

罗伯特 的确如此。小数点向右移的位数正好是1后面的0的个数。

大块头 一看上图就更清楚了。乘10，乘100，乘1 000……的时候，就不用列竖式计算了，只要按乘数0的个数将小数点向右移位就可以了。

÷ 10， ÷ 100， ÷ 1 000

胖噜噜 这回该我提问题了。用10去除43.2。

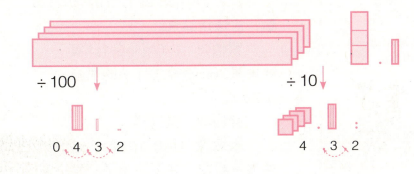

米丽娅 用10去除43.2，可以根据除数中0的个数1，把小数点向左移1位。所以，答数是4.32。

胖噜噜 是啊。如果用100去除，把小数点向左移两位就行了。于是有0.432。这很简单，不用做具体计算了。

嘟 嘟 这很容易。如果叫我做，不管是乘10，还是除100，都得100分。

胖噜噜 那么，嘟嘟做下面的题吧!

1. 6.485×10　0.785×10　7.423×100　0.002×100
   38.5×100　0.7×100　$0.000\,1 \times 10\,000$
2. $315 \div 100$　$467 \div 10$　$74.6 \div 100$　$4.64 \div 100$　$0.347 \div 100$　$0.4 \div 10$
   $0.03 \div 100$　$236 \div 10\,000$

数学世界探险记

$$÷0.1,\quad ÷0.01,\quad ÷0.001$$

胖噜噜　重为2.6 g的金属丝，长度是0.1 m，那么每1 m的金属丝质量是多少？

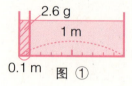

图①

萨　沙　求每1 m的质量，应该用除法。

罗伯特　2.6 g÷0.1计算结果是26。答数是1 m的质量是26 g。

胖噜噜　是这样。

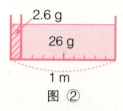

图②

米丽娅　用0.1去除，这件事一看图③就更清楚了。那么，1.4÷0.01的结果如何呢？

萨　沙　让我来计算吧！1.4÷0.01=140。

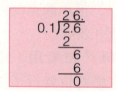

罗伯特　这就是说，用0.1去除，被除数就增大10倍；用0.01去除，被除数就增加100倍。所以被除数小数点的位数就是按除数小数点后面的位数，向右移相同的位数。这么说对吧？

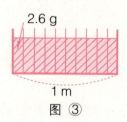

图③

胖噜噜　对。那么，请做下面的问题吧！

做做看

1. 0.674 ⎫
   6.74   ⎬ ÷0.1
   67.4 ⎭

   0.768 ⎫
   7.68   ⎬ ÷0.01
   76.8 ⎭

2. 0.478÷0.01
   0.036 2÷0.001
   0.83÷0.1

×0.1， ×0.01， ×0.001

大块头 对于小数的问题，你们可不要过于乐观，这回做做下面的一个题，看看怎么样。一条长1 m的金属丝为2.6 g。那么，0.1 m的金属丝为多少克？

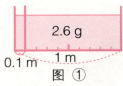

图①

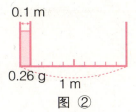

图②

米丽娅 因为1 m的质量是2.6 g，所以0.1 m的质量应该用2.6 g×0.1来计算，结果是0.26 g。

萨沙 这还是小数点后面位数的问题，只要把小数点向左移就行了。

罗伯特 试做一下，2.6 g×0.01。嗯，的确像萨沙所说的那样，这道题是把被乘数的小数点向左移2位就可以了。

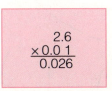

大块头 是这样，请看图③。这个图表明2.6 g÷10=0.26 g。所以，2.6 g×0.1=0.26 g和2.6 g÷10=0.26 g结果是一样的。这就是说，用0.1去乘和用10去除，结果是相同的。

罗伯特 是啊，×0.01也和÷100完全一样。

2.6 g×0.1=0.26 g

2.6 g÷10=0.26 g

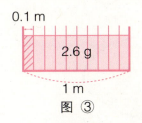

图③

做做看

1. 826.3　　　6.529
   82.63　　　0.652
   8.263 ×0.1　0.065 ×0.01
   0.826　　　6 529

2. 5.43×0.1
   32.45×0.001
   0.097×0.01

127

数学世界探险记

数的性质

　　（外面的雨住了。大家又来到开心博士的工作室。）
　　开心博士　我们今天对数的性质探讨一下吧！数非常有趣。它有各种各样的性质。说着，开心博士把汽车玩具拿了出来。

倍 数

开心博士　在这个箱子里有一些小汽车。每台车都有4个轮子，那么怎么表示车轮总数有多少？

罗伯特　开心博士，如果不把车的数量告诉我们，那就没法知道车轮的总数啊。

开心博士　不过，还是有办法知道的。

萨　沙　连汽车的台数都不知道，那怎么行呢？

开心博士　不行吗？现在我们一台一台地来调查车轮数。首先，当汽车为0台时，有几个车轮？

罗伯特　因为是4×0，所以有0个车轮。

开心博士　那么拿出1台呢？

萨　沙　因为是1×4，所以有4个车轮。

罗伯特　用车的台数去乘每台车的轮子数就行了。

开心博士　是这样，0台时，车轮数是0；1台时，车轮数是4，即有

　　4×0, 4×1, 4×2, 4×3, …

总之，用乘法九九表的第四段就可以看出车轮数。虽然不知道汽车的台数，但是，一定是用一个整数乘这个4。

萨　沙　嗯。根据这个道理就可以知道，如果有12台汽车，那么就有48个车轮。

开心博士　是这样。整数乘4所得的数叫4的倍数。

米丽娅　例如，由于400能变成4×100，所以，400是4的倍数。

开心博士　是这样。这回请到这边来。由于已经下过了雨，大家可以到这边来集合。

数学世界探险记

萨 沙 啊,这是青蛙。
(萨沙高声喊道。)

米丽娅 可真多呀!

开心博士 不知道这个箱子里有多少只青蛙,不过可用倍数来思考好多问题。

罗伯特 青蛙的倍数是1×0,1×1,1×2,…,这是1的倍数。

开心博士 说得对!

萨 沙 青蛙腿的倍数是4×0,4×1,4×2,…,这是4的倍数。

米丽娅 这些青蛙眼睛的数量是2的倍数。

嘟 嘟 我想,青蛙没有尾巴,所以,尾巴的数量是0,并且,无论是多少只青蛙,尾巴的数量都是0。这就是0的倍数吧!

米丽娅 嘟嘟竟说些怪事。

开心博士 不不,决不是。嘟嘟说得很对。大家还要知道2的倍数叫做偶数,不是2的倍数叫做奇数。

1. 在下面的数中,哪些是奇数哪些是偶数?
   4, 9, 7, 6, 3, 0, 1, 5, 8, 2
2. 在下面的数中,哪几个是9的倍数?
   12, 18, 15, 36, 42, 9, 0, 20

瓷砖表示倍数

0的倍数	0×0	0×1	0×2	0×3	0×4	0×5
1的倍数	1×0	1×1	1×2	1×3	1×4	1×5
2的倍数	2×0	2×1	2×2	2×3	2×4	2×5
3的倍数	3×0	3×1	3×2	3×3	3×4	3×5

开心博士 把某个数 a 的倍数用瓷砖摆出来一看，马上就知道摆出来的图形是以 a 为一边的长方形，而且使人感到有趣的是：

$$\left.\begin{array}{l}0\times 0=0\\1\times 0=0\\2\times 0=0\\3\times 0=0\\a\times 0=0\end{array}\right\}\text{所以0是所有数的倍数}$$

$$\left.\begin{array}{l}0\times 1=0\\1\times 1=1\\2\times 1=2\\3\times 1=3\\a\times 1=a\end{array}\right\}\text{所以任意一个数一定也是自身的倍数}$$

开心博士 某数是不是倍数，看看这个数能不能用瓷砖摆出长方形就知道了。那么6是不是3的倍数呢？请用瓷砖做做。

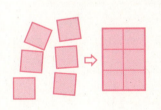

米丽娅 因为能用瓷砖摆出以3为一边的长方形，所以6是3的倍数。

$$3\overline{)6}\text{能整除}$$
$$\underline{6}$$
$$0$$

罗伯特 计算用3能把6除尽，所以6是3的倍数。

开心博士 那么，13是4的倍数吗？

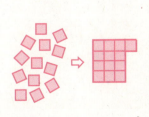

嘟嘟 因为13不能用瓷砖摆出来一个以4为一边的长方形，所以13不是4的倍数。

$$4\overline{)13}\text{不能整除}$$
$$\underline{12}$$
$$1$$

萨沙 计算结果表明用4不能把13除尽，所以13不是4的倍数。

数学世界探险记

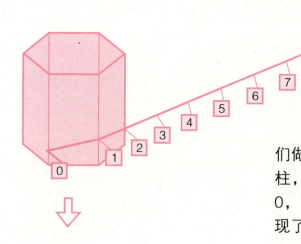

开心博士 关于倍数的性质,我们做个有趣的实验吧。这里有个六棱柱,柱上缠着细绳,细绳上挂着写有0,1,2,3,…的卡片。那么,你发现了什么吗?

米丽娅 从0开始,0上面卡片的数都是6的倍数。而且,无论细绳多么长,与0在同一棱上的卡片上的数都是6的倍数。

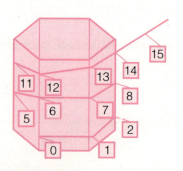

开心博士 是这样。那么在下面的图中,与0在同一棱上的数,是什么样的数呢?请答答看。

在下面的图中,与0在同一棱上的数是什么样的数?

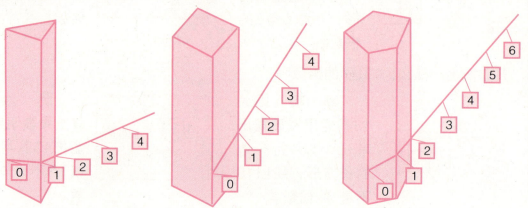

这回在直线上找倍数。并且把在直线上找到的倍数的地方，划上○，记上数。

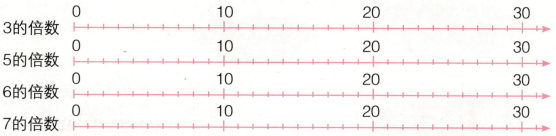

3的倍数
5的倍数
6的倍数
7的倍数

开心博士 正如上面所做的那样，某数的倍数与倍数的间隔都同样大。显然，一个数的倍数有许许多多。那么，下面的"做做看"中的几道题，你能做吗？

1.在从1到100的数中，找出13的倍数。

2.已知某月2号是星期天，那么请说出这个月的其他所有的星期天。

3.从迈右脚开始，最后到左脚落地停止的步数是偶数还是奇数？

4.已知某一本书的右页是奇数，那第32页是右页还是左页？

倍数之间的和与差

开心博士 在倍数之间做相加或相减计算时,其和与差应该怎样?请以每串各有3个丸子的丸子串为例,自己考虑一下几串加几串、几串减几串的问题。

米丽娅 这里有装3串丸子和装4串丸子的两个盘子。如果把这些丸子合在一起,那么就有7串丸子。所以丸子的总数是3×7=21,即共有21个丸子。

萨 沙 21还是3的倍数呢。

米丽娅 把某个数的倍数和倍数加起来,其答数仍然是这个数的倍数。

罗伯特 那么在倍数之间做减法会如何呢?现在不知是嘟嘟还是别人从7串丸子中吃掉了两串。结果还剩下5串。于是,有3×5=15,即还剩15个丸子。

米丽娅 15还是3的倍数。

罗伯特 果真是这样。太有意思啦!

开心博士 因此可以说,某个数的倍数之间的和与差,仍是这个数的倍数。

1.**喜 鹊** 请写出两个4的倍数,这两个数的和,仍是4的倍数吗?

2.**喜 鹊** 请写出两个8的倍数,这两个数的差还是8的倍数吗?

约 数

开心博士 这里有12块瓷砖，用它们摆各种长方形，怎样摆呢？请做做看。

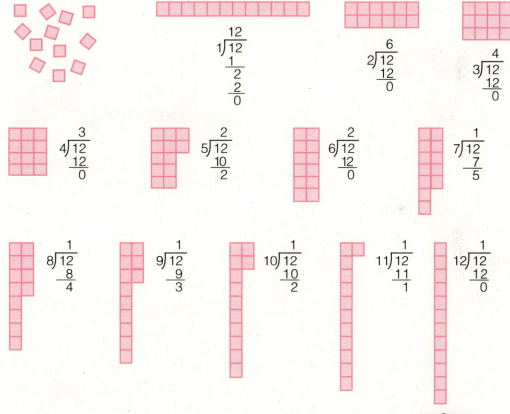

米丽娅 当竖向或横向摆1，2，3，4，6，12块瓷砖时，12块瓷砖就能摆出长方形。

罗伯特 而且1，2，3，4，6，12中的任何一个都能除尽12。

开心博士 的确是这样，像1，2，3，4，6，12这些能除尽12的整数，就叫做12的约数。

数学世界探险记

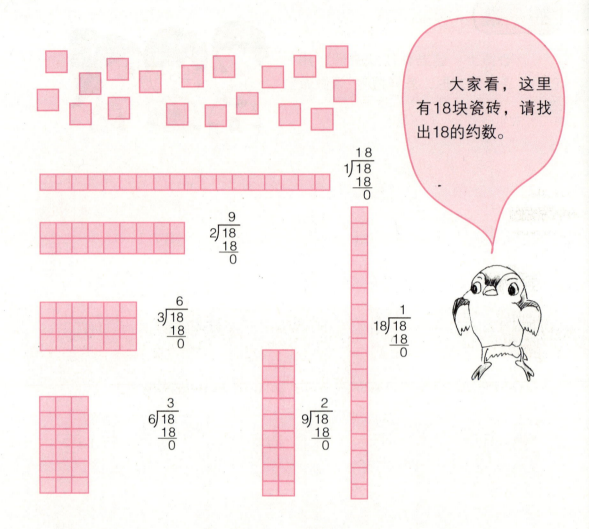

大家看，这里有18块瓷砖，请找出18的约数。

萨沙 像方才12那样，用瓷砖摆长方形。

罗伯特 嗯。先一个一个地横摆出来。这样就得到一个横18块的长方形。

米丽娅 竖2块，横9块，也能摆出一个长方形。

萨沙 竖3块，横6块，也能摆出一个长方形。

罗伯特 把上面摆出的长方形的横和竖颠倒一下，还是长方形。

米丽娅 这样18的约数就是1，2，3，6，9，18吧？

萨沙 而且，不管这些数中的哪一个都能除尽18。

开心博士 做对了，总之能除尽某数 a 的数，叫做 a 的约数。好，请从下边的数中找出15的约数来。

10，11，12，13，14，15

约数的性质

开心博士 为了找到某数的约数,我们从1开始按数的顺序1,2,3,…去除这个数,能除尽这个数的数,就是这个数的约数。关于约数,可做出如下的归纳。

约数的性质
- 用一个数的约数去除这个数,其商也是这个数的约数。
- 1是所有数的约数。
- 一个数的约数不会比这个数大。
- 一个数的约数的个数是有限的。

1. 画出用8块瓷砖所能构成的所有长方形。将8的约数全部求出来。
2. 画出用24块瓷砖所能构成的所有长方形,将24的约数全部求出来。
3. 从下面的数中,找出56的约数。1,2,26,28,56,14,16,9,5,7,4,33,32,18,3,19。
4. 求出下列各数的所有约数。16,91,25,36,17,100,60。

数学世界探险记

倍数和约数

请问开心博士,在已经探讨过的倍数和约数之间有什么关系?

4×3=12   12÷4=3

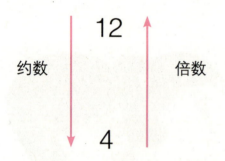

约数   倍数

4)12……12被4除尽(4是12的约数)

开心博士　以4×3=12为例考虑一下吧。如果从4出发来看12的话,那么,12是4的3倍,所以12是4的倍数。再考虑12÷4=3,如果从12出发看4的话,那么4就是12的约数了。

萨　沙　是的,只有改变着眼点,才会发现倍数和约数的关系。

开心博士　以12和4为例,看一下倍数和约数的关系。在12和4这两个数中,一个能除尽另一个,而这种关系反过来说就不行。

米丽娅　可以这样说吧,12是4的倍数,4是12的约数。

开心博士　可以这样说,并且把这种关系记作4)12。好,谁来读一下这个记号!

罗伯特　4是12的约数。

开心博士　对,还可以读做12是4的倍数了。

用记号)表示8是40的约数。用同样记号表示16是4的倍数。

开心博士 嘟嘟，这里有一些同样大小的瓷砖，首先请你用瓷砖摆出你所喜欢的形状。

嘟 嘟 用4块瓷砖摆成一列。

开心博士 再摆成你所喜欢的长方形。

嘟 嘟 摆个竖4块，横3块的长方形。4和3是12的约数。

开心博士 说的很明白，嘟嘟。那么，再摆出一个同样的长方形。然后把它们按横向靠在一起。

嘟 嘟 我把3个竖4横3的长方形按横向靠在一起。这样摆行吧!

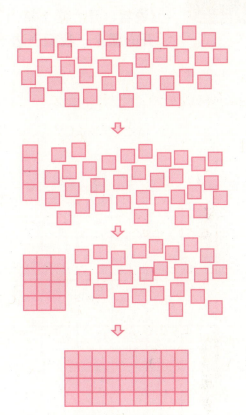

开心博士 行。那么，大家说说，你们发现什么了？

罗伯特 全部瓷砖数是36块，它是构成横3竖4那个长方形瓷砖数(12)的3倍。

米丽娅 36也是开始摆的那列瓷砖数4的倍数。

开心博士 是这样，这就可以说，某数a的倍数的倍数仍然是a的倍数。

罗伯特 36的约数4，也是36的约数12的约数。

开心博士 是这样，一个数的约数的约数，仍是这个数的约数。

数学世界探险记

公倍数

开心博士　该吃间食了吧？
（说着，开心博士拿出了长方形饼干。）
开心博士　我们一边吃饼干，一边讨论吧！

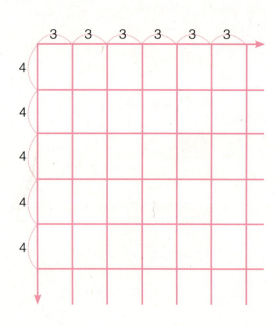

开心博士　这块饼干竖4 cm，横3 cm。如果把这样的饼干，像左图那样去摆，那么需要多少块才能摆出个正方形呢？

米丽娅　噢！用12块就能摆出个正方形。

开心博士　那么这个正方形的边长是多少厘米？

萨　沙　12 cm。

开心博士　请大家想想看，组成这个正方形的饼干的块数，能用一块饼干的竖4和横3除尽吧？

罗伯特　是啊！12既是3的倍数，又是4的倍数。

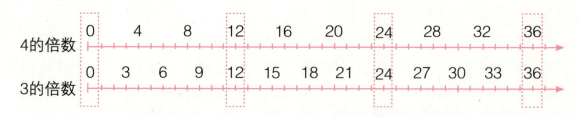

开心博士　请看上图，0，12，24，36，…都是4和3的共同倍数。

萨　沙　方才那个正方形是边长为12 cm的正方形。

开心博士　看下页，大家都会清楚。不存在以0 cm为边长的正方形，而以12 cm，24 cm，36 cm为边长就能得到整整齐齐的正方形了吧？

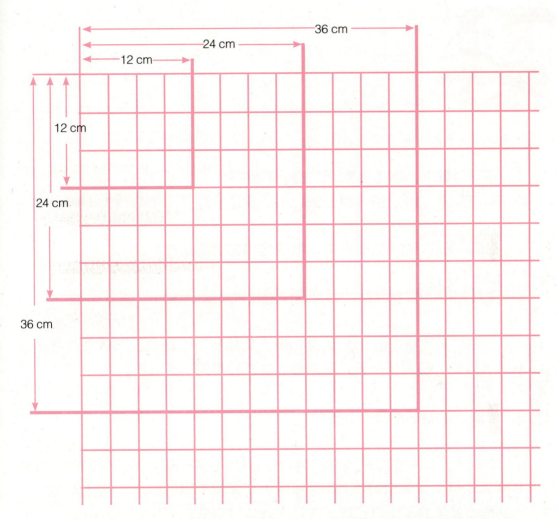

米丽娅 以4 cm和3 cm的共同的倍数为一边，即以12 cm，24 cm，36 cm，…为一边，都能摆出正方形吧？

开心博士 是的，不过，不能把几个横4块饼干、竖3块饼干的正方形都一律按横向或竖向摆在一起。

萨　沙 这倒挺有趣啊！

开心博士 0，12，24，36，…都是4和3的共同倍数。像这样，两个以上数的共同倍数叫做这些数的公倍数。

罗伯特 公倍数？"公"就是公共的公吧？

开心博士 完全正确。在所有的公倍数中，除0以外的那个最小的数叫做最小公倍数。

公倍数有无限个，其中的任何一个，都是最小公倍数的倍数。这些都清楚了吧？

数学世界探险记

1. 在下面数中，哪几个是3和7的公倍数？
0，3，6，7，14，18，21，35，42，56，63，77，84，90，105，111

2. 在0以及从1到30这些数中，哪些是4和6的公倍数？

3. 某数用6和9都能除尽，并且这个数比20大，比50小，求这个数。

4. 已知父亲的商店每10天休息一天，又知有一个星期日和休息日是同一天。从这天以后，每隔多少天，星期日和休息日是同一天呢？

5. 画图，求3和5的最小公倍数。

6. 某车站，从A街发来的车每隔7 min到达一辆；从B街发来的车，每隔12 min到达一辆。又知恰好在7点时从两街发来的车同时到达。问还要多少分钟下一次两街发来的车同时到达。并说出具体时刻来。

7. 下列各数，哪个数是( )中两数的公倍数。
72（4，6） 90(6，5) 32(4，6) 15(15，5) 60(12，5) 36(8，14)

8. 某数能被5和8整除。这个数比50大，比100小，求这个数。

公约数

开心博士 饼干吃完了。这回准备一张竖9 cm，横12 cm的纸。如果把这张纸一点不剩地剪成同样大小的正方形，那么能剪出边长是多少厘米的正方形？

罗伯特 剪成的正方形的边长应该是9 cm和12 cm的共同约数。

米丽娅 对。9的约数是1，3，9；12的约数是1，2，3，4，6，12。所以，它们的共同的约数是1，3。

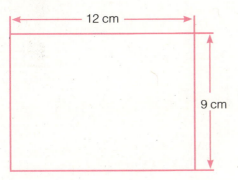

萨 沙 这样，就能把这张纸一点不剩地剪成边长为1 cm的正方形和边长为3 cm正方形。实际做出来看一看，果真这样。边长为3 cm的正方形，是12个，边长为1 cm的正方形是108个，这张纸一点没剩下。

开心博士 说得对。1和3是12和9的公约数，像这样两个以上数的共同的约数叫做公约数。公约数是有限的。而公约数中最大的那个数，叫做最大公约数。

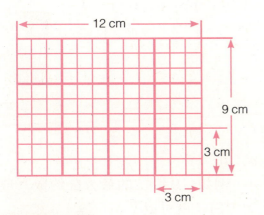

米丽娅 在刚才那个问题中，最大的公约数是3。

开心博士 你说的完全正确。

在下面的数中，哪些是6和12的公约数？
1，2，3，4，5，6，7，8，9，10， 11， 12， 13， 14， 15

求最大公约数的方法

开心博士　尽量用大瓷砖把下面的各长方形铺满。

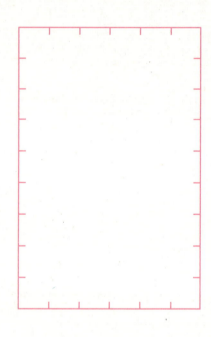

开心博士　怎么样?好像大家都会做吧!

我们还要掌握最大公约数的表示法。a和b的最大公约数可以表示为(a,b)。

例如，9和12的最大公约数写成$(9,12)=3$就可以了。

(4, 6)　(5, 15)　(12, 20) 各是什么样的数?

开心博士　看下面的图①。我们已经知道，如果 $b\rangle a$，那么，b 就能把 a 除尽。这时，如果把这个长方形一点不剩地分割成几个尽量大的正方形，那么，这样的正方形的边长一定为 b。所以 a 和 b 的最大公约数就是 b。可是……

（开心博士继续往下说。）

开心博士　看图②。当 b 不是 a 的约数时，那么分割出几个边长为 b 的正方形以后，还剩下一部分。

萨　沙　确实是这样，怎么办好呢？

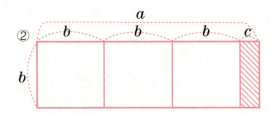

开心博士　这时一定要把剩下的竖 b，横 c 的长方形分割成尽量大的正方形，这就是图③。

罗伯特　可是，这样做以后，还有剩余呀！

开心博士　是啊。图④中的竖 d，横 c 的长方形就是多余的。这时再考虑边长为 d 的正方形。于是，就会像图⑤那样。原来的那个长方形就一点不剩地分割成边长为 d 的小正方形。

米丽娅　像这样用正方形去填多余的部分，最后把原来的长方形全用小正方形填满。这倒很有意思。可是最大公约数是什么呢？

开心博士　最大公约数就是 d。下页将继续探讨这个问题。

数学世界探险记

喜 鹊 那么我给你们出个题吧。能不能用方才的方法求(32，12)呢!这是挺容易的呀。

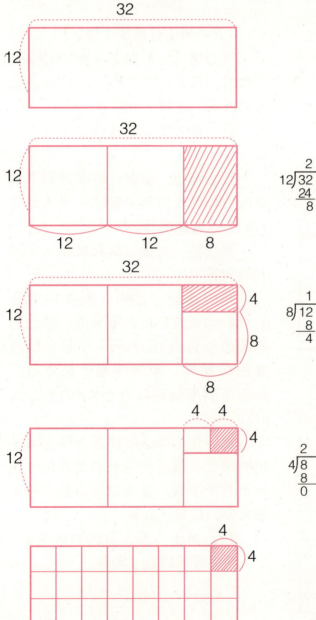

萨 沙 32和12相比，32大，并且12不是32的约数。

米丽娅 横32，竖12的长方形，能分割成几个边长为12的正方形？

罗伯特 两个，横向还余8。通过计算，32除以12等于2，余8。

米丽娅 这样，剩下的是一个竖12、横8的长方形，在这个长方形中，分割出一个边长为8的正方形以后，还剩下一个竖4、横8的长方形。通过计算来看，有12÷8=1，余4。

萨 沙 剩下的这个长方形恰好能分割成两个边长为4的正方形，太好了，一点没剩。

罗伯特 8÷4=2，除尽了。

米丽娅 这样4就是最大公约数。(32，12)=4

开心博士 好，现在归纳一下最大公约数的求法。

开心博士 现在我们来求32和12的最大公约数吧!

① 用小数除大数,如果能除尽,那么,这个小数就是最大公约数。

② 如果除不尽,那就用①的余数除小数。

③ 用②的余数除①的余数。

④ 用③的余数除②的余数。

这样做下去,直到除尽为止。最后,做除数的数就是最大公约数。

罗伯特 果真如此。刚才那道题,最后就是用4除尽的。

开心博士 这种方法叫做辗转相除法。那么,就用辗转相除法求(14,36)吧!

(14,36)

$$\begin{array}{r}2\\14\overline{)36}\\\underline{28}\\8\end{array} \rightarrow \begin{array}{r}1\\8\overline{)14}\\\underline{8}\\6\end{array} \rightarrow \begin{array}{r}1\\6\overline{)8}\\\underline{6}\\2\end{array} \rightarrow \begin{array}{r}3\\2\overline{)6}\\\underline{6}\\0\end{array}$$

答:(14,36)=2。

开心博士 一步一步除下去就行了。我再教你们一个简便方法。请看右边的算式。

萨沙 啊!是从右向左算啊!太有意思了。

(14,36)

$$\begin{array}{r}3\\2\overline{)6}\\\underline{6}\\0\end{array} \quad \begin{array}{r}1\\6\overline{)8}\\\underline{6}\\2\end{array} \quad \begin{array}{r}1\\8\overline{)14}\\\underline{8}\\6\end{array} \quad \begin{array}{r}2\\14\overline{)36}\\\underline{28}\\8\end{array}$$

答:(14,36)=2。

使用辗转相除法求最大公约数。

① (92,132) ② (42,64) ③ (684,236) ④ (357,123)

3个数的最大公约数

开心博士　前面求的是两个数的最大公约数。这回求3个数的最大公约数。

萨　沙　啊?还能求3个数的最大公约数?

开心博士　是啊,看看629,391,255的最大公约数是多少。

(629,391,255)

① 在 629,391,255 中,225 最小。

② $255\overline{)629}$　$255\overline{)391}$　在 225,119,136 中,119 最小。
　　$\underline{510}$　　　$\underline{255}$
　　　119　　　　136

③ $119\overline{)255}$　$119\overline{)136}$　在 119,17,17 中,17 最小。
　　$\underline{238}$　　　$\underline{119}$
　　　17　　　　17

④ $17\overline{)119}$　$17\overline{)17}$　被17整除。
　　$\underline{119}$　　　$\underline{17}$
　　　0　　　　0

答:(629,391,255)=17。

罗伯特　17确实是最大公约数,因为再也找不到比17大的公约数了。

开心博士　归纳一下如何求3个数a,b,c的最大公约数。

① 用最小的数a分别去除b和c,如果能除尽,那么a就是最大公约数。

② 用①中小的余数分别去除a和①中大的余数。

③ 用②中小的余数分别去除①中小的余数和②中大的余数。

就这样做下去,除尽为止。最后做除数的数,就是最大公约数,这种方法叫3个数的辗转相除法。

1. 使用辗转相除法求最大公约数。① (21,28,35); ② (6,15,21); ③ (25,30,45); ④ (68,84,12,)。

2. 有柿子112个,胡桃80个,栗子32个。如果把这些东西平均分给尽量多的人,那么究竟能分给多少人呢?

求最小公倍数的方法

开心博士 这回我们来探讨最小公倍数。求两个数 a 和 b 的最小公倍数，就是用竖 a，横 b 的长方形，摆出一个尽量小的正方形，那么这个正方形的边长，就是 a 和 b 的最小公倍数。

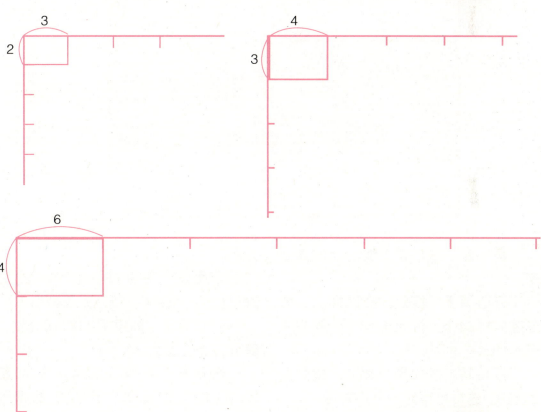

开心博士 我相信这个问题大家都能解决。为了方便，我们用 [a，b] 表示 a 和 b 的最小公倍数。例如，对于 [3，4] =12，就读做 3 和 4 的最小公倍数是 12。

数学世界探险记

开心博士 请大家来做这样一个题。设18和24分别是长方形的竖向边长和横向边长。求[18,24]。

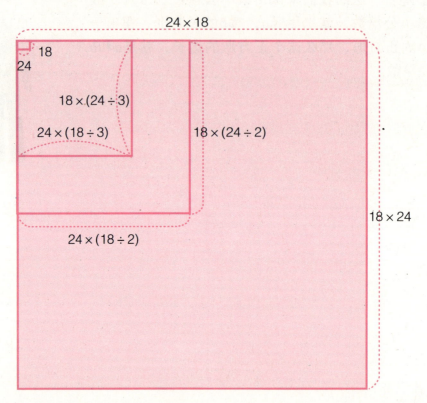

萨 沙 这个题不能马上就算出来。

开心博士 那么，把这样的长方形竖向排24个，横向排18个，看看将得到什么样的图形?

罗伯特 竖向是18×24，横向是24×18。这样就得到一个正方形。

开心博士 说得对，两个数，不管是什么数，它们的积一定是这两个数的公倍数。现在把24和18都2等分，于是有24÷2=12，18÷2=9。这时，如果把竖12、横9的长方形，竖向排18，横向排24个，得到的还是正方形。

米丽娅 因为18×(24÷2)和24×(18÷2)相等，所以是正方形。

开心博士 如果把24和18分别3等分，那会怎么样?

米丽娅 竖18×(24÷3)和横24×(18÷3)相等，所以仍然得到正方形。

罗伯特 可以计算一下看，由于4和5都不是24和18的公约数，所以不能得到正方形。

米丽娅 可是6等分行啊。

罗伯特 嗯。因为竖$18×(24÷6)$和横$24×(18÷6)$相等,所以能得到正方形。噢,这样一来,6就是24和18的最大公约数了。

开心博士 是那样。这时,可以像右图那样,把竖为$24÷6=4$,横为$18÷6=3$的正方形排出来就可以了。

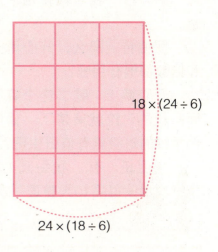

米丽娅 由于这是能够排出来的最小的正方形,因此72就是18和24的最小公倍数。

开心博士 是这样。好,现在归纳一下,如何求两个数a,b的最小公倍数。①求(a,b)。②用(a,b)去除两个数中的一个a。③把②的答数乘以b。这样就得到最小公倍数。请用这种方法求$[32,72]$

$(32,72)=8$
$32÷8=4$
$72×4=288$

$\begin{array}{r}4\\8\overline{)32}\\32\\\hline0\end{array}$ $\begin{array}{r}2\\8\overline{)72}\\64\\\hline8\end{array}$

答:$[32,72]=288$。

开心博士 另外由①②③知,$b×a÷(a,b)=[a,b]$,所以$a×b=(a,b)×[a,b]$,即两个数的积=最大公约数×最小公倍数。

数学世界探险记

开心博士 怎么样?大家对约数和倍数都弄明白了吧?

萨 沙 我对辗转相除法挺感兴趣。

罗伯特 那么,开心博士,约数和倍数都很有用吧?

开心博士 嗯,这个嘛,通过下面问题的讨论就清楚了。请问,在你们学校的班级里有值日生吧?

米丽娅 有。我每隔4天给鱼缸换一次水,每隔10天整理一次图书。

萨 沙 嘿,真是个优秀的值日生啊!记的多牢啊!

开心博士 现在我向你们提个问题。米丽娅每隔4天给鱼缸换一次水,每隔10天整理一次图书。有一天恰好是给鱼缸换水和整理图书碰到一起的日子。那么请回答,下次两件事碰到一起的时间是多少天之后?

罗伯特 这个问题只要求最小公倍数就可以了。

[4, 10]
(4, 10)=2
10÷2=5
4×5=20

$$2\overline{)4} \quad \overline{)10}$$

[4, 10]=20

答:20日后。

1. 把相应的数填到下表的空格里。

a	b	a×b	(a,b)	[a,b]
24	36			
55	20			
9	15			

2. 在某地,A庙里的钟每隔8 s响一次,而B庙的钟每隔10 s响一次。如果开始两个钟同时打响,那么下一次同时打响在几秒钟后?

3. A、B两个齿轮咬合。已知A齿轮有36个齿,B齿轮有48个齿。如果在某一时刻,齿轮A的一个齿和齿轮B的一个齿正好咬合。那么,这两个齿下次相咬时,两个齿轮各转了多少圈?

4. 想把24本笔记本和32支铅笔尽量同样分给更多的孩子。那么到底能分给多少个孩子?每个孩子各得多少?

下一次的探险还会是很有乐趣的。

开心博士,太谢谢您了!

开心博士,我们还会来的。

您讲的东西,我们都很明白,太有趣啦!

数学世界探险记

分数的通分与分数加、减法

米丽娅 喂，请注意，我们已经来到了分数馆。

萨 沙 果真如此。我们刚刚探讨完"整数的性质"，还没来得及休息，就来到了这里。

（大家抬头一看，在第3层到4层阶梯的拐弯处站着一个威风凛凛的男子汉。）

罗伯特 他是值班员，他可能早就站在那里等待我们的到来。

(值班员盯着米丽娅他们三个人。)

值班员 我出一个极简单的问题。如果答不上来，就休想从这里通过。请回答，$\frac{5}{6}$ 和 $\frac{7}{8}$ 究竟哪个大？

(值班员说话的声音很大。他们三个人，你看我，我看看你。)

米丽娅 $\frac{5}{6}$ 和 $\frac{7}{8}$，分母不相同，没法比较，如果分母相同，就好办啦！摆摆瓷砖。看看怎么样？

罗伯特 对。使两个分数的分母一样就可以了。那么，把两个分母6和8的最小公倍数求出来不就行了吗？

萨沙 是啊，如果求出它们的最小公倍数，那么分母就能变成一样了。可是怎样求最小公倍数好呢？

- 为求分母6和8的最小公倍数，首先计算6和8的最大公约数。

- 因为 [6，8] 等于
  ① $6 \times (8 \div 2) = 24$
  ② $8 \times (6 \div 2) = 24$

- 所以

$$\frac{5}{6} = \frac{5 \times (8 \div 2)}{6 \times (8 \div 2)} = \frac{20}{24}$$

$$\frac{7}{8} = \frac{7 \times (6 \div 2)}{8 \times (6 \div 2)} = \frac{21}{24}$$

又因 $\frac{20}{24} < \frac{21}{24}$，所以 $\frac{5}{6} < \frac{7}{8}$。

米丽娅 用它们的最大公约数去除它们当中的一个数，再用这个得数去乘另一个数不就行了吗？

萨沙 先求出它们的最大公约数。

米丽娅 6和8的最小公倍数用①和②都能求出来，结果都是 [6，8] = 24。

罗伯特 $\frac{5}{6}$ 的分母的6变成24，是因为用 (8÷2) 乘6，所以，也得用 (8÷2) 乘分子5。

萨沙 另一个分数的分母8变成24，是因为用 (6÷2) 乘8，所以也得用 (6÷2) 乘分子7。

罗伯特 这样，$\frac{5}{6}$ 变成了 $\frac{20}{24}$，$\frac{7}{8}$ 变成了 $\frac{21}{24}$。

萨沙 万岁！算出来了！

数学世界探险记

米丽娅　$\frac{7}{8}$ 比 $\frac{5}{6}$ 大呀!

值班员　嗯,做得很好!你们已经做过数的性质的"探险"了吧!刚才你们对两个大小不同的分数,所采用的在不改变分数值的条件下,使分母变成完全相同的做法,叫通分。当然,多于两个的分数也可以通分。通分以后,不仅能比较分数的大小,而且能做分数的加、减运算。

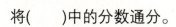

将( )中的分数通分。

1. $\left(\dfrac{5}{39}, \dfrac{3}{52}\right)$

   $(39,52)=13$
   $39÷13=3, 52÷13=4$
   $[39,52]=39×4=52×3=156$
   $\dfrac{5}{39}=\dfrac{5×4}{39×4}=\dfrac{20}{156}$
   $\dfrac{3}{52}=\dfrac{3×3}{52×3}=\dfrac{9}{156}$

   $\left(\dfrac{5}{8},\dfrac{7}{12}\right)$　$\left(\dfrac{3}{4},\dfrac{5}{6}\right)$　$\left(\dfrac{9}{8},\dfrac{13}{6}\right)$　$\left(\dfrac{4}{9},\dfrac{5}{6}\right)$

   $\left(\dfrac{5}{12},\dfrac{7}{8}\right)$　$\left(3\dfrac{7}{9},4\dfrac{7}{12}\right)$　$\left(3\dfrac{7}{10},4\dfrac{8}{15}\right)$

   $\left(\dfrac{13}{60},\dfrac{5}{24}\right)$　$\left(\dfrac{8}{21},\dfrac{17}{56}\right)$　$\left(\dfrac{5}{18},\dfrac{7}{8}\right)$　$\left(\dfrac{31}{42},1\dfrac{4}{9}\right)$

2. $\left(\dfrac{1}{2},\dfrac{3}{4}\right) \rightarrow \left(\dfrac{1×2}{2×2}=\dfrac{2}{4},\dfrac{3}{4}\right)$

   $\left(\dfrac{5}{6},\dfrac{2}{3}\right) \rightarrow \left(\dfrac{5}{6},\dfrac{2×2}{3×2}=\dfrac{4}{6}\right)$

   $\left(\dfrac{3}{5},\dfrac{13}{20}\right)$　$\left(\dfrac{1}{2},\dfrac{1}{4}\right)$　$\left(\dfrac{3}{7},\dfrac{16}{21}\right)$　$\left(\dfrac{17}{24},\dfrac{2}{3}\right)$

   $\left(7\dfrac{1}{2},5\dfrac{5}{8}\right)$　$\left(5\dfrac{11}{18},\dfrac{5}{6}\right)$　$\left(\dfrac{7}{9},7\dfrac{1}{81}\right)$

3. $\left(\dfrac{3}{4},\dfrac{2}{3}\right) \rightarrow$

   $\left(\dfrac{3×3}{4×3}=\dfrac{9}{12},\dfrac{2×4}{3×4}=\dfrac{8}{12}\right)$

   $\left(\dfrac{2}{3},\dfrac{3}{4}\right)$　$\left(\dfrac{1}{3},\dfrac{2}{5}\right)$　$\left(\dfrac{11}{7},\dfrac{11}{8}\right)$　$\left(\dfrac{4}{5},\dfrac{5}{6}\right)$

   $\left(\dfrac{11}{12},\dfrac{5}{7}\right)$　$\left(\dfrac{1}{13},\dfrac{9}{11}\right)$　$\left(1\dfrac{4}{5},8\dfrac{8}{9}\right)$

> 加法第一室

某人早晨喝牛奶 $\frac{2}{15}$ l，白天喝牛奶 $\frac{7}{10}$ l，一共喝牛奶多少升？

$\frac{2}{15}$ l + $\frac{7}{10}$ l

$\frac{2}{15} + \frac{7}{10} =$

$\frac{2 \times (10 \div 5)}{15 \times (10 \div 5)} + \frac{7 \times (15 \div 5)}{10 \times (15 \div 5)} =$ 通分

$\frac{4}{30} + \frac{21}{30} =$ 相加

$\frac{25}{30} =$ 约分

$\frac{5}{6}$

答：$\frac{5}{6}$ l。

米丽娅　这是分数的加法。首先得通分吧？

萨　沙　为了使分母成为15和10的最小公倍数。先要算出它们的最大公约数

$$5 \overline{)\begin{array}{c}10\\10\\\hline 0\end{array}} \overline{)\begin{array}{c}15\\10\\\hline 5\end{array}}\begin{array}{c}2\quad 1\end{array}$$

所以（15,10）=5。接着，像左边那样通分，然后分子相加，得 $\frac{25}{30}$，约分得 $\frac{5}{6}$。答一共喝牛奶 $\frac{5}{6}$ l。

通分后要注意约分！

1. $\frac{1}{6}+\frac{3}{14}$　$\frac{8}{15}+\frac{3}{10}$　$\frac{13}{21}+\frac{3}{14}$　$\frac{1}{15}+\frac{5}{6}$　$\frac{9}{20}+\frac{2}{15}$　$\frac{2}{21}+\frac{5}{6}$　$\frac{4}{35}+\frac{11}{14}$　$\frac{4}{33}+\frac{5}{6}$

   $\frac{1}{6}+\frac{3}{8}$　$\frac{1}{6}+\frac{2}{9}$　$\frac{3}{10}+\frac{1}{4}$　$\frac{1}{6}+\frac{1}{4}$　$\frac{3}{8}+\frac{5}{12}$　$\frac{7}{15}+\frac{2}{9}$　$\frac{3}{8}+\frac{3}{10}$　$\frac{5}{14}+\frac{8}{21}$

2. $\frac{1}{2}+\frac{3}{10}$　$\frac{1}{3}+\frac{1}{6}$　$\frac{1}{4}+\frac{3}{20}$　$\frac{2}{15}+\frac{1}{3}$　$\frac{1}{4}+\frac{3}{8}$　$\frac{1}{2}+\frac{1}{4}$　$\frac{7}{25}+\frac{2}{5}$　$\frac{5}{18}+\frac{4}{9}$

3. $\frac{3}{5}+\frac{1}{4}$　$\frac{2}{3}+\frac{1}{8}$　$\frac{3}{4}+\frac{1}{7}$　$\frac{1}{3}+\frac{1}{4}$　$\frac{1}{3}+\frac{2}{5}$　$\frac{3}{4}+\frac{2}{9}$　$\frac{3}{8}+\frac{2}{5}$　$\frac{1}{2}+\frac{4}{9}$

加法第二室

在自行车货架上，放着 $2\frac{3}{10}$ kg 和 $4\frac{5}{6}$ kg 的东西，货架上一共放了多少千克东西？

$2\frac{3}{10}$ kg $+ 4\frac{5}{6}$ kg

$2\frac{3}{10} + 4\frac{5}{6} =$

$2\frac{3\times3}{10\times3} + 4\frac{5\times5}{6\times5} =$ 通分

$2\frac{9}{30} + 4\frac{25}{30} =$ 相加

$6\frac{34}{30} =$ 换算

$7\frac{4}{30} =$ 约分

$7\frac{2}{15}$

答：$7\frac{2}{15}$ kg。

罗伯特　这回我来做吧！这是带分数的加法。通分时，整数不用动 [10，6] =30，因此，为使分母相同，把 $\frac{3}{10}$ 的分母和分子都乘上3，再把 $\frac{5}{6}$ 的分母和分子都乘上5，就行了。这样，整数和整数相加，分子和分子相加，得 $6\frac{34}{30}$。

萨沙　罗伯特，你那是带假分数啊！

罗伯特　噢，不行，还得换算成7。

米丽娅　还没约分呢。约分后得 $7\frac{2}{15}$。

罗伯特　感谢你们的指点！

记住，分母不同的分数的加法有四个步骤：通分，相加，换算，约分。

1. $2\frac{14}{15} + 3\frac{9}{10}$　　$6\frac{8}{21} + 5\frac{13}{14}$　　$4\frac{11}{20} + 7\frac{8}{15}$　　$2\frac{5}{6} + 7\frac{17}{21}$　　$3\frac{7}{8} + 1\frac{5}{6}$　　$5\frac{4}{9} + 6\frac{13}{15}$

2. $2\frac{5}{6} + 5\frac{11}{12}$　　$2\frac{1}{8} + 7\frac{19}{24}$　　$5\frac{7}{36} + 9\frac{5}{6}$　　$1\frac{2}{3} + 2\frac{3}{4}$　　$2\frac{4}{5} + 8\frac{1}{2}$　　$4\frac{4}{5} + 3\frac{6}{7}$

3. 往学校的水池里放水，工人甲放了 $6\frac{9}{14}$ l，工人乙放了 $9\frac{5}{6}$ l，两人共放了多少升水？

加法第三室

某人有大田 $2\frac{7}{10}$ ha，有苹果园 $2\frac{2}{15}$ ha，他共有多少公顷地？

$2\frac{7}{10}$ ha $+ 2\frac{2}{15}$ ha

$2\frac{7}{10} + 2\frac{2}{15} =$

$2\frac{7 \times 3}{10 \times 3} + 2\frac{2 \times 2}{15 \times 2} =$

$2\frac{21}{30} + 2\frac{4}{30} =$

$4\frac{25}{30} =$

$4\frac{5}{6}$

答：$4\frac{5}{6}$ ha。

米丽娅　10和15的最小公倍数是30，所以 $2\frac{7}{10}$ 的分母和分子都乘3，$2\frac{2}{15}$ 的分母和分子都乘2。相加，得 $4\frac{25}{30}$。这不是假分数，不必换算了，一约分得 $4\frac{5}{6}$。

大家记住四个步骤了吧？加法到此结束，下面做减法的探险吧！

1. $3\frac{4}{21} + 5\frac{9}{14}$　　$5\frac{6}{35} + 9\frac{13}{14}$　　$2\frac{3}{20} + 4\frac{4}{15}$　　$1\frac{7}{15} + 2\frac{3}{10}$　　$2\frac{5}{8} + 4\frac{1}{10}$　　$3\frac{5}{12} + 2\frac{2}{9}$

2. $3\frac{1}{6} + 2\frac{7}{30}$　　$2\frac{1}{6} + 4\frac{1}{2}$　　$3\frac{5}{12} + 1\frac{1}{4}$　　$1\frac{2}{5} + 5\frac{3}{10}$　　$2\frac{3}{8} + 3\frac{1}{2}$　　$2\frac{5}{12} + 4\frac{1}{6}$

3. $1\frac{2}{9} + 2\frac{1}{4}$　　$2\frac{1}{3} + 1\frac{2}{5}$　　$2\frac{3}{8} + 1\frac{1}{5}$　　$1\frac{1}{4} + 2\frac{2}{7}$　　$5\frac{3}{5} + 4\frac{1}{7}$

数学世界探险记

减法第一室

从 $\frac{5}{6}$ m长的绳子中剪掉 $\frac{3}{14}$ m，还剩多少米？

$\frac{5}{6}$ m $- \frac{3}{14}$ m

$\frac{5}{6} - \frac{3}{14} =$

$\frac{5\times(14\div 2)}{6\times(14\div 2)} - \frac{3\times(6\div 2)}{14\times(6\div 2)} =$

$\frac{35}{42} - \frac{9}{42} = \frac{26}{42} =$

$\frac{13}{21}$

$$\begin{array}{r}3\quad\;2\\2\overline{\smash{)}6\;}\;\overline{\smash{)}14}\\\underline{6}\quad\underline{12}\\0\quad\;2\end{array}$$

米丽娅　做减法运算也得通分。同分数加法一样，先算出6和14的最大公约数和最小公倍数。

(6, 14) = 2, [6, 14] = 42。

萨　沙　接着做减法，然后可别忘了约分。

瞧，最后得 $\frac{13}{21}$。

罗伯特　剩下的绳子是 $\frac{13}{21}$ m。

答：$\frac{13}{21}$ m。

1. $\frac{5}{6} - \frac{3}{10}$　　$\frac{5}{12} - \frac{4}{15}$　　$\frac{5}{14} - \frac{3}{10}$　　$\frac{3}{4} - \frac{7}{10}$　　$\frac{8}{9} - \frac{7}{12}$　　$\frac{17}{21} - \frac{9}{14}$

2. $\frac{1}{2} - \frac{3}{10}$　　$\frac{2}{3} - \frac{1}{6}$　　$\frac{13}{20} - \frac{1}{4}$　　$\frac{13}{18} - \frac{5}{9}$　　$\frac{5}{8} - \frac{1}{4}$　　$\frac{3}{4} - \frac{1}{2}$

3. $\frac{3}{4} - \frac{1}{3}$　　$\frac{4}{5} - \frac{3}{4}$　　$\frac{2}{3} - \frac{3}{8}$　　$\frac{6}{7} - \frac{1}{4}$　　$\frac{1}{4} - \frac{1}{9}$　　$\frac{1}{2} - \frac{4}{9}$

减法第二室

有 $3\frac{3}{10}$ l 葡萄酒，喝掉了 $1\frac{5}{6}$ l，还剩多少升？

$3\frac{3}{10}$ l $- 1\frac{5}{6}$ l

$3\frac{3}{10} - 1\frac{5}{6} =$

$3\frac{3\times3}{10\times3} - 1\frac{5\times5}{6\times5} =$ 通分

$3\frac{9}{30} - 1\frac{25}{30} =$ 借位

$2\frac{39}{30} - 1\frac{25}{30} =$ 相减

$1\frac{14}{30} = 1\frac{7}{15}$ 约分

答：$1\frac{7}{15}$ l。

米丽娅　喜鹊怎么出这么个题，有点难啊！

罗伯特　好，我来做。

[10，6] = 30

一通分，得 $3\frac{9}{30} - 1\frac{25}{30}$。哎哟，减不了啊！噢，这里有借位的问题。我在这个地方最爱错。好，借位，得 $3\frac{39}{30} - 1\frac{25}{30} = 2\frac{14}{30}$ 怎么样？对吧？

萨沙　既然借了位，$3\frac{9}{30}$ 就应变成 $2\frac{39}{30}$ 呀！

米丽娅　而且还得约分啊！

罗伯特　还是老毛病，慌中出错！以后我要特别注意借位。做分数减法运算，要记住通分，相减，约分三个步骤。

哎呀呀！做探险真不容易呀！

你们可要注意，假分数减法可难啊！

1. $5\frac{1}{6} - 3\frac{9}{10}$　　$8\frac{1}{6} - 3\frac{3}{14}$　　$8\frac{7}{10} - 4\frac{13}{15}$　　$7\frac{1}{21} - 4\frac{1}{6}$　　$6\frac{5}{12} - 2\frac{9}{20}$

　$5\frac{1}{4} - 2\frac{5}{6}$　　$7\frac{3}{8} - 1\frac{5}{12}$　　$9\frac{7}{10} - 4\frac{11}{15}$　　$6\frac{1}{6} - 2\frac{5}{8}$　　$8\frac{3}{14} - 4\frac{8}{21}$

2. $7\frac{1}{5} - 3\frac{8}{15}$　　$4\frac{1}{6} - 1\frac{5}{18}$　　$9\frac{5}{14} - 5\frac{1}{2}$　　$7\frac{1}{24} - 3\frac{2}{3}$　　$8\frac{1}{3} - 4\frac{5}{9}$

　$9\frac{5}{14} - 6\frac{5}{7}$　　$4\frac{1}{5} - 2\frac{5}{7}$　　$5\frac{1}{3} - 1\frac{3}{4}$　　$7\frac{2}{5} - 2\frac{3}{4}$　　$9\frac{2}{7} - 4\frac{2}{3}$

数学世界探险记

减法第三室

男孩拣了 $3\frac{5}{12}$ kg 栗子，女孩拣了 $1\frac{4}{15}$ kg 栗子，两个人拣的栗子差多少千克？

$3\frac{5}{12}$ kg $-1\frac{4}{15}$ kg

$3\frac{5}{12} - 1\frac{4}{15} =$

$3\frac{5\times(15\div 3)}{12\times(15\div 3)} - 1\frac{4\times(12\div 3)}{15\times(12\div 3)} =$

$3\frac{25}{60} - 1\frac{16}{60} = 2\frac{9}{60} = 2\frac{3}{20}$

答：$2\frac{3}{20}$ kg。

罗伯特　喂，萨沙，你做做怎么样？

萨　沙　我？好，那我就做做看吧。首先通分。由于[12,15]=60，因此，$3\frac{25}{60} - 1\frac{16}{60}$，这里不用借位，做起来轻松多啦。相减，得 $2\frac{9}{60}$，再约分得 $2\frac{3}{20}$。

罗伯特　哎呀！萨沙，你算得可真快呀！

1. $4\frac{5}{6} - 1\frac{8}{15}$　　$5\frac{9}{10} - 2\frac{5}{14}$　　$6\frac{13}{14} - 3\frac{2}{21}$　　$2\frac{7}{12} - 1\frac{8}{15}$　　$6\frac{7}{8} - 4\frac{5}{6}$　　$5\frac{7}{9} - 3\frac{11}{15}$

2. $6\frac{4}{5} - 3\frac{7}{15}$　　$7\frac{13}{18} - 5\frac{1}{6}$　　$2\frac{3}{4} - 1\frac{7}{24}$　　$8\frac{4}{5} - \frac{7}{20}$　　$3\frac{2}{3} - 1\frac{11}{18}$　　$8\frac{7}{16} - 3\frac{1}{4}$

3. $4\frac{3}{8} - 1\frac{1}{7}$　　$2\frac{5}{6} - 1\frac{3}{5}$　　$7\frac{3}{4} - 2\frac{2}{3}$　　$9\frac{5}{7} - 1\frac{1}{2}$　　$6\frac{4}{5} - 5\frac{3}{7}$　　$5\frac{1}{2} - 4\frac{1}{3}$

4. $2\frac{11}{12} - \frac{13}{20}$　　$7\frac{5}{6} - \frac{2}{15}$　　$8\frac{7}{16} - \frac{1}{4}$　　$4\frac{1}{6} - \frac{13}{15}$　　$3\frac{2}{7} - \frac{5}{13}$　　$4\frac{7}{12} - 4\frac{2}{15}$　　$7\frac{1}{6} - 6\frac{8}{21}$

1. 如有错改正过来

① $3\frac{2}{7} + 1\frac{3}{4} = 4\frac{5}{11}$

② $1\frac{11}{23} - \frac{1}{5} = 1\frac{10}{18} = 1\frac{1}{9}$

③ $\frac{7}{12} + 2\frac{1}{3} = \frac{7}{12} + 8\frac{4}{12} = 8\frac{11}{12}$

④ $7\frac{13}{16} - 1\frac{1}{4} = 7\frac{13}{16} - \frac{4}{16} = 7\frac{9}{16}$

2. 有 $1\frac{5}{6}$ dl 果汁，加进去 $9\frac{13}{14}$ dl 水进行稀释，稀释后共有多少分升果汁？

3. 在 $13\frac{3}{8}$ a 的田地里，用 $3\frac{4}{5}$ a 做了牧草地，问还剩下多少公亩地？

4. 买了 $4\frac{2}{3}$ kg 苹果，又买了 $6\frac{3}{10}$ kg 橘子，一共买了多少千克水果？

5. 从 $1\frac{5}{8}$ m 长的带子中剪掉 $\frac{11}{12}$ m，还剩多少米？

6. 载重量为 $2\frac{1}{4}$ t 的卡车，装上了 $1\frac{5}{6}$ t 的货物，还能装多少吨货物？

7. $\frac{7}{9}$ l 的消毒药用 $5\frac{3}{4}$ l 水来稀释，稀释后共有多少升？

8. 有 $21\frac{2}{5}$ cm³ 黏土，做工艺品用掉 $9\frac{3}{7}$ cm³，还剩下多少立方厘米黏土。

9. 大桶装 $6\frac{1}{3}$ l 水，小桶装 3 l 水，大桶比小桶多装多少升水？

开心博士教给了我们很多东西，对我们的帮助太大啦！

数学世界探险记

小数和分数的关系

　　(米丽娅他们步行来到雪白的1号馆。突然在这里碰上了大块头。)

　　米丽娅　噢，大块头，你把我吓一跳!

　　大块头　好久没见面了。米丽娅，你知道吗，胖噜噜在这儿等好长时间了。

　　(胖噜噜从大块头身后探出头来，脸上露出怀念之情。)

　　胖噜噜　你们好!等你们等得好累呀。从大家的脸色看得出，你们都满精神的。

　　米丽娅　胖噜噜，这回你若不给我们做向导，可要误我们的事啦。

　　萨　沙　胖噜噜，给我们点面子吧!

　　罗伯特　胖噜噜，答应我们，做我们的向导吧!

　　胖噜噜　那我就做你们的向导吧!

胖噜噜　你们知道小数和分数产生的原因吗?小数和分数可是兄弟呀!大家知道，我们在数苹果和玻璃球的时候，1，2，3，…地数下去就行了。可是，还有光靠数数还不能弄清楚的数。像测量长度和体积时，常常会出现零头。这样一来，就不能只用整数把它们表示出来。

胖噜噜　表示零头的一个方法是使用小数。简单地说，就是把原来的测量单位十等分，变成较小的单位，然后用这个较小的单位去测量零头。

米丽娅　嗯，以前我们就这样做过。

胖噜噜　尽管这样，可能还会出现零头。这时，再进一步把0.1十等分，用0.01去测量零头。另一个表示零头的方法就是使用分数。例如，如果零头的2倍是1l，那么这个零头就是$\frac{1}{2}$l。如果零头的3倍是1l，那么这个零头就是$\frac{1}{3}$l。

罗伯特　明白了。像左下图那样，一个量有4个1l和3个0.1l，那就是4.3l。

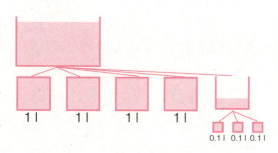
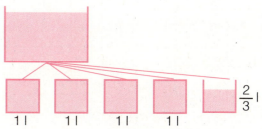

胖噜噜　对。那么像右上图表示的量是多少升?

沙　卡　是$4\frac{2}{3}$l。

胖噜噜　现在请罗伯特回答，分数的分母和分子各表示什么的?
(这么一问，罗伯特感到有些为难。)

罗伯特　噢，想起来了。分数的分母表示把1等分的份数，而分子表示一共拿来了多少个这样的1份。

整数÷整数，可以变成分数

（罗伯特刚讲完，开心博士来了。）

开心博士　现在请大家做一道题。把2l牛奶平均分给3个人，1人分得多少升？

米丽娅　列出式子就是2l÷3，一计算，得0.666……除不尽。

开心博士　请用分数来考虑。为此，把2l换成瓷砖，看看怎么样？

萨　沙　让我来做吧。把1l分成3份，其中1份是$\frac{1}{3}$l。现在有2l牛奶，3个人均分，所以每人应分得两个$\frac{1}{3}$l，即$\frac{1}{3}$l+$\frac{1}{3}$l，也就是$\frac{2}{3}$l。

米丽娅　对，2l÷3=$\frac{2}{3}$l。

罗伯特　于是，整数÷整数=分数。是这样吧？

开心博士　是的，正像罗伯特说的那样。任何整数÷整数，都能变成分数。请大家再做一道题，4l÷3。

罗伯特　把1l等分3份，其中1份是$\frac{1}{3}$l，因为有4个$\frac{1}{3}$，所以有$\frac{1}{3}+\frac{1}{3}+\frac{1}{3}+\frac{1}{3}$，即$\frac{4}{3}$，也就是$1\frac{1}{3}$。答案是$1\frac{1}{3}$l。

1人应得
$\frac{1}{3}$l+$\frac{1}{3}$l
即$\frac{2}{3}$l。
也就是说
2l÷3=$\frac{2}{3}$l
答：$\frac{2}{3}$l。

罗伯特　可以这样说；分数 $\frac{a}{b}$ 可以用 $a \div b$ 来表示。

米丽娅　这么说 $\frac{3}{5}$ 就是 $3 \div 5$ 喽。以前可从没见过这种形式。

开心博士　是这样。这个内容在以后的探险中很有用啊!

开心博士　整数÷整数能变成分数，用文字来表示，就是

$$a \div b = \frac{a}{b}$$

被除数是分子，除数是分母。因此可知，分数还有一个意义，那就是

$$\frac{a}{b} = a \div b$$

萨沙　这只是把式子的两边交换了。

1. 在下列□中填上数。

① $3 \div 7 = \dfrac{\square}{\square}$　② $\dfrac{5}{6} = \square \div \square$

③ $\dfrac{1}{\square} = \square \div 7$　④ $\dfrac{\square}{9} = 4 \div \square$

2. 用分数写出下列除法的答数。

① $5 l \div 6$　② $9 l \div 7$　③ $1 dl \div 6$　④ $8 dl \div 3$　⑤ $7 cm \div 8$
⑥ $4 cm \div 3$　⑦ $6 m \div 5$　⑧ $2 m \div 7$　⑨ $4 g \div 9$　⑩ $12 g \div 5$
⑪ $5 kg \div 9$　⑫ $13 kg \div 4$　⑬ $6 \div 7$　⑭ $1 \div 3$　⑮ $10 \div 3$
⑯ $7 \div 2$　⑰ $8 \div 9$　⑱ $1 \div 13$

3. 想把14 m的绳子3等分，每份多少米?

4. 把19 g糖稀平均分给6个人，每个人多少克?

把分数变成小数

$\frac{2}{5} = 2 \div 5 = 0.4$

开心博士　大家已经知道，两数相除可以用分数表示。现在再来考虑把分数变成小数。

胖噜噜　我提个问题。$\frac{2}{5}$ m用小数表示是多少米？

萨　沙　$\frac{2}{5}$ 就是 $2 \div 5$，用 $5\overline{)2}$ 来计算就可以了。

罗伯特　这道题很容易。计算结果得0.4。

米丽娅　用分母去除分子就可以啦。

开心博士　这道题用线段来表示，就像左图所表示的那样。把1五等分后的2份相当于把1十等分后的4份，即0.4。

胖噜噜　我再出一道题。把 $\frac{5}{3}$ 变成小数。看看，这道题你们怎样来回答。

$$\begin{array}{r} 1.6666666666666\cdots\cdots\cdots\cdots\cdots \\ 3\overline{)5} \\ \underline{3} \\ 20 \\ \underline{18} \\ 20 \\ \underline{18} \\ 20 \\ \underline{18} \\ 20 \\ \underline{18} \\ 20 \\ \underline{18} \\ 20 \\ \underline{18} \\ 20 \\ \underline{18} \\ 2 \end{array}$$

罗伯特　$\frac{5}{3}$ 就是 $5 \div 3$。像左边那样一计算，嘀，除不尽，商是1.6666…

胖噜噜　用四舍五入的办法求到小数第2位。

罗伯特　得1.67。

开心博士　由此可知，像这样分子被分母除不尽的分数是存在的。像这样在小数点的后面有无限多的数的小数叫做无限小数。好，下面请把 $\frac{8}{7}$ 变成小数。

```
        1.142857 142857 142857 142857……
      ┌─────────────────────────
    7 )  8
         7
        ──
         10
          7
         ──
          30
          28
          ──
           20
           14
           ──
            60
            56
            ──
             40
             35
             ──
              50
              49
              ──
               10
                7
               ──
                30
                28
                ──
                 20
                 14
                 ──
                  60
                  56
                  ──
                   40
```

$\dfrac{8}{7}$ =1.142 857 14…=1.142 8$\dot{5}$7

$\dfrac{10}{37}$ =0.270 270…=0.$\dot{2}$7$\dot{0}$

$\dfrac{5}{3}$ =1.666 666…=1.$\dot{6}$

$\dfrac{5}{6}$ =0.833 333…=0.8$\dot{3}$

小数 { 有限小数
       无限小数

萨　沙　用7除8，得1.142 857…这也除不尽啊。

(开心博士眯缝着眼睛微笑着。)

开心博士　得到的还是无限小数。不过，萨沙，你再继续除下去。

(萨沙继续除下去，奇怪的是小数点后面的142 857反复出现。)

萨　沙　太怪啦!总这么反复呀?

开心博士　像这样，同样的数反复出现的小数，在无限小数中也有个特别的名称，叫做循环小数。书写时，在反复出现的那些数的两端的数字的上面画个点。例如，刚才的那个题的答案可写成1.142 8$\dot{5}$7。像$\dfrac{5}{3}$=1.666 66…这种情况，写成1.$\dot{6}$就可以了。

米丽娅　同样的数反复出现，真像数字在跳舞，挺有趣的。

开心博士　像这样，在把分数变成小数时，在除不尽的情况下的那种小数叫做无限小数，而在能除尽的情况下的小数叫做有限小数。

1. 把下列分数变成小数，并回答它们是有限小数还是无限小数?

① $\dfrac{1}{2}$　② $\dfrac{2}{13}$　③ $1\dfrac{7}{8}$　④ $\dfrac{15}{7}$

⑤ $\dfrac{5}{6}$　⑥ $1\dfrac{7}{40}$　⑦ $\dfrac{8}{11}$　⑧ $\dfrac{9}{4}$

2. 把下列的分数在下面的直线上表示出来，用箭头指出位置就可以了。

$\dfrac{1}{2}$　$1\dfrac{1}{2}$　$\dfrac{17}{10}$　$\dfrac{5}{6}$　$\dfrac{1}{9}$　$\dfrac{22}{7}$　$2\dfrac{9}{14}$　$\dfrac{2}{3}$

0　　　　1　　　　2　　　　3

把小数变成分数

罗伯特 把分数变成小数的方法会了，可是分数也能变成小数吗？

开心博士 当然能。拿0.8这个小数来说，能变成什么样的分数呢？请考虑！

(三个人都露出了为难的表情。)

胖噜噜 我给你们点启示，0.1是什么样的数呢？是把1做10等分以后其中的一个。

罗伯特 啊，0.1是$\frac{1}{10}$吧！这样，0.8就是8个$\frac{1}{10}$的和，即

$\frac{1}{10}+\frac{1}{10}+\frac{1}{10}+\frac{1}{10}+\frac{1}{10}+\frac{1}{10}+\frac{1}{10}+\frac{1}{10}=\frac{8}{10}$

是这样的吧？

开心博士 完全正确。由于0.1可以变成$\frac{1}{10}$，0.01可以变成$\frac{1}{100}$。因此，小数就能变成以10，100，…做分母的分数。请把2.3改成分数。

罗伯特 因为0.1可以变成$\frac{1}{10}$，所以2.3就能变成23个$\frac{1}{10}$的和，即变成$\frac{23}{10}$。

开心博士 对。请看下图。2.3就是$\frac{2.3}{1.0}$，把这个分数的分子、分母都向右挪一位，也变成了$\frac{23}{10}$。那么，请把1.23变成分数吧！

罗伯特 开心博士，可不可以这样做：$1.23=\frac{1}{1}+\frac{2}{10}+\frac{3}{100}$

开心博士 可以，罗伯特。

罗伯特 答案是$\frac{1.23}{100}$。

米丽娅 噢，不是$\frac{1.23}{100}$，而是$\frac{123}{100}$吧？(这时，罗伯特红着脸擦眼镜，好像眼镜使他弄错了。)

开心博士 罗伯特的$\frac{1}{1}+\frac{2}{10}+\frac{3}{100}$这种思路正确。但是，你完全可以这样做：

$1.23 \rightarrow \frac{1.23}{1} \rightarrow \frac{123}{100}$

罗伯特 我明白了。

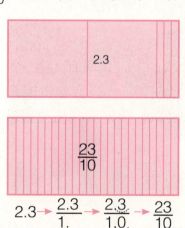

喜 鹊 有限小数都能变成分数，可是分数不一定能变成有限小数。所以在做分数和小数的混合运算时可把小数变成分数以后，再做计算。

1. 将下列小数变成分数。

1.3　2.6　3.12　0.94　1.283

10.567　2.043　1.009　0.005

2.

$0.3 + \dfrac{1}{6} =$　　$0.4 + \dfrac{2}{7}$　$\dfrac{3}{7} - 0.1$　$\dfrac{5}{6} + 3.4$

$\dfrac{3}{10} + \dfrac{1}{6} =$　　$0.5 + \dfrac{2}{3}$　$\dfrac{6}{7} - 0.3$　$\dfrac{1}{3} + 6.24$

$\dfrac{9}{30} + \dfrac{5}{30} =$　　$1.4 + \dfrac{1}{7}$　$\dfrac{5}{9} - 0.12$　$1\dfrac{1}{6} + 0.7$

$\dfrac{14}{30} =$　　$0.1 + \dfrac{5}{6}$　$1.2 - \dfrac{5}{6}$　$\dfrac{7}{32} + 0.05$

$\dfrac{7}{15}$

3. 我家的猫重2.7 kg，邻居家的猫重$3\dfrac{4}{7}$ kg，两个猫相差多少千克？

4. 从某学生家到学校的距离是$1\dfrac{5}{6}$ km，从学校到车站的距离是0.8 km。从该学生家经过学校到车站共有多少千米？

分数的乘法

(2号馆是一座形式古怪的建筑物。)

罗伯特　这房子的形状可真奇特啊!我们将在这里做乘法的探险吧!

萨　沙　天变暗了,好像要有什么怪物出来。

米丽娅　我真有点害怕。

瞧,小黑怪!

(小黑怪突然间,一边吐着黑墨,一边飞了过来。)

哈哈,哈哈,哈哈哈哈!你们说的话,我都听见了。告诉你们,分数里还有除法呢。什么乘法、除法都是些无聊的东西!别一个劲地学习啦!

小黑怪胡说些什么!他总是来骚扰我们。

分数里有除法不假,可是也得好好学习乘法呀!请开心博士来讲吧!

分数的乘法

（开心博士来了。）

开心博士　小黑怪又来找麻烦啦。不要管它，现在我来谈谈分数的乘法吧。

开心博士　有一块田地，每1 ha能收$2\frac{3}{5}$ t麦子。用一块瓷砖代表1 t，画一个表示$2\frac{3}{5}$ t的图①。

现在来考虑$2\frac{1}{3}$ ha田地能收多少麦子？这得怎么列式子呢？

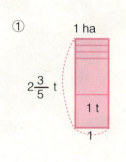

米丽娅　图②恰好表示1 ha的2倍，列成式子，就是$2\frac{3}{5}$ t×2。

开心博士　那么，对$2\frac{7}{3}$ ha该怎么列出式子？

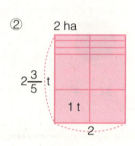

萨　沙　像图③那样，在图②的右边再加上1 ha的$\frac{1}{3}$。

开心博士　是这样。现在，一边看图一边考虑$2\frac{3}{5}×2\frac{1}{3}$。首先，把带分数变成假分数

罗伯特　那就是$\frac{13}{5}×\frac{7}{3}$。

开心博士　图④是一个划分得很细的图，代表1 t的一块瓷砖分成了多少小块。

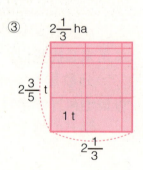

米丽娅　分成了15个小块，所以每一小块表示$\frac{1}{15}$ t。

罗伯特　开心博士，看看总共有多少个$\frac{1}{15}$ t，这样就可以弄明白了吧？

开心博士　是的。

罗伯特　$\frac{1}{15}$ t的瓷砖，竖向摆13个，横向摆7个。由于13×7=91，因此，$\frac{1}{15}$的瓷砖有91个，所以$2\frac{1}{3}$ ha田地收麦子$\frac{91}{15}$ t。

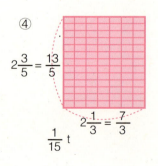

开心博士 $\frac{13}{5} \times \frac{7}{3}$ 变成 $\frac{91}{15}$，这点是很清楚的。可是分母的15和分子的91是怎么算出来的呢？

(这时，米丽娅高声喊起来。)

米丽娅 我知道！分母的15是由 5×3 得来的，分子的91是由 13×7 得来的。这样就有

$$\frac{13 \times 7}{5 \times 3} = \frac{91}{15}$$

萨沙 确实是这样。米丽娅很厉害呀！

开心博士 好，用这种方法再做一道题：$3\frac{1}{6} \times 2\frac{1}{5}$。

萨沙 先把带分数变成假分数。于是，有 $\frac{19}{6} \times \frac{11}{5}$。所以

$$3\frac{1}{6} \times 2\frac{1}{5} = \frac{19}{6} \times \frac{11}{5} = \frac{19 \times 11}{6 \times 5} = \frac{209}{30} = 6\frac{29}{30}$$

开心博士 正确。靠自己动脑筋把题做出来，心情是格外舒畅的，对吧？

萨沙 真好像是在足球赛中取胜了的那种心情啊！

米丽娅 瞧，小黑怪又逃之夭夭啦！

罗伯特 大快人心。

① 做下列分数的乘法

$\frac{2}{3} \times \frac{7}{5}$ $\frac{8}{5} \times \frac{12}{7}$ $\frac{7}{6} \times \frac{11}{8}$

$\frac{4}{13} \times \frac{2}{11}$ $\frac{3}{4} \times \frac{1}{5}$ $\frac{2}{3} \times \frac{2}{3}$

② 改错。

$$\frac{1}{3} \times \frac{5}{6} = \frac{1+5}{3+6} = \frac{6}{9} = \frac{2}{3}$$

$$\frac{14}{9} \times \frac{7}{3} = \frac{14 \times 7}{9 \times 3} = \frac{78}{27} = 2\frac{24}{27}$$

数学世界探险记

乘法第一室

（一来到一楼的木板门前，就听到不知从哪儿传来的女人温柔的说话声：往木板上均匀地涂油，已知每 $1\,m^2$ 涂油 $\frac{8}{21}$ dl，那么在 $\frac{14}{13}\,m^2$ 的木板上涂油多少分升呢？）

萨　沙　多好听的声音啊！这道题如果列出式子，就是 $\frac{8}{21} \times \frac{14}{13}$。计算一下，就是

$$\frac{8}{21} \times \frac{14}{13} = \frac{8 \times 14}{21 \times 13} = \frac{112}{273}$$

$\frac{8}{21}$ dl $\times \frac{14}{3}$

$$\frac{8}{21} \times \frac{14}{13} = \frac{8 \times \overset{2}{\cancel{14}}}{\underset{3}{\cancel{21}} \times 13} = \frac{16}{39}$$

胖噜噜　不能约分吗？

萨　沙　对 $\frac{112}{273}$ 约分……这可难啊！

胖噜噜　我教你个方法。像左边算式那样，在相乘之前先约分。因为左边的分母21和右边的分子14的最大公约数是7，所以21约成3，14约成2。

萨　沙　胖噜噜打开了我的思路。这就是在计算过程中能约分就约分，是吧？

胖噜噜　在计算中，往往在约分时出错或者干脆忘记了约分，这是需要加以注意的。

答：$\frac{16}{39}$ dl。

要注意！

有一对数能约分

$$\frac{6}{5} \times \frac{3}{8} = \frac{\overset{3}{\cancel{6}} \times 3}{5 \times \underset{4}{\cancel{8}}} = \frac{9}{20}$$

$$\frac{2}{9} \times \frac{12}{7} = \frac{2 \times \overset{4}{\cancel{12}}}{\underset{3}{\cancel{9}} \times 7} = \frac{8}{21}$$

$\frac{7}{8} \times \frac{14}{3}$　　$\frac{9}{2} \times \frac{11}{6}$　　$\frac{8}{5} \times \frac{7}{20}$

$\frac{4}{9} \times \frac{12}{7}$　　$\frac{3}{14} \times \frac{38}{31}$　　$\frac{15}{17} \times \frac{3}{10}$

$\frac{8}{3} \times \frac{11}{4}$　　$\frac{3}{7} \times \frac{14}{19}$　　$\frac{5}{9} \times \frac{2}{15}$

$\frac{7}{18} \times \frac{8}{9}$　　$\frac{15}{11} \times \frac{2}{15}$　　$\frac{9}{4} \times \frac{4}{13}$

乘法第二室

（一来到第二个木板门的门前，就听到一个男人在高声说话：每公亩地均匀施肥 $\frac{14}{3}$ kg，那么在 $\frac{9}{7}$ a 的土地上施肥多少千克？）

罗伯特　好可怕的声音啊！这回该轮到我来做了吧？列出式子就是：$\frac{14}{3} \times \frac{9}{7}$。在计算时要注意约分啊。

$$\frac{14}{3} \times \frac{9}{7} = \frac{\overset{2}{14} \times 9}{3 \times \underset{1}{7}} = \frac{18}{3} = \frac{6}{1}$$

滑稽！$\frac{6}{1}$ 是怎么回事？这是一个奇怪的分数啊！噢！这就是整数6，是6 kg。

胖噜噜　答的倒对，不过，罗伯特，遗憾的是，你在计算过程中还有一点错，就是有一对数忘约分了。请和左边正确的计算比较一下。

$$\frac{14}{3} \mathrm{kg} \times \frac{9}{7}$$

$$\frac{14}{3} \times \frac{9}{7} = \frac{\overset{2}{14} \times \overset{3}{9}}{\underset{1}{3} \times \underset{1}{7}} =$$

$$\frac{6}{1} = 6$$

答：6 dl。

罗伯特　是啊，我又着慌了。3和9也能约分啊！

（罗伯特心平气和地擦着眼镜。）

胖噜噜　千万别忘约分啊！

有两对数约分时，最容易错！沉着点做！

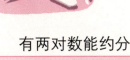

有两对数能па约分

$$\frac{4}{9} \times \frac{15}{8} = \frac{\overset{1}{4} \times \overset{5}{15}}{\underset{3}{9} \times \underset{2}{8}} = \frac{5}{6}$$

$$\frac{8}{3} \times \frac{9}{4} = \frac{\overset{2}{8} \times \overset{3}{9}}{\underset{1}{3} \times \underset{1}{4}} = 6$$

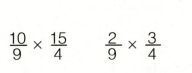

$\frac{10}{9} \times \frac{15}{4}$　　$\frac{2}{9} \times \frac{3}{4}$　　$\frac{7}{18} \times \frac{12}{35}$

$\frac{9}{14} \times \frac{35}{6}$　　$\frac{16}{11} \times \frac{33}{20}$　　$\frac{9}{7} \times \frac{35}{6}$

$\frac{7}{8} \times \frac{8}{21}$　　$\frac{25}{36} \times \frac{9}{5}$　　$\frac{21}{4} \times \frac{16}{7}$

$\frac{14}{3} \times \frac{9}{7}$　　$\frac{21}{8} \times \frac{40}{3}$　　$\frac{1}{15} \times \frac{15}{1}$

177

数学世界探险记

乘法第三室

(从第三个木板门里传来少年的爽朗的说话声：探险队的各位朋友，你们好！已知每1 m的金属丝重 $\frac{3}{5}$ g，那么4 m长的这种金属重多少克？)

$\frac{3}{5}$ g × 4

$\frac{3}{5} × 4 =$

$\frac{3}{5} × \frac{4}{1} =$

$\frac{3 × 4}{5 × 1} =$

$\frac{12}{5} = 2\frac{2}{5}$

$\frac{3}{5} × 4 =$

$\frac{3 × 4}{5} =$

$\frac{12}{5} = 2\frac{2}{5}$

米丽娅　可以把 $\frac{3}{5} × 4$ 中的4改成分数以后来计算吧？4变成 $\frac{8}{2}$ 或 $\frac{12}{3}$ 或 $\frac{16}{4}$，都可以约成 $\frac{4}{1}$。

$\frac{3}{5} × 4 = \frac{3}{5} × \frac{4}{1} = \frac{3 × 4}{5 × 1} = \frac{12}{5} = 2\frac{2}{5}$

这就行了吧？

胖噜噜　答对了。不过，也可以像左边计算那样，用4直接乘分子也行。这样计算更快。

米丽娅　对，以后就这样算。

分数×整数，整数×分数，都有约分的问题，请注意！

分数×整数，整数×分数

$\frac{5}{8} × 7 = \frac{5 × 7}{8 × 1} = \frac{35}{8} = 4\frac{3}{8}$

$6 × \frac{2}{9} = \frac{\overset{2}{6} × 2}{1 × \underset{3}{9}} = \frac{4}{3} = 1\frac{1}{3}$

$\frac{8}{9} × 4$　　$\frac{11}{12} × 8$　　$\frac{7}{18} × 9$

$\frac{8}{9} × 45$　　$4 × \frac{4}{7}$　　$4 × \frac{11}{32}$

$3 × \frac{2}{15}$　　$16 × \frac{5}{4}$　　$9 × \frac{1}{35}$

乘法第四室

(一来到第四个木板门的门前,又听到了那个女人的声音:我最后再向你们提一个问题。请计算一下 $4\frac{1}{3} \times 2\frac{1}{4}$。)

$4\frac{1}{3} \times 2\frac{1}{4} =$

$\frac{13}{3} \times \frac{9}{4} = \frac{13 \times \overset{3}{\cancel{9}}}{\underset{1}{\cancel{3}} \times 4} =$

$\frac{39}{4} = 9\frac{3}{4}$

萨　沙　好,我来做。对于 $4\frac{1}{3} \times 2\frac{1}{4}$,先整数和整数相乘,于是有 $4 \times 2 + \frac{1 \times 1}{3 \times 4}$ 所以得 $8\frac{1}{12}$,对不对?

罗伯特　萨沙,你太可笑啦!对于带分数,不是首先得化成假分数吗?你答错了。

胖噜噜　罗伯特说得对。请看左边的计算。

带分数的乘法,换算→约分→乘→换算四个步骤不能忘!

萨　沙　原来是这样啊!我真出了个大错呀!

胖噜噜　做带分数的乘法,首先要把带分数换算成假分数。当答数是假分数时,再换算成带分数。所以,要记住如下的步骤:换算→约分→乘→换算。

带分数型

$4\frac{1}{2} \times 1\frac{2}{3} = \frac{9}{2} \times \frac{5}{3} =$

$\frac{\overset{3}{\cancel{9}} \times 5}{2 \times \underset{1}{\cancel{3}}} = \frac{15}{2} = 7\frac{1}{2}$

约分　→乘　→换算

$2\frac{1}{3} \times 7\frac{1}{4}$　$2\frac{1}{6} \times 3\frac{5}{8}$　$2\frac{1}{4} \times 3\frac{1}{2}$　$1\frac{2}{9} \times 1\frac{1}{5}$

$2\frac{3}{11} \times 2\frac{2}{3}$　$3\frac{2}{3} \times 3\frac{3}{5}$　$4\frac{2}{7} \times 4\frac{1}{3}$　$5\frac{1}{2} \times 4\frac{2}{3}$

$7\frac{1}{3} \times 1\frac{9}{11}$　$8\frac{1}{6} \times 1\frac{6}{7}$　$1\frac{7}{8} \times 1\frac{1}{5}$　$1\frac{5}{9} \times 2\frac{1}{4}$

数学世界探险记

1. 计算。

① $2\frac{1}{10} \times 2\frac{6}{7}$　　$2\frac{4}{7} \times 1\frac{5}{9}$　　$6\frac{2}{9} \times 5\frac{5}{8}$

② $4\frac{1}{2} \times \frac{3}{7}$　　$\frac{4}{5} \times 1\frac{7}{6}$　　$4\frac{2}{3} \times \frac{3}{5}$

③ $2\frac{2}{3} \times \frac{5}{16}$　　$2\frac{6}{7} \times \frac{1}{30}$　　$\frac{1}{4} \times 3\frac{5}{8}$

④ $3\frac{1}{5} \times \frac{5}{8}$　　$5\frac{1}{3} \times \frac{3}{4}$　　$\frac{5}{9} \times 5\frac{2}{5}$

⑤ $1\frac{2}{3} \times 5$　　$1\frac{5}{9} \times 6$　　$8 \times 1\frac{5}{6}$　　$12 \times 1\frac{1}{10}$

⑥ $\frac{2}{3} \times 5$　　$\frac{2}{7} \times 6$　　$2 \times \frac{4}{5}$　　$5 \times \frac{3}{4}$

⑦ $\frac{2}{7} \times 7$　　$\frac{3}{8} \times 8$　　$\frac{5}{6} \times 6$　　$\frac{1}{4} \times 4$

2. 均匀地往墙面上涂油。已知涂 $1 m^2$ 的墙面用油 $1\frac{1}{2}$ dl，那么涂 $10\frac{2}{3} m^2$ 用油多少分升？

另外，涂 $3\frac{1}{4} m^2$，$\frac{3}{8} m^2$，$5 m^2$ 的墙面，各需要油多少分升？

3. 求竖 $2\frac{1}{3}$ m，横 $3\frac{2}{7}$ m 的长方形的面积。

4. 买 1 m 布需要32元，那么买 $5\frac{3}{4}$ m 布，需要多少元？

5. 在底面积为 $25\frac{1}{2}$ cm^2，高为 10 cm 的容器里，水的深度为 $4\frac{2}{3}$ cm，水的体积是多少立方厘米？

分数的除法

（米丽娅一边上楼一边说。）

米丽娅　这回该研究分数的除法啦。

胖噜噜　是啊。这也是一次很会使人感到快乐的探险啊！

萨　沙　那么，到底怎样算分数的除法呢？像 $\frac{1}{3} \div \frac{2}{6}$ 这样列出式子吗？

胖噜噜　其实很简单。所用的方法也是很有趣的。

罗伯特　能勾出你对未知事物的兴趣。

（罗伯特说的活龙活现。这时……）

数学世界探险记

我小黑怪又来了!哈哈,哈哈,哈哈……

你们还能算分数的除法!简直是笑话!

别学习啦!知道点就行啦!学习有什么用!你们知道吗?大发明家爱迪生少年时代是什么也不会的学生。

分数中也有除法这点我将向你们说明。

胖噜噜,这就要看你的啦!

小黑怪,你躲到哪里去了?

这回把小黑怪揪住!

我们决不是像小黑怪说的那样的不会学习的人!

分数的除法

① 涂上 2 m² 的情况

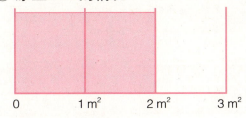

② 涂上 3 m² 的情况

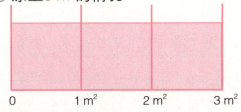

③ 涂上 $3\frac{1}{4}$ m² 的情况

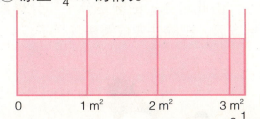

④

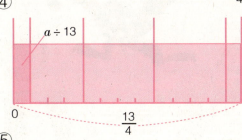

⑤

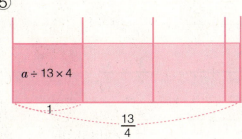

胖噜噜　请看左边的图①。用 a dl 的油均匀地涂了 2 m² 的墙，那么每 1 m² 用油量多少分升？请列出式子。

罗伯特　a dl ÷ 2。

胖噜噜　那么像图②那样，涂了 3 m² 时，那么每 1 m² 用油多少呢？

萨　沙　列出式子，就是 a dl ÷ 3。

胖噜噜　再看图③，这个图是把 a dl 的油均匀地涂到 $3\frac{1}{4}$ m² 的墙上。在这种情况下每 1 m² 用油多少呢？

米丽娅　a dl ÷ $3\frac{1}{4}$。

胖噜噜　大家都做对了。请继续考虑 $a ÷ 3\frac{1}{4}$。这里的 $3\frac{1}{4}$ 是带分数，那么开始应怎样处理呢？

罗伯特　把带分数换算成假分数，于是 $3\frac{1}{4} = \frac{13}{4}$。

胖噜噜　$\frac{13}{4}$ 就是 13 个 $\frac{1}{4}$，所以像图④那样，把墙均分成 13 份，并画上刻度。为了求出 1 m² 的用油量，首先要求出 $\frac{1}{4}$ m² 的用油量是多少分升。

米丽娅　因为整个用油量是 a dl，所以把它均分 13 份以后，每份的用油量为 a dl ÷ 13。

胖噜噜　$\frac{1}{4}$ m² 的用油量是 a dl ÷ 13。那么 1 m² 的用油量是多少？

罗伯特　那很简单。把 a dl ÷ 13 再乘以 4 就行了。列出式子就是 a dl ÷ 13 × 4。

胖噜噜　对，这就是每 1 m² 的用油量。

数学世界探险记

胖噜噜 把刚才讨论的内容整理一下，求 1 m² 的用油量的式子是 $a \div 3\frac{1}{4}$。把其中的带分数换算成假分数，于是有 $a \div \frac{13}{4}$。刚才，大家画过图示得出了 1 m² 的用油量是 $a \div 13 \times 4$。把式子归纳一下，就是

$$a \div 3\frac{1}{4} = a \div \frac{13}{4} =$$
$$a \div 13 \times 4 =$$
$$\frac{a \times 4}{13} =$$
$$a \times \frac{4}{13}$$

是这样吧？

罗伯特 可把除数的分子和分母颠倒过来，除号改为乘号就可以了。

胖噜噜 是这样。

萨沙 嗯，这倒很有趣，果真是这样吗？现在把除数改成 $2\frac{1}{2}$ 试试先用水槽来考虑考虑看。

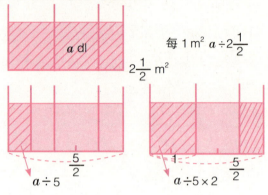

这个题用式子归纳出来，就是

$$a \div 2\frac{1}{2} = a \div \frac{5}{2} = a \div 5 \times 2 = \frac{a}{5} \times 2 = \frac{a \times 2}{5} =$$
$$a \times \frac{2}{5}$$

由此可见，的确是分子和分母颠倒以后，把除法变成乘法就行了。

$\frac{2}{3} \div \frac{5}{7} =$	$\frac{5}{7} \div \frac{3}{4}$	$\frac{7}{4} \div \frac{9}{5}$	$\frac{3}{7} \div \frac{5}{6}$	$\frac{8}{5} \div \frac{9}{7}$
$\frac{2}{3} \times \frac{7}{5} =$	$\frac{4}{7} \div \frac{5}{9}$	$\frac{2}{9} \div \frac{7}{5}$	$\frac{4}{7} \div \frac{3}{5}$	$\frac{3}{8} \div \frac{2}{5}$
$\frac{2 \times 7}{3 \times 5} =$	$\frac{2}{13} \div \frac{15}{7}$	$\frac{5}{4} \div \frac{9}{11}$	$\frac{1}{3} \div \frac{1}{2}$	$\frac{1}{4} \div \frac{1}{9}$
$\frac{14}{15}$	$\frac{1}{11} \div \frac{11}{2}$	$\frac{2}{13} \div \frac{5}{12}$	$\frac{4}{21} \div \frac{1}{5}$	$\frac{3}{8} \div \frac{2}{3}$

除法第一室

探险队登上二楼后，看到第一个门上写着这样的问题：往墙壁上均匀地涂油。已知涂 $\frac{3}{7}$ m² 的墙壁，用油 $\frac{6}{11}$ dl，每 1 m² 用油多少分升？

$\frac{3}{7}$ dl ÷ $\frac{6}{11}$

$\frac{3}{7} \div \frac{6}{11} = \boxed{\frac{3}{7} \times \frac{11}{6}} =$

$\frac{\overset{1}{\cancel{3}} \times 11}{7 \times \cancel{6}_{2}} =$

$\frac{11}{14}$

答：$\frac{11}{14}$ dl。

罗伯特　因为除数比1小，所以，答数好像应该比被除数大。

萨　沙　这么说也可以用小数的除法来做。不过，这样做要麻烦。

米丽娅　还是用分数除法做吧。把 $\frac{3}{7} \div \frac{6}{11}$ 的除数的分子和分母颠倒过来后，除法改成乘法。于是有 $\frac{3}{7} \times \frac{11}{6}$，计算得 $\frac{3 \times 11}{7 \times 6} = \frac{33}{42}$。

罗伯特　米丽娅，别忘了约分啊！

米丽娅　唉，对不起，我又忘了。 3和6能约分，约分后得 $\frac{1 \times 11}{7 \times 2} = \frac{11}{14}$。

萨　沙　约分这个步骤，以后我们都得注意。

胖噜噜　要牢记以下三个步骤，颠倒→约分→乘。

分数除法可变成乘法来计算！

有一组数能约分

$\frac{18}{11} \div \frac{12}{5} = \frac{\overset{3}{\cancel{18}} \times 5}{11 \times \cancel{12}_{2}} = \frac{15}{22}$

$\frac{1}{3} \div \frac{7}{15} = \frac{1 \times \overset{5}{\cancel{15}}}{\cancel{3}_{1} \times 7} = \frac{5}{7}$

$\frac{8}{11} \div \frac{2}{5}$　　$\frac{4}{3} \div \frac{6}{5}$　　$\frac{9}{13} \div \frac{36}{7}$

$\frac{18}{5} \div \frac{6}{7}$　　$\frac{7}{3} \div \frac{21}{2}$　　$\frac{8}{5} \div \frac{18}{7}$

$\frac{1}{4} \div \frac{21}{16}$　　$\frac{28}{5} \div \frac{32}{9}$　　$\frac{9}{2} \div \frac{54}{7}$

$\frac{5}{24} \div \frac{11}{6}$　　$\frac{49}{13} \div \frac{35}{11}$　　$\frac{2}{9} \div \frac{6}{5}$

除法第二室

在第二个门上挂着的揭示板上写着这样的问题：往墙壁上均匀地涂油。已知在 $\frac{21}{4}$ m² 的墙壁上涂油 $\frac{7}{8}$ dl。每 1 m² 涂油多少分升？

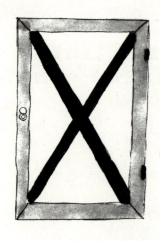

$\frac{7}{8}$ dl ÷ $\frac{21}{4}$

$$\frac{7}{8} \div \frac{21}{4} = \frac{7}{8} \times \frac{4}{21} =$$

$$\frac{\overset{1}{\cancel{7}} \times \overset{1}{\cancel{4}}}{\underset{2}{\cancel{8}} \times \underset{3}{\cancel{21}}} =$$

$$\frac{1}{6}$$

颠倒 →
约分 →
乘

答：$\frac{1}{6}$ dl。

萨沙 这和第一个问题一样。我来做。还是用水槽来考虑一下吧。

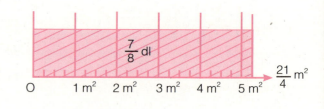

一看这个图，就能列出 $\frac{7}{8}$ dl ÷ $\frac{21}{4}$。将除数的分子和分母颠倒过来，除法变成乘法，约分，噢！这里有两组数能约分。

胖噜噜 可不能忘了约分啊！

永不忘约分！

有两组数能约分

$$\frac{9}{22} \div \frac{6}{11} = \frac{\overset{3}{\cancel{9}} \times \overset{1}{\cancel{11}}}{\underset{2}{\cancel{22}} \times \underset{2}{\cancel{6}}} = \frac{3}{4}$$

$$\frac{20}{3} \div \frac{5}{6} = \frac{\overset{4}{\cancel{20}} \times \overset{2}{\cancel{6}}}{\cancel{3} \times \underset{1}{\cancel{5}}} = \frac{8}{1} = 8$$

$\frac{8}{9} \div \frac{4}{15}$ $\frac{5}{2} \div \frac{15}{8}$ $\frac{2}{7} \div \frac{10}{21}$ $\frac{7}{24} \div \frac{21}{16}$ $\frac{28}{15} \div \frac{49}{12}$

$\frac{18}{35} \div \frac{6}{5}$ $\frac{9}{4} \div \frac{27}{20}$ $\frac{9}{64} \div \frac{9}{56}$ $\frac{6}{35} \div \frac{16}{25}$ $\frac{8}{3} \div \frac{16}{15}$

$\frac{25}{7} \div \frac{5}{14}$ $\frac{35}{6} \div \frac{7}{12}$ $\frac{9}{4} \div \frac{3}{16}$ $\frac{3}{4} \div \frac{3}{4}$ $\frac{18}{7} \div \frac{27}{14}$

除法第三室

探险队来到第三个门的门前，只见门上写着两道除法题

$$\frac{3}{4} \div 5 \qquad 6 \div \frac{9}{5}$$

罗伯特 这是分数÷整数和整数÷分数，仍然是把除法换成乘法来计算吧？第一道题除数是整数，所以不存在颠倒分子和分母的问题吧？

米丽娅 我想起来了。整数的5不是和 $\frac{5}{1}$ 一样吗！所以，$\frac{3}{4} \div 5$ 变成 $\frac{3}{4} \div \frac{5}{1}$。

罗伯特 米丽娅，你可帮了大忙啦。整数确实能变成用1做分母的分数呀！

萨 沙 那么整数÷分数也可以同样考虑吧？

罗伯特 嗯，这是很显然的。

萨 沙 $6 \div \frac{9}{5}$ 就是 $\frac{6 \times 5}{1 \times 9}$。这里还要约分。

米丽娅 要注意约分啊！

萨 沙 不要紧，忘不了。

$$\frac{3}{4} \div 5 = \frac{3}{4} \div \frac{5}{1} =$$
$$\frac{3}{4} \times \frac{1}{5} =$$
$$\frac{3 \times 1}{4 \times 5} =$$
$$\frac{3}{20}$$

$$= \frac{3}{4} \div 5 =$$
$$\frac{3}{4 \times 5} =$$
$$\frac{3}{20}$$

$$6 \div \frac{9}{5} = \frac{6}{1} \div \frac{9}{5} =$$
$$\frac{6}{1} \times \frac{5}{9} =$$
$$\frac{6 \times 5}{1 \times 9} =$$
$$\frac{10}{3} = 3\frac{1}{3}$$

$$6 \div \frac{9}{5} =$$
$$6 \times \frac{5}{9} =$$
$$\frac{6 \times 5}{9} =$$
$$\frac{10}{3} = 3\frac{1}{3}$$

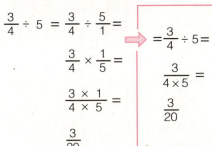

整数÷整数，可变成分数÷分数的形式，请看下面的计算，多有趣啊！

$$2 \div 3 = \frac{2}{1} \div \frac{3}{1} =$$
$$\frac{2}{1} \times \frac{1}{3} =$$
$$\frac{2 \times 1}{1 \times 3} =$$
$$\frac{2}{3}$$

$$2 \div 3 = \frac{2}{3}$$

做做看

$$\frac{5}{12} \div 7 \qquad \frac{6}{7} \div 8 \qquad \frac{8}{3} \div 6$$

$$\frac{10}{9} \div 5 \qquad \frac{2}{7} \div 1 \qquad 4 \div \frac{3}{5}$$

$$9 \div \frac{6}{5} \qquad 12 \div \frac{9}{4} \qquad 21 \div \frac{7}{3} \qquad 1 \div \frac{7}{8}$$

$$3 \div 6 \qquad 4 \div 5 \qquad 6 \div 3 \qquad 5 \div 9 \qquad 8 \div 1 \qquad 1 \div 1$$

除法第四室

第四个门上写的还是涂油问题：用油均匀地涂墙壁。已知用 $2\frac{2}{3}$ dl 油涂了 $1\frac{3}{4}$ m² 墙壁，每 1 m² 用油多少分升？

米丽娅　还是涂油的问题。不过，这回是带分数的除法。算乘法时把带分数变成假分数，算除法时也是如此。所以，有 $\frac{8}{3} \div \frac{7}{4}$。颠倒分子和分母，把除法变成乘法。于是有 $\frac{8 \times 4}{3 \times 7}$。做到这儿还怎么办？

罗伯特　把 $\frac{32}{21}$ 化成带分数，于是答数是 $1\frac{11}{21}$。

萨　沙　近来米丽娅进步很快呀！小黑怪出来刁难人，好像也不怎么在乎了。

米丽娅　你可别夸奖我。我还是怕小黑怪给我出难题啊！

$2\frac{2}{3}$ dl $\div 1\frac{3}{4}$

$2\frac{2}{3} \div 1\frac{3}{4} = \frac{8}{3} \div \frac{7}{4} =$ ——换算

$\frac{8}{3} \times \frac{4}{7} =$ ——颠倒
　　　　　　——约分

$\frac{8 \times 4}{3 \times 7} =$ ——乘

$\frac{32}{21} =$ ——换算

$1\frac{11}{21}$　　答：$1\frac{11}{21}$ dl。

带分数的除法
①将带分数换成假分数。
②如果答案是假分数，那么要把它换成带分数。这点很重要。

$4\frac{4}{5} \div 2\frac{2}{15} = \frac{24}{5} \div \frac{32}{15} =$ ——换算

$\dfrac{\overset{3}{\cancel{24}} \times \overset{3}{\cancel{15}}}{\underset{1}{\cancel{5}} \times \underset{4}{\cancel{32}}} =$ ——颠倒、约分

$\frac{9}{4} =$ ——乘

$2\frac{1}{4}$ ——换算

$3\frac{7}{8} \div 2\frac{3}{5}$　　$1\frac{4}{5} \div 1\frac{4}{9}$　　$1\frac{1}{7} \div 3\frac{1}{4}$

$9\frac{1}{4} \div 2\frac{2}{5}$　　$2\frac{1}{2} \div 2\frac{2}{9}$　　$6\frac{2}{5} \div 1\frac{3}{10}$

$2\frac{1}{4} \div 1\frac{1}{2}$　　$3\frac{5}{9} \div 2\frac{2}{3}$　　$3\frac{3}{7} \div 3\frac{1}{5}$

$1\frac{2}{9} \div 1\frac{5}{12}$　　$4\frac{1}{6} \div 1\frac{1}{9}$　　$1\frac{6}{7} \div 3\frac{5}{7}$

1. $2\dfrac{1}{2} \div 2\dfrac{5}{7} = \dfrac{5}{2} \div \dfrac{19}{7} = \dfrac{5\times 7}{2\times 19} = \dfrac{35}{38}$

   $6\dfrac{3}{4} \div 1\dfrac{1}{8} = \dfrac{27}{4} \div \dfrac{9}{8} = \dfrac{27\times 8}{4\times 9} = 6$

   $4\dfrac{1}{3} \div 5\dfrac{3}{4}$　　$2\dfrac{2}{3} \div 4\dfrac{4}{5}$　　$1\dfrac{11}{15} \div 2\dfrac{1}{6}$

   $6\dfrac{5}{7} \div 3\dfrac{2}{7}$　　$6\dfrac{4}{7} \div 3\dfrac{1}{7}$　　$25\dfrac{1}{3} \div 4\dfrac{2}{9}$

2. $3\dfrac{1}{4} \div \dfrac{2}{3} = \dfrac{13}{4} \div \dfrac{2}{3} = \dfrac{13\times 3}{4\times 2} = \dfrac{39}{8} = 4\dfrac{7}{8}$

   $3\dfrac{3}{4} \div \dfrac{5}{8} = \dfrac{15}{4} \div \dfrac{5}{8} = \dfrac{15\times 8}{4\times 5} = 6$

   $2\dfrac{2}{7} \div \dfrac{4}{5}$　　$2\dfrac{4}{5} \div \dfrac{2}{3}$　　$1\dfrac{1}{2} \div \dfrac{3}{5}$

   $2\dfrac{1}{2} \div \dfrac{5}{6}$　　$1\dfrac{1}{2} \div \dfrac{1}{4}$　　$4\dfrac{1}{6} \div \dfrac{5}{12}$

3. $2\dfrac{1}{3} \div 2 = \dfrac{7}{3} \div \dfrac{2}{1} = \dfrac{7\times 1}{3\times 2} = \dfrac{7}{6} = 1\dfrac{1}{6}$

   $12 \div 4\dfrac{4}{5} = \dfrac{12}{1} \div \dfrac{24}{5} = \dfrac{12\times 5}{1\times 24} = \dfrac{5}{2} = 2\dfrac{1}{2}$

   $5\dfrac{2}{3} \div 5$　　$2\dfrac{3}{4} \div 5$　　$3\dfrac{1}{2} \div 6$　　$\dfrac{5}{6} \div \dfrac{1}{5}$

   $\dfrac{7}{18} \div \dfrac{1}{2}$　　$\dfrac{3}{7} \div \dfrac{9}{14}$　　$\dfrac{3}{7} \div \dfrac{3}{14}$　　$\dfrac{10}{13} \div \dfrac{5}{13}$

   $8 \div 10\dfrac{2}{3}$　　$14 \div 1\dfrac{5}{9}$　　$9 \div \dfrac{6}{13}$　　$7 \div \dfrac{21}{23}$

4. 往墙壁上均匀地涂油。已知涂 $3\dfrac{2}{7}$ m² 墙壁用油 $6\dfrac{5}{7}$ dl，那么涂 1 m² 的墙壁用油多少分升？

数学世界探险记

倒数

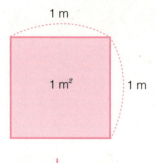

$\dfrac{4}{3}$ m

$1 \div \dfrac{3}{4} = \dfrac{4}{3}$

开心博士　对于分数的除法探险已经结束了。胖噜噜在大家探险中,对问题做了很细致的说明,大家做题时也十分认真。很好啊!

萨　沙　我们不但学会了不少知识,而且学习的兴趣越来越浓了。每个人都进步得很快。

开心博士　萨沙对数学也感兴趣了。现在我再出个题吧。边长为1 m的正方形的面积是多少?

米丽娅　1 m×1 m,结果是1 m²。

开心博士　对。如果长方形的面积为1 m²,竖边长为$\dfrac{3}{4}$ m,那么横边长是多少?

罗伯特　由1 m² ÷ $\dfrac{3}{4}$ m,得 $\dfrac{1 \times 4}{1 \times 3} = \dfrac{4}{3}$。所以,横边长$\dfrac{4}{3}$ m。

开心博士　像这样,用某个数去除1,其答数叫做这个数的倒数。$\dfrac{3}{4}$的倒数是$\dfrac{4}{3}$。分数的倒数是什么样呢?

萨　沙　把一个分数的分子和分母颠倒过来,就是这个分数的倒数。

开心博士　那么,整数3的倒数呢?

萨　沙　由于3就是$\dfrac{3}{1}$,所以3的倒数是$\dfrac{1}{3}$。

开心博士　对了。2.7的倒数呢?

萨　沙　开心博士出的题是一个比一个难啊!这不,又突然加上了小数,是$\dfrac{1}{2.7}$吧?

罗伯特　这可以用把小数变成分数的方法来求。

2.7 = $\dfrac{2.7}{1.0}$ = $\dfrac{27}{10}$ → 倒数是$\dfrac{10}{27}$。

萨　沙　把小数变分数,用这个分数去除1,就可以了。分数÷分数,可变成原被除数×原除数的倒数。

写出下面各数的倒数。

$\dfrac{3}{8}$　$\dfrac{7}{3}$　$\dfrac{10}{9}$　$\dfrac{21}{23}$　$\dfrac{1}{14}$　$\dfrac{1}{6}$　5　3　1　2.3　6.1　5.7　0.3　0.7

2.31　0.01　0.09

$10\,l \div 2\frac{1}{2}$ 和 $10\,l \div 2\frac{1}{2}\,l$，一样计算吗？

这是一个很有趣的问题，做做看。
这对解下面的题有益。

$10\,l \div 2\frac{1}{2}$

把 $10\,l$ 水均匀地浇灌在 $2\frac{1}{2}\,m^2$ 的花坛里，那么，每 $1\,m^2$ 应浇多少升水？

$10\,l \div 2\frac{1}{2}\,l$

如果每 $1\,m^2$ 浇水 $2\frac{1}{2}\,l$，那么 $10\,l$ 水能浇多少平方米？

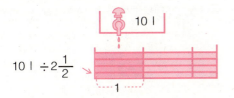
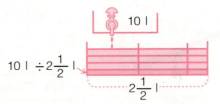

把 $10\,l$ 水均匀地浇在 $2\frac{1}{2}\,m^2$ 花坛上，每 $1\,m^2$ 该浇多少升水？

① 这个问题的答案与"有 $10\,l$ 水。如果每 $1\,m^2$ 浇水 $1\,l$，那么，往 $2\frac{1}{2}\,m^2$ 这么大面积上浇水，能浇多少回？"的答案相同。

② ①的答案同"从 $10\,l$ 水中每回取出 $2\frac{1}{2}\,l$，能取多少回？"的答案一样。

③ ②的答案同"有 $10\,l$ 水，如果每 $1\,m^2$ 浇水 $2\frac{1}{2}\,l$，能浇多少平方米？"的答案相同。所以，$10\,l \div 2\frac{1}{2}$ 和 $10\,l \div 2\frac{1}{2}\,l$ 的答案能通过同样的计算得出。

$10\,l \div 2\frac{1}{2}\,l$

$10 \div 2\frac{1}{2} =$

$10 \div \frac{5}{2} =$

$10 \times \frac{2}{5} =$

4

答：$4\,m^2$。

1. 把 $32\frac{1}{2}\,kg$ 的肥料均匀地施在 $4\frac{2}{3}\,a$ 的田地上，每 $1\,a$ 应该施肥多少千克？

2. 有 $16\,kg$ 的牛奶。如果每一个人分得 $1\frac{3}{5}\,kg$，那么这些牛奶能分给多少人？

3. 长度为 $18\,cm$ 的带子，能剪成多少条长度为 $\frac{2}{3}\,cm$ 的带子？

4. 已知长方形的面积为 $1\frac{1}{20}\,m^2$，竖边长为 $\frac{3}{4}\,m$，横边长是多少米？

数学世界探险记

乘法和除法的混合运算

（三个人正沿着楼梯向三楼走去的时候，后面传来了大块头的说话声。）

大块头 这回我们将遇到3个分数的乘、除法，还有小数和整数的混合运算，错综复杂。我们等着瞧吧。

米丽娅 哎哟，大块头胆怯了，而且还有点怕麻烦。

第一室

上了三楼。第一个门上写着：
在这个屋里放着一个长方的箱子。箱子长 $\frac{1}{3}$ m，宽 $\frac{5}{4}$ m，高 $\frac{7}{11}$ m。箱子的体积是多少立方米？

罗伯特 体积等于高度乘底面的面积。首先，先求面积：长×宽，即 $\frac{1}{3} \times \frac{5}{4} = \frac{5}{12}$；再乘高度：$\frac{5}{12} \times \frac{7}{11} = \frac{35}{132}$。这不是一个很简单的问题吗？

米丽娅 是的，我也这样认为。因为体积等于底面积乘高，而底面积等于长×宽。所以，体积等于长×宽×高。按这个规则去计算就可以了吧！

萨沙 这是3个分数的乘法。答数的分子等于原来3个分子的乘积，分母也等于原来3个分母的乘积。

胖噜噜 这个题在计算中没有约分。如果有约分，怎么办？这种情况在下一页将会遇到。

$(\frac{1}{3} \text{m} \times \frac{5}{4} \text{m}) \times \frac{7}{11} \text{m}$

长×宽×高

$\frac{1}{3} \times \frac{5}{4} = \frac{1 \times 5}{3 \times 4} = \frac{5}{12}$

这个答数乘上 $\frac{7}{11}$，有

$\frac{5}{12} \times \frac{7}{11} = \frac{35}{132}$

概括为

$\frac{1}{3} \times \frac{5}{4} \times \frac{7}{11} = \frac{1 \times 5 \times 7}{3 \times 4 \times 11} = \frac{35}{132}$

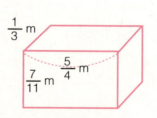

答：$\frac{35}{132}$ m³。

第二室

三个人完成了3个分数的乘法以后，又来到第二室的门前。门上写着：

计算 $2\frac{2}{9} \times 1\frac{7}{5} \times 1\frac{13}{15}$，$\frac{3}{8} \times \frac{5}{6} \div \frac{15}{4}$。

$$2\frac{2}{9} \times 1\frac{7}{5} \times 1\frac{13}{15} = \frac{20}{9} \times \frac{12}{7} \times \frac{28}{15} = \frac{\overset{4}{\cancel{20}} \times \overset{4}{\cancel{12}} \times \overset{4}{\cancel{28}}}{\underset{3}{\cancel{9}} \times \underset{1}{\cancel{7}} \times \underset{3}{\cancel{15}}} = \frac{64}{9} = 7\frac{1}{9}$$

萨 沙 有3个带分数。正像胖噜噜刚才说的，这里有3组数能约分。这道题如不仔细做，那就不知道会在什么地方出错。

米丽娅 当答数是假分数时，还要注意换算成带分数。

罗伯特 我们做第二道题吧。

$$\frac{3}{8} \times \frac{5}{6} \div \frac{15}{4} = \frac{3}{8} \times \frac{5}{6} \times \frac{4}{15} = \frac{\overset{1}{\cancel{3}} \times \overset{1}{\cancel{5}} \times \overset{1}{\cancel{4}}}{\underset{2}{\cancel{8}} \times \underset{2}{\cancel{6}} \times \underset{3}{\cancel{15}}} = \frac{1}{12}$$

米丽娅 因为分数的除法，可以变成原被除数与原除数的倒数的乘法。所以，即使是乘、除混合运算，也都能变成乘法运算。

罗伯特 而且即使有两个以上的除数，也都是这样。

喜 鹊 是这样。请大家继续探险吧！

$\dfrac{3}{2} \div \dfrac{7}{5} \div \dfrac{13}{11} = \dfrac{3 \times 5 \times 11}{2 \times 7 \times 13} = \dfrac{165}{182}$ 　$\dfrac{3}{4} \times \dfrac{2}{7} \div \dfrac{8}{21}$ 　$1\dfrac{11}{14} \times 1\dfrac{1}{2} \div 6\dfrac{3}{7}$ 　$\dfrac{7}{9} \div \dfrac{14}{15} \times \dfrac{3}{4}$

$3\dfrac{3}{4} \div 6\dfrac{3}{4} \times 2\dfrac{1}{10}$ 　$\dfrac{4}{3} \div \dfrac{7}{5} \div \dfrac{11}{10}$ 　$\dfrac{37}{12} \div \dfrac{5}{36} \div \dfrac{55}{18}$ 　$1\dfrac{1}{3} \div 3\dfrac{1}{2} \div 1\dfrac{3}{11}$

$\dfrac{5}{16} \div \dfrac{2}{3} \times \dfrac{1}{4} \div \dfrac{1}{2}$ 　$\dfrac{7}{6} \times \dfrac{3}{7} \div \dfrac{5}{4} \div \dfrac{4}{9}$ 　$3\dfrac{7}{8} \times 1\dfrac{5}{6} \div \dfrac{2}{3} \div 4\dfrac{1}{3}$

数学世界探险记

第三室

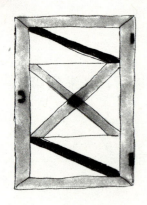

这个室的门上写着：

计算 $\dfrac{7}{3} \div 5 \times \dfrac{7}{2}$ 。

萨 沙　这道题整数也混进来了。如果把整数5换成 $\dfrac{5}{1}$ 来考虑，那就与前一页的计算没什么差别了。

罗伯特　这个题在计算中没有约分。噢！喜鹊在说什么？

$$\dfrac{7}{3} \div 5 \times \dfrac{7}{2} = \dfrac{7}{3} \div \dfrac{5}{1} \times \dfrac{7}{2} = \dfrac{7}{3} \times \dfrac{1}{5} \times \dfrac{7}{2} =$$

$$\dfrac{7 \times 1 \times 7}{3 \times 5 \times 2} =$$

$$\dfrac{49}{30} = 1\dfrac{19}{30}$$

要把整数换成分数来计算。下面是有约分的计算。

$$8 \div \dfrac{16}{5} \div 4 \times 1\dfrac{1}{3} = \dfrac{8}{1} \div \dfrac{16}{5} \div \dfrac{4}{1} \times \dfrac{4}{3} = \dfrac{\overset{1}{\cancel{8}} \times 5 \times 1 \times \overset{1}{\cancel{4}}}{1 \times \underset{2}{\cancel{16}} \times \underset{1}{\cancel{4}} \times 3} = \dfrac{5}{6}$$

米丽娅　这道题很长啊！这里也有把整数换成分数的问题。

萨 沙　还得注意约分。

罗伯特　不管题有多长都没什么了不起的。走，进行下一步的探险吧！

$\dfrac{3}{4} \times \dfrac{2}{7} \div 4$ 　　$4\dfrac{1}{2} \div 5 \div 7\dfrac{5}{9}$ 　　$2\dfrac{1}{3} \div 6\dfrac{5}{6} \div 7$ 　　$\dfrac{1}{5} \div 6 \times 8$ 　　$3\dfrac{5}{13} \div \dfrac{5}{18} \times 26$ 　　$7 \div \dfrac{14}{5} \times 2\dfrac{1}{2}$

$\dfrac{5}{8} \times \dfrac{3}{14} \div 4 \times \dfrac{1}{9}$ 　　$4\dfrac{1}{6} \div 5 \times 1\dfrac{1}{4} \div 7\dfrac{5}{9}$ 　　$6\dfrac{3}{4} \times 1\dfrac{7}{9} \div 8 \div 3$ 　　$14 \div \dfrac{7}{5} \times 4 \div 11\dfrac{1}{2}$

第四室

大家从容不迫地向下一个门走去。门上写着：

计算 $\frac{4}{7} \times 1.5$ 。

罗伯特　哎呀！这里还有小数呢。我来试试看。先把小数换算成分数：把1.5写做 $\frac{1.5}{1}$ ，于是， $\frac{1.5}{1.0} = \frac{15}{10}$ 。这样，原题就变成分数乘分数了。

萨　沙　再把 $\frac{15}{10}$ 约分成 $\frac{3}{2}$ 。

罗伯特　于是， $\frac{4}{7} \times \frac{3}{2} = \frac{4 \times 3}{7 \times 2}$ 。答数是 $\frac{12}{14}$ 。

米丽娅　14和12还能约分呢！

罗伯特　没什么，智者千虑必有一失嘛。

萨　沙　喜鹊又让我们改错啦。这道题还挺麻烦呢。

$$\frac{4}{7} \times 1.5 = \frac{4}{7} \times \frac{\overset{3}{\cancel{15}}}{\underset{2}{\cancel{10}}} = \frac{\overset{2}{\cancel{4}} \times 3}{7 \times \cancel{2}} = \frac{6}{7}$$

①小数一定要换算成分数。
②换算成分数以后，能约分的要约分。请把下面计算中的错误改正过来。

罗伯特　不管怎么说，先把小数换算成分数。于是，1.2变成 $\frac{12}{10}$ 再约分，变成了 $\frac{6}{5}$ 。噢！还要求出除数的倒数……

米丽娅　整理一下就是

$$\frac{5}{6} \div 1.2 \times \frac{9}{7} = \frac{5}{6} \div \frac{12}{10} \times \frac{9}{7} =$$

$$\frac{5}{6} \times \frac{12}{10} \times \frac{9}{7} =$$

$$\frac{\overset{1}{\cancel{5}} \times \overset{2}{\cancel{12}} \times 9}{\underset{1}{\cancel{6}} \times \underset{2}{\cancel{10}} \times 7} = \frac{9}{7} = 1\frac{2}{7}$$

$$\frac{5}{6} \div 1.2 \times \frac{9}{7} = \frac{5}{6} \div \frac{\overset{6}{\cancel{12}}}{\underset{5}{\cancel{10}}} \times \frac{9}{7} = \frac{5 \times \overset{1}{\cancel{5}} \times 9}{\underset{2}{\cancel{6}} \times \underset{2}{\cancel{6}} \times 7} = \frac{25}{28}$$

$\frac{2}{5} \times 1.4$　　$\frac{10}{7} \times 0.3$　　$2.7 \times \frac{8}{3}$　　$0.8 \times \frac{11}{4}$　　$\frac{3}{4} \div 1.2$　　$\frac{2}{9} \div 0.6$　　$5.2 \div \frac{5}{2}$　　$0.3 \div \frac{10}{3}$

$1.8 \times \frac{3}{5} \div 2.4 \times \frac{7}{10}$　　　$0.6 \div 5 \times \frac{3}{4} \div 3.6$　　　$\frac{2}{3} \times 5 \div 2 \times 4.5$　　　$\frac{3}{4} \times 8 \div 2 \div 1.4$

分数的加减乘除混合运算

(三个人从第四室出来,又向第五室走去。嗬,开心博士正在第五室的门口等着呢。)

开心博士 你们都来了!到里边坐吧!这回我将给大家讲一下关于分数的加减混合运算的问题。

萨 沙 开心博士,前面的几个计算,我们倒觉得挺轻松的。这回一下子又变得这么复杂……

开心博士 不要说泄气话。

开心博士 大家是否做过下面这样的计算?

$$\frac{5}{7}+2.1\div(\frac{3}{5}-\frac{1}{3})$$

罗伯特 在前面,遇到过这类题。记得是:
① 括号内的先算。
② 乘除和加减混合时,先算乘除。

开心博士 嗯,是这样。那么这个题呢?

萨 沙 括号内的……

罗伯特 括号内先算6÷3。

开心博士 请看计算的顺序:

$$5+7\times(8-6\div 3)=5+7\times(8-2)=$$
$$\underset{①}{}$$
$$5+7\times 6=$$
$$\underset{②}{}$$
$$5+42=$$
$$\underset{③}{}47$$
$$\underset{④}{}$$

米丽娅 开心博士,这样就行了吗!

开心博士 这样就行了。

开心博士 大家对学过的东西掌握得很好。现在做一下小数和分数的混合运算吧!

罗伯特 从括号开始做:通分。再把2.1换成分数。求出括号内的答数的倒数,再相乘。得的数和 $\frac{5}{7}$ 通分后相加。

萨 沙 把整个过程写出来,就是

$$\frac{5}{7}+2.1\div(\frac{3}{5}-\frac{1}{3})=\frac{5}{7}+\frac{21}{10}\div(\frac{9}{15}-\frac{5}{15})=$$

$$\frac{5}{7}+\frac{21}{10}\div\frac{4}{15}=\frac{5}{7}+\frac{21\times\overset{3}{\cancel{15}}}{\underset{2}{\cancel{10}}\times 4}=$$

$$\frac{5}{7}+\frac{63}{8}=\frac{40}{56}+\frac{441}{56}=\frac{481}{56}=8\frac{33}{56}$$

罗伯特 你做出来就行了。如果让我写出来,还得花费时间。不过,让我写也错不了。

米丽娅 算得对,就是有点腻烦人!

开心博士 做得很好!正像萨沙以前说过的:"三个臭皮匠,顶一个诸葛亮"嘛!

(小数和分数的探险任务已经完成了，三个人走上了分数馆的楼顶一看，大块头和胖噜噜已经过来了，多么清新的空气呀，从未见过的辽阔美丽的景色，呈现在眼前，使人感到心旷神怡，大家已经忘记了小黑怪对自己的刁难，大家在一起议论起关于以后探险的事情。)

1. 计算。

$0.5+0.2\div\dfrac{1}{6}$ 　　$2.3+\dfrac{1}{3}\times 0.2-0.12\times\dfrac{7}{9}$ 　　$0.3\times\dfrac{5}{6}-0.18\div\dfrac{6}{7}$ 　　$8.1-6.3+1\dfrac{2}{7}\div 0.2$

$3.7-\dfrac{2}{3}\times\dfrac{1}{4}$ 　　$(3.6-1\dfrac{4}{7})\div\dfrac{9}{14}+0.5$ 　　$(\dfrac{5}{8}-0.3)\times\dfrac{4}{7}+2\dfrac{13}{14}$ 　　$8-(3\dfrac{3}{4}-0.75)\div 1\dfrac{1}{2}$

2. 从长 $\dfrac{4}{9}$ m，宽 $\dfrac{3}{5}$ m 的长方形的纸中剪掉一个长 $\dfrac{1}{8}$ m，宽 $\dfrac{2}{5}$ m 的长方形，剩下的纸是多少平方米？

3. 买3元1 m的软线 $2\dfrac{2}{3}$ m和4元1 m的软线 $3\dfrac{1}{4}$ m，问总共用了多少钱？

4. 求底边长为 $\dfrac{17}{6}$ cm，高为 3.6 cm 的三角形的面积。

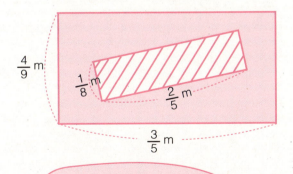
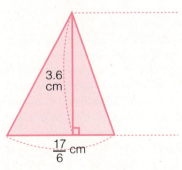

大家下来呀!
开心博士在叫你们呢。
小人奇克他们来告别啦!

数学世界探险记

　　在这里渡过了一段美好而快乐的时光，大家就要暂时分手了。此时此刻心里挺不好受。不过，我现在可以告诉大家：我已经成为数学的爱好者了。当我想起大家在一起做的事情，想起大块头、胖噜噜、嘟嘟、开心博士，我真想马上继续到数学世界中去遨游。

　　现在我对小黑怪也有点恋恋不舍啦。我真羡慕喜鹊，长着一双那样的翅膀，该多好啊！

—萨沙—

答案

小数是什么样的数（第6~20页）

<第12页><第13页><第15页>

略。

<第20页>

1. ①0.8 ②1.6 ③2.2 ④3 ⑤3.4
   ⑥4.1 ⑦4.9 ⑧0.05 ⑨0.1 ⑩0.3
   ⑪0.45 ⑫0.55 ⑬0.7 ⑭0.95 ⑮1.1
   ⑯1.3

2. ①0.001 ②0.006 ③0.009
   ④0.012 ⑤0.015 ⑥0.018
   ⑦6.233 ⑧6.237 ⑨6.242
   ⑩6.246 ⑪6.249

3.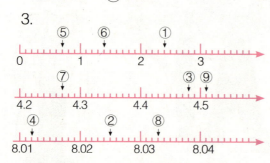

小数的加法（第21~27页）

<第23页>

1. 7.78 6.28 9.05 10.63 15.15 15.37
2. 4.19 8.45 3.75 2.79 9.32 5.84
3. 0.54 0.89 0.51 0.15 1.46 1.62

<第24页>

1. 5.92 10.44 10.73 6.69
2. 15.19 5.97 5.18 1.22

<第25页>

1. 8.21 14.28 7.49 9.99 4.07 6.2
2. 15.14 8.24 6.05 7.9

<第26页>

1. 5.7 4.9 1.3 0.7 4.5 1.2 0.6 0.1
2. 8 8 6 1 1 1 7 1

<第27页>

①正确的 ②错的 $\begin{array}{r}3.46\\+2.54\\\hline 6.00\end{array}$ ③错的 $\begin{array}{r}4.5\\+8.92\\\hline 13.42\end{array}$

④错的 $\begin{array}{r}0.05\\+6\\\hline 6.05\end{array}$ ⑤正确的 ⑥正确的

小数的减法（第28~34页）

<第30页>

2.46 0.66 0.08 3.39 0.46 0.21
0.09 4.49 0.96 0.59 0.08 0.58
0.08 0.02 1.8 0.4

<第31页>

1. 2.67 5.76 2.74 0.12 0.64 0.08
   0.08 9.14 4.36 0.98 0.51 0.38
   0.09 0.43 5.3 0.4
2. 0.95 kg

<第32页>

1. 6 2 1 3 5 1 1
2. 0.74 kg

<第33页>

1. 2.53 2.61 0.42 7.53 1.39 0.07
   4.61 1.15 0.02 3.2 4.1 0.2
2. 1.43 0.57 0.07 5.59 0.06 3.97

<第34页>

1. ① 9.53 − 7.86 = 1.67　② 18.43 − 8.49 = 9.94　③ 18.04 − 0.56 = 17.48　④ 12.31 − 2 = 10.31

⑤ 1.23 − 0.9 = 0.33　⑥ 28 − 3.24 = 24.76　⑦ 235 − 8.71 = 226.29　⑧ 29 − 0.04 = 28.96

⑨ 4678 − 4.678 = 4673.322　⑩ 1000 − 0.08 = 99.92　⑪ 1000 − 10.07 = 989.93

2. 8−7.48=0.52，0.52 m

3. 76.8−48.25=28.55，父亲重28.55 kg

4. 10.7−1.85=8.85，8.85 l

5. 0.9+2.15=3.05，3.05 km

分数是什么样的数（第35~55页）

<第39页>

1. ① $2\frac{1}{4}$ m　② $2\frac{1}{8}$ m　2. ① $\frac{1}{2}$　② $2\frac{1}{6}$

<第43页>

带分数　$2\frac{3}{8}$　$7\frac{2}{3}$　$3\frac{3}{4}$　$1\frac{1}{5}$　$1\frac{3}{14}$　$10\frac{1}{3}$

真分数　$\frac{8}{9}$　$\frac{5}{7}$　$\frac{12}{13}$　$\frac{1}{11}$　$\frac{1}{10}$　$\frac{5}{38}$

假分数　$\frac{9}{6}$　$\frac{29}{29}$　$\frac{2}{2}$　$\frac{9}{8}$　$\frac{8}{4}$　$\frac{8}{7}$　$\frac{9}{9}$

<第44页><第45页>

略。

<第49页>

1. $\frac{24}{7}$　$\frac{22}{3}$　$\frac{19}{8}$　$\frac{33}{4}$　$\frac{17}{6}$　$\frac{64}{9}$

2. 7　7　7　24

3. $5\frac{2}{3}$　5　$1\frac{1}{7}$　$2\frac{3}{5}$　8　$8\frac{5}{6}$　5　$7\frac{1}{2}$

4. $6\frac{1}{6}$　$7\frac{1}{2}$　$2\frac{2}{5}$　$5\frac{3}{4}$

<第51页>

1. ① $\frac{5}{6}$　② $\frac{1}{6}$　③ $\frac{3}{6}$　④ $\frac{6}{6}$　⑤ $\frac{8}{6}$　⑥ $\frac{11}{6}$　⑦ $\frac{14}{6}$

2. 数轴：0　1　2　3　4；$\frac{2}{7}$　$\frac{8}{7}$　$\frac{13}{7}$　$\frac{14}{7}$　$\frac{19}{7}$　$\frac{22}{7}$　$\frac{3}{7}$　$\frac{6}{7}$

3. ($2\frac{13}{10} > 1\frac{7}{10}$)　($2\frac{5}{7} > 2\frac{3}{7}$)　($\frac{1}{2} < \frac{4}{4}$)

($\frac{7}{4} > 1$)　($2\frac{2}{3} > 1\frac{2}{3}$)　($\frac{12}{8} > 1\frac{3}{8}$)

(1 > $\frac{3}{4}$)　($\frac{12}{6} < \frac{5}{2}$)

<第53页>

1. $\frac{1}{2}=\frac{4}{8}$　$\frac{2}{3}=\frac{8}{12}$　$\frac{3}{4}=\frac{12}{16}$　$\frac{2}{5}=\frac{8}{20}$　$\frac{5}{6}=\frac{20}{24}$

$\frac{6}{7}=\frac{24}{28}$　$\frac{11}{12}=\frac{44}{48}$　$\frac{18}{17}=\frac{72}{68}$　$\frac{6}{1}=\frac{24}{4}$

2. $\frac{1}{3}=\frac{8}{24}$　$\frac{5}{6}=\frac{20}{24}$　$\frac{3}{4}=\frac{18}{24}$　$\frac{5}{8}=\frac{15}{24}$　$\frac{7}{12}=\frac{14}{24}$

$\frac{1}{2}=\frac{12}{24}$

3. $\frac{2}{4}=\frac{1}{2}$　$\frac{4}{6}=\frac{2}{3}$　$\frac{6}{8}=\frac{3}{4}$　$\frac{8}{10}=\frac{4}{5}$　$\frac{2}{8}=\frac{1}{4}$

$\frac{10}{12}=\frac{5}{6}$　$\frac{6}{16}=\frac{3}{8}$

<第55页>

1. $\frac{1}{4}=\frac{(2)}{8}=\frac{(3)}{12}=\frac{(6)}{24}=\frac{(4)}{16}$　$\frac{3}{7}=\frac{6}{(14)}=\frac{9}{(21)}=\frac{12}{(28)}$

$\frac{5}{9}=\frac{(10)}{18}=\frac{15}{(27)}=\frac{20}{(36)}=\frac{(35)}{63}$　$\frac{2}{5}=\frac{(8)}{20}=\frac{16}{(40)}=\frac{(18)}{45}$

$\frac{24}{36}=\frac{(16)}{24}=\frac{(12)}{18}=\frac{(6)}{9}=\frac{(2)}{(2)}$　$\frac{16}{20}=\frac{8}{(10)}=\frac{4}{(5)}$

2. $\frac{7}{14}=\frac{1}{2}$　$\frac{21}{35}=\frac{3}{5}$　$\frac{35}{28}=\frac{5}{4}$　$\frac{14}{21}=\frac{2}{3}$

$\frac{42}{63}=\frac{6}{9}$　$\frac{98}{49}=\frac{14}{7}$　$\frac{35}{42}=\frac{5}{6}$　$\frac{28}{7}=\frac{4}{1}$

$\frac{84}{98}=\frac{12}{14}$　$\frac{147}{84}=\frac{21}{12}$　$\frac{7}{147}=\frac{1}{21}$

3. $\frac{8}{12}=\frac{2}{3}$　$\frac{30}{18}=\frac{5}{3}$　$\frac{81}{45}=\frac{9}{5}$　$\frac{70}{105}=\frac{14}{21}$

$\frac{49}{84}=\frac{7}{12}$　$\frac{111}{91}$　$\frac{37}{7}$　$\frac{195}{7}=\frac{15}{7}$

4. $\frac{4}{8}=\frac{1}{2}$　$\frac{10}{60}=\frac{1}{6}$　$\frac{36}{24}=\frac{3}{2}$　$3\frac{4}{12}=3\frac{1}{3}$

$8\frac{2}{4}=8\frac{1}{2}$　$7\frac{8}{6}=7\frac{4}{3}$　$5\frac{10}{12}=5\frac{5}{6}$

分数的加法（第56~61页）

<第58页>

1. $\frac{3}{5}$　$\frac{6}{7}$　$\frac{8}{11}$　$\frac{2}{13}$　$\frac{11}{19}$　$\frac{18}{19}$　$\frac{5}{17}$

2. $\frac{1}{2}$　$\frac{3}{4}$　$\frac{2}{3}$　$\frac{1}{3}$　$\frac{2}{5}$　$\frac{2}{3}$　$\frac{1}{2}$　$\frac{2}{3}$

<第60页>

1. $7\frac{3}{5}$　$6\frac{6}{7}$　$7\frac{5}{9}$　$9\frac{10}{13}$　$47\frac{27}{29}$

2. $5\frac{1}{2}$　$9\frac{1}{2}$　$9\frac{2}{3}$　$10\frac{3}{5}$　$60\frac{2}{5}$

3. $10\frac{1}{5}$　$10\frac{4}{11}$　$13\frac{2}{19}$　$9\frac{1}{2}$　$8\frac{1}{2}$　$6\frac{1}{8}$

4. 8　6　$50\frac{1}{43}$　$2\frac{4}{5}$　$8\frac{1}{2}$　4

<第61页>

1.（米丽娅）$4\frac{7}{10}+8\frac{5}{10}=12\frac{12}{10}=13\frac{2}{10}=13\frac{1}{5}$

（嘟嘟）$6\frac{7}{11}+\frac{8}{11}=6\frac{15}{11}=7\frac{4}{11}$

2. $12\frac{2}{9}+13\frac{8}{9}=26\frac{1}{9}$，$26\frac{1}{9}$ m²

3. $3\frac{2}{5}+2\frac{3}{5}=6$，6 kg

4. $2\,275\frac{6}{7}+3\,245\frac{4}{7}=5\,521\frac{3}{7}$，$5\,521\frac{3}{7}$ m³

分数的减法(第62~71页)

<第63页>

1. $\frac{1}{5}$　$\frac{2}{9}$　$\frac{1}{13}$　$\frac{12}{25}$　$\frac{8}{17}$　$\frac{1}{23}$　$\frac{7}{11}$

2. $\frac{1}{2}$　$\frac{1}{4}$　$\frac{2}{3}$　$\frac{3}{5}$　$\frac{1}{6}$

<第65页>

1. $2\frac{3}{5}$　$5\frac{4}{13}$　$2\frac{2}{3}$　$2\frac{1}{4}$　$5\frac{1}{3}$　$1\frac{2}{5}$

2. $1\frac{4}{5}$　$2\frac{3}{7}$　$3\frac{8}{9}$　$6\frac{8}{11}$　$4\frac{7}{13}$　$6\frac{27}{29}$

3. $1\frac{1}{2}$　$1\frac{1}{3}$　$2\frac{2}{5}$　$4\frac{3}{5}$　$4\frac{2}{3}$　$4\frac{6}{7}$　$2\frac{5}{8}$

<第66页>

1. $\frac{1}{4}$　$3\frac{1}{5}$　$3\frac{5}{6}$　$4\frac{3}{7}$　$3\frac{3}{8}$　$9\frac{5}{8}$

2. $\frac{4}{7}$　$\frac{1}{3}$　$\frac{1}{4}$　$\frac{1}{2}$　$\frac{1}{13}$

3. $7\frac{11}{13}$　$15\frac{2}{5}$　$1\frac{4}{9}$　$6\frac{2}{17}$　$\frac{7}{8}$　$\frac{3}{4}$

<第67页>

1. $\frac{1}{3}$　$\frac{5}{6}$　$\frac{1}{4}$　$1\frac{2}{3}$　$\frac{1}{6}$　$\frac{1}{4}$　$\frac{2}{3}$　$\frac{1}{3}$　$\frac{1}{2}$

2. $6\frac{1}{3}$　$3\frac{4}{7}$　$6\frac{8}{11}$　$8\frac{1}{2}$　$17\frac{7}{9}$　$4\frac{1}{5}$　$7\frac{2}{3}$　$\frac{1}{3}$

3. $3\frac{1}{4}$　$4\frac{1}{2}$　$\frac{5}{7}$　$\frac{9}{13}$　3　4

4. $6\frac{2}{7}-3\frac{6}{7}=2\frac{3}{7}$，$2\frac{3}{7}$ m

5. $5-2\frac{1}{3}=2\frac{2}{3}$，$2\frac{2}{3}$ l

<第68页>

1.（1）②重，重$\frac{2}{5}$ kg，（2）①重，重$\frac{1}{5}$ kg

2. 米丽娅错，能约分成$\frac{2}{4}=\frac{1}{2}$

萨沙对

罗伯特错，应为$3\frac{6}{7}$

嘟嘟错，应为$7\frac{1}{3}$

<第69页>

3. $1\frac{1}{10}-\frac{9}{10}=\frac{1}{5}$，$A$跳得高，高$\frac{1}{5}$ m

4. $5\frac{3}{8}-3\frac{7}{8}=1\frac{1}{2}$，$1\frac{1}{2}$ l

5. $2\frac{1}{8}-\frac{3}{8}=1\frac{3}{4}$，$1\frac{3}{4}$ kg

6. $113\frac{3}{5}-89\frac{4}{5}=23\frac{4}{5}$，$A$重，重$23\frac{4}{5}$ kg

小数的乘法(第72~85页)

<第79页>

13.224　28.122　35.206　249.584

547.514　53.94　10.507 4　20.340 6

4.456 374　17.01

<第80页>

1. 1.172　6.545　3.672　7.76　1.38

2. 1.268 5　4.358 6　1.625 4　1.185

3.696

<第81页>

1. 31.72　5.705　2.18　1.38　52.5

2. 14.151　28.674　3.06　7.82　2.52

3. 3.1　738　79.2　117　1

<第82页>

1. 0.088 4　0.028 5　0.081 4　0.067 6

0.08

2. 0.006 3　0.008 4　0.002 4　0.006

0.001

3. 0.318 2 0.473 8 0.113 7 0.365 0.56

<第83页>

1. 0.17 0.615 0.42 0.42 0.04

2. 0.004 8 0.000 04 0.001 8 0.3 0.1

<第85页>

1. 185.82 400.91 410.8 63.2 4.2 11.5 63.7 18.4 0.78 0.92 0.4 0.6 78 864

2. ①错 ②对 ③错 ④对

```
   0.89              0.25
 × 0.09            × 0.24
 ──────           ──────
  0.0801            100
                     50
                   ──────
                   0.0600
```

3. 2.4×8.46=20.304,
   2.4×0.35=0.84, 20.304 kg,
   0.84 kg

4. 27.8×12=333.6, 333.6 l

5. 8×23.6=188.8, 8×0.8=6.4
   188.8元, 6.4元

小数的除法(第86~115页)

<第89页>

3.4 3.8 6.7 34.7 11.3 24.3 8.3 4.4 2.63 4.27 3.4

<第97页>

1. 3.14 4.8 1.1 3.02 1.8 2.3 1.4 6.8 2.06

2. 4.3 1.9 6.2 3.7 2.4 3.1 5.3 6.3 1.1

3. ①错 ②错 ③错 ④错

```
      2.7              1300
3.6)9.72         6.48)8424 00
    72                648
   ───               ────
    2 52             1944
    2 52             1944
   ───               ────
      0                 0

      5.2                6.7
4.6)23.9 2       7.03)47.101
    23 0              42 18
   ─────             ──────
       9 2             4 921
       9 2             1 921
   ─────             ──────
        0                 0
```

4. 3.8 m   5. 2.6 kg   6. 3.2 g

<第100页>

7.2 82.1 14.32 196.7 26.1 12.7 115 12.1 1.14 1.54 3 3.6

<第101页>

1. 6 6 5 6 3 8 2 1

2. 2 6 5 3 8 3 9 7

<第102页>

0.07 0.03 0.02 0.09 0.05 0.06 0.08 0.07 0.017 0.07

<第103页>

0.08 0.06 0.09 0.08 0.2 0.12 0.13 0.02 0.07 0.02 0.01 0.02 0.03 0.04

<第104页>

1. 5 80 60 50 15

2. 60 16 12 5 5 8

<第105页>

2.82 0.65 8.4 2.4 1.3 3.6 9.8 8.6 0.05 0.32 0.04 0.01 214 154 401 100

<第109页>

1. 11余2.2 19余3.2 1余1.1 2余4.2

203

7余1.4

2. 2余2.13 4余1.19 2余1.51
   3余1.61 19余4.22 24余2.39
   1余1.23 5余1.28

<第110页>

1. 2余1.01 25余2.03 1余1.04
   2余3.02 1余3.01

2. 3余0.5 11余2.1 59余0.3 6余0.3
   9余0.53 6余0.09 24余0.01
   7余0.03 139余0.05

<第111页>

1. 8余0.32 5余0.08 7余3.09

2. 11余2.38 7余2.7 3余7

3. 1余2.14 2余0.48 13余0.46
   11余6.22 3余0.24 4余0.25
   91余0.38 4余0.403 0.8余0.008

<第115页>

1. 2.6余0.1 56.1余0.038
   2.0余0.34 86.7余0.07
   3.8余0.002 2.0余0.05
   0.4余0.088 16.6余0.028
   12.2余0.024

2. 0.50余0.006 19.25 0.04余0.032
   0.20余0.005 1.16余0.000 6
   8.88余0.000 8 4.14余0.002 6
   2.51余0.021 4 1.28余0.000 4

3. 1.705余0.003 1.212余0.006 6
   0.524余0.002 4 5.103余0.000 13
   0.233余0.000 1

4. 2.35 0.72 0.75 0.132 5 6.2
   0.625

5. 43.2÷2.5，17段余0.7 m

6. 75÷1.8，41个口袋余1.2 dl

7. 2 000÷2.04=980

8. 35÷0.7=50

近似数(第116~127页)

<第121页>

1. (个 位) 8 8 16 18
   (小数第一位)2.3 5.6 15.3
   (小数第二位)9.46 0.48 0.01

2. (个 位) 8 9 10 1
   (小数第一位)6.4 8.1 1.0 0.4
   (小数第二位)4.57 0.50 0.01

3. (个 位) 8 8 7 14 1
   (小数第一位)6.7 1.5 66.1 6.0
   (小数第二位)19.89 3.77 4.09

4. (100) 800 4 600 5 900 79 900
   7 300
   (1 000) 75 000 98 000 580 000
   9 983 000
   (10 000) 310 000 630 000
   88 000 000

5. 黑龙江省的面积约为454 580 km²
   珠穆朗玛峰高约为8 800 m
   地球的半径约为6 380 000 m
   太阳的半径约为700 000 km
   亚洲的面积约为495 000 000 km²
   木星的半径约为71 000 km

<第122页>

1. (小数第一位)17.2 16.8 257.7 0.3
   2.7 4.3 2.1 0.3 3.1 0.3
   (小数第二位) 3.02 32.85 64.57
   5.48 13.33 6.43 0.89

2. 9.73÷6，1.62 m

<第123页>

3.

```
         2.0       0.2       1.32       0.71
         1.95      0.247     1.324      0.705
      83)162.1  2.9)0.7164 1.3)1.722 4.8)3.385
         83        58         13         336
         791       136        42         250
         747       116        39         240
         440       204        32          10
         415       203        26
          25        1         60
                              52
                               8
```

<第125页>

1. 64.85 7.85 742.3 0.2 3 850 70 1

2. 3.15 46.7 0.746 0.046 4
   0.003 47 0.04 0.000 3 0.023 6

<第126页>

1. 6.74 67.4 674 76.8 768 7 680
2. 47.8 36.2 8.3

<第127页>

1. 82.63 8.263 0.826 3 0.082 6
   0.065 29 0.006 52 0.000 65 65.29
2. 0.543 0.032 45 0.000 97

数的性质(第128~153页)

<第130页>

1. 偶数4，6，8，2，
   奇数9，7，3，1，5
2. 18 36 9

<第132页>

略。

<第133页>

1. 13 26 39 52 65 78 91
2. 9日 16日 23日 30日
   (只是2月没有30日)
3. 偶数

4. 左页

<第134页>

1. 4，8，4+8=12是4的倍数
2. 8，16，16-8=8是8的倍数

<第137页>

1. (图略) 1，2，4，8
2. (图略) 1，2，3，4，6，8，12，24
3. 1，2，28，56，14，7，4
4. (16) 1，2，4，8，16
   (91) 1，7，13，91
   (25) 1，5，25
   (36) 1，2，3，4，6，9，12，18，36
   (17) 1，17
   (100) 1，2，4，5，10，20，25，50，100
   (60) 1，2，3，4，5，6，10，12，15，20，30，60

<第138页>

(8)40 (4)16

<第142页>

1. 0，21，42，63，84，105
2. 0，12，24
3. 36
4. 70天
5. (图略) 15
6. 84 min，8时24分
7. 略
8. 80

<第143页>

1. 1, 2, 3, 6

<第147页>

①(92, 132)=4 ②(42, 64)=2
③(684, 236)=4 ④(357, 123)=3

<第148页>

1. ①(21, 28, 35)=7
   ②(6, 15, 21)=3
   ③(25, 30, 45)=5
   ④(68, 84, 12)=4

2. 16人

<第152页>

a	b	a×b	(a,b)	[a,b]
24	36	864	12	72
55	20	1 100	5	220
9	15	135	3	45

2. [8, 10]=40, 40 s后

3. A转4圈，B转3圈

4. (24, 32)=8, 32÷8=4, 24÷8=3, 8人，笔记本3册，铅笔4支

分数的通分与加、减法(第154~163页)

<第156页>

$(\frac{15}{24}, \frac{14}{24})$ $(\frac{9}{12}, \frac{10}{12})$ $(\frac{27}{24}, \frac{52}{24})$ $(\frac{8}{18}, \frac{15}{18})$

$(\frac{10}{24}, \frac{21}{24})$ $(3\frac{28}{36}, 4\frac{21}{36})$ $(3\frac{21}{30}, 4\frac{16}{30})$

$(\frac{26}{120}, \frac{25}{120})$ $(\frac{64}{168}, \frac{51}{168})$ $(\frac{20}{72}, \frac{63}{72})$

$(\frac{93}{126}, 1\frac{56}{126})$

2. $(\frac{12}{20}, \frac{13}{20})$ $(\frac{2}{4}, \frac{1}{4})$ $(\frac{9}{21}, \frac{16}{21})$ $(\frac{17}{24}, \frac{16}{24})$

$(7\frac{4}{8}, 5\frac{5}{8})$ $(5\frac{11}{18}, \frac{15}{18})$ $(\frac{63}{81}, 7\frac{1}{81})$

3. $(\frac{8}{12}, \frac{9}{12})$ $(\frac{5}{15}, \frac{6}{15})$ $(\frac{88}{56}, \frac{77}{56})$ $(\frac{24}{30}, \frac{25}{30})$

$(\frac{77}{84}, \frac{60}{84})$ $(\frac{11}{143}, \frac{117}{143})$ $(1\frac{36}{45}, 8\frac{40}{45})$

<第157页>

1. $\frac{8}{21}$ $\frac{5}{6}$ $\frac{5}{6}$ $\frac{9}{10}$ $\frac{7}{12}$ $\frac{13}{14}$ $\frac{9}{10}$ $\frac{21}{22}$ $\frac{13}{24}$ $\frac{7}{18}$ $\frac{11}{21}$ $\frac{5}{12}$

$\frac{19}{24}$ $\frac{31}{45}$ $\frac{27}{40}$ $\frac{31}{42}$

2. $\frac{4}{5}$ $\frac{1}{2}$ $\frac{2}{5}$ $\frac{7}{15}$ $\frac{5}{8}$ $\frac{3}{4}$ $\frac{17}{25}$ $\frac{13}{18}$

3. $\frac{17}{20}$ $\frac{19}{24}$ $\frac{25}{12}$ $\frac{7}{15}$ $\frac{11}{36}$ $\frac{35}{40}$ $\frac{31}{40}$ $\frac{17}{18}$

<第158页>

1. $6\frac{5}{6}$ $12\frac{13}{42}$ $12\frac{1}{12}$ $10\frac{9}{14}$ $5\frac{17}{24}$ $12\frac{14}{45}$

2. $8\frac{3}{4}$ $9\frac{11}{12}$ $15\frac{1}{36}$ $4\frac{5}{12}$ $10\frac{17}{18}$ $8\frac{23}{35}$

3. $6\frac{9}{14} + 9\frac{5}{6} = 16\frac{10}{21}$, $16\frac{10}{21}$ l

<第159页>

1. $8\frac{5}{6}$ $15\frac{1}{10}$ $6\frac{5}{12}$ $3\frac{23}{20}$ $6\frac{29}{40}$ $5\frac{23}{36}$

2. $5\frac{2}{6}$ $6\frac{2}{3}$ $4\frac{2}{3}$ $6\frac{7}{10}$ $5\frac{7}{8}$ $6\frac{7}{12}$

3. $3\frac{17}{36}$ $3\frac{11}{15}$ $3\frac{23}{40}$ $3\frac{15}{28}$ $9\frac{26}{35}$

<第160页>

1. $\frac{8}{15}$ $\frac{3}{20}$ $\frac{2}{35}$ $\frac{1}{20}$ $\frac{11}{36}$ $\frac{1}{6}$

2. $\frac{1}{5}$ $\frac{1}{2}$ $\frac{2}{5}$ $\frac{1}{6}$ $\frac{3}{8}$ $\frac{1}{4}$

3. $\frac{5}{12}$ $\frac{1}{20}$ $\frac{7}{24}$ $\frac{17}{28}$ $\frac{5}{36}$ $\frac{1}{18}$

<第161页>

1. $1\frac{4}{15}$ $4\frac{20}{21}$ $3\frac{5}{6}$ $2\frac{37}{42}$ $3\frac{29}{30}$ $2\frac{5}{12}$ $5\frac{23}{24}$

$4\frac{29}{30}$ $3\frac{13}{24}$ $3\frac{5}{6}$

2. $3\frac{2}{3}$ $2\frac{8}{9}$ $3\frac{6}{7}$ $3\frac{3}{8}$ $3\frac{7}{9}$ $2\frac{9}{14}$

$1\frac{17}{35}$ $3\frac{7}{12}$ $4\frac{13}{20}$ $4\frac{13}{21}$

<第162页>

1. $3\frac{3}{10}$ $3\frac{19}{35}$ $3\frac{5}{6}$ $1\frac{1}{20}$ $2\frac{1}{24}$ $2\frac{2}{45}$

2. $3\frac{1}{3}$ $2\frac{5}{9}$ $1\frac{11}{24}$ $8\frac{9}{20}$ $2\frac{1}{18}$ $5\frac{3}{16}$

3. $3\frac{13}{56}$ $1\frac{7}{30}$ $5\frac{1}{12}$ $8\frac{3}{14}$ $1\frac{13}{35}$ $1\frac{1}{6}$

4. $2\frac{4}{15}$ $7\frac{7}{10}$ $8\frac{3}{16}$ $3\frac{3}{10}$ $2\frac{82}{91}$ $\frac{9}{20}$ $\frac{11}{14}$

<第163页>

1. ① $4\frac{5}{11} > 5\frac{1}{28}$ ② $1\frac{10}{18} = 1\frac{1}{9} > 1\frac{32}{115}$

   ③ $\frac{7}{12}+8\frac{4}{12}=8\frac{11}{12} > \frac{7}{12}+2\frac{4}{12}=2\frac{11}{12}$

   ④ $7\frac{9}{16} > 6\frac{9}{16}$

2. (式) $1\frac{5}{6}+9\frac{13}{14}$ (答) $11\frac{16}{21}$ dl

3. (式) $13\frac{3}{8}-3\frac{4}{5}$ (答) $9\frac{23}{40}$ a

4. (式) $4\frac{2}{3}+6\frac{3}{10}$ (答) $10\frac{29}{30}$ kg

5. (式) $1\frac{5}{8}-\frac{11}{12}$ (答) $\frac{17}{24}$ m

6. (式) $2\frac{1}{4}-1\frac{5}{6}$ (答) $\frac{5}{12}$ t

7. (式) $\frac{7}{9}+5\frac{3}{4}$ (答) $6\frac{19}{36}$ l

8. (式) $21\frac{2}{5}-9\frac{3}{7}$ (答) $11\frac{34}{35}$ cm³

9. (式) $6\frac{1}{3}-3$ (答) 多 $3\frac{1}{3}$ l

小数和分数的关系(第164~171页)

<第167页>

1. ① $\frac{3}{7}$ ② $5\div 6$ ③ $\frac{1}{(7)}=(1)\div 7$

   ④ $\frac{(4)}{9}=4\div (9)$

2. ① $\frac{5}{6}$ l ② $1\frac{2}{7}$ l ③ $\frac{1}{6}$ dl ④ $2\frac{2}{3}$ dl

   ⑤ $\frac{7}{8}$ cm ⑥ $1\frac{1}{3}$ cm ⑦ $1\frac{1}{5}$ m ⑧ $\frac{2}{7}$ m

   ⑨ $\frac{4}{9}$ g ⑩ $2\frac{2}{5}$ g ⑪ $\frac{5}{9}$ kg ⑫ $3\frac{1}{4}$ kg

   ⑬ $\frac{7}{6}$ ⑭ $\frac{1}{3}$ ⑮ $3\frac{1}{3}$ ⑯ $3\frac{1}{2}$

   ⑰ $\frac{8}{9}$ ⑱ $\frac{1}{13}$

3. 各 $4\frac{2}{3}$ m

4. $3\frac{1}{6}$ g

<第169页>

1. ① 0.5(有限小数)

   ② 0.1$\dot{5}$384$\dot{6}$(无限小数)

   ③ 1.875(有限小数)

   ④ 2.$\dot{1}$4285$\dot{7}$(无限小数)

   ⑤ 0.8$\dot{3}$(无限小数)

   ⑥ 1.175(有限小数)

   ⑦ 0.$\dot{7}\dot{2}$(无限小数)

   ⑧ 2.25(有限小数)

2. 略

<第171页>

1. $1.3=1\frac{3}{10}$ $2.6=2\frac{3}{5}$ $3.12=3\frac{3}{25}$ $0.94=\frac{47}{50}$

   $1.283=1\frac{283}{1000}$ $10.567=10\frac{567}{1000}$

   $2.043=2\frac{43}{1000}$ $1.009=1\frac{9}{1000}$ $0.005=\frac{1}{200}$

2. $\frac{24}{35}$ $\frac{23}{70}$ $4\frac{7}{30}$ $1\frac{1}{6}$ $\frac{39}{70}$ $6\frac{43}{75}$ $1\frac{19}{35}$ $\frac{98}{225}$

   $1\frac{13}{15}$ $\frac{14}{15}$ $\frac{11}{30}$ $\frac{43}{160}$

3. $3\frac{4}{7}-2.7$，邻居家的猫大 $\frac{61}{70}$ kg

4. (式) $1\frac{5}{6}+0.8$ (答) $2\frac{19}{30}$ km

分数的乘法(第172~180页)

<第175页>

① $\frac{14}{15}$ $2\frac{26}{35}$ $1\frac{29}{48}$ $\frac{8}{143}$ $\frac{3}{20}$ $\frac{4}{9}$

② $\frac{5}{18}$ $3\frac{17}{27}$

<第176页>

$4\frac{1}{12}$ $8\frac{1}{4}$ $\frac{14}{25}$ $\frac{16}{21}$ $\frac{57}{217}$ $\frac{9}{34}$ $7\frac{1}{3}$ $\frac{6}{19}$ $\frac{2}{27}$

$\frac{28}{81}$ $\frac{2}{11}$ $\frac{9}{13}$

数学世界探险记

<第177页>

$4\frac{1}{6}$ $\frac{1}{6}$ $\frac{2}{15}$ $3\frac{3}{4}$ $2\frac{2}{5}$ $7\frac{1}{2}$ $\frac{1}{3}$

$1\frac{1}{4}$ 12 6 35 1

<第178页>

$3\frac{5}{9}$ $7\frac{1}{3}$ $3\frac{1}{2}$ 40 $2\frac{2}{7}$ $1\frac{3}{8}$ $\frac{2}{5}$ 20 $\frac{9}{35}$

<第179页>

$16\frac{11}{12}$ $7\frac{41}{48}$ $7\frac{7}{8}$ $1\frac{32}{45}$ $6\frac{2}{33}$ $13\frac{1}{5}$

$18\frac{4}{7}$ $25\frac{2}{3}$ $13\frac{1}{3}$ $15\frac{1}{6}$ $2\frac{1}{4}$ $3\frac{1}{2}$

<第180页>

1. ① 6 4 35 ② $1\frac{13}{14}$ $1\frac{11}{15}$ $2\frac{4}{5}$

③ $\frac{5}{6}$ $\frac{2}{21}$ $\frac{29}{32}$ ④ 1 4 3

⑤ $8\frac{1}{3}$ $9\frac{1}{3}$ $14\frac{2}{3}$ $13\frac{1}{5}$

⑥ $3\frac{1}{3}$ $1\frac{5}{7}$ $1\frac{3}{5}$ $3\frac{3}{4}$

⑦ 2 3 5 1

2. (式) $1\frac{1}{2} \times 10\frac{2}{3}$ (答) 16 dl

(式) $1\frac{1}{2} \times 3\frac{1}{4}$ (答) $4\frac{7}{8}$ dl

(式) $1\frac{1}{2} \times \frac{3}{8}$ (答) $\frac{9}{16}$ dl

(式) $1\frac{1}{2} \times 5$ (答) $7\frac{1}{2}$ dl

3. (式) $2\frac{1}{3} \times 3\frac{2}{7}$ (答) $7\frac{2}{3}$ m²

4. (式) $32 \times 5\frac{3}{4}$ (答) 184 元

5. (式) $25\frac{1}{2} \times 4\frac{2}{3}$ (答) 119 cm³

分数的除法(第181～189页)

<第184页>

$\frac{20}{21}$ $\frac{35}{36}$ $\frac{18}{35}$ $1\frac{11}{45}$ $\frac{10}{63}$ $\frac{4}{21}$ $\frac{15}{16}$ $\frac{14}{195}$ $1\frac{19}{36}$ $\frac{2}{3}$

$2\frac{1}{4}$ $\frac{2}{121}$ $\frac{24}{65}$ $\frac{20}{21}$ $\frac{9}{16}$

<第185页>

$1\frac{9}{11}$ $1\frac{1}{9}$ $\frac{7}{52}$ $4\frac{2}{9}$ $\frac{28}{45}$ $\frac{4}{21}$ $1\frac{23}{40}$ $\frac{7}{12}$

$\frac{5}{44}$ $1\frac{12}{65}$ $\frac{5}{27}$

<第186页>

$3\frac{1}{3}$ $1\frac{1}{5}$ $\frac{2}{9}$ $\frac{16}{35}$ $\frac{3}{7}$ $\frac{2}{3}$ $\frac{7}{8}$

$\frac{15}{56}$ $2\frac{1}{2}$ 10 10 12 1 $1\frac{1}{3}$

<第187页>

$\frac{5}{84}$ $\frac{3}{28}$ $\frac{4}{9}$ $\frac{2}{9}$ $6\frac{2}{3}$ $7\frac{1}{2}$ $5\frac{1}{3}$ 9

$1\frac{1}{7}$ $\frac{1}{2}$ $\frac{4}{5}$ 2 $\frac{5}{9}$ 8 1

<第188页>

$1\frac{51}{104}$ $\frac{16}{65}$ $\frac{32}{91}$ $3\frac{41}{48}$ $1\frac{7}{38}$ $4\frac{12}{13}$ $1\frac{1}{2}$ $1\frac{1}{3}$ $1\frac{1}{14}$ $\frac{44}{51}$ $3\frac{3}{4}$ $\frac{1}{2}$

<第189页>

1. $\frac{52}{69}$ $\frac{5}{9}$ $\frac{4}{5}$ $2\frac{1}{23}$ $2\frac{1}{11}$ 6 2. $2\frac{6}{7}$ $4\frac{1}{5}$ $2\frac{1}{2}$ 3 6 10

3. $1\frac{2}{15}$ $\frac{11}{20}$ $\frac{7}{12}$ $4\frac{1}{6}$ $\frac{7}{9}$ $\frac{2}{3}$ 2 $2\frac{3}{4}$ 9 $19\frac{1}{2}$ $7\frac{2}{3}$

4. (式) $6\frac{5}{7} \div 3\frac{2}{7}$ (答) $2\frac{1}{23}$ dl

倒数(190～199页)

<第190页>

$\frac{8}{3}$ $\frac{3}{7}$ $\frac{9}{10}$ $\frac{23}{21}$ 14 6 $\frac{1}{5}$ $\frac{1}{61}$ 1 $\frac{10}{23}$ $\frac{10}{61}$ $\frac{10}{57}$ $\frac{10}{3}$ $\frac{10}{7}$

$\frac{100}{231}$ 100 $\frac{100}{9}$

<第191页>

1. (式) $32\frac{1}{2} \div 4\frac{2}{3}$ (答) $6\frac{27}{28}$ kg

2. (式) $16 \div 1\frac{3}{5}$ (答) 10 人

3. (式) $18 \div \frac{2}{3}$ (答) 27 条

4. (式) $1\frac{1}{20} \div \frac{3}{4}$ (答) $1\frac{2}{5}$ m

<第193页>

$\frac{9}{16}$ $\frac{5}{12}$ $\frac{5}{8}$ $1\frac{1}{6}$ $\frac{200}{231}$ $7\frac{73}{275}$ $\frac{44}{147}$ $\frac{15}{64}$ $\frac{9}{10}$ $5\frac{307}{416}$

<第194页>

$\frac{3}{56}$ $\frac{81}{680}$ $\frac{2}{41}$ $\frac{4}{15}$ $316\frac{4}{5}$ $6\frac{1}{4}$ $\frac{5}{1344}$ $\frac{75}{544}$ $\frac{1}{2}$ $3\frac{11}{23}$

<第195页>

$\frac{14}{25}$ $\frac{3}{7}$ $7\frac{1}{5}$ $2\frac{1}{5}$ $\frac{5}{8}$ $\frac{10}{27}$ $2\frac{2}{25}$ $\frac{9}{100}$ $\frac{63}{200}$

$\frac{1}{40}$ $7\frac{1}{2}$ $2\frac{1}{7}$

<第197页>

1. $1\frac{7}{10}$ $2\frac{41}{150}$ $\frac{1}{25}$ $8\frac{8}{35}$ $3\frac{8}{15}$ $3\frac{59}{90}$ $3\frac{4}{35}$ 6

2. (式) $\frac{4}{9} \times \frac{3}{5} - \frac{1}{8} \times \frac{2}{5} = \frac{13}{60}$ (答) $\frac{13}{60}$ m²

3. (式) $3 \times 2\frac{2}{3} + 4 \times 3\frac{1}{4} = 21$ (答) 21 元

4. $(\frac{17}{6} \times 3.6) \div 2 = 5.1$ cm²

数学世界探险记

各种各样的单位

刘修博 编译

哈尔滨工业大学出版社

图书在版编目(CIP)数据

各种各样的单位/刘修博编译.—哈尔滨:哈尔滨工业大学出版社,2012.4(2013.7重印)

(数学世界探险记)

ISBN 978-7-5603-2892-8

Ⅰ.①各⋯ Ⅱ.①刘⋯ Ⅲ.①计量单位-少年读物 Ⅳ.①TB91-49

中国版本图书馆 CIP 数据核字(2012)第 265285 号

策划编辑	甄淼淼　刘培杰
责任编辑	尹　凡
出版发行	哈尔滨工业大学出版社
社　　址	哈尔滨市南岗区复华四道街10号　邮编150006
传　　真	0451-86414749
网　　址	http://hitpress.hit.edu.cn
印　　刷	哈尔滨市工大节能印刷厂
开　　本	787mm×1092mm　1/16　印张 12.25　字数 193 千字
版　　次	2012年4月第1版　2013年7月第3次印刷
书　　号	ISBN 978-7-5603-2892-8
定　　价	198.00元(套)

(如因印装质量问题影响阅读,我社负责调换)

编者的话

我曾在中国生活到大学毕业，中学毕业于一所省级重点中学，数学一直是我的一个弱项，尽管后来我考入了西南交通大学，但数学一直困扰着我，回想起近20年学习数学的经历，我现在才认识到是小学时没能激发起学习数学的兴趣，当时的小学课本及"文化大革命"后期的数学老师讲解过于枯燥。

大学毕业后，我到了日本，发现日本有许多数学课外书编的很生动、有趣，而且图文并茂，我的小孩很爱读。

新闻业有一句听上去很绝望的格言，叫做"给我一个故事，看在上帝的份上，把它讲得有趣些"这句话其实更应对数学界说。近年来，我成立了翻译公司便着手开始编译了这套适合中、日儿童的少年科普图书。

这套丛书共由十册组成。

第一册　　有趣的四则运算。
第二册　　各种各样的单位。
第三册　　恼人的小数分数。
第四册　　稀奇古怪的单位。
第五册　　有关图形的游戏。
第六册　　神奇莫测的箱子。
第七册　　隐藏起来的数字。
第八册　　妙趣横生的集合。
第九册　　上帝创造的语言。
第十册　　超常智力的测验。

这套书的读者对象是少年儿童，所以选择以探险为故事情节。

有人说儿童总是显得比成年人勇敢，恰似小型犬总是比大型犬显得勇敢，可是宠物专家说，那不是勇敢，只是容易激动。儿童比成人有好奇心，就让这难得的好奇心带着儿童走进数学的殿堂。

刘修博

2013年1月于日本

各种各样的单位

数学探险队的各位：

你们能破译这里的秘密吗？

4	K	W	J	O	sh	an
3	d	x	m	b	un	q
2	ch	y	,	l	ing	!
1	ao	e	t	i	ai	a
	1	2	3	4	5	6

(3,4) (4,1) (5,4) (4,1) (1,3) (4,1)
(6,4) (5,4) (4,1) (3,4) (4,1) (5,4)
(4,1) (2,2) (4,1) (3,4) (5,1) (6,3)
(4,1) (3,3) (4,1) (1,1) (1,3) (2,1)
(3,4) (4,1) (6,3) (4,1) (3,2) (6,3)
(5,2) (4,2) (5,1) (1,4) (6,4) (4,3)
(6,1) (6,2)

——开心博士

去看奇妙的机器吧！

第一次访问

萨 沙　开心博士想邀请我们去他的工作室。

米丽娅　大概是看计时电视机吧！

罗伯特　那是开心博士发明的机器。一打开开关，很久以前的事情都出现在电视机的荧光屏上。

萨 沙　多么奇妙啊！去看看吧。在开心博士的工作室一定能完成数学探险的使命。

（能读懂开心博士的密码信吗？你一定想解开这个谜吧？那么赶快到城郊的开心博士工作室去吧。瞧！喜鹊也飞来向我们问好了。而嘟嘟早就来到了工作室的门口。它正在那里迎候我们呢。）

开心博士在便条中是这样说的:"计时电视机是一台奇妙的机器,请来看吧!"为了慎重,请简单地读一下说明书。

——喜 鹊

数学世界探险记

各种各样的单位
目录

测量果汁和水 ---------- 6
  直接比较 ---------- 7
  容器变了，果汁也不减少 ---------- 8
  哪方面多? ---------- 10
  通过媒介进行比较 ---------- 14
  世界通用单位 ---------- 20
  世界各国的小朋友与量器 ---------- 22
  用加法计算果汁的多少 ---------- 25
  1升的故事 ---------- 26
  1杯的"1"是否与1升的"1"相同? ---------- 29

测量重量 ---------- 54
  重量和大小没关系 ---------- 57
  形状虽然变了，但重量不变 ---------- 58
  1kg(千克) ---------- 64
  称东西 ---------- 65
  重量的加法、减法 ---------- 67
  1 kg等于1 000 g ---------- 70
  用长度表示重量 ---------- 71

测量长度 ---------- 32
  m米的故事 ---------- 37

数货币 ---------- 42

测量面积吧 ---------- 78
  哪个面积大 ---------- 80
  考虑媒介物 ---------- 82
  cm^2(平方厘米) ---------- 86
  关于cm^2的有趣游戏 ---------- 88
  面积的加法计算 ---------- 91
  面积的减法计算 ---------- 93
  怎样测量面积呢? ---------- 95
  m^2(平方米) mm^2(平方毫米) ---------- 103
  a(公亩) ha(公顷) ---------- 104
  km^2平方千米 ---------- 105

测量体积 ———————— 110	**测时间** ———————— 134
形状变了，大小变不变？ ——— 112	比较时间长短 ——————— 136
利用媒介进行比较 ————— 116	用实物计时 ——————— 138
cm³(立方厘米) —————— 118	秒 ———————————— 143
体积的加法 ——————— 120	秒的加法 ———————— 144
体积的减法 ——————— 121	秒的减法 ———————— 145
体积究竟是怎么回事 ———— 124	分 ———————————— 146
计算体积 ———————— 128	分的加法 ———————— 148
体积和容积 ——————— 131	小时 ——————————— 149
体积单位 ———————— 132	日（天）————————— 151
	用瓷砖来考虑时间 ————— 152
	时间单位的换算 —————— 154
	时间的计算（1）加法 ——— 156
	时间的计算（2）减法 ——— 160
	计算时刻 ———————— 166
	有一天，在开心博士的工作室里 — 176
	答案 —————————— 184

（开心博士将喜鹊托在手上，脸上露出微笑。）

开心博士　欢迎你们的到来！这台大机器是计时电视机。无论是过去的还是未来的事情，都能在荧屏上显示出来。

测量果汁和水

开心博士 在打开计时电视机之前,我们一边喝果汁,一边谈谈学校的事吧。

(米丽娅他们坐在椅子上,高兴地谈论着,而嘟嘟却很不高兴。)

嘟 嘟 哼,我的果汁好象比别人少啊!虽然我长的小,但我仍然希望能像待大家一样地待我。

直接比较

开心博士 嘟嘟，你的杯子大。实际上，你杯里果汁和别人杯里的果汁一样多。

嘟 嘟 但是，但是……

（嘟嘟将自己的杯和米丽娅的杯比较了一下，而后说）

嘟 嘟 噢！还是我的少，只有我的少啊！

米丽娅 好，咱俩交换一下杯吧。

（米丽娅感到为难，对嘟嘟简单地说道。）

开心博士 请稍等，嘟嘟，给你和大家同样大小的杯。

（于是开心博士拿出了和米丽娅同样大小的杯给了嘟嘟。）

开心博士 把果汁倒在这里，你就会明白了。

（于是嘟嘟把自己杯中的果汁倒进新拿来的杯中。然后和米丽娅、萨沙杯中的果汁一比较，恰好有同样的高度。）

萨 沙 这不都一样吗？

（这时嘟嘟把个粉红色的脸憋得通红，委屈地说。）

嘟 嘟 不对！果汁增多了！方才我的果汁比米丽娅的果汁少多啦！

（开心博士一边笑着一边说。）

开心博士 同样多的果汁由于倒入容积不同的容器，因此，看上去就会时而增多，时而减少。方才因为嘟嘟的杯子容积大，所以看上去就少。

嘟 嘟 不对。还是因为果汁量增加了，所以杯中果汁的高度才随着增加了。

容器变了，果汁也不减少

开心博士　真的会像嘟嘟所说的那样，同样多的果汁由于放在不同容积的容器里，因此就有时增加，有时减少吗？那么我们观察一下吧！

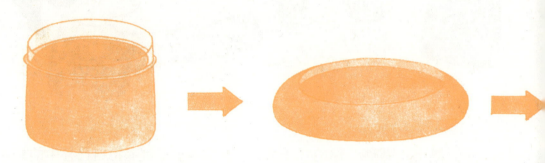

（开心博士将果汁倒入蓝色杯中，其高度恰好在胶带的位置上。然后又把果汁一次一次地倒入其他各种形状的杯子中。）

开心博士　这表明，同样多的果汁不管倒到什么样的容器里，其量是不会改变的。

（开心博士又把果汁倒到一个大杯中，其高度也恰好在胶带的位置上，接着又把这些果汁分别倒到7个小杯里。）

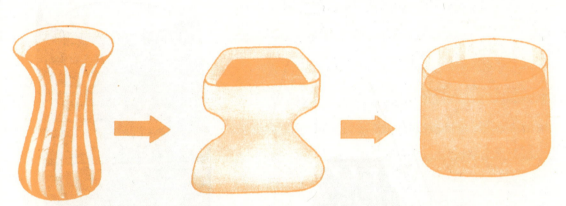

米丽娅　看上去似乎有的多，有的少，可是一倒到原来的杯中，果汁的高度还是在胶带的位置上，没有变化。

萨　沙　开心博士又把大杯里的果汁分别倒到7个小杯中了。

米丽娅　如果把7个小杯中的果汁再倒回原来的大杯中，那么果汁的高度还是在胶带的位置上。

开心博士　可见，同样那么多的果汁或者水，不管把它放在多少个容器中，其量是没有变化的，既不会增加，也不会减少。那么嘟嘟，你也心平气和地喝果汁吧！

数学世界探险记

哪方面多？

开心博士 嘟嘟，通过这次实际考察，问题弄清楚了吧？事实表明，果汁也好，水也好，即使是容器变了，但果汁或水的量既不会增加也不会减少。嘟嘟，你还有不清楚的地方吗？

嘟 嘟 由于杯子有大有小，因此不能单凭果汁的高度去判定果汁的多少。

开心博士 现在我们使用一下计时电视机，它会使我们看到很有趣的事情。

（开心博士一按计时电视机的开关，在荧屏上就出现了两个赤身裸体的男子汉在争吵着什么。）

开心博士 这是我们的祖先。他们是赶海拾贝上山追赶兔子那个时代的人。

　　两个人正在无聊地争吵呢。争吵的原因是他们俩都各自认为自己得到的水少。那么实际上到底怎样呢？如果是你们遇到这样的事，应该怎么办？

　　萨　沙　因为水缸的形状不同，所以没法相比吧？

　　开心博士　是的，像刚才那样，同样大小的杯能直接对比，可是这回遇到的却是形状、大小都不相同的水缸，那怎么相比呢？请大家考虑。

数学世界探险记

萨 沙 怎么办好呢？

米丽娅 如果缸的大小一样，那么就可以从缸中水的高度立刻辨明哪个缸的水多，哪个缸的水少了。

罗伯特的想法：
准备同样大小的两个缸，把原来的两缸水分别倒入这两个缸内。这样一对比不就行了吗？

喜 鹊 那是远古时代的事。那时候找同样大小的两个缸恐怕还找不到呢。

米丽娅的想法：
另外准备一个缸，先把原来一个缸中的水倒进去，做个记号，然后将水倒回原缸去，接着再把原来的另一缸水倒进去……

萨沙的想法：
对原来的一个缸的水高做个记号。然后，把这个缸水倒出来。接着把原来另一个缸水倒到这个缸里，这样一下子就能弄清哪个缸的水多了。

喜 鹊 这种把水倒掉的方法，未免太可惜。

罗伯特 这好办。开心博士，您看这样做可以吗？

同样大小的两个缸。

另外准备一个缸。

对其中的一个缸的水高做个记号，然后再把水倒出去。

通过媒介进行比较

喜鹊 你们三个人的想法都有道理。罗伯特的想法很好。米丽娅的想法也不错。萨沙想把水倒掉，这可有点残酷，不过也可以得到正确的解答。好了，我们来听开心博士说吧！

开心博士 现在我把计时电视机打开看看。噢，从村里走出一个老头。他好像在用小罐舀两个缸中的水，看看两个缸中的水用小罐各舀多少次舀完的。这样，比较一下舀的次数，马上就可以断定哪个缸中的水多，哪个缸中的水少了。用形状不同的容器盛水，用眼睛直接看，确实不容易看出哪个容器里的水多，哪个容器里的水少。这时候，用另外一个容器来帮助就可以解决问题了。村中老头想出的方法比米丽娅的方法还好，真不愧是有经验的老头。

用各种各样的杯比较水量，哪边多？

 = 　　 >

米丽娅的水和胖噜噜的水同样多。　　萨沙的水比罗伯特的水多。

 = 　　 >

胖噜噜的水和罗伯特的水也是同样多。　　罗伯特的水比嘟嘟的水多。

米丽娅的水和罗伯特的水哪个多？　　萨沙的水和嘟嘟的水哪个多？

数学世界探险记

（开心博士打开计时电视机……）

萨沙 比较一下两个地区中的哪边生产的葡萄酒多。

米丽娅 好大的容器啊！看来很难搬动。这也不能直接比较啊！

罗伯特 采取更换容器做记号的方法进行比较，怎么样？不过这可需要另外一个大容器了，搬动起来要困难。

米丽娅 搬运小容器方便，那么我们用小容器去测量不就行了嘛。

罗伯特　山村葡萄酒是56杯，平原村的葡萄酒62杯，如果山村也像平原村那样多生产点葡萄酒就好了。

开心博士　总之，不管两个容器的形状多么不同，只要利用一下另外一个小容器，就可以把装在两个容器中的葡萄酒或水的多少正确地比较出来。

数学世界探险记

使用容器量一下这个水槽中的水。每个人都做,先由罗伯特做。

罗伯特

我用瓶子量,装满了5瓶。

米丽娅

我用锅量,正好装满3锅。

萨 沙

我用杯量,好家伙,装满了12杯。

（3人都不知道别人用的是什么样的容器。）

开心博士　嘟嘟，把原来水槽里的水都倒到其他几个容器内，水量变了吗？

嘟嘟　没变。不管把水槽里的水倒到什么容器内，也不管容器的形状如何变化，水量既不会增加也不会减少。

开心博士　哈哈，哈哈……嘟嘟的记性不错啊！那么我再问你，如果罗伯特、米丽娅、萨沙舀来的水，都是所用容器的容量的3倍那么多，那么，他们各自舀来的水是否同样多？

嘟嘟　3倍就是3倍，因为同样是3倍，所以水量同样多。

开心博士　看来答得满有信心啊。那么大家也有和嘟嘟同样的看法吗？

（3人异口同声地回答：一样。）

请注意，在不知道3人各自使用什么样的容器的情况下，你们的回答是没有根据的。实际上，罗伯特使用的容器是瓶子，米丽娅使用的容器是锅，萨沙使用的容器是杯子，所以他们舀来的水的量当然是各不相同的。

罗伯特　开心博士真能逗人，我还以为我们三个人用的是相同容器呢。如果您开始就交待清楚，我们早

就明白了。

（开心博士听完罗伯特的话，立刻又板起面孔说。）

开心博士　问题还不算完。请你们好好想一下，虽然比较两个容器中的水量大小可以通过媒介（另外一个容器）来帮助解决，但是究竟选取什么样的容器做媒介还要因人因地而异呢。

数学世界探险记

世界通用单位

开心博士 请看计时电视机。画面上出现的是三个不同国家的人。各自拿着大小和形状都不相同的量器。不同的国家用不同的量器，这会给国与国间的交流带来麻烦。即使同样用杯子做量器，杯子的大小还不一样呢。对这些情况我们不能不考虑。那么怎么办好呢？

米丽娅 我想，做为媒介的量器，如果能统一就好了。

开心博士 你说得对。如果有统一的媒介在世界各地通用，那就方便了。

开心博士　于是就规定了一个称为1分升（记作1 dl）的媒介作为计量单位，在世界上通用。这样，无论在世界的什么地方，一说1 dl，2 dl……大家都清楚。每个人都各自使用自己的测量单位，那就麻烦了。归纳一下关于测量水或果汁有以下四种方法：

（1）直接比较。
（2）以某种器皿为媒介进行比较。
（3）用各种各样的单位做媒介。
（4）用世界通用的单位做媒介。

（"开心博士一开始就告诉我们用1 dl做单位不就得了！真麻烦。"嘟嘟一边嘟囔着一边进入了梦乡。）

世界各国的小朋友与量器

（好管闲事的喜鹊又把计时电视机的开关打开了。出现在画面上的美国、法国、中国和越南的孩子都在用1 dl的杯子分别量果汁、水、酒和石油呢！）

米丽娅　1杯是1 dl，2杯是2 dl……

萨　沙　3杯是3 dl，4杯是4 dl，10杯是10 dl。整个世界都能使用相同的测量方法嘛。

米丽娅　喂！美国小朋友，你的果汁有多少？

美国小朋友　1杯是1 dl共量了5杯，所以是5 dl。

中国小朋友　我的酒装在杯里是这么多：

所以是3 dl多一点。

（令人感到吃惊的是，计时电视还能像电话那样说话。）

喜　鹊　那么请做下列各题吧！

1. 用1 dl的容器量7次是多少分升？
2. 6 dl的水用1 dl的容器来量，量几次量完？
3. 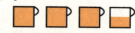是多少分升？
4. 请画出比2 dl多一点的图。

好极了！各国的孩子做出了同样的回答。

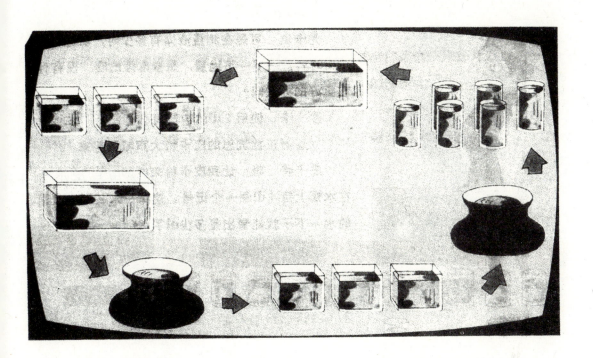

萨沙 哎呀！出现在计时电视机上的画面是什么意思？

米丽娅 按箭头指示的方向看下去，好像在团团转。

罗伯特 设小方形容器里的水是1 dl。由于水装满了三个1 dl小容器，所以共有3 dl水。把这些水全部装到大方形的容器中，仍然是3 dl。再把这些水装到圆容器里……

萨沙 是多少分升呢？不说也知道了。

嘟嘟 无论容器的形状如何变，水量是不变的。我算记住这点了。

萨沙 的确是这样，嘟嘟的记性很好嘛。

嘟嘟 不要瞧不起人啊！把圆容器里的水再一分升一分升地分装在一些更小的容器里，水量照样是不变的。

开心博士 像水、果汁、石油这样能流动的东西叫做液体。液体有这样两种性质：

（1）形状变了，量却不变；

（2）不管怎么分，量也不变。

罗伯特的妙算

米丽娅 可是在测量液体有多少时，就这样用1 dl的容器一下一下地量，是很麻烦的呀。没有什么更好的办法吗？

萨 沙 使用2 dl的容器怎么样？(这时正在沉思的罗伯特大声喊叫起来。)

罗伯特 嘿！开心博士让我罗伯特来试试。从底算起，在水槽上每1 dl画一个记号。这样一来装到水槽里的水一下子就能看出是多少分升了。

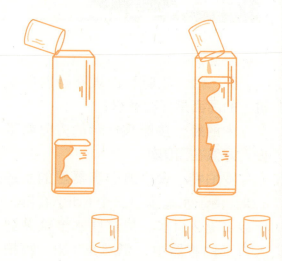

(罗伯特把1 dl的水倒入水槽内，用万能笔在其高度上做个记号，接着又在2 dl、3 dl、4 dl、5 dl的高度上分别画了记号。)

米丽娅 这样用起来可就方便多了。

用加法计算果汁的多少

（开心博士听完大家的议论，眯缝着眼睛说。）

开心博士　罗伯特，你确实想出了个好主意啊！在水槽上一分升一分升地画记号，这样一看记号就行了。

米丽娅　开心博士！这样一来还可以用加法来计算果汁的多少。

萨　沙　1 dl+1 dl+1 dl＝3 dl

罗伯特　2 dl＋1 dl＝3 dl

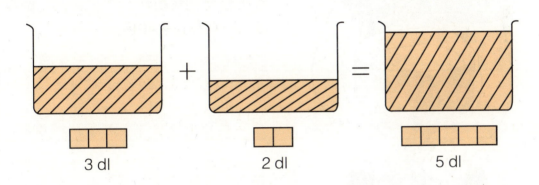

3 dl　　　2 dl　　　5 dl

（不仅如此，用分升做单位还可以做减法呢。）

1. 总共是多少分升呢?

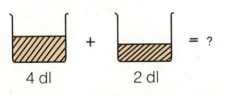

4 dl　　　2 dl

2. 5 dl 的果汁和 3 dl 的果汁合起来是多少分升果汁？

3. 有 8 dl 的水，喝了 3 dl，还剩多少分升？

4. 有一瓶葡萄酒不留神流出了 2 dl，瓶里还剩 4 dl，问原来瓶里的葡萄酒是多少分升？

数学世界探险记

1 升的故事

（大块头"嘿"地一声把一个大缸搬了过来。）

大块头 胖噜噜，你想个办法，看看这个缸能装多少杨梅汁啊！

胖噜噜 这很简单，用 1 dl 的杯子一下一下往里量就知道了。

说完胖噜噜就用杯子哗啦哗啦地往大缸里倒杨梅汁，不一会儿就倒满了，一共倒进去46杯。

胖噜噜 一共是46 dl。
罗伯特 46 dl。装这么多呀。

开心博士 罗伯特，你想出别的办法没有？

罗伯特 如果有比 1 dl 大的量器就好了。

米丽娅 更大的量器？噢！我想起了瓷砖的图形；把10块砖摆成一行就成一条。那么，我们做一个10 dl的量器不就方便了吗？

 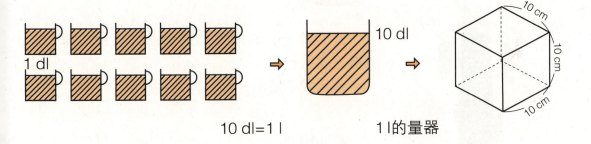

10 dl = 1 l　　　1 l 的量器

开心博士 嗯，嗯，说得对。大家都知道10进位，1 dl 的前一位就是 10 dl。这可以用一条瓷砖来表示。10 dl 叫做 1 l (升)。在 1 l 的量器中画上分升的刻度，这样即使以分升为单位也能用，很方便。

   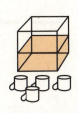 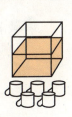

在 1 l 的量器中有分升的刻度，这样即使用以分升为单位也能测量。

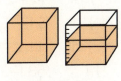

1 l 6 dl

4 l 7 dl

数学世界探险记

喜 鹊　把刚才大块头搬来的水缸用1 l的量器测量一下。

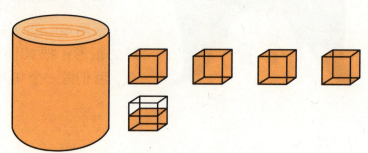

开心博士　如果用1 l的量器去测量，那么，只需五次就行了。

请用式子写出升和分升的关系。

4 l = 40 dl
4 l 零 6 dl $\begin{cases} 4\ l = 40\ dl \cdots \\ 6\ dl = 6\ dl \cdots \end{cases}$　$\begin{array}{r} 40\ dl \\ +\ 6\ dl \\ \hline 46\ dl \end{array}$

1. 30 dl 是多少升？
   50 dl 是多少升？
   8 l 零 5 dl 是多少分升？
   9 l 零 9 dl 是多少分升？

2. 2 l + 6 dl = ？
   57 dl − 7 dl = ？

3. 试做下列各题：
   9 l = (　) dl　　　3 l = (　) dl
   14 l = (　) dl　　98 l = (　) dl
   3 l 零 6 dl = (　) dl　　1 l + 2 dl = (　) dl
   9 l 零 2 dl = (　) dl　　5 l − 3 dl = (　) dl
   1 l 零 5 dl = (　) dl　　11 l + 9 dl = (　) dl
   9 l × 7 = (　) l　　　53 l − 31 dl = (　) dl
   21 l × 3 = (　) dl　　81 l + 9 dl = (　) dl

1杯的"1"是否与1升的"1"相同?

（米丽娅哭丧着脸说。）

米丽娅　对液体的"测量"，可不是个简单的事啊。它不像数杯子，一个、两个……地数就行了。而对于水和果汁一类的东西，如果不使用量器去量就不行。

萨沙　是这样，我感到难办的是，在测量水或果汁时，如果用瓶子做量器，那么就得一瓶一瓶地量，如果用玻璃杯做量器，那就得一杯一杯地去数。如果使用分升或升去量，那么还得说出多少分升或升。你看，对同样的水或果汁都有这么多的量法。真麻烦！

（开心博士小声地说。）

开心博士　杯子啦，人啦，瓷砖啦，这些都可以一个一个地分开来数。拿人来说，"人有三"，还是说"人有三个"，谁听了都懂。可是像水和果汁这样不间断连续着的量就不同了。如果说"水有3"，那么这个"3"是3 dl，还是3 l呢？如果没搞清单位，那么谁都难说清这个"3"是怎么回事。因此，1杯的"1"和1升的"1"含义是不一样的。那么在遥远的古代都使用过什么东西做单位呢？我想，大家看一下计时电视机就知道了。大家由此可以看到，人们早就注意到像水果汁一类的东西，如果没有测量单位可就麻烦了。

容积单位的趣话

开心博士 我给大家讲个饶有趣味的故事。你们都知道有个牙布岛吧?

萨沙 是的,那是蕴藏大块宝石的地方呀!

开心博士 岛上的人使用有趣的量器。他们用椰子的外壳做容积单位。

罗伯特 可是开心博士!椰子有大又有小,那也不能做准确的测量单位呀!

开心博士 椰子确实有大又有小。但是,为了统一标准,岛上的人就用成熟了的中等大小的椰子的外壳来做单位。

米丽娅 如果大小确定了,那么就可以用这样的椰子的外壳来做标准单位了。

开心博士 是啊!我再说一个例子。在印度曾经把"牛脚印"作为测量容积的单位。所谓"牛脚印"这是

牛踩在松软的土上所形成的凹坑。这很有趣吧!再举一个例子。中国有这样一个传说:远古时期有一个帝王——黄帝,他让臣民做一个音色非常好的竹笛。他规定用这个竹笛的长度、容积分别做长度和容积的单位。另外,把装在笛子筒里的玉米的重量作为重量单位。这真是具有音乐美的单位呀!

土财主是不是个坏心肠的人?

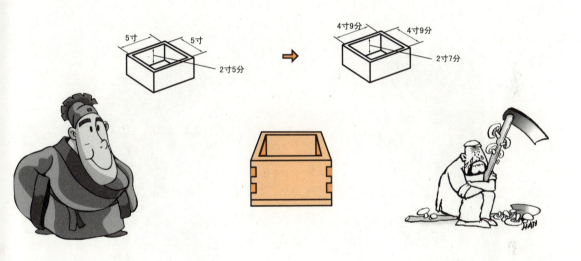

开心博士 1斗啦,几合啦,这些说法你们从父母那里都听说过吧!关于容积为1斗的量器还流传着一段有趣的故事呢。有一个土财主。为了从农民那里多收一些粮食,他对容积为1斗的量器采用了缩小长和宽而增加深度的办法使量器变大。但从表面上又不让你看出来。他用这一招儿多收了大量的粮食。实际上,当时在农民中也有人察觉到了,但是却暗自忍受了。后来,这种量器竟成为通用的1斗的量器。

罗伯特 土财主是榨取农民的血汗啊。他的心肠真坏。

开心博士 说的对。不过土财主的做法还是很隐蔽的呀!

开心博士 看看在你们面前将出现什么样的画面?

(开心博士说完,就打开了计时电视机的开关。)

米丽娅 又出来古代人了!

萨 沙 嘀!都带着美丽的项链。他们在互相谈话呢。

喜 鹊 那是用贝壳做的项链啊!两个人都在夸耀自己的项链长。想一想,怎么量长短呢?

米丽娅 比较长短这很简单。

喜 鹊 那么,实际上怎么做好呢?

米丽娅 把项链拉开,两条项链的一端一对齐,马上就知道哪个长,哪个短了。

喜 鹊 不过,把项链断开不好。有没有别的办法?

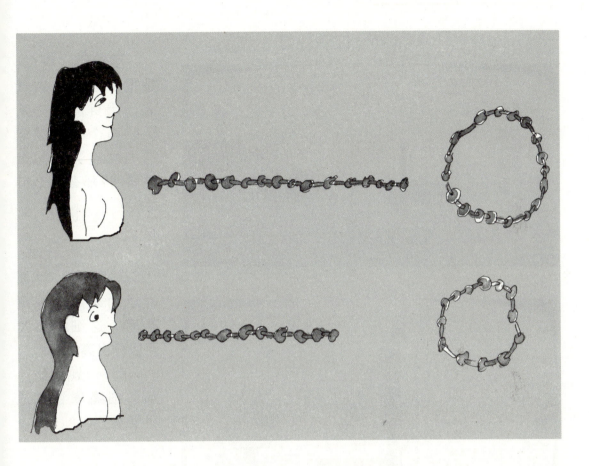

（大家都在思考。）

罗伯特　我想把项链做成圆形来比较。这个办法怎么样？还不清楚？就是看哪个圆圈形状大。

开心博士　是那样，这是个很好的发现。可是怎么能变成那样呢。回忆一下，再往下研究。

前面我们在测量水和果汁时采取四种方法，你们还记得吗？

萨　沙　①直接比较。②以某种

器皿为媒介进行比较。③利用各种各样单位做媒介。④用世界通用的单位做媒介。

开心博士　萨沙，你真不简单啊！

（开心博士一边笑着，一边啪地转换了电视机的开关。）

利用媒介进行比较

罗伯特 啊!这是很早以前的古代人,用目测的办法比较两个村的塑像的高度呢。这怎么能看清?那么怎么办好呢?

米丽娅 对面村里的人用细绳测高度。这细绳当然可以分出高低了。

萨沙 看,那条细绳拿到这边村里来了。

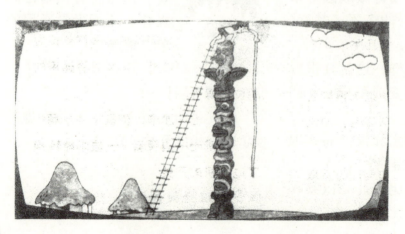

罗伯特 这边村里的塑像比细绳还长啊!这表明,这边村里的塑像比对面村里的塑像高。

米丽娅 古时候的人也挺能耐呀!

用什么做媒介呢

萨沙 这个画面上的人做什么呢?

喜鹊 A、B两个人在比较谁的家离停留在河边的小木船近。

米丽娅 瞧!A、B两个人以某种信号为令,同时由家出发向船跑去。

罗伯特 当然,是谁先到,谁离小木船近啦。

萨沙 A先到,当然是A的家离木船近喽。

米丽娅 不过这样做也不可靠,如果两个人跑的速度不同,那么……我看数一数两个人跑的步数就行了。

数学世界探险记

鹦 鹉 光看每个人跑的步数也不行。现在我们做这样一个实验:请大家从这个屋角走到另一个屋角,看看都走多少步?

米丽娅	27步
萨 沙	25步
罗伯特	26步
嘟 嘟	60步
大块头	9步
胖噜噜	55步

(大家按喜鹊说的那样走完了。每个人走的步数如左表所示。)

米丽娅 同一人的步距也许差不多。不过尽管是一个人,在精力充沛时和精神不振时,步距也是不同的呀……

罗伯特 如果用一个短棒去量,不就能得出正确的答案了吗!

m(米)的故事

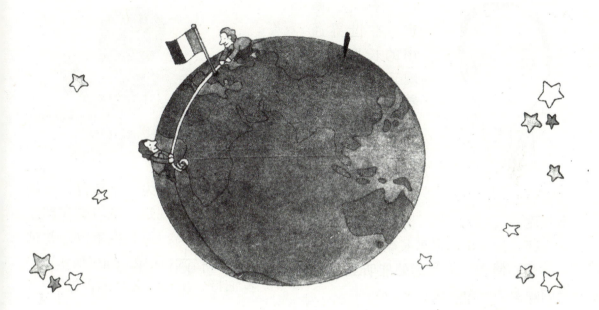

开心博士 用步量也好,用细绳测也罢,以它们为单位去测量长度都是零乱不规范的。因此还是按前面提到的第四条,即采用世界通用的长度单位米(m),又称公尺。

是怎样产生的?

开心博士 在距今大约170年以前,法国的科学家们经讨论,要以地球为基准来考虑长度单位。请看上图:从北极开始通过赤道再穿过南极,最后再到北极,就这样在地球的表面画一条线,称它为子午线。并把这条线的四千万分之一规定为1米(m)。从此以后,全世界都使用米(m)这一长度单位。

为了应用方便,还规定:

① 1 000 m为1 km(千米,又称公里);

② 把1 m分成100份,为1 cm(厘米);

③ 把1 cm分成10份,1份为1 mm(毫米)。

喜 鹊 那么,地球的一周就成了4千万个米了,多么惊人的数字啊!

各种各样长度单位史话

开心博士 在世界通用的长度单位规定之前,世界各地使用各种各样有趣的长度单位。比如:印度采用"牛叫"来规定长度。

萨沙 牛叫是多长啊?

开心博士 人在远处能听到牛叫声的距离为一个单位。

米丽娅 不用1km,2km表示距离,而用1牛叫,2牛叫来表示距离,太有趣啦!

罗伯特 我认为这还与牛叫声的大小和风向有关系呢。

开心博士 波斯国规定骆驼1h走的距离为长度单位。更为有趣的是中国的西藏有"1杯茶"的距离的说法。

萨沙 这究竟是什么样的长度啊?

开心博士 从沏热茶时开始一直到茶变凉为止,在这一段时间里,

男人连续跑的距离为一个单位,大约3km。古罗马人规定,从右脚起到左脚止两步的距离,为长度单位。并把这个长度的$\frac{1}{1\,000}$叫做1mm(毫米)。

罗伯特 还有什么样的单位?

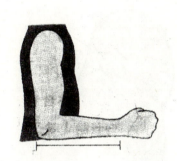

开心博士　你们都知道,现在还有人仍然使用尺和寸这样的单位。所谓尺就是从人的曲肘到手腕的长度。还有,现在已经不太使用了的长度单位,即是一个男人的双臂向两侧伸展的长度做长度单位。总之,人们总是

一天说:从我的鼻尖到指尖的长度为一码。码的长度就这样由国王规定下来了。　(萨沙风趣地说:从我的鼻尖到指尖的长度叫1萨沙。)

以自己身边的东西来规定单位的。英国的英尺指的是从成人的大脚指到后脚跟的长度。一英寸是大姆指的宽度。"码"也是一个长度单位。关于它还有个有趣的小故事呢。在距今大约900年前,英国国王亨利一世,有

数学世界探险记

（下面的问题是数学探险队的队员们出的，并且做了解答。对此，他们都感到很高兴。不知为什么，嘟嘟做错了一道题，对此大家议论不休。可是嘟嘟却照样呼噜呼噜睡着了。那么读者小朋友们，你们也做做这些题吧。）

1. 萨沙出的题
① 4 782 dl ÷ 3 = ② 5 672 dl ÷ 8 = ③ 9 758 dl × 4 = ④ 2 500 dl × 5 =
⑤ 3 892 cm ÷ 6 = ⑥ 4 321 cm ÷ 3 = ⑦ 3 800 cm × 2 = ⑧ 4 789 cm × 8 =
⑨ 5 l 8 dl = □ dl ⑩ 9 l 8 dl = □ dl ⑪ 7 l 6 dl = □ dl ⑫ 8 l 4 dl = □ dl
⑬ 3 m 72 cm = □ cm ⑭ 400 cm = □ m ⑮ 7 m 98 cm = □ cm ⑯ 3 m 2 cm = □ cm

2. 米丽娅出的题。

① 将 200 l 的开水放入木制澡盆内。由于水热不能入浴，因此又放入 10 l 凉水，问澡盆内共有多少升水？

② 1 cm 和 1 dl 是多少？用手大致比量一下看。(这个题探险队的队员们没解答上来。)

3. 罗伯特出的题

① 到世界通用的测量单位出现时为止测量方法的发展可分四个阶段，请你说说看。另外1杯的"1"和1 l 的"1"相同吗？

② 任意找出自己身边的东西，用四种方法测量一下。这是个麻烦的事。不过从多方面想想办法，还是很有意思的。

4. 胖噜噜出的问题

① 用两个瓶装酱油,其中一瓶装4 dl,另一瓶装5 dl,请问两瓶酱油加在一起是多少分升?

② 把剩下的5 dl橘汁和剩下的6 dl橘汁合在一起给大块头,问总共给大块头多少分升橘汁?

5. 大块头出的题

① 从胖噜噜那里要来11 dl果汁,过一会儿喝掉8 dl,问还剩多少果汁?

② 有9 dl柠檬汁和7 dl葡萄汁,问哪种果汁多?多多少分升?

6. 喜鹊的感想和他出的题

出题倒是挺有意思的,不过即使是很简单的问题有时也会做不出来,所以请大家不要马马虎虎地立刻作出回答。

请用下列各式出题

8 dl+5 dl   4 cm+5 cm
9 dl−4 dl   8 cm+7 cm
12 dl+9 dl   25 cm−18 cm

第二次访问

(米丽娅他们又一起去开心博士工作室访问。一到那里,开心博士马上把计时电视机打开了,屏幕上出现的是一幅古代村庄的画面。那么这次到底想研究什么呢?米丽娅、萨沙、罗伯特他们目不转睛地看着画面。)

以物换物

开心博士　这两个女孩一个是从海边渔村来的，一个是从平原村来的。她们想把各自带来的鱼和土豆进行交换。和往常一样，看来是用1条鱼能换2个土豆。

米丽娅　不用钱吗？

开心博士　是的，不用钱。她们是把自己带来的东西与对方带来的东西做合理的直接交换。好像从平原村来的女孩用4个土豆就能换从山村来的女孩的1只小兔。

喜　鹊　那么，渔村和山村该怎样交换呢？

罗伯特　拿鱼和小兔来说吧，……你看电视画面上那个从渔村来的女孩能用2条鱼去换从山村来的女孩的1只小兔吗？

（那么，你对这个问题是怎么考虑的？）

一只鸡能换几只虾

开心博士 刚才提到的鱼和兔得按怎样的数量进行交换才合理呢?如果用1条鱼能和2个土豆交换,4个土豆能和1只小兔交换做对照,那么就可以进行其他各种各样的交换了。这样用2条鱼换1只小兔就是合理地交换了。这个道理都明白了吧!

罗伯特 从画面上看,1只虾也可以和3个竹笋交换。

米丽娅 6个竹笋可以和1只鸡交换。

萨 沙 这样的话,那么换1只鸡需要几只虾呢?

嘟 嘟 这很简单。1只虾能换3个竹笋……

(那么你能回答吗?好好想想。)

一头猪能换几只螃蟹

萨 沙 古时候人的头脑也很聪明啊！

嘟 嘟 你看着我们的脸，什么也别说，好不？

米丽娅 这回是用2只螃蟹可以换3个萝卜。嗬！都是吃的东西啊！

罗伯特 又知道拿12个萝卜就能换1头猪啊！

嘟 嘟 接下来，又该让我们解答问题了，等下1个画面出来一看，一定很简单。

喜 鹊 在海边住的人都想要猪，这一点大家都理解吧！

嘟 嘟 由于1头猪和12个萝卜可以互换，而3个萝卜又可以与2只螃蟹互换。因此，用几只螃蟹能换回1头猪，不是很容易想明白的吗？

物换物真有点不方便

罗伯特　这可令人感到奇怪了。怎么用2条鱼不能换1只小兔了？我真有点糊涂了。

米丽娅　这是怎么回事呢？

嘟　嘟　请你听听山里人是怎么说的吧！他们说"不需要鱼了，拿玉米来换才行"。

萨　沙　可以这么办。渔村的人拿鱼先到平原村换玉米，然后再拿换来的玉米到山村去换小兔。这不就行了吗。

嘟　嘟　那可太麻烦了。如果是我，可懒得那样去做。

交换的媒介物

盐

苞米

铁刀

稻

蔬菜

羊

开心博士 请看上图,古时候人们用这些东西做媒介进行交换。看了这张图,你们有什么感想?

嘟 嘟 果真这样吗?我真不敢相信,用这些东西做交换的媒介。

开心博士 这会给住在山里和河边的人们带来种种不便。因为他们不能与平原上的人直接做交换。

米丽娅 这就会出现像刚才计时电视机屏幕上出现的那种情况。

开心博士 住在河边的人们,即使弄到很多的鱼,也很难换到自己所需要的东西。住在山里的人们也会遇到同样的情况。因为作为交换的媒介都是盐啦、玉米啦、蔬菜啦、米啦、羊啦、铁刀啦等一些日常生活需要的东西,而这些东西他们是很难弄到手的。

各种各样的古币

位于大西洋的霞普岛以石币著称。其中有一块大石币,直径竟达5 m,堪称一奇。

开心博士　自从地球出现人类，人们就聚集在各个不同的地方，过着群体生活。这说明人是不能单独地生存下去的，人类具有集体生活的本能。

嘟　嘟　这也是人类的本能啊！

开心博士　请允许我继续讲古代的事，好吗？

米丽娅　请开心博士把事情讲得更通俗一些。

开心博士　好，就照你说的办，由于人们聚集在一起，于是便产生了社会。人们在社会生活中逐渐感到那种以物换物的交换方式太不方便了。

罗伯特　是这样。用牛去买东西实在不方便。

开心博士　正因为这样，所以在交换中开始出现用价值做媒介。于是便产生了钱。有各种各样的钱在各个不同的地方使用着(见右图)。

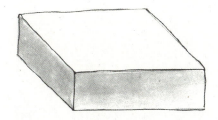

盐块钱

贝壳钱（中国）

刀钱（上）
鱼钱（下）

铜钱

（日元）的诞生

米丽娅 开心博士，现在日本使用的"月"这一货币单位是从什么时候开始的？

开心博士 大约是在100年前明治四年时开始的，在这之前各地都有自己地方通用的货币。由于和外国进行贸易越来越频繁，因此作为一个国家应该有统一的货币。由于当初国家统一的货币是金币，而金币的形状都是圆的，因此，把货币单位称为"月"（在日本"圆"写作"月"）。

萨沙 各个国家所使用的钱的单位各种各样。为了方便，不好也像长度、容积那样，规定世界通用的钱的单位吗？

开心博士 萨沙提出了一个很好的问题。不过那可是个很难的问题。为什么呢？钱这种东西内含价值，它具有等价物的性质。由于这个问题牵扯到目前大家不易听懂的问题。因此，我们就不多讲了。

一日元硬币
直径为20 mm
厚度为1.5 mm
重量为1.0 g
把10 000个日元硬币摞起来可达15 m高。

10000日元	1000日元	100日元	10日元	1日元

开心博士 看上图,联想到什么没有?

米丽娅 想起了第一册提到的瓷砖。与瓷砖的摆法完全类同,在这里,集中10个1日元就是10日元。集中10个10日元就是100日元……

罗伯特 这就是10进位法。

开心博士 很机灵!这是个很好的发现啊。

世界上一些国家的货币单位

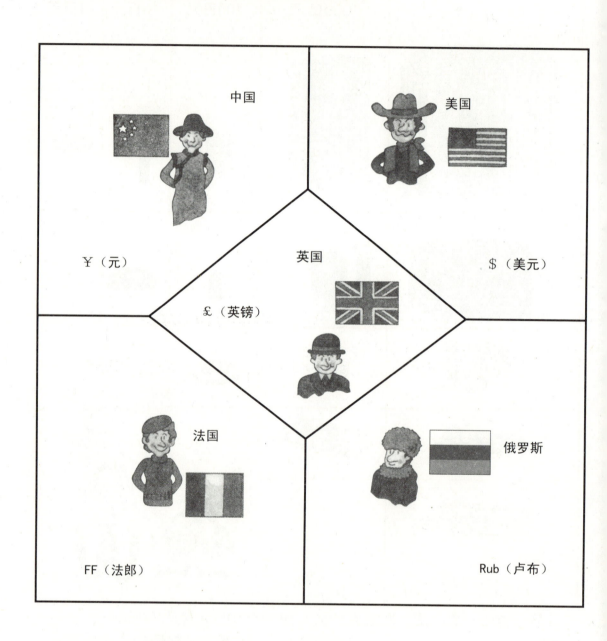

请顺便记住这些国家的国旗。——开心博士

再见，开心博士！我们还会再来的。

（在开心博士那里听到了许多以前没有听到过的有关货币的故事。大家感到很新奇，感触很深。不知不觉天黑了，时间过的真快呀！）

开心博士　今天谈的仅仅是货币问题中的一部分。要了解社会，就不能不了解货币。要想把货币问题弄清楚，不仅需要数学知识，还需要社会学、理科学、语言文学等多方面的知识。

米丽娅　说心里话，开始来工作室时，我并不怎么感兴趣，可是听了开心博士讲的这番话，就又不想走了。

（大家正在兴头上，屏幕上出现了"结束"二字。）

开心博士　那么，我们就到此结束吧！哈哈哈哈……

数学世界探险记

第三次访问

（米丽娅他们来到开心博士工作室。今天讨论的课题是大家都感兴趣的重量问题。罗伯特发现在开心博士房间的一个角落里有一台大秤。他们高高兴兴，吵吵嚷嚷，争先恐后地用这台秤称自己的体重。）

测量重量

（你看萨沙一上秤叉开双腿用力地站着，罗伯特一上秤做了个倒立，恐怕自己的体重比萨沙轻。待大家称过体重，开心博士微笑着说了声好，然后，给大家出了一道题。）

一个一个地回答博士的问题

开心博士　将装水的水槽放到秤上，再在水上放一块小木板。这时指针会不会因为秤上的重量增加而向前移动呢？

萨　沙　由于木板在水上浮着，木板的重量加不到秤上，因此指针不动。

开心博士　这回再把砂糖放在水里，看看指针会不会动？

嘟　嘟　这样，砂糖会在水中溶解。溶解后，水会变甜，但秤的指针不会动。

开心博士　好，现在我把金鱼放到水槽里，让它在水中游。看看这时指针会怎么样？

罗伯特　金鱼在水中游，这和木板浮在水上是一样的，所以重量也不会变。

（罗伯特满有信心地做了这样的回答。）

开心博士　现在我把油放在水里，你们再好好考虑一下，这回指针会怎样？

米丽娅　由于油比水轻，因此，油会浮在水的上面，我想，指针仍然不会动。那么这到底是怎么回事呢？也许……

开心博士　现在往水槽里放块冰吧，使水变凉。这样指针动不？

胖噜噜　这样，冰会浮在水上。不过，它会渐渐溶解变小，而水量会增多。这样指针当然会一点点向前动的。

（大家回答的对不对呢？）

55

数学世界探险记

开心博士 大家对刚才的问题做了各种各样的回答。可是谁答的对呢?我认为都答错了。这说明你们还没真正了解重量是怎么回事。重量的量也如长度、货币一样,两个东西合在一起,不是得用加法吗?看来,你们有必要对重量的问题做进一步的探索。

罗伯特 我的回答也错了吗?鱼在水中游,它的重量也加在秤上了吗?

喜鹊 罗伯特,别考虑你的答案了。瞧,大块头和胖噜噜在压板上玩呢!你们不来玩玩吗?

米丽娅 大块头和胖噜噜的重量不平衡,一点没意思。

喜鹊 那么,哪边重?

萨沙 当然大块头那边重。

喜鹊 压板恰好像一台有趣的天平,用它就能对各种东西的重量进行比较。

重量和大小没关系

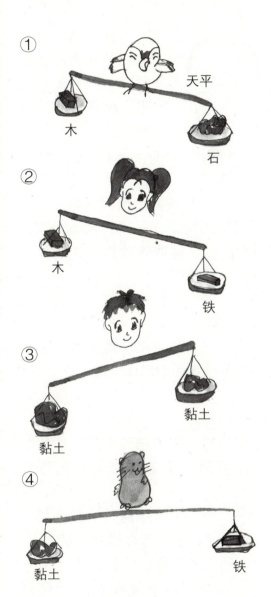

① 天平 木 石

② 木 铁

③ 黏土 黏土

④ 黏土 铁

⑤ 嘟嘟 棉花

喜鹊 左图是天平。请看图①，同样大小的石头和木头，石头比木头重得多。

米丽娅 在图②的天平两边分别放着木头和铁，尽管铁小，还是铁重。

罗伯特 这样直接做一下比较，就知道什么重，什么轻了。

萨沙 图③的天平两边放的都是黏土。同样是黏土，当然小块的轻。

嘟嘟 在图④中大块的黏土和小块的铁重量也平衡了。所以两种不同的东西相比较，不一定大的东西就重。

喜鹊 嘟嘟理解的很透彻。虽然嘟嘟小，但是嘟嘟可以和一大堆棉花平衡。

嘟嘟 我讨厌用我来做实验。

形状虽然变了，但重量不变

开心博士 给你们两块大小相同的黏土，只能在天平上使用。请做各种实验。

（于是三个人在天平上做起了实验。开始把两块大小相同的黏土分别放在天平的两端，一看，两边的重量相等(图①)。这时萨沙把左边的黏土做成个兔子(图②)。

萨沙 尽管形状变了！但是重量却没变呀。

米丽娅 把兔子分成两半，天平两边的重量还相同吧(图③)!

罗伯特 现在把天平另一边的黏土做成喜鹊。尽管这样重量也不变(图④)。

萨沙 把天平两边的黏土都分成若干小块，这回怎么样(图⑤)?

米丽娅 重量还是不变。

开心博士 重量和水、长度一样，无论分成多少个小部分，也不管形状怎么变，前后重量都是相同的。这一点都明白了吧？

帮帮大块头吧

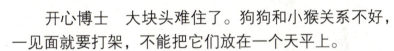

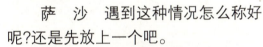

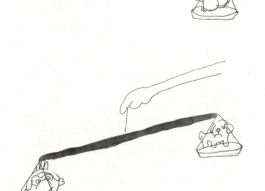

开心博士　大块头难住了。狗狗和小猴关系不好,一见面就要打架,不能把它们放在一个天平上。

萨　沙　遇到这种情况怎么称好呢?还是先放上一个吧。

罗伯特　不能直接做比较时,再用一下别的什么东西就行了。

大块头　那样的话,就把胖噜噜放在另一头,行不行?

胖噜噜　不,我不干。

(不过胖噜噜还是没辜负大家,到底做了媒介物了。称的结果,胖噜噜比小猴轻,而比狗狗重。那么小猴和狗狗到底哪个重呢?请好好考虑一下吧!)

数学世界探险记

肯定是小猴重啊！如果使用一下不等号，那么，小猴>胖噜噜>狗狗，所以小猴>狗狗。

米丽娅 现在以这个花瓶为标准，拿它和猫咪、苹果做一下比较。

嘟 嘟 还让我上秤称，这回我可不干了。

萨 沙 不要这样，大家都是为了探索问题嘛。

（米丽娅他们以花瓶为比较对像，分别把嘟嘟、猫咪、苹果放到秤上称，结果如左图。）

罗伯特 嘟嘟和苹果哪个重？嗯！花瓶比嘟嘟轻，比苹果重，所以嘟嘟比苹果重。

米丽娅 由于花瓶和猫咪同样重，而花瓶比苹果重，因此猫咪比苹果重。又由于花瓶比嘟嘟轻，因此猫咪比嘟嘟轻。

萨 沙 如果不能直接做比较，总是这样比来比去的，这可太烦人啦！

　　开心博士　开始时会感到有点发憷。不过不要着急，好好动动脑筋会弄清楚的。萨沙，你说是吗？

　　罗伯特　开心博士，我在开始时也与萨沙有同感。但转念一想，有您在指导我们，问题会得到很好解决的。我罗伯特一定要多动脑筋。

　　开心博士　哈哈哈哈……不要把我看得那么神奇。总之，不要怕，只要认真捉摸，总能想出办法的。有的人一提到"数学"二字就心慌，其实数学是到处存在的，怕它怎么行呢？

　　嘟　嘟　什么？您说到处存在？哎哟，我又困了。

　　米丽娅　嗐，嘟嘟！你是不是有点骄傲了？

　　萨　沙　尽管开心博士那么说，我心里还是有点打怵。

　　博　士　常言道，忙中容易出错。今后你们在探索数学问题时，一定不要慌，要踏实，要善于思考，明白吗？

　　1. 父亲的皮包比我的背包轻，母亲的手提包比父亲的皮包还轻，把这三种东西按重量的大小顺序，用不等号表示出来。（这是罗伯特出的题。）

　　2. 打扫房间时，我的宝贝——小木偶都拿出来了。把它们放在天平上一称，结果是这样：灰姑娘比娃娃重，而松鼠比娃娃轻。请按重量的大小顺序用不等号表示出来。（这是米丽娅出的题。）

称一下嘟嘟的重量

罗伯特　与花瓶、狗狗、苹果相比，嘟嘟是最重的了。可是嘟嘟到底有多少个苹果重呢？

米丽娅　还是称一称看吧。

嘟　嘟　我已经困了。

(嘟嘟讨厌称它的体重，但还是称了，结果等于11个苹果重。

米丽娅　猫咪恰好是6个苹果重。

萨　沙　这是用几个苹果来测重量的。嘟嘟相当于11个苹果重，猫咪相当于6个苹果重。由于猫咪的重量和花瓶的重量相等，因此，花瓶也就相当于6个苹果那么重了。

喜　鹊　果真如此吗？请做做看。

萨沙 我换成另外6个苹果，花瓶的重量就不等于6个苹果重了。

喜鹊 这么做的不明确，那么怎么做才能明白呢？

罗伯特 因为花瓶和猫咪的重量是相同的，所以花瓶应该相当于6个苹果重啊。

萨沙 是啊，花瓶和猫咪的重量相等，这是对的。可是一换成另外6个苹果就不行了。

米丽娅 这样吧，测重时，拿完全相同的东西做媒介，以后再进行比较就好了。

罗伯特 你说的是重量相同的东西吧？……那好，我们拿一些茶杯来做媒介怎么样？

（只要作为媒介的一些东西有相同的重量就能够正确地做出比较了。按照这个想法，三个人画出了下列的图表。）

1kg（千克）

米丽娅　用茶杯做媒介来测量各种各样东西的重量，倒是挺好玩。但是茶杯的形状不完全相同，各个杯的重量也不完全相同啊。所以世界上应该规定一个统一的重量单位。请问开心博士，世界上统一的重量单位是什么？

（听了米丽娅的话，开心博士微微一笑。）

开心博士　大家已经是出色的数学探险家了。重量单位不统一，的确不方便，所以法国的学者们在规定长度单位米（m）之后，又规定了重量单位。他们把1l净水的重量称为1千克（kg），又称公斤。

萨　沙　千克是世界上通用的重量单位吗？

开心博士　是的，下面图里的天平的右边是1l水，那么左边与它平衡的铁砝码是多少千克？

萨　沙　1 kg。

开心博士　完全正确。下面看看如何称某个东西的重量。

1 l水的重量就是1 kg，以前我们还不知道呢。

称东西

开心博士 一说1 kg大家就会想到包装袋上写着1 kg的砂糖和豆瓣酱在市场上都很畅销。下面画的是商店里常用的自动秤。上面有刻度盘。把1 kg的砝码；1个、2个……地放上去，指针的尖儿就指向刻度1、2……

自动称

 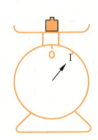 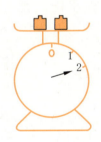 ……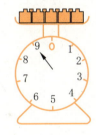

米丽娅 刻度很清晰啊！

萨沙 放上一个10 kg的东西指针恰好转一圈。

开心博士 那么，请随便放上各种各样的东西，实际地称一称看。

米丽娅他们很高兴，自己动手称了各种各样的东西并根据指针所指的刻度，读出了重量。

那么，你也实际地做一下。

是多少千克？

数学世界探险记

大块头拿的秤，秤杆是用竹子做的，你知道吗？

喜　鹊　把要称的东西放到秤杆的一端，调整挂在秤杆左边的秤砣的位置，使被称的东西和秤砣平衡。那么被称的东西的重量就通过一段秤杆的长度表现出来。

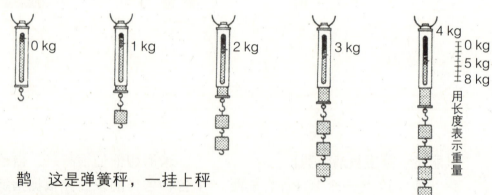

喜　鹊　这是弹簧秤，一挂上秤砣，内部的弹簧就伸长。于是秤砣的重量仍然能通过弹簧伸长的长度表现出来。

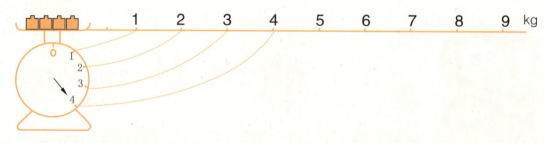

罗伯特　把重量变为长度，这很容易懂。

喜　鹊　是的，因为重量用眼睛看不见，转换为长度以后就能看见了。

重量的加法、减法

喜 鹊 对不起，这回请米丽娅和嘟嘟分别在秤上称重量，然后米丽娅再抱着嘟嘟在秤上称重量。

 +  =

25 kg　　　　　2 kg　　　　　27 kg

喜 鹊 米丽娅和嘟嘟分别称出的重量与米丽娅抱着嘟嘟称出的重量、有什么关系？

罗伯特 啊！分别称出的重量合到一起与它们一起称出的重量是相等的。重量也能用加法算啊。

 −  =

29 kg　　　　　28 kg　　　　　1 kg

萨 沙 我看也能用减法。胖噜噜，请来一下。

胖噜噜 太不够意思了？萨沙又把我拉进来了。

数学世界探险记

可怜的驴

可怜的驴　　为什么说驴子可怜，你不知道吧？

两个人都骑在它身上，它受不了吧！

驴子多健壮啊！

这样，它就轻松了吧！

驴子好像累了吧？

驴子脚步沉重地向前走去。

这位伯伯心地倒很善良，可是他却不知道关于重量的一些道理。

1. 罗伯特和萨沙一起测体重，秤的指针指向56 kg。罗伯特下去，秤上只剩下萨沙，指针指向31 kg。这时萨沙已经知道罗伯特的体重了，那么，你知道吗？

2. 米丽娅和母亲一块去买东西，在蔬菜店买了1 kg洋葱，又买了2 kg土豆，在肉店买了1 kg牛肉，回家后，把买来的东西一起用秤来称，其重量应是多少千克？

胖噜噜提出个难题

胖噜噜 喜鹊，我向你提一个值得研究的问题，可以吗？

喜 鹊 啊，当然可以啦！

胖噜噜 1 kg对很小的我来说，太重了，拿不动啊。

(说完，胖噜噜就从筐里拿出一个比1 kg小得多的砝码……)

胖噜噜 这个砝码的重量恰好是把1 kg分成相等的10份中的1份那么多，把这样的3个小砝码和1 kg的砝码放到秤上去称，看看重量是多少千克？

米丽娅 指针指的刻度在 1 kg和2 kg之间，我不知道是多少。

罗伯特 肯定不是13 kg，我不知道该怎么表示。这个题很难，是吧？我也不懂。

胖噜噜 告诉你们吧，是1.3 kg，应该用小数来表示。

萨 沙 如果说我的体重是27.8 kg，那么，这是小数吧？

喜 鹊 小数和分数将在第三册里讨论，所以现在仅就胖噜噜提出的问题进行讨论就行了。

数学世界探险记

1 kg 等于 1 000 g

开心博士 胖噜噜出了一道小数题，把大家难住了。关于小数，将在第三册里研究。现在就胖噜噜提出的问题思考一下看。

1 kg = 1 000 g

1 枚硬币 × 1 000

开心博士 只要看看上面的天平就会知道，如果 1 kg 分成相同的 1 000 份，那么其中的一份为 1 g，这也就是说，1 000 个 1 g 为 1 kg。这样，前面提到的 1.3 kg 可以不用小数来表示，而写成 1 300 g。

罗伯特 如果把 1 kg 分成相同 10 份，那么 1 份就是 100 g 吧？是这样。刚才胖噜噜从筐里拿的那个砝码就是 100 g

的。现在大家想想看，1 g 的砝码究竟有多重？实际上，1 枚硬币的重量恰好是 1 g

米丽娅 1 枚硬币原来才 1 g 那么轻啊。以前我真不知道。

开心博士 这回我们拿来带 100 g 刻度的秤。用它来称轻东西就方便了。

  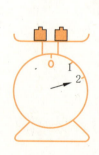 ……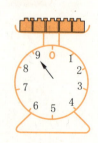

用长度表示重量

萨沙 这个秤，一圈表示1kg吧？

开心博士 你说得对。这种秤适合称日用品，用起来很方便。

米丽娅 上街买肉、糕点、水果什么的，都以100g为单位来计价。

开心博士 嗯这是个很好的发现。好，现在我们把1kg，用长度表示出来看。

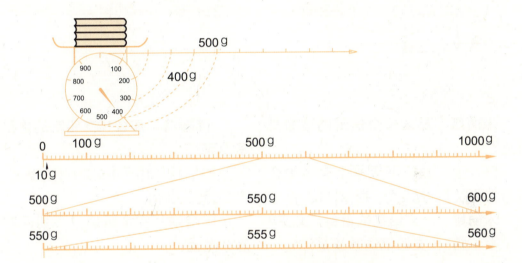

胖噜噜 上边的那条线表示1kg。用放大镜看中间的那条线，它表示从500g到600g。再用更大的放大镜看下边的线，它表示从550g到560g。

米丽娅 就是很小的橡皮擦的重量，用它也能测出来。

你能读出下面的刻度吗？

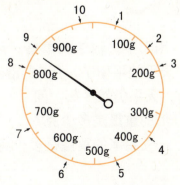

称一称轻东西看

胖噜噜 用天平称一称各种各样的东西。我们用1枚硬币来代替1 g的砝码,行吧!

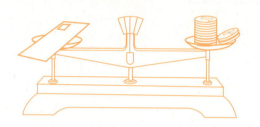
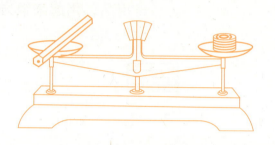

米丽娅 那么一个信封的重量是几克?

萨 沙 数一下天平上有多少个硬币就可以了。是12个,所以是12 g。

米丽娅 一支铅笔的重量是几克?

罗伯特 一支铅笔的重量是5 g。

胖噜噜 那么12支铅笔的重量是多少克?

罗伯特 由于1支是5 g,因此12个5 g就是60 g。

胖噜噜 完全正确。下列问题该怎么做呢?

1. 用天平去称信的重量。用25枚硬币,天平就平衡了,用5支铅笔来代替硬币,天平仍然平衡。问

① 信的重量是多少克?

② 一支铅笔的重量是多少克?

2. 用自己的身体当做秤做一下练习。

① 大家都知道1枚硬币的重量为1 g。请你把一件东西放在手上掂量一下以后放下,然后再凭你的感觉估量一下,在手上放多少枚硬币,其重量与那件东西的重量相等?

② 再用秤称量一下那件东西的重量,看你估计的重量是否准确。

开心博士　计算一下下面的东西的重量是多少克?

罗伯特　这和一开始提出的问题相同,我们已经都会了。

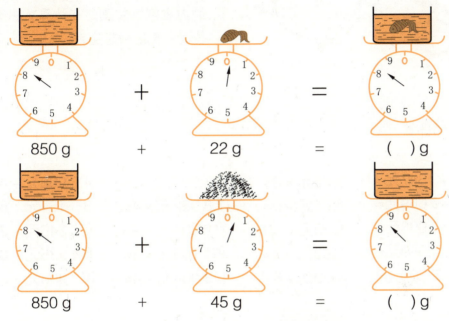

850 g　　+　　22 g　　=　　（　）g

850 g　　+　　45 g　　=　　（　）g

米丽娅　关于金鱼这道题,答案是显然的。

嘟　嘟　把45 g砂糖放到850 g的水中后,重量是多少呢?这样的题,我早已算会了,用加法来算,共895 g。

米丽娅　真棒!嘟嘟做得很好。

罗伯特　下面这道题是减法,也很简单嘛。

从850 g中减去38 g就行了。尽管木块浮在水上,但是它的重量还是包含在850 g中。

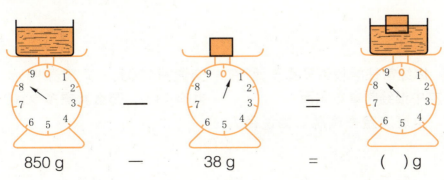

850 g　　−　　38 g　　=　　（　）g

数学世界探险记

对加法、除法、乘法计算感到有困难的人,还是重温一下第一册的内容吧。特别是在计算式中有单位时,更应引起注意。

1. 做下列的计算。

① 4 792元+2 347元=   ② 56元×3=   ③ 7 394元÷2=   ④ 8 968元÷43=
⑤ 2 331元+7 669元=   ⑥ 81元÷9=   ⑦ 8 932元×4=   ⑧ 5 151元÷51=
⑨ 7 002元+2 998元=   ⑩ 25元×50=   ⑪ 2 001元÷9=   ⑫ 7 346元÷28=
⑬ 9 000元−4 089元=   ⑭ 63元÷7=   ⑮ 1 000元×3=   ⑯ 4 235元÷35=
⑰ 8 072元−7 203元=   ⑱ 99元×8=   ⑲ 3 004元÷4=   ⑳ 8 908元÷92=

2. 这回是计算重量,请看好单位后再进行计算。

① 48 kg+52 kg=   ② 28 kg+73 kg=   ③ 50 kg+85 kg=   ④ 28 kg+98 kg=
⑤ 83 kg+45 kg=   ⑥ 73 kg+27 kg=   ⑦ 25 kg+38 kg=   ⑧ 46 kg+38 kg=
⑨ 5 002 kg+4 997 kg= ⑩ 4 kg×50=   ⑪ 2 kg+3 000 g=   ⑫ 4 000 g+52 kg=
⑬ 2 000 g+1 999 kg=   ⑭ 3 kg×25=   ⑮ 4 kg+5 000 g=   ⑯ 8 000 g+48 kg=
⑰ 400 kg+5 000 g=   ⑱ 10 kg÷2 g=   ⑲ 8 000 g+2 kg=   ⑳ 25 kg+5 000 g=

3. ① 你经常往学校带多重东西?在你的朋友中谁经常拿重东西?
② 全班决定去旅游。据说每人交通费120元。入园券15元。全班一共有43人,那么共需多少钱?

> 即使在多次做题中出现错误，也不可怕。真正可怕的是不懂装懂。希望大家不断地努力、善于动脑。总会有一天，揭开数学之谜。

4．读下面的短文，然后做计算。注意1 kg=1 000 g。

① 5个孩子均分2 kg黏土，用来做小动物。有的孩子做袋鼠，其余的孩子做大象。最后把做成的动物收拾起来，合成一团，其重量是多少？

② 一些孩子组成了一个数学探险队，有一个孩子由于在全体队员集合时才急急忙忙把绳子和手电筒等东西往背包里塞，引起一场大笑。已知背包的重量是4 kg，这个孩子的体重28 kg。那么这个孩子背上背包后上秤来称应是多少千克？

5．下面给出了某小学的体检表。据此，回答下面的问题。

小学生的身高、体重

年龄	身高/cm		体重/kg	
	男	女	男	女
6	115	114	20	20
7	121	120	23	22
8	126	125	25	25
9	131	131	28	28
10	136	137	31	32
11	141	143	35	36

① 请把你自己的身高和体重与他们相比较，看看有多大差别？

② 6岁的男孩和8岁的女孩一起上秤来称，指针应指向多少千克？另外，6岁的男孩和8岁的女孩，身高加在一起是多少厘米？

数学世界探险记

三个人在牧场考虑的问题

在一个晴朗的日子，米丽娅、萨沙、罗伯特三个人在牧场里，一边欣赏大自然的风光，一边滔滔不绝地互相提问题。

1. 体重23 kg的人，骑乘24 kg的自行车。那么人和自行车的总重量是多少千克？

2. 某同学在春季体检时，体重是24 kg，到秋天又称了一次体重，结果是26 kg，问这个同学的体重增加了多少千克？

3. 有砂糖70 kg，做糕点用去一部分后，拿到秤上一称，还剩57 kg，问用于做糕点的砂糖是多少千克？

4. 罗伯特同学说在秤上称体重是25 kg。如果蹲在秤上，那么指针应指向多少千克？

5. 萨沙同学挖土豆45 kg，据说罗伯特同学比萨沙同学多挖土豆18 kg，问罗伯特挖土豆多少千克？

6. 东京塔的高度是333 m，法国巴黎铁塔的高度比东京塔低33 m。问巴黎铁塔的高度是多少米？

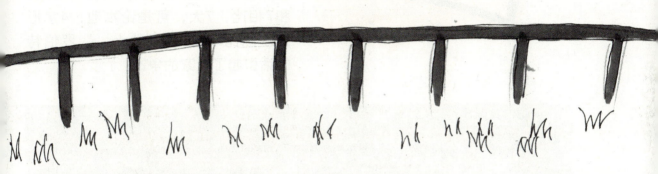

7. 请把下面的长度用线段表示出来。开始不要用尺去量。
   ①10 cm   ②15 cm   ③200 cm 5 mm   ④30 mm   ⑤6 cm   ⑥95 mm
   ⑦20 cm   ⑧45 mm   ⑨50 cm 9 mm   ⑩1 cm   ⑪15 mm   ⑫8 mm

8. 请在下面口中填数字。
   ①1 cm=□ mm   ②10 cm=□ mm   ③1 m=□ cm   ④1 km=□ m
   ⑤4 cm 5 mm=□ mm   ⑥3 m 5 cm=□ cm   ⑦1 m 50 cm=□ cm   ⑧100 cm=□ m

9. 仔细读下面的短文,然后回答文中提出的问题。

①米丽娅身高128 cm,体重23 kg,他父亲身高172 cm,体重75 kg,那么父亲比米丽娅身高多多少厘米?体重多多少千克?

② 设A、B、C三地可以连成一条直线,而且B地在A地和C地之间,现已知A地与C地的距离是556 km,A地与B地的距离是366 km,那么,B地与C地的距离是多少千米?另外这个距离相当于多少米?

第四次访问

（这是探险队第四次访问开心博士工作室。队员们个个精力都很充沛。按萨沙的主意，大家从里院开始参观……怎么那里有一个7字形和一个4字形的水池。对此，大家都感到很惊讶。看了一会儿，罗伯特说"论数4和7相比，7大，可是论水池，4字形的水池比7字形的水池大。"罗伯特的话引起了大家的争论。）

萨 沙 7字形的水池大呀！

米丽娅 说大还不如说宽好。我看4字形的水池宽。

嘟 嘟 怎样才能说明白呢？看你们七嘴八舌地争论不休，吵得我睡不好觉！

罗伯特 我们不争吵了。嘟嘟，我看面积大小总能准确地测量出来。譬如，与学校运动场比，肯定还是棒球场占的地方大。

（几个人一边谈论这件事，一边走着。不一会儿就走到了工作室的门口。开心博士打开了门，请他们进去。他们又走进了常去的那个房间，一看，开心博士的办公桌上放着五颜六色的图画纸……）

米丽娅 这些剪纸是干啥用的？

开心博士 这是专门为今天研究面积的问题而做的剪纸。

萨 沙 面积？

开心博士 所说的面积，就是所围平面的大小。

（三个人都吃惊地互相看了一眼。）

罗伯特 我们刚才正议论这个事。

哪个面积大

开心博士 面积也同水量、长度、重量一样是从直接比较开始的。这里有一个棉坐垫和一个手帕,请比较一下哪个大?

米丽娅 用肉眼就能看出来。
萨 沙 嗯!只用眼睛就看出来了。这好像看太阳和月亮一样。
开心博士 喂,萨沙,你比较过月亮和太阳的大小吗?
不要光凭感觉说话。这回,请比较下面的两个东西。

萨 沙 我看差不多一样大。
米丽娅 怎样才能比较大小呢?
罗伯特 依我看,把两个东西重叠起来不就清楚了吗?
(于是罗伯特将包袱皮和包袋纸重叠起来。)

罗伯特 瞧!宽窄不同。这不就清楚了吗!是下面的包袱皮的面积大。还是我的主意好吧!……

开心博士　那么，下面的四张剪纸，请按面积大小依次排列出来。

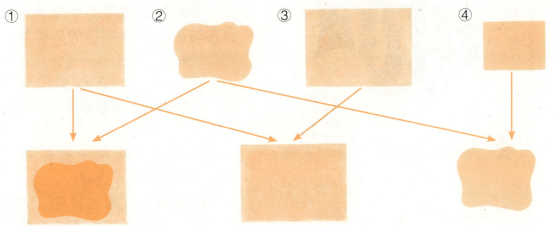

米丽娅　①和②的大小一下子就能看出来，把①和③重叠起来，一看就知道③稍大一点。

罗伯特　②和④相比呢，②稍大一点。

萨　沙　这样①和④不用直接比较了，因为①＞②，②＞④，所以①＞④，答案是③＞①＞②＞④。

开心博士　大家做得很准确。

请比较一下右边的面积Ⓐ和下页的面积Ⓑ。不挨着，因此不能直接做比较呀！

数学世界探险记

考虑媒介物

米丽娅　这可不好办了！前页Ⓐ的面积和这页Ⓑ的面积怎么比较好呢？

萨　沙　把这页的Ⓑ剪下来，和前页的Ⓐ重叠起来，不就能比较出来了吗？

米丽娅　从书上剪下来不行，书是宝贵的东西呀！

罗伯特　我看这样吧。借助于薄纸或透明纸或描图纸，把其中一个描下来，然后把它与另一个重叠起来做比较就可以了。

米丽娅　对。这是个好办法。

（三个人就这样巧妙地比较出了处在不同地方的两个面积的大小。

那么　Ⓐ和Ⓑ到底哪个面积大呢？）

喜　鹊　好！大家都能巧妙地进行比较了。那么这张桌子上的台布的面积和贴在墙上的那张不可思议的地图的面积哪个大，大多少呢？

米丽娅 借助于一些小东西做媒介进行比较不行吗？

萨 沙 好吧，我用这里的书做媒介测一下它们的大小。

（这时，大块头、胖噜噜、嘟嘟都探出头来。）

胖噜噜 也让我们加入你们的行列吧。

米丽娅 那我们一起动手吧。可是，如果大家不自己拿出东西来做媒介，那可就不能比较面积了。

大块头	我用大三角形剪纸做媒介。	▲	萨沙	我用书做媒介。	
胖噜噜	我用小正方形剪纸做媒介。	▪	罗伯特	我用蜂窝形（正六边形）的剪纸做媒介。	
米丽娅	我用色纸也剪成正方形，用它做媒介。	■	嘟嘟	我用圆形的剪纸做媒介。	●

数学世界探险记

喜 鹊 把大家测量的结果列成下表。

	媒介	台布	地图		媒介	台布	地图
大块头	△	34	918	萨沙	📖	18	486
胖噜噜	▪	2 560	69 300	罗伯特	🧊	38	1 026
米丽娅	◼	44	1 188	嘟嘟	●	40	1 080

喜 鹊 通过这个表可以看到,这个不可思议的地图比台布面积大。可是究竟使用哪种媒介测量好呢?现在请以台布为例,做一下比较吧。

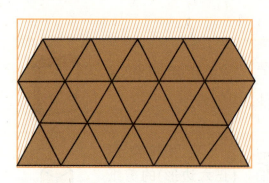

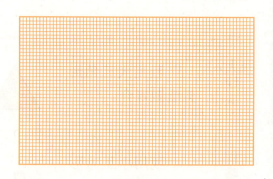

大块头 放上27个以后,再不能放了。可是还有空隙呀。填满大概需要34个左右吧。

胖噜噜 怎么样?因为用的小正方形,所以没露出缝隙来。

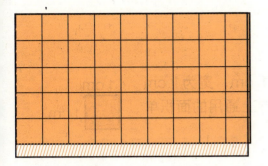 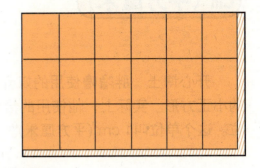

 米丽娅 下面露出了缝隙，右侧又超出了界限。

 萨 沙 放上18本书露出的缝隙还不少。

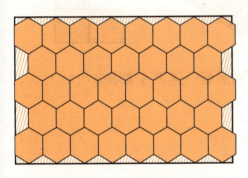 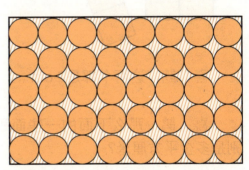

 罗伯特 我摆得很顺利，可是仍然有缝隙，宣告失败。

 嘟 嘟 有点缝隙有什么不好，我觉得还不错。

 开心博士 大家做得都很好。台布和不可思议的地图面积相差多少？这通过测量就能看出来。不过你们制做的媒介物，大多数摆上去以后，有不同的缝隙。我认为，最好的测量方法是借助胖噜噜制做的媒介物——小正方形。

cm² (平方厘米)

开心博士　胖噜噜使用的媒介是长为 1 cm，宽为 1 cm 的小正方形。实际上，他使用的恰巧是世界上通用的面积单位。这个单位叫 1 cm²(平方厘米)。

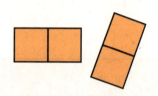

喜　鹊　这两个都是 2 cm²。

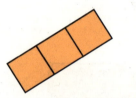

米丽娅　这两个都是 3 cm²

喜　鹊　那么下面的一些面积分别是多少平方厘米?

要不得，嘟嘟

在大家动手测量的时候，嘟嘟拿把大剪刀把 $1\ cm^2$ 的小正方形剪成了各种形状。

米丽娅　哎呀！怎么搞的，剪得乱七八糟。

喜　鹊　别急，把它们都恢复成原形。

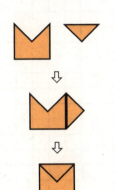

米丽娅　啊，好不容易恢复原状了。嘟嘟一不睡觉就淘气。

嘟　嘟　米丽娅，对不起！

（开心博士把要哭的嘟嘟抱在膝盖上慈祥地对他说。）

开心博士　好啊，嘟嘟告诉大家一件很重要的事情，请你们记住：面积与长度、重量是一样的，不管细分成多少份，其总量是不变的。

萨　沙　记住了。

开心博士　一定要记住。再请看这个。

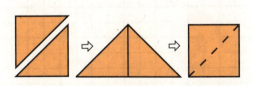

对这个图形不管怎么分割，总面积一点不会变。当然，被分割出来的各个部分一点也不要丢掉。

关于 cm² 的有趣游戏

开心博士 向淘气的嘟嘟学习。将面积为 1 cm² 的正方形,变成各种形状的图形。其中任何一个图形的面积都是 1 cm²。

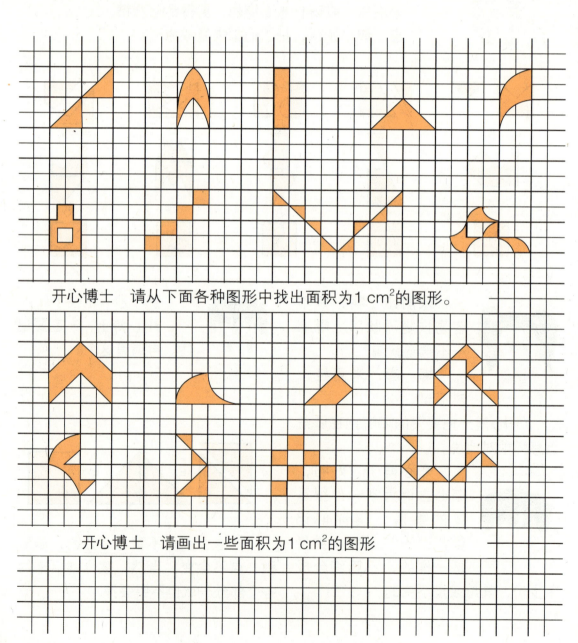

开心博士 请从下面各种图形中找出面积为 1 cm² 的图形。

开心博士 请画出一些面积为 1 cm² 的图形

1.下面的A和B的面积,哪个大,哪个小?

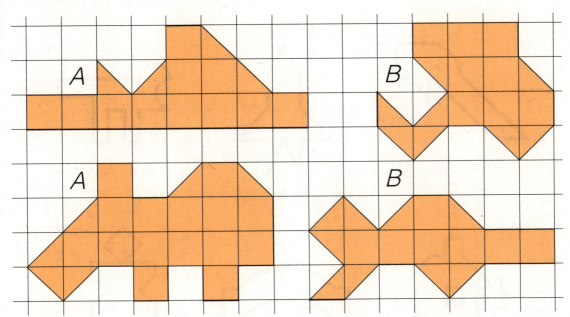

2.找出面积相同的图形

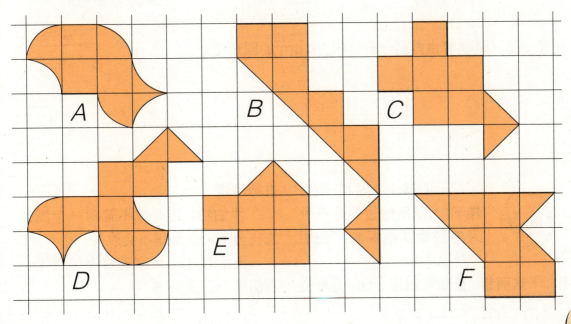

数学世界探险记

喜　鹊　这是米丽娅他们做出的面积为 4 cm² 的各种有趣的图形。

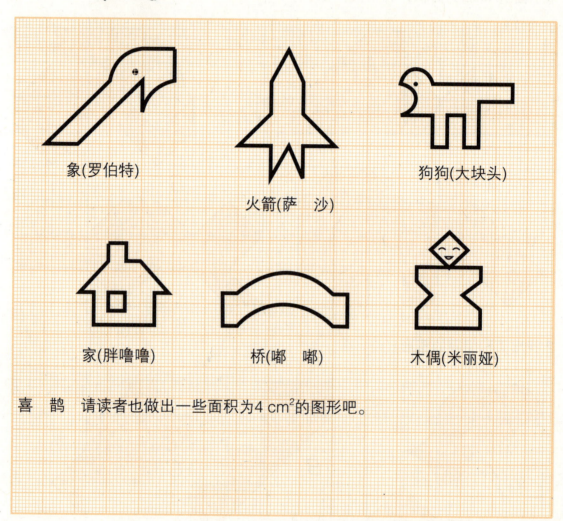

象(罗伯特)　　火箭(萨　沙)　　狗狗(大块头)

家(胖噜噜)　　桥(嘟　嘟)　　木偶(米丽娅)

喜　鹊　请读者也做出一些面积为 4 cm² 的图形吧。

开心博士　怎样？很有趣吧！大家所做过的这些令人感到愉快的探索，说明了什么？

米丽娅　面积可以以 1 cm² 为单位进行测量。

罗伯特　还有，不管对一个图形怎样分割，总面积不会改变。

开心博士　大家理解得很透彻，不简单，应该赞扬。

面积的加法计算

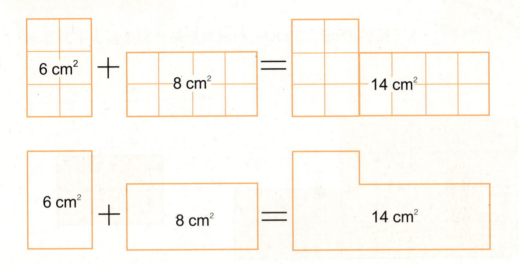

 喜　鹊　6 cm² 和 8 cm² 合在一起是多少平方厘米?
　　　　罗伯特　因为面积也能用加法计算,所以 6 cm² + 8 cm² = 14 cm²。

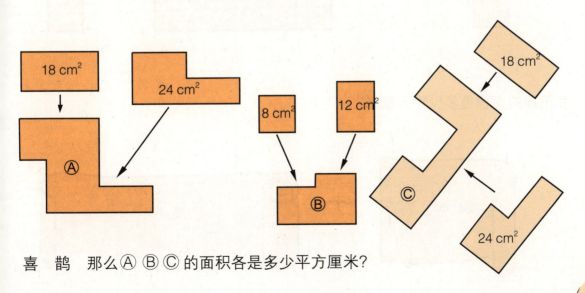

喜　鹊　那么 Ⓐ Ⓑ Ⓒ 的面积各是多少平方厘米?

数学世界探险记

1. 下面的A和B，C和D的面积加起来分别是多少平方厘米？

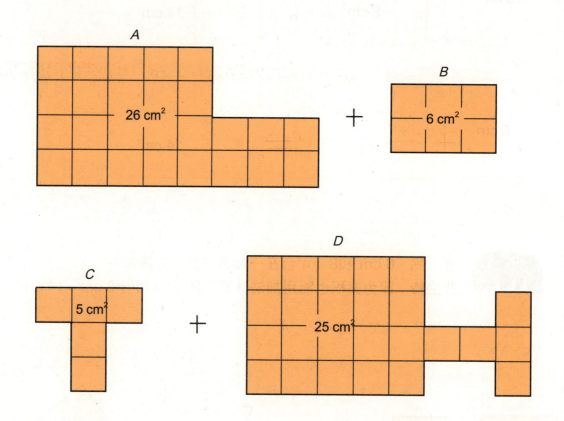

2. 下面的面积是多少平方厘米？

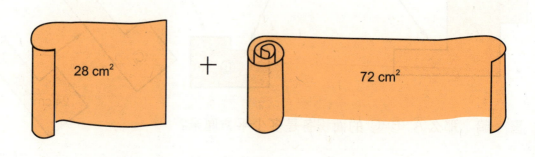

面积的减法计算

开心博士 这回是用减法计算,请看下图。

$16 \text{ cm}^2 - 4 \text{ cm}^2 = 12 \text{ cm}^2$

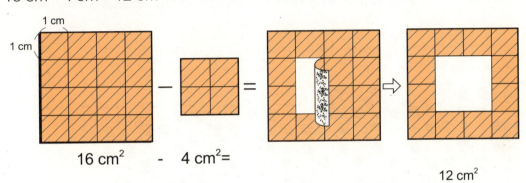

开心博士 下面的问题稍微难一些,但是很有趣啊。图中的阴影部分的面积是多少平方厘米?

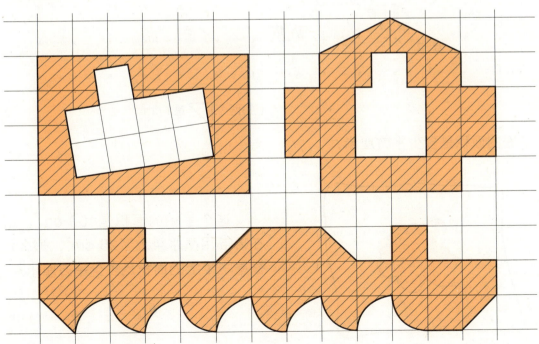

数学世界探险记

1. 萨沙和罗伯特在布阵。二人的布阵图，各是多少平方厘米？

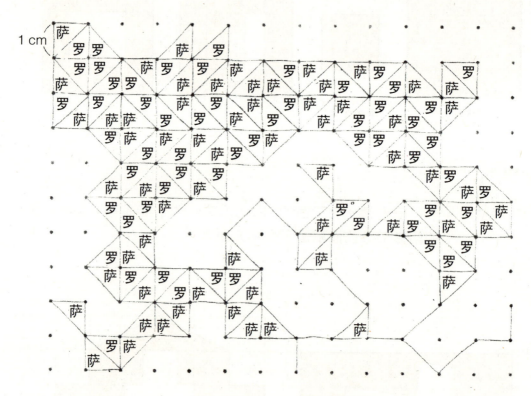

(注)两个 ◿ 是 1 cm²。

2. 下面的面积是多少平方厘米？

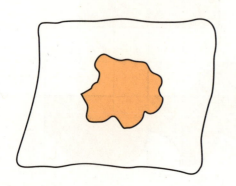

这个手帕的面积是 400 cm²。现在嘟嘟用墨水染上了 25 cm²，那么没被墨水染上的面积是多少平方厘米？

怎样测量面积呢？

开心博士　往大厅里铺地毯，能不能帮个忙？

（干力气活大块头很内行。一会儿工夫，他将地毯卷成一大卷儿，他把地毯拿到大厅里展开，铺满地面，顿时大厅显得格外漂亮。）

罗伯特　哎呀！卷的像个圆柱似的地毯，一圈一圈地展开以后，就好计算面积了。

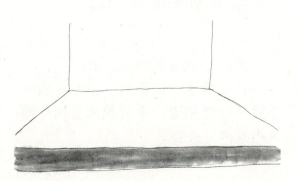

米丽娅　真有意思。这样一来，把1 cm²的纸一张一张地铺上去，地毯的面积可就算出来了。

数学世界探险记

罗伯特　用比地毯小一些的东西来讨论，也许更容易懂些。

萨　沙　那么，就考虑用色粉笔着色部分的面积吧。

米丽娅　将4 cm长的蓝色粉笔，整根的贴着白色的纸面往一旁移动5 cm，所形成的面积为20个1 cm²，即20 cm²。

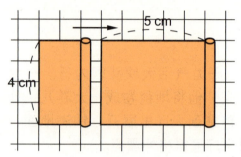

开心博士　米丽娅说形成的这个面积是20 cm²。那么这个面积该用什么方法计算出来呢？

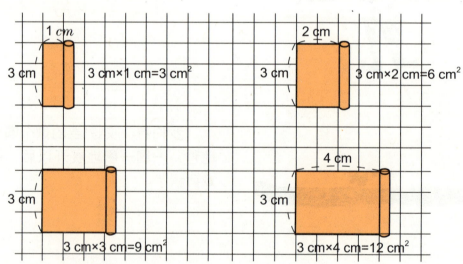

萨　沙　噢，把3 cm的色粉笔往一旁移动1 cm时，形成的面积是3 cm²，移动2 cm时，形成的面积是6 cm²，移动3 cm时形成的面积是9 cm²。

罗伯特　看出来了，应该用乘法。

瞧！3 cm×2 cm=6 cm²。

开心博士　说得对。请好好看一下式子就会知道，平方厘米是两个厘米相乘得出来的。

长方形的面积=长×宽

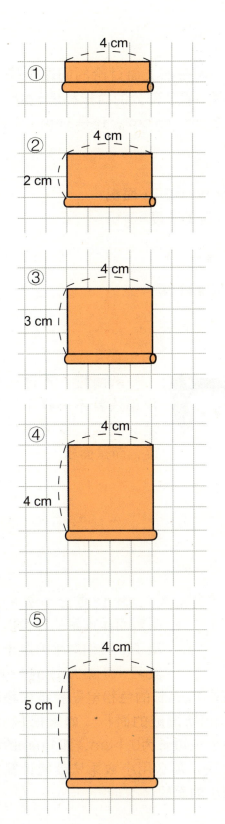

喜　鹊　请看左图。

4 cm长的色粉笔，贴着纸面向下移动1 cm，形成的面积是多少？

米丽娅　4 cm×1 cm=4 cm²

萨　沙　4 cm长的色彩笔贴着纸面向下移动3 cm，形成的面积是

4 cm×3 cm=12 cm²。

嘟　嘟　我也会。4 cm长的色粉笔，贴着纸面向下移动4 cm，形成的面积是 4 cm×4 cm，计算结果是16 cm²。不过，这可是个正方形，而不是长方形。

喜　鹊　正方形也是长方形的一种嘛。

罗伯特　还是列个表吧。

(于是大家列出了下面的表)

	长　度	宽　度	面　积	形
①	4 cm	1 cm	4 cm²	长方形
②	4 cm	2 cm	8 cm²	长方形
③	4 cm	3 cm	12 cm²	长方形
④	4 cm	4 cm	16 cm²	正方形
⑤	4 cm	5 cm	20 cm²	长方形

开心博士　用竖的长度×横的长度，当然就能求出面积。请把这本书横过来，这个长方形的长和宽就互相替换，可是面积并没变啊。

(博士颇有风趣地说。)

数学世界探险记

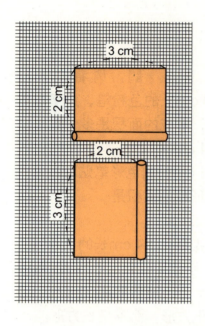

开心博士 现在把上面讨论的问题整理一下。左图中的两个着色部分的面积都是6 cm²。无论是2 cm × 3 cm = 6 cm²，还是3 cm × 2 cm 都一样。

竖的长度×横的长度=面积
横的长度×竖的长度=面积

长度 × 宽度=面积

萨 沙 噢，想起来了。长度+长度可仍然是长度啊。

罗伯特 长度−长度也仍然是长度啊。

米丽娅 不过一使用乘法就不一样了。长度×长度，结果不是长度，而是面积。

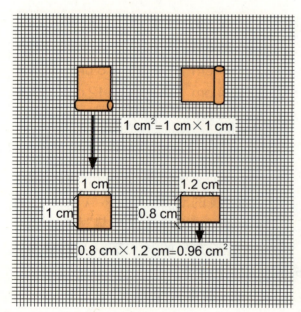

开心博士 看来大家对面积理解的好像挺不错了。我们对平方厘米再复习一下。所说的1 cm² 就是1 cm长的色粉笔贴着纸面移动1 cm所形成的面积。如果把1 cm²再分成边长为0.1 cm，即1 mm的小方块，那么用小数乘法就能计算出很小的面积。

1. 下面的面积是多少平方厘米?

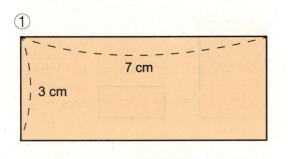

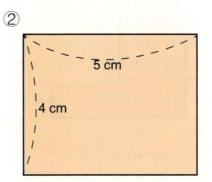

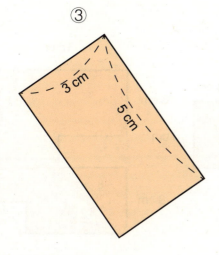

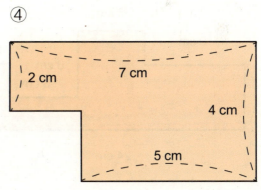

2. 写出下面的面积。

竖的长度	横的长度	面　积	竖的长度	横的长度	面　积
5 cm	7 cm		52 cm	8 cm	
8 cm	9 cm		4 cm	9 cm	
45 cm	3 cm		7 cm	3 cm	
10 cm	10 cm		90 cm	40 cm	

3.下面图形的面积是多少平方厘米?

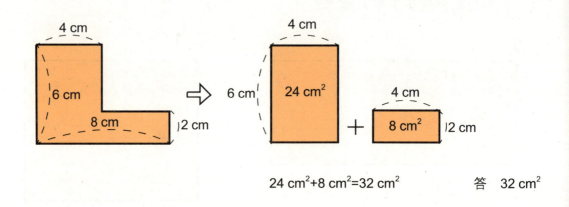

24 cm² + 8 cm² = 32 cm² 答 32 cm²

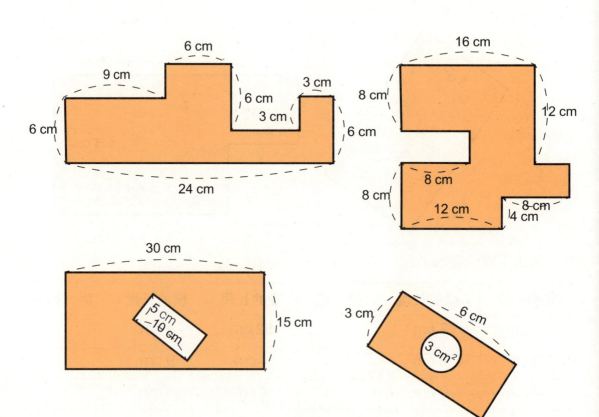

小黑怪真惹人生气

哈哈哈哈……
学习有什么用!

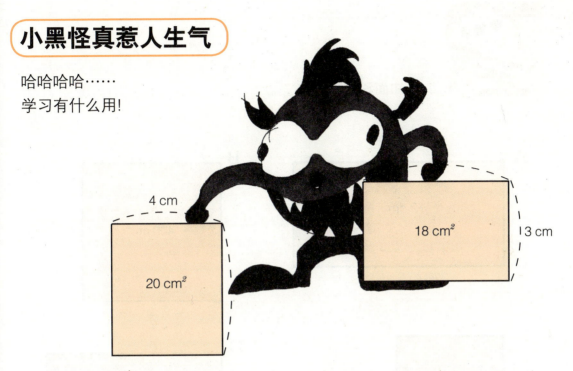

米丽娅　糟啦,小黑怪又来捣乱啦!

萨　沙　瞧,小黑怪把一个长方形的竖边长度和另一个长方形横边长度给挡上了!

嘟　嘟　小黑怪,你干什么!

小黑怪　不准乱动!好啊,博士表扬了你们几句,就觉得了不起了,哼,学习有什么用!

开心博士　学习有用还是没用,你听听罗伯特的吧!罗伯特,在不知道长方形的横边长度是多少的情况下,如果知道这个长方形的面积和竖边的长度是多少,那么你能不能把横边的长度算出来?

罗伯特　能。因为横边的长度×竖边的长度=面积,所以面积÷竖边的长度就等于横边的长度。同样,面积÷横边的长度就等于竖边的长度。

开心博士　罗伯特,你回答的完全正确。

(小黑怪听到这儿,又逃跑了。)

数学世界探险记

1. 已知面积，求边长。

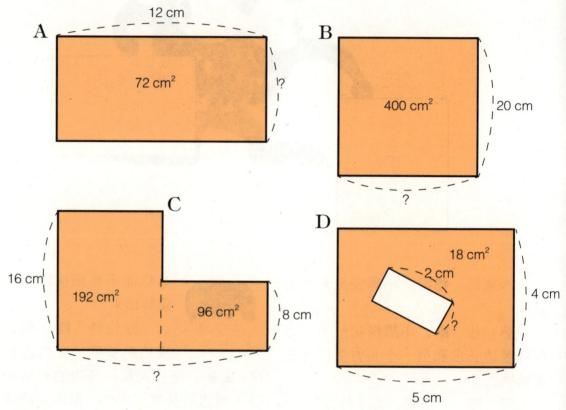

2. 填空

竖边的长度	横边的长度	面　积	竖边的长度	横边的长度	面　积
6 cm		48 cm²		8 cm	56 cm²
32 cm	4 cm		9 cm		45 cm²
	7 cm	49 cm²		7 cm	21 cm²
9 cm		99 cm²	156 cm		0 cm²

m²（平方米） mm²（平方毫米）

1 m²是边长为1 m的正方形的面积。

开心博士　请大家测量一下地毯吧！注意，1 m²=1 m×1 m

米丽娅　由于地毯竖边长度是5 m，横边长度是6 m，所以，面积是5×6 m=30 m²。

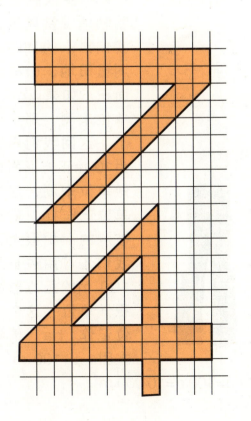

开心博士　前面在测量面积时，是以1 cm²为单位，这太小了。现在是以边长为1 m的正方形的面积为单位。即1 m×1 m=1 m²

萨　沙　把下面庭院的4字形和7字形水池面积测一下！测完就知道哪个大，哪个小了。

罗伯特　这已经是很简单的事了。你也来测吧。

开心博士　一测就知道，是4字形的水池面积大。现在请你们回答1 m²是多少平方厘米？

米丽娅　因为1 m²是1 m×1m所以，100 cm×100 cm=10 000 cm²。

这表明1 m²是10 000 cm²。

萨　沙　好惊人的数字啊！

开心博士　再考虑一下比1 cm还小的单位。左图中的1个小方格的面积是1 mm²(平方毫米)。

你们都知道1 mm²=1 mm×1 mm。可是你们知

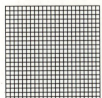

道1 cm²是多少平方毫米吗？实际上，因为1 cm=10 mm，所以，1 cm²=10 mm×10 mm=100 mm²。

a(公亩) ha(公顷)

米丽娅 啊，小风一吹，心情多么舒畅啊！

罗伯特 开心博士也会开车，真棒！

(汽车驶出工作室，大家以为是出去兜风，实际上不是。)

开心博士 大家不要只顾兴致勃勃地观赏风景，我们出来的目的是测量田地、山林的面积。如果以 m^2 为单位来测，那太小了。这回我们用边为 10 m 正方形面积做单位来测，这个单位记作 1a。如果被测的面积很大，我们还可用边长为 100 m 的正方形面积做单位，这个单位记作 1 ha。请看左图 1 a=100 m^2，1 ha=100 a=10 000 m^2。

km²（平方千米）

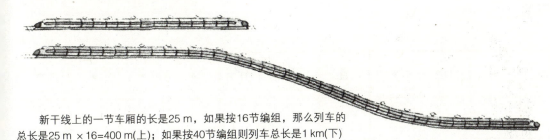

新干线上的一节车厢的长是25 m，如果按16节编组，那么列车的总长是25 m × 16=400 m(上)；如果按40节编组则列车总长是1 km(下)

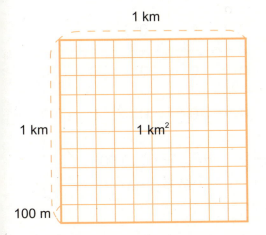

开心博士　为了表示城镇、市、县、岛屿、湖泊等更广阔的面积，怎么办好呢？用1 ha做单位，还嫌过小，我们可以用边长为1 km的正方形面积做单位，这个单位记作1 km²。

1 km相当于新干线上40节车厢连节起来的长度。

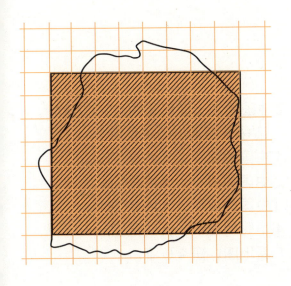

喜　鹊　请看一下地图，在上面有一个岛，它的面积大约与8 km × 7 km的长方形的面积相同，那么岛的面积是多少平方千米？一个湖的面积正好与宽5 km，长4 km的长方形的面积相同。那么湖的面积是多少平方千米？

数学世界探险记

把前面已讨论过的面积单位整理成下表。

km²	·	ha	·	a	·	m²	·	·	·	cm²
										1
						1	0	0	0	0
				1	0	0	0	0	0	0
		1	0	0	0	0	0	0	0	0
1	0	0	0	0	0	0	0	0	0	0

喜鹊一看这个表，真是一目了然。当查找1 km²等于多少平方米时，从m²栏起数一数有多少0就行了。一数便知1 km²等于1 000 000 m²，那么请问，1 km²是多少ha？1 km²又是多少a？

1. 填空
① 8 m² = ☐ cm²　　② 2 km² = ☐ a
③ 18 m² = ☐ cm²　　④ 35 ha = ☐ m²
⑤ 4 ha = ☐ m²　　　⑥ 38 a = ☐ cm²
⑦ 7 km² = ☐ ha　　⑧ 89 km² = ☐ ha
⑨ 23 ha = ☐ a　　　⑩ 42 ha = ☐ cm²
⑪ 58 km² = ☐ a　　⑫ 38 m² = ☐ cm²
⑬ 23 a = ☐ m²　　　⑭ 89 km² = ☐ m²

2. 中国的领土面积大约是960万km²，请按下面指出的单位填空。
① 中国的面积，大约是☐ha。
② 中国的面积，大约是☐a。
③ 中国的面积，大约是☐m²。
④ 中国的面积，大约是☐cm²。
⑤ 看地图，研究一下。

有趣的面积单位

米丽娅　开心博士，面积的单位还有有趣的传说吗？

开心博士　有啊，在德国把一头牛整个上午能耕种的田地的面积叫做"1摩鲁金"，即"1上午"的意思。

罗伯特　日本古时候，使用过的面积单位叫做坪吧？

开心博士　是的。相当于能产一个人一天吃的米那么大块地的面积。一坪的一半恰好是一个面积为3尺×3尺的草垫子的面积。因此，日本古时候的面积单位，是根据米的产量规定的：

　　一日份……………………1坪
　　一月(三十天)份………1亩=30坪
　　一年(十二个月)份………1反(992平方米)=12亩=360坪

虽然做了这样的规定，可是战争中获胜的土财主，在赏赐家臣们土地时，却把一反是12亩，改为一反是10亩。这样，家臣们在领10反土地的赏赐时，只得100亩，而不是120亩。

萨沙　土财主，真是个老滑头啊！

数学世界探险记

做加法、乘法混合计算吧！
5×4+3×2=？

米丽娅 乘法和除法混合运算时是按由左向右的顺序进行。加法和乘法混合运算时，同样去做就可以了。于由于(5×4)+3×2，因此，有20+3×2。又由于20+3=23因此，23×2=46。很简单，答数是46。

嘟 嘟 这样做太可笑了。我看一定是先做加法。于是，因为5×(4+3)×2，所以有5×7×2。接下来，有5×7=35，最后有35×2=70。没错，答数是70。

喜 鹊 请看左图。求这个图的面积先用？表示时，把A的面积和B的面积相加，就得出来了。于是，由于

$A = 5\,cm \times 4\,cm$，

$B = 3\,cm \times 2\,cm$，

因此，面积 = 5 cm × 4 cm + 3 cm × 2 cm。这个好像在哪里见过。

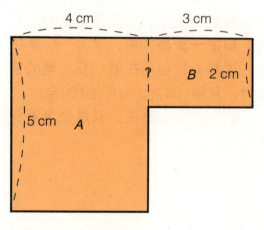

? = A+B

5×4+3×2

米丽娅 5×4+3×2……

喜 鹊 和前面问题相同，一计算就知道是20 cm² + 6 cm² = 26 cm²。答数是26。遇到乘法和加法混合式子时，应先做乘法。米丽娅、嘟嘟，你们都明白了吧！

喜鹊　会算 12÷4+10÷2 吧？这也是挺简单的。

罗伯特　好吧，我来做。由 12÷4+10÷2 得 12÷4+(10÷2)。因此，有 12÷4+5。又因为 4+5=9，所以 12÷9=1 余 3，答数是 1 余 3。

萨沙　罗伯特算的不对，一定先算除法才行。(12÷4)+(10÷2)，3+5=8，答数是 8。

喜鹊　萨沙真行啊！这就能想出来求左图中的？啦。？=$a+b$，其中 a=12 cm²÷4 cm　b=10 cm²÷2 cm，整理一下，有 12 cm²÷4 cm+10 cm²÷2 cm,3 cm+5 cm=8 cm。

所以？=$a+b$=8 cm。由上面的讨论得知，在做加减乘除运算时，一定先做乘和除的运算。

开心博士　通过面积的讨论，大家把混合运算的问题已经弄明白了。

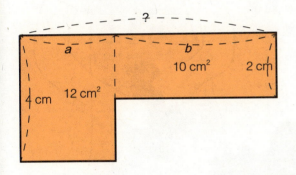

？=$a+b$

12÷4+10÷2

1. 不要慌，沉着冷静地做下列各题。
　①8×3+4×9=
　②25×6−21÷3=
　③52÷4+23×11=

2. 做下列题。　注意，小心陷阱！
　①910×2−41×2=
　②7 940×2 310−610 242÷3=
　③4 800−100×20−5=

数学世界探险记

第五次访问

测量体积

三个人组成的探险队，今天又高高兴兴地去工作室拜访开心博士。开心博士兴致勃勃地把满桶的黏土倒了出来，地板上到处都堆放着黏土。三个人目瞪口呆。啊，数学探险队又要玩黏土啦！

大家随便各拿起一块黏土

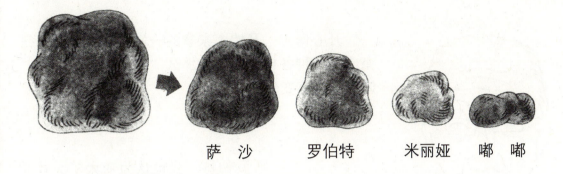

萨 沙　　罗伯特　　米丽娅　　嘟 嘟

开心博士　一会儿，大家就动手用黏土做点什么吧！不过在动手之前，还得注意听讲。嘟嘟，你拿的黏土和罗伯特拿的黏土相比，谁的块大？

嘟　嘟　当然是他的块大喽。

开心博士　说得对。像这样一块块的黏土以及各种各样的东西的大小，就叫做体积。罗伯特手中黏土的体积比嘟嘟手中黏土的体积大。那么，你们几个人谁的黏土块最大呢？请按从大到小的顺序说说看。

萨　沙　我拿的这块最大，其次是罗伯特、米丽娅、嘟嘟。

开心博士　现在用你们手中拿的黏土各做一样东西。开始做吧！

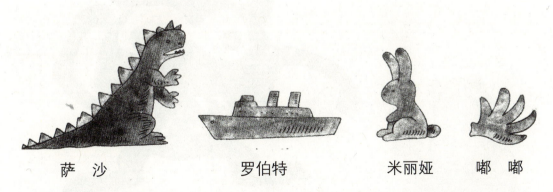

萨 沙　　　　罗伯特　　　　米丽娅　　嘟 嘟

开心博士　哈，哈，都做完了，萨沙做的是海兽，罗伯特做的是汽船，米丽娅做的是小兔子，嘟嘟做的像什么？

嘟　嘟　这个像香焦，又像手套。请不要见笑。

形状变了，大小变不变？

开心博士　开始大家拿的一块块的黏土，现在变成了各种各样的形状。那么，在形状改变前后，体积有没有变化呢？

米丽娅　重量没有变。

萨　沙　重量倒是没变，可是体积怎么样了呢？开始是圆的，现在变成了坑洼不平的海兽，我觉得好像大了似的。

罗伯特　我也认为变大了。体积和重量、面积不一样，它会因形状的变化而增大或减小。

开心博士　好，到此暂时告一段落。

（随着"哈，哈"的叫声，小黑怪从窗户飞了进来。）

嘟　嘟　不好啦，小黑怪来了！

哈，哈

又研究上啦！

（嘟嘟拼命地猛扑过去，害怕嘟嘟的小黑怪不得不逃之夭夭。大家用黏土做成的各种各样的东西都被弄得变形了。）

嘟　嘟　我的小手套呢？

米丽娅　小黑怪真是个坏蛋，我的兔子怎么变成这个样子了！

罗伯特　都让小黑怪给弄坏了。

萨　沙　这该怎么办啊？

罗伯特　我们把黏土都送回桶里吧！如果还是像原来那样，木桶应该是满满的，那就表明不管形状怎么变，或者不管分成多少块，黏土的体积既没增加也没减少。

米丽娅　对，真是好主意。

（罗伯特他们立刻把几块黏土送回桶里。）

罗伯特　好，正好满满一桶。

米丽娅　看来，不管这些黏土的形状怎么变，也不管分成多少小块，其体积是不变的。

嘟　嘟　那是还原，变成了原来的体积。我想形状变了，体积还是要变的。比如我拿的黏土以及用它做成的手套，它们的重量是相同的，但论体积，手套似乎是大些。

萨　沙　这可怎么解释呢？

数学世界探险记

开心博士 正如嘟嘟考虑的那样，黏土的形状变了，那么体积是否也有变化？这里有个装满水的水槽，如果把黏土放到水槽里，那么水就会溢出来，再把黏土取出来，那水减少的量就是黏土的体积。你们是否从这个事实中得到了启示？

罗伯特 是啊，把黏土放到水槽里以后，相当于黏土体积的水就溢了出来。把黏土取出来，在水面下降的地方做个记号，这样就能知道黏土体积的大小啦。

米丽娅 是这样。嘟嘟，土的体积问题应该弄明白了。那么请你再做点什么吧！

嘟 嘟 嗯。我想再做出个体积更大一点的东西。

（说着就做成了像个大碗样的东西，一看好像比黏土块大得多。）

萨 沙 把碗放在水槽里，看一看体积是否增加了。

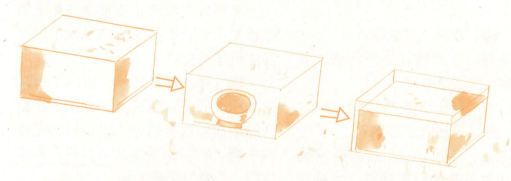

（嘟嘟把用黏土做的大碗放到水槽里，然后又拿了出来。可是……）

米丽娅 水面的高度和方才一样，体积并没有增加。

　　开心博士　嘟嘟，你明白了吧，不管形状怎么变，体积都不会变。这回比较一下铁和铝的体积。

　　萨　沙　铝就是做饭盒用的那种东西吧。
　　（三个人和方才一样，把铝放到水槽里，待水面平稳后，把铝取出来，在水面下降的地方留个记号。然后再把铁拿来，按同样方法操作一遍。最后把两者做了比较！

　　米丽娅　都一样啊！铁和铝体积完全相同。
　　开心博士　它们的重量怎么样呢？
　　罗伯特　铝是270g，铁是786g。可见体积和重量没有关系。

　　开心博士　是这样。即使是体积相同的东西，也可能有的轻，有的重。做过的实验表明，体积有自身的独特性质，即把它放到装满水的水槽里，水溢出来的量恰好等于体积。

　　罗伯特　这和一个椅子上不能同时坐两个人是同样道理吧？
　　开心博士　是这样，你比喻得很生动。
　　罗伯特　完全明白了。

115

数学世界探险记

利用媒介进行比较

喜 鹊 刚才小黑怪一进来，把我们的探讨给打乱了。现在把你们做作出来的那些东西的体积做一下比较吧。

米丽娅 只是用目力来比较很难弄清楚，还是使用媒介物来做比较吧。

萨 沙 把它们分别放到装满水的水槽里，就能比较出来了吧？

米丽娅 是的。在水面下降的位置留个记号就可以了。

这样一来，哪个水槽里的水溢出的多(如上图)，放在哪个水槽里的东西的体积就大。

萨 沙 这就是说，用水槽中的水做媒介物，就能比较清楚了。

 喜 鹊 利用水槽是很好。但是还有没有更好的比较方法呢？

罗伯特 使用小口杯，把黏土摁到里面，看能装满几杯，这样测量不行吗？

米丽娅 不过，这样一来，大家的小制作，可就全部被毁坏了。

萨 沙 那么，还是做做看吧，坏了还可以重新做嘛。

 米丽娅 像这样的苹果，随时随地都可以做出来。

（于是，三个人将黏土分别填满杯子，上表面摁的平平的，然后把黏土倒出来都成杯形。这样比较三份杯形黏土的个数就可以了。）

米丽娅 瞧，嘟嘟睡得多香甜，方才还坚持形状变体积就变呢，这会儿又躺下不干了。

喜 鹊 别管它，咱们往下进行吧。

数学世界探险记

cm³（立方厘米）

开心博士　现在咱们使用世界通用单位吧。

开心博士　这里有由6个边长为1 cm的正方形围成的立方体，它的体积叫1立方厘米，记作1 cm³。用黏土做体积为1 cm³的立方体容器时，一定要使它的内侧的每一面都为边长1 cm的正方形。

喜　鹊　这里有两块1 cm³的黏土，合起来，体积就是2 cm³。不论你怎样摆放，都是2 cm³。

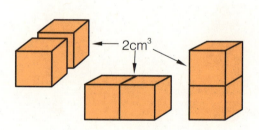

米丽娅　这里有三块1 cm³的黏土，合起来是3 cm³，在摆法上下功夫，可摆出各种各样有趣的形状。

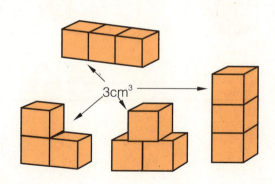

嘟　嘟　这像做积木游戏一样。我对这样的游戏有绝招儿，就是不告诉你们。

用1 cm³的容器测黏土块的体积。

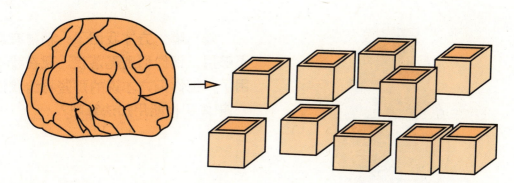

由于装满了10个1 cm³的立方体容器，因此这个黏土块的体积是10 cm³。

借给你1 cm³的容器，测一下这个黏土块的体积。

把我们的小制品测一测看。

好不容易做成的，这回又都被破坏了。

下面的体积是多少立方厘米？

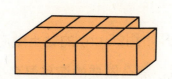
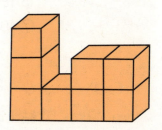

体积的加法

嘟 嘟 方才我困了,精神有点不够用,请你们别奚落我。现在我不困了,把你们方才说的那些再给我说一遍!体积也能用加法算吧?

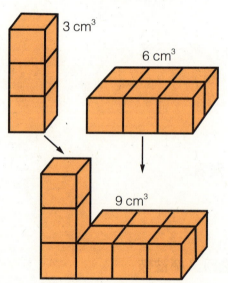
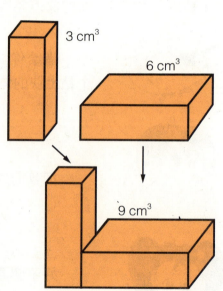

$3\ cm^3 + 6\ cm^3 = 9\ cm^3$

1. ① $4\ cm^3 + 31\ cm^3 =$ ② $5\ cm^3 + 13\ cm^3 =$
   ③ $54\ cm^3 + 48\ cm^3 =$ ④ $41\ cm^3 + 39\ cm^3 =$
   ⑤ $18\ cm^3 + 35\ cm^3 =$ ⑥ $91\ cm^3 + 9\ cm^3 =$
   ⑦ $40\ cm^3 + 30\ cm^3 =$ ⑧ $85\ cm^3 + 115\ cm^3 =$

2. 开始用 $25\ cm^3$ 的黏土做海兽,因为小又增加了 $48\ cm^3$ 黏土改做,那么做成的海兽是多少立方厘米?

体积的减法

米丽娅 能用加法算体积,也能用减法算体积。哈哈,嘟嘟总爱睡觉,可是当头脑清醒时,做起题来又是那么认真,那么可爱。

 — =

35 cm³ — 8 cm³ = 27 cm³

 — =

42 cm³ — 6 cm³ = 36 cm³

1. ① 8 cm³ − 5 cm³ =　　② 15 cm³ − 14 cm³ =
   ③ 67 cm³ − 48 cm³ =　　④ 87 cm³ − 18 cm³ =
   ⑤ 33 cm³ − 3 cm³ =　　⑥ 43 cm³ − 43 cm³ =
   ⑦ 98 cm³ − 79 cm³ =　　⑧ 100 cm³ − 48 cm³ =

2. 把15 cm³的黏土放入装满水(83 cm³)的容器后,溢出了15 cm³的水,问容器里还剩下多少立方厘米水?

小黑怪提出一个乖僻的问题

哈哈哈……

尽管我想要明白，可是却一点也弄不明白！像这样轻飘飘的薄纸和细得像线一样的铁丝也有体积吗？谁能说清楚？请说明一下。

哈哈………………………………………………

　　嘟　嘟　这很好回答。纸和像细线一样的铁丝，怎么会有体积？

　　米丽娅　等一等再往下说。

　　小黑怪　说什么，没有体积。

　　萨　沙　小黑怪，你别笑，我正在虑考这个问题呢!

　　米丽娅　我想还是有体积的吧!

　　萨　沙　我认为也有。

　　罗伯特　小黑怪，我认为不论怎么薄的纸，怎么细的铁丝，都有体积。

　　小黑怪　那么你就证明一下吧!

（小黑怪这么一说，三个人都有些为难了，不过，罗伯特毕竟不是等闲之辈。）

　　罗伯特　一张纸好像是没有体积，如果把一百张纸摞起来，那么它不仅有长度、宽度，还有高度。能说它没有体积

　　小黑怪　那么细铁丝呢?

　　萨　沙　如果细铁丝仅有10 cm，不容易看出什么。如果把10 m长的细铁丝缠成一团，放到装满水的槽中，那么水就会从槽中溢出来。溢出来的水量，相当于细铁丝的体积。

　　米丽娅　回答得很好。

（气得发狂的小黑怪灰溜溜地逃掉了。三个人松了一口气。）

体积究竟是怎么回事

开心博士 你们三个人可真了不起啊！小黑怪终于夹着尾巴逃跑了。大家都已经注意到了，体积除了考虑长和宽外，还要考虑高度。我完全赞同你们的看法，那么，现在我们考虑体积的式子吧！

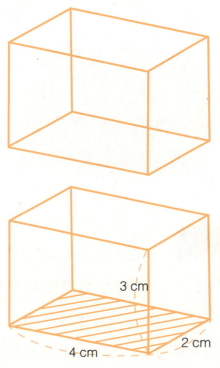

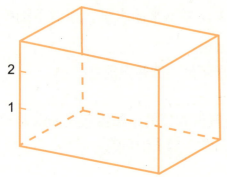

开心博士 这里有个用玻璃制成的长方体的水槽，它的底面积和高都是多少？

米丽娅 因为底面的两个边长分别为4 cm和2 cm，所以底面积为 4 cm×2 cm=8 cm²。

萨 沙 高度为3 cm。

开心博士 请在水槽中准确地标出间隔是1 cm的刻度。

罗伯特 是，我来做。

开心博士 那太好啦！你们给我准备一些用黏土做成的，体积为1 cm³ 的立方体。

（开心博士现在究竟要干什么？三人目不转睛地注视着。）

喜鹊 拿来许多用黏土做成的 1 cm³ 的立方体。

开心博士 现在把立方体往水槽里摆。

（萨沙首先摆。）

萨沙 摆满低层刚好是8块。

开心博士 这是多少立方厘米。

萨沙 8块是 8 cm³。

开心博士 高度是多少？

萨沙 1 cm。

(接着米丽娅继续摆。)

米丽娅 摆满第二层也是8块。

开心博士 这两层加到一起是多少立方厘米？

米丽娅 因为是两层，所以有 8×2=16 块，而底面积为 8 cm²。

开心博士 高度？

米丽娅 高度为 2 cm。

(这回该罗伯特摆了。)

罗伯特 用 1 cm³ 的立方体，装满水槽，共用了24个，所以体积为 24 cm³。

开心博士 高度是多少？

罗伯特 3 cm。

开心博士 根据上面讨论，可以看出，体积=底面积×高。

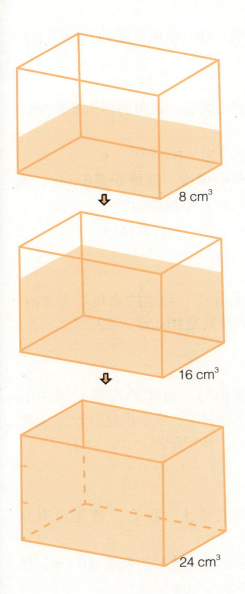

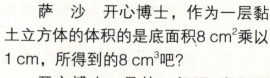

①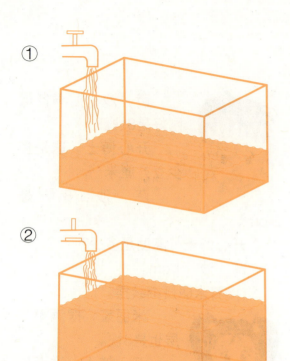

萨　沙　开心博士，作为一层黏土立方体的体积的是底面积8 cm²乘以1 cm，所得到的8 cm³吧？

开心博士　是的，好吧！为了更好地理解这个问题，我们往水槽里加水。

②

萨　沙　水的高度到1 cm为止。（①）

开心博士　这时的体积是多少？

萨　沙　8 cm³。

开心博士　底面积是8 cm²，高度是1 cm，体积是8 cm³。

萨　沙　对，是这样。

③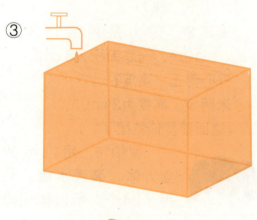

米丽娅　当水的高度达到2 cm时，体积就是16 cm³。（②）

罗伯特　当水的高度到达3 cm时，水就满了，底面积是8 cm²，高度是3 cm，体积是24 cm³。（③）

④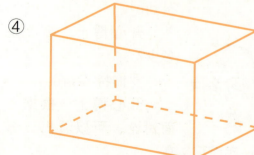

开心博士　那么，槽里没有水呢？

米丽娅　这时的高度是0 cm，体积是0 cm³。（④）

	底面积	高	体 积
①	8 cm²	1 cm	8 cm³
②	8 cm²	2 cm	16 cm³
③	8 cm²	3 cm	24 cm³
④	8 cm²	0 cm	0 cm³

根据刚才三个人的讨论，我们可列出左表。通过这个表来看，底面积、高度和体积的关系就更清楚了。

罗伯特　嗯，确实像博士说的那样，面积等于底面积和高的乘积。

米丽娅　③是8×3=24，④是8×0=0。

萨　沙　面积是长度×宽度。而体积是面积×高度。

米丽娅　面积+面积还是面积，可是面积×高度就成了体积了。

罗伯特　也就是转化成体积了。

开心博士　是这样，体积是用底面积×高来表示，拿1 cm³的立方体来说，它的底面积是1 cm×1 cm=1 cm²，把这个底面积1 cm²再乘以高1 cm，就变成1 cm³的体积了。到此为止，厘米(cm³)这个单位的含义弄明白了吧？

注意：底面积(cm²)×高(cm)，也就是长、宽、高三个立方厘米相乘。要记住体积等于底面积×高，千万别忘啦！哈，哈，哈!……

计算体积

喜 鹊 无论是圆形、三角形或是其他什么形,只要在竖的方向移动,就得到柱形。这个柱形也叫做柱。

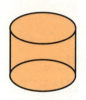 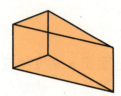  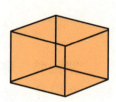

喜 鹊 柱的体积也能用底面积×高来求吗?让我们做个实验吧!把底面积为 8 cm², 高为 5 cm 的柱放到盛满水的烧杯中,溢出来的水是 40 cm³。

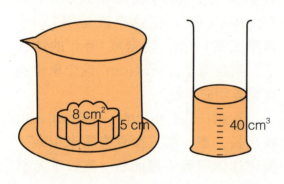

萨 沙 正是 8 cm² × 5 cm = 40 cm³。可见,柱的体积也是底面积×高。

请说出下面柱的体积

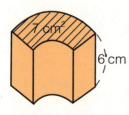 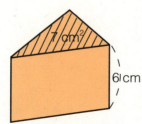 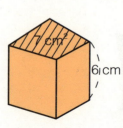 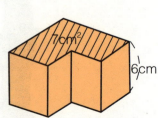

1. 求下面柱的体积

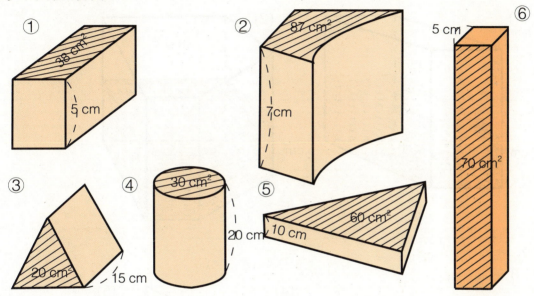

2. 在下面表内填空

底面积	高	体 积	底面积	高	体 积
87 cm²	9 cm			9 cm	99 cm³
32 cm²	22 cm		45 cm²		225 cm³
	7 cm	63 cm³	4 cm²	7 cm	
56 cm²		56 cm³	1 cm²	38 cm	
100 cm²	2 cm		3 cm²	1 cm	

体积=底面积×高，高=体积÷底面积，那么，底面积=？ 你知道吗？

1. 水槽里的水的体积是多少?

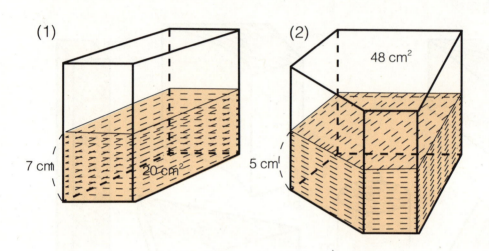

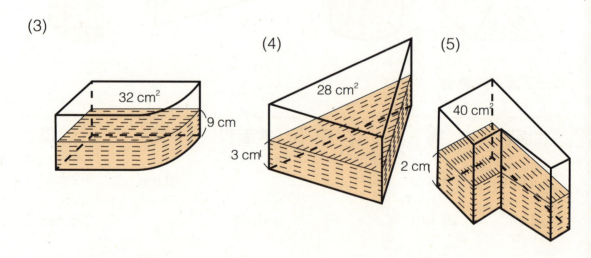

2.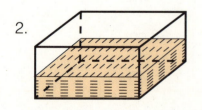

水槽的底面积为40 cm², 倒入水槽内的水的体积为120 cm³, 那么水的高度是多少厘米?

体积和容积

开心博士　牛奶瓶里能装 200 cm³ 牛奶，可是现在奶瓶空啦。如果说"这个奶瓶的体积是 200 cm³"行不行？可笑不？

米丽娅　嗯，真可笑啊！所说 200 cm³，是装在那里的牛奶的体积，不是牛奶瓶的体积，应该说，牛奶瓶只能装 200 cm³ 体积的东西。

开心博士　是这样，容器里能装多少体积的东西叫做容器的容积。刚才那件事，可以说是"牛奶瓶的容积是 200 cm³。

1. 说说"容积"和"体积"的不同。

2. 测量一下身边的东西(花瓶等)的容积。

3. 下面说法正确吗？
① 花瓶的容积是 230 cm³。
② 把水放到容积为 350 cm³ 的花瓶里，据此可说水的容积是 350 cm³。

体积单位

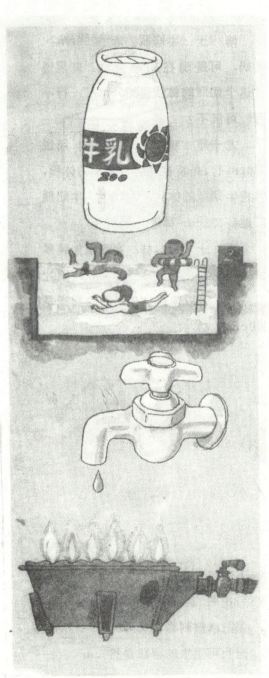

萨沙 开心博士，一看牛奶瓶就知道，上面写的不是 200 cm³，而是 200 cc。这是怎么回事？

开心博士 这是个很好的发现。cm³ 也叫做 cc，有时还写作 ml，说牛奶瓶的容积为 200 ml 或为 200 cc 或为 200 cm³，使用哪个单位都行（在科技书刊中停止使用 cc）。另外，在测游泳池的水和每月家庭使用的水的体积时，用 cm³ 这个单位过小，此因可用边长为 1 m 的立方体做单位，这个单位叫做 1 m³（立方米）。

米丽娅 煤气也用体积来测量吗？

开心博士 这个问题回家问一问，就知道了。请大家考虑 1 m³ 是多少 cm³？

米丽娅 因为 1 m 是 100 cm，所以 100 cm × 100 cm × 100 cm = 1 000 000 cm³。

即 1 m³ 是 1 000 000 cm³。

1 ml = 1 cm³
（边长为1 cm的立方体）
1 dl = 100 cm³
1 l = 1 000 cm³
（边长为10 cm的立方体）
1 kl = 1 000 000 cm³ = 1 m³
（边长为1 m的立方体）

罗伯特　前面学习了dl和l，把它们换算成cm³怎么样？

开心博士　罗伯特想出个好主意，你自己计算一下好吗？

罗伯特　1 l是10 cm×10 cm×10 cm的立方体，所以是1 000 cm³。

1. dl是把1 l 10等分中的1份，所以1 dl就是100 cm³。

开心博士　算得很对。1 000 l可叫做1 kl，这也就是1 m³。

数学世界探险记

第六次访问

测时间

这回大家到开心博士工作室去，是要研究时间的问题。可是大家最关心的表却都不见了。难对付的小黑怪把工作室的钟表都藏起来了，连开心博士的手表、闹表都没了。

不知道时间啦！

萨　沙　糟啦！钟表都没了。

嘟　嘟　怎么办啊！没有表，就不知道时间啦！

罗伯特　是啊！大家都是特意来的，不是白来了吗？

开心博士　大家都冷静些，看，嘟嘟好像要说什么。

嘟　嘟　把表都弄没了，小黑怪真坏。

开心博士　嘟嘟，没有表就不能知道时间吗？

嘟　嘟　如果没有钟表，那么世界就变得没有时间了！

米丽娅　没有表，就好像我们睡着了一样，感觉不到有时间了。

萨　沙　时间是看不见、摸不着的，就好像是透明人似的。

米丽娅　没有表，可真困难啊！连最喜欢的电视都不能看了。

萨　沙　可是远古时代也没有表呀，那时人们是怎样测定时间的呢？

罗伯特　大家别着急，也许没有表也能测出时间，请教一下博士。

开心博士　哈哈，大家真的成长为出色的探险者了。告诉你们，即使在大家睡觉时，还是有时间的，并且没有表也能测时间。

罗伯特　真叫人为难，探讨时间的问题，没有表……

开心博士　这算不了什么，你们不要退却，再加把劲！

比较时间长短

两个孩子同时跳上单杠。

两个孩子一齐开始做鬼脸。

两个孩子玩陀螺。

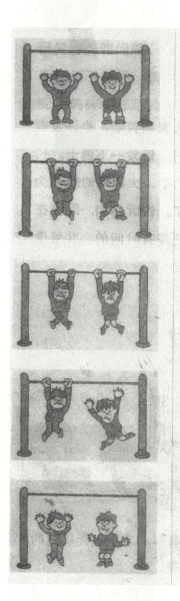
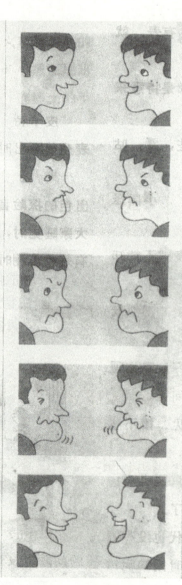

左右两个孩子哪个持续的时间长。

左右两个孩子哪个孩子对峙的时间长。

哪个孩子的陀螺转动的时间长。

蝴蝶，蝴蝶……

哪个蝴蝶在花上停留的时间长。

开心博士　比较两个东西长短时，只要使一头对齐，哪个长哪个短就比较出来了。

罗伯特　时间无声无影，怎么比长短啊！

开心博士　请仔细看上一页左边的图。从两个孩子跳上单杠开始，请回答，谁悬在单杠上的时间长？

①悬在单杠上的时间

米丽娅　左边的孩子悬在单杠上的时间长。

②做鬼脸，对峙的时间

萨　沙　一起开始做鬼脸，又一起笑起来，所以对峙时间分不出长短。

③陀螺旋转的时间

罗伯特　左边孩子的陀螺旋转的时间长。这是因为右边的孩子的陀螺比左边的孩子的陀螺起动的晚，而停转的又早。

④蝴蝶停在花上的时间

米丽娅　因为白蝴蝶先落在花上，而黄蝴蝶后落在花上，伸手去抓，两个蝴蝶一起飞去了。所以，白蝴蝶在花上停留的时间长。

开心博士　回答的完全对。看来，即使没有表，时间的长短也是能比较的。你们看小黑怪那副悲伤的面孔。哈、哈、哈……

用实物计时

喜　鹊　请看上图，这是转盘子游戏。因为只有一个盘子，所以两人只好轮换着玩。比一比，看谁转的时间长。

米丽娅　用表一测就知道了。可是没有表，怎么进行比较啊？

萨　沙　在不能直接做比较时，能不能使用另外一个东西间接地进行比较啊？

罗伯特　我现在也考虑这个问题呢！远古时代的人没有表，他们是靠什么来测定时间的呢？

喜　鹊　你提供了一个很好的考虑问题的线索。

（经过一番认真的思考，萨沙构想出一个水计时器，罗伯特构想出一个

带子计时器，用它们就能比较出谁转的时间长了。两个人得意洋洋。）

萨　沙　在大水箱上开个小口，让水总是以同样的量滴下来，只要事先准备两个容器就可以了。盘子一开始转就让水开始往下滴。这样，从容器中的积水多少就可以判定哪个人转盘子的时间长了。

罗伯特　利用发动机把事先缠好的带子以同样的速度放出来。盘子一开始转就拨动发动机的启动开关，盘子落下时，立即关闭开关。这样，就可以用放出来的带子的长短来判定谁转盘子的时间长了。

(萨沙用水计时，罗伯特用带子计时，都是很好的办法。大家都动脑筋想想，能不能有更好的办法呢?)

数学世界探险记

各种各样办法

（探险队员从自己的身边找不出供测量时间用的东西，然而从整天睡不醒的嘟嘟的只言片语中却受到一些启示。）

嘟　嘟　喂，数一数1，2，3，4……怎么样？

罗伯特　这个办法行，出的主意果然不错，是这样，我受到启发。

用手打拍子怎样？

唱歌也行吧？

摸脉搏怎么样？这是任何人都有的计时器。

无论是用手打拍子，还是用脚打拍子，都行，都是数数啊。

还是用脚打拍子好。

开心博士　大家都表现出了自己的聪明才智。现在请胖噜噜、大块头、罗伯特、喜鹊上台做单腿站立比赛，用摸脉搏的办法，看谁站立的时间长。这个测定时间长短的办法倒是挺有趣的。

胖噜噜，加油!

啊!腿麻了!

坚持下去!

这点小事算个啥!

数学世界探险记

每个人单脚站立时数出来的脉搏数见下表。

测定人 \ 单脚立人	胖噜噜	罗伯特	大块头	喜鹊
萨莎	34		27	81
米丽娅		39	32	

萨沙　测定结果成绩最好的是喜鹊，脉搏次数是81，其次是罗伯特，39。

罗伯特　嘿！我是连单腿站立带跳啊！

嘟　嘟　大块头倒数第一名，白长那么大的个子啦！

（这时胖噜噜发出尖叫声。）

胖噜噜　稍等一等，我怎么输给罗伯特了？

萨沙　看看表就明白了，人家罗伯特比你多5次呀！

胖噜噜　你再细看看表上的大块头，萨沙和米丽娅给数的脉搏数不一样啊，差5次呢。

罗伯特　说的对呀。看来，萨沙和米丽娅的脉搏跳动的频率不一样啊！

小黑怪胆战心惊地把秒表拿回来啦！

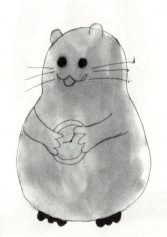

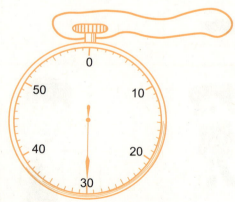

秒

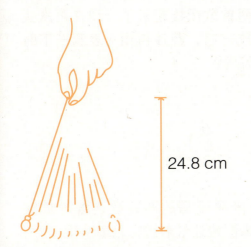

24.8 cm

开心博士　嘟嘟，把秒表拿过来，放在平稳的地方。先看左图。为了准确地测定时间，需要有世界通用的单位。把这个振子(长为24 cm 8 mm的细绳)来回摆动一次所用的时间规定为"1秒"(s)。

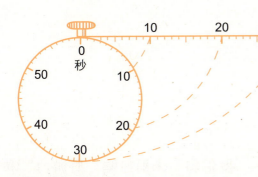

喜　鹊　秒表在开运动会的时候用它，表针转一圈是60 s，都用多少秒跑完100米？大家都测一测，还是挺有意思的。

秒表的表针指的是多少秒？

秒的加法

嘟 嘟 时间也像面积和重量那样，能用加法计算。

萨 沙 在前一页已经看到，用长度来表示秒。由于把长度加起来，就是加法运算，因此我认为时间也能用加法计算，是这样吧？博士，这样说对吧？

开心博士 时间能不能用加法来计算呢？我们做一个实验吧！米丽娅，唱个歌吧！我给你伴奏。

嘟 嘟 好极啦！我们都来欣赏米丽娅的唱歌吧！

开心博士 罗伯特，你用那里的录音机给录下来。萨沙，你用 s 表来测定唱歌的时间。

（米丽娅先唱了一首"野游曲"，用了17 s，紧接着又唱了一首"娃娃进行曲"，用了15 s，歌声清脆悦耳，博士让把录音带用剪子剪断，然后再接上，使两首歌衔接起来。博士微笑着。）

开心博士 罗伯特，这个录音带把两首歌衔接起来了。现在再从头开始放一遍，萨沙再用 s 表测一下时间，好吗？

（米丽娅唱的两首歌连续地放完了。米丽娅还红着脸，低着头呢！）

罗伯特 米丽娅唱"野游曲"和"娃娃进行曲"时所用的时间分别是17 s 和15 s。加在一起恰好是32 s。

嘟 嘟 明白了，时间能用加法计算。时间和以前研究过的容量、长度、钱、体积、面积完全类似，都能用加法计算。

秒的减法

由于嘟嘟刚才发现了一个很重要的事情，因此，对它进行了表扬。这时喜鹊又提出一个问题，而嘟嘟合上眼睛，假装睡着了。

在棒球比赛中，某队员从本垒经过1垒跑到2垒用了28 s，由本垒跑到1垒用了13 s，问从1垒跑到2垒用了多少时间？

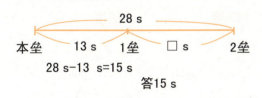

28 s−13 s=15 s

答 15 s

萨 沙 用画线办法把时间表示出来看。

米丽娅 如果用减法算，就知道□内的时间了。

100 m赛跑，兔子用16 s跑完全程，狐狸用18 s跑完全程，哪个快，快几秒？

18 s−16 s=2 s

答 兔子快2 s。

这回我来考虑，用线一画，马上就清楚了。

数学世界探险记

开心博士 秒这个单位在测定短时间时很方便，测定长时间时，由于数大，用它做单位，就不方便了。因此又规定60 s为1分(min)。

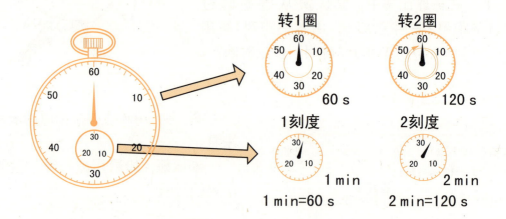

1 min=60 s   2 min=120 s

开心博士 请看上面的秒表，大针指的是秒。当大针转1圈时为60 s。这时小字盘里的表示分的小指针前进1刻度。那么，请问，当表示秒的长针转两圈时，表示分的小指针前进几刻度？

米丽娅 2刻度。

开心博士 是这样，如果看一下下图，那么更容易清楚：长针转两圈，就是转两回60 s，即120 s，而120 s就是2 min，所以小针前进2刻度。

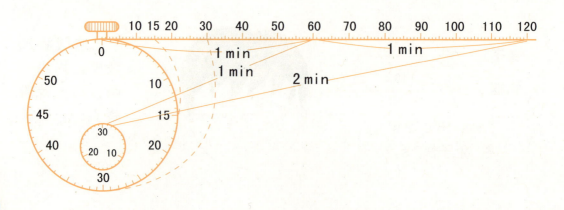

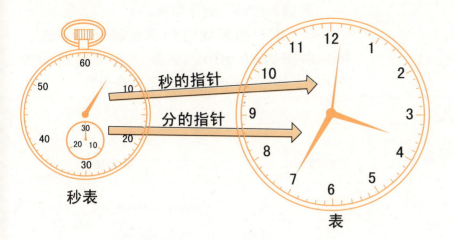

嘟 嘟 因为即使没有表，我们也能做时间问题的探讨，所以小黑怪又把表给送回来了，现在不知小黑怪又跑到哪里去啦。

萨 沙 送还得很及时，这正是我们需要表的时候。

米丽娅 瞧，那个又长又细走的最快的指针就是秒针啊！

萨 沙 嗯。秒针转一圈，分针前进一刻度。

开心博士 现在提出问题，做做看。

1. 读一下表的分针。

2. 把数字填入□中。
①78 s=□min□s ②93 s=□min□s
③99 s=□min□s ④85 s=□min□s

3. 请自己体验一下，在不看表的情况下，"1 min"的时间有多长？

分的加法

(喜鹊匆忙地飞到屋里来。)

喜 鹊 我到附近的邻街去一趟。去，用的时间为 25 min，回来，花费的时间为 28 min。问一去一回总共用了多少分？

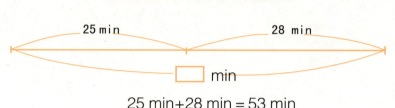

25 min + 28 min = 53 min

喜 鹊 把时间合起来用加法。刚才我从邻街回来用时 28 min，在这当中有 5 min 的时间休息了。那么请问，我一去一回总共飞了多少分钟？

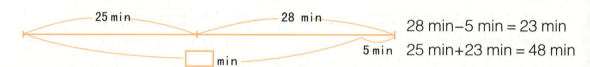

28 min − 5 min = 23 min
25 min + 23 min = 48 min

1. 在唱片欣赏会上，大家都各自挑选了自己所喜欢的一张唱片来听。经测定，放罗伯特所选的唱片用时 2 min，米丽娅的用时 3 min，萨沙的用时 4 min，开心博士的用时 23 min。那么，放这 4 个人所选的唱片，共用了多少分钟？

2. 计算下面各题。

① 13 min + 32 min =   ② 4 min + 16 min =
③ 48 min + 11 min =   ④ 2 min + 48 min =
⑤ 34 min + 24 min =   ⑥ 52 min + 7 min =
⑦ 51 min + 8 min =   ⑧ 37 min + 13 min =
⑨ 12 min + 38 min =   ⑩ 25 min + 15 min =
⑪ 17 min + 25 min =   ⑫ 30 min + 20 min =

小 时

（开心博士一边看着挂钟一边说。）

开心博士 秒针是细针，分针是长针，另外还有一个短针，那么这个短针是表示什么的呢？

萨 沙 表示小时的针。

开心博士 确切地说，它叫时针。那么时针是怎样前进的呢？

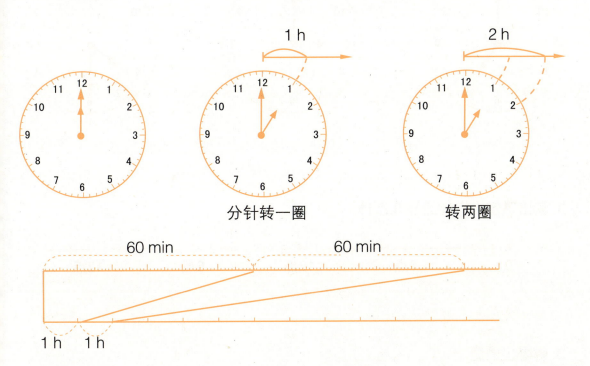

分针转一圈　　　　　　　转两圈

罗伯特 长的分针转一圈是60 min。这时时针从12移到1。

开心博士 这表示1小时。60 min＝1 h，那么，分针转两圈呢？

萨 沙 分针转两圈就是60 min×2，是120 min，即2 h，所以时针从12移到2。

开心博士 是这样，在三个针中时针走的最慢。

1. 下面的表各指几点钟?

2. 读出下图中↑指的是几点钟。

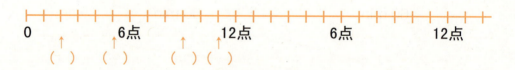

3. 嘟嘟出的题。

①看上图好好想一想。 1天有24个小时,那么表的短针1天转多少圈?

②萨沙让我1天睡18个小时觉,那么我醒着的时间是多少小时?

③78 min=□h□min　92 min=□h□min　61 min=□h□min　60 min=□h
　4 h3 min=□min　　3 h 42=□min　　9 h 21 min=□min　　3h=□min

日（天）

开心博士 爱睡觉的嘟嘟告诉我们，1天有24 h。这样，从秒、分、小时到日，大家都知道了。

萨沙 既然1天是24 h，那么为什么在表里不打上24个刻度呢？

开心博士 如果打上24个刻度，那么刻度与刻度的间隔就变得很小，这样看起来很困难。

米丽娅 这就是说，1天里的24 h排成两个12 h。同样是8点，有早8点、晚8点之分，同样是12点，有白天12点和夜里12点之分。

开心博士 是的，时针转1圈是12个小时，转两圈就是一天。

罗伯特 我发现火车站的时刻表用的还是13点啦，18点啦，什么的。

开心博士 这是个很好的发现，在火车和电车的时刻表里，把1天的时间排成24个小时，夜里的12点为0点，这样，说8点就是早8点了，而不是晚8点。白天正午12点以后的那个小时就是13点，而不是1点。夜里的9点就是21点。

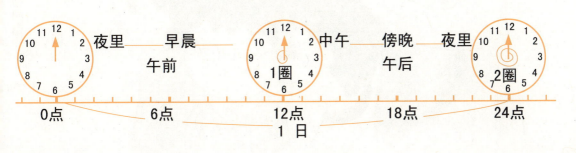

用瓷砖来考虑时间

开心博士　大家可能都注意到了，10个1 dl为1 l，这是十进法。而对时间来说，60个1 s为1 min，60个1 min为1 h。这是60进位法。24 h为1天，这是24进位法。

我们用瓷砖来考虑一下60进位法吧！

1 s　60 s = 1 min

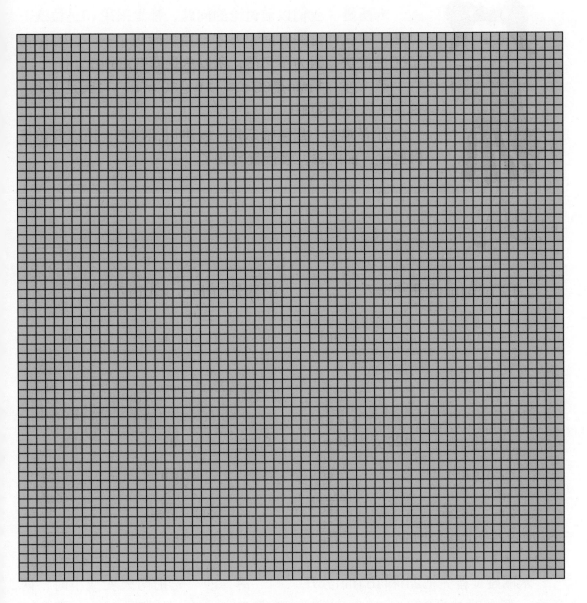

3 600 s=60 min=1 h

数学世界探险记

时间单位的换算

米丽娅　我们以前讨论的问题，都是采用10进位法。可是，现在讨论的时间，方才已用瓷砖画了一下，都采用了60进位法，因为不习惯，所以总觉得有点别扭。

萨　沙　1 min是60 s，1 h是60 min，1天是24 h。这还是挺方便的吧！

开心博士　如果怕麻烦，就难以记住它。所以开始多做些这方面的题，慢慢就习惯了。……

① 2 h 16 min是多少分？

② 两天8 h是多少小时？

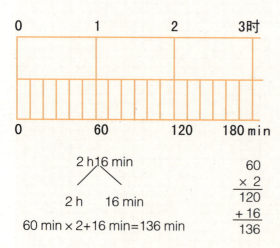

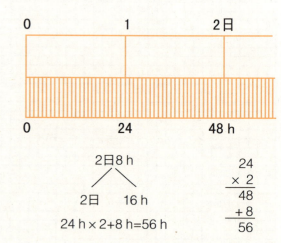

米丽娅　首先把2 h和16 min分开考虑。两小时就是60 min×2，也就是120 min，再加上16 min，所以是136 min。

开心博士　对！

萨　沙　先把两天变成小时，两天是24 h×2，也就是48 h，再加上8 h，总共是56 h。

开心博士　做得很好！

开心博士 这回，反过来考虑，145 min是多少小时多少分？53 h是多少天多少小时？

①145 min，是多少小时多少分？　　　②53 min是多少天多少小时？

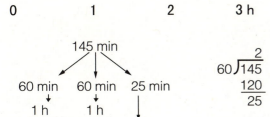
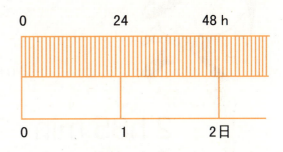
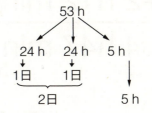

罗伯特 145 min用60 min(1 h)去除，得多少？算一下，145÷60等于2余25，这个2就是2 h，25就是25 min，答：145min是2 h25 min。

开心博士 罗伯特做对了。

米丽娅 53 h用24 h(一天)除，得多少？算一下，53÷24等于2余5，2就是2天，5就是5 h，所以53 h是2天零5 h。

开心博士 完全正确。

想一想表示时间的瓷砖，换算单位。

①换算成分。　　　　　　　　②换算成日、小时。

1 h 9 min　18 h 58 min　24 h 50 min　　156 min　3 245 min　4 820 min　60 min

4 h 20 min　2日4 h　31日　　　　　1 440 min　10 000 min　5 842 min　80 min

时间的计算(1)加法

喜 鹊 我出个题。读一本书,第一天读了2 h 35 min,第二天读了2h 12 min,问这两天读书共用了多少时间?

米丽娅 35 min+12 min=47 min, 2 h+2 h=4 h。
答案是4 h 47 min。

$$\begin{array}{r} 2\text{ h}35\text{ min} \\ +2\text{ h}12\text{ min} \\ \hline 4\text{ h}47\text{ min} \end{array}$$

喜 鹊 对了。我再出一道。萨沙登山,去时用了4 h 43 min,回来用了2 h 35 min,那么,来回共用了多少时间?

萨 沙 这回我来做。4h+2h=6 h, 43分+35分=78分
答案是6 h78 min。
喜 鹊 这么做对吗?萨沙!
罗伯特 这个78 min需要改动一下。
萨 沙 啊,对。78 min是1h 18 min。答案是7 h 18 min。真是的,刚才忘把78 min换算成1 h18 min了。

$$\begin{array}{r} 4\text{ h}43\text{ min} \\ +2\text{ h}35\text{ min} \\ \hline 6\text{ h}78\text{ min} \\ 7\quad 18 \\ \end{array}$$
答 7 h18 min

喜鹊　到有熊猫的动物园去玩。乘公共汽车用了1 h 28 min,乘电车用了1 h 32 min,共用了多少时间?

罗伯特　这很简单。1 h + 1 h 是 2 h,28 min + 32 min 是 60 min。噢,这个正好是 1 h,所以共用了 3 h。

$$\begin{array}{r} 1\ h\ 28\ min \\ +\ 1\ h\ 32\ min \\ \hline 2\ h\ 60\ min \end{array}$$

1. 米丽娅、罗伯特出的题。
① 从学校回来读了《奇怪的阿里斯》这本书。计算了一下读书时间,一共是 2 h 35 min,开始读的时候是 3 点 30 分,问到几时几分读完的?

② 放学后打棒球。第一次比赛用了 1 h 25 min,第二次比赛用了 1 h 35 min,问打棒球共用了多少时间?

2. 嘟嘟不示弱,它也出了题,也许稍简单些。① 我今天已睡了 9 h 43 min,后来又睡了 37 min。那么共睡了多少时间?

② 2 h 48 min + 3 h 37 min =
③ 5 h 25 min + 6 h 38 min =

数学世界探险记

开心博士 大家做得都很好。下面继续讨论，实际上也都很简单，都是时间的加法。

3 h12 min8 s+5 h24 min20 s =

```
   3 h12 min8 s
 + 5 h24 min20 s
 ─────────────────
   8   36    28
```

5 h20 min18 s+3 h15 min59 s =

```
   5 h20 min18 s
 + 3 h15 min59 s
 ─────────────────
   8   35    77
       36    17
```

3 h24 min18 s+4 h53 min28 s=

```
   3 h24 min18 s
 + 4 h53 min28 s
 ─────────────────
   7   77    46
   8   17
```

3 h45 s+6 h19 s=

```
   3 h0 min45 s
 + 6 h0 min19 s
 ─────────────────
   9   0    64
        1    4
```

嘟嘟 这样的题，我也会做呀。这个题都不用换算，把小时、分、秒分别往一起加就行了，答案是8 h136 min28 s。

米丽娅 嘟嘟，你真行啊！

胖噜噜 就给我出这么个容易题啊！77 s是60 s和17 s，只要我细心做，就能得出正确的答案。答案是8 h36 min17 s。

大块头 我这个题也太简单啊，只在分上有换算。77 min是60 min和17 min。答案是8 h17 min46 s。

米丽娅 时、分、秒分别相加，就是9 h0 min64 s，64 s可以换算成1 min4 s，所以答案是9 h1 min4 s。

5 h18 min48 s+4 h52 min36 s=

```
     5 h18 min48 s
  +  4 h52 min36 s
  ─────────────────
     9    70    84
    10    71    24
    11
```

答 10 h11 min24 s。

2 h48 min16 s+3 h11 min58 s=

```
     2 h48 min16 s
  +  3 h11 min58 s
  ─────────────────
     5    59    74
     6    60    14
                 0
```

答 6 h0 min14 s

萨 沙 这个题答案是9 h70 min84 s。不，这可不行，还得换算。从秒算起84 s是1 min24 s，进上去1 min，再从71 min中进上去60 min，成为1 h11 min。我做出来了，答案应该是10 h11 min24 s

罗伯特 5 h59 min74 s，从秒算起，从74 s中进上去60 s，这样原来的59 min就成为60 min，还得把这60 min进上去，所以答案是6 h14 s。

开心博士 好！大家都算对了。

①3 h43 min51 s+5 h17 min7 s=
②8 h31 min35 s+12 h24 min23 s=
③5 h10 min30 s+2 h30 min20 s=
④4 h43 min13 s+8 h17 min27 s=
⑤2 h31 min29 s+7 h17 min34 s=
⑥3 h37 min39 s+5 h11 min23 s=
⑦6 h41 min48 s+1 h18 min23 s=
⑧5 h19 min21 s+9 h21 min58 s=
⑨3 h38 min25 s+2 h24 min31 s=
⑩4 h49 min34 s+8 h26 min22 s=
⑪8 h18 min41 s+3 h42 min37 s=
⑫3 h38 min26 s+6 h21 min34 s=
⑬4 h32 min18 s+2 h43 s=
⑭3 h34 min2 s+5 h25 min58 s=
⑮9 h8 s+1 h59 min52 s=
⑯7 h2 min48 s+6 h57 min12 s=

时间的计算(2)减法

喜 鹊　这回我们做一下关于时间的减法，我出个题吧开！萨沙比米丽娅跑的快，跑到秃山那里，米丽娅用了1 min5 s，而萨沙用了58 s，问萨沙比米丽娅快多少？

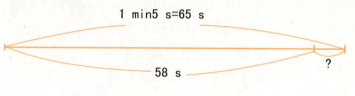

```
  65 s
 -58 s
------
   7 s
```

萨 沙　我跑的也不快呀！解答你出的题需要用减法。可是5 s减58 s，不能减啊！

米丽娅　把1 min变成60 s，借过来，成为65 s，于是65 s−58 s=7 s。

喜 鹊　这得按这个办法去做。

喜 鹊　我再出一道题。从车站走到河边，罗伯特用了35 min20 s，而萨沙用了30 min15 s，他俩谁走的快？快几分几秒？

```
  35 min 20 s
 -30 min 15 s
-------------
   5 min  5 s
```

罗伯特　这个问题也用不着换算，很简单，分和秒分别相减就行了。萨沙早到河边5 min5 s。

喜 鹊　算对了，大家就像做加法那样练习吧！

开心博士 如果把下面的8个题都算对了，那么，关于时间的减法就算掌握了。

12 min 13 s − 8 min 38 s

米丽娅 不能从13 s减去38 s，需要从分那里借位，把12 min 13 s变成11 min 73 s，减去8 min 38 s，得3 min 35 s。这就是答案。

42 min − 18 min 49 s =

萨沙 42 min就是42 min 0 s，不能从0 s减49 s，还得借位，借来1 min=60 s。这样就可以计算了。

9 h 38 min 24 s − 4 h 25 min 13 s =

嘟嘟 这个题没有借位的问题，让我来算吧！我得赶快算，不然我又打盹儿啦。

7 h 45 min 2 s − 2 h 14 min 39 s =

胖噜噜 从2 s减去39 s不能减，还是从上位借1 min=60 s，从62 s减39 s就行了。前位还剩44 min……

```
   11   73
  12 min 13 s
 − 8 min 38 s
 ─────────────
   3 min 35 s
```
答：3 min 35 s。

```
   41    60 s
  42 min
 −18 min 49 s
 ─────────────
  23 min 11 s
```
答：23 min 11 s。

```
  9 h 38 min 24 s
 −4 h 25 min 13 s
 ─────────────────
  5 h 13 min 11 s
```
答：5 h 13 min 11 s。

```
  7 h 44 min 62 s
 −2 h 14 min 39 s
 ─────────────────
  5 h 30 min 23 s
```
答：5 h 30 min 23 s。

数学世界探险记

18 h 4 min 24 s − 5 h 9 min 10 s =

大块头 对于分，如果不向时借位的话，就没法减了，将 18 h 4 min 变成 17 h 64 min。这样就简单了。

```
         17    64
    18 h  4 min 24 s
  −  5 h  9 min 10 s
  ─────────────────
    12    55    14
```
答 12 h 55 min 14 s。

16 h 35 min 5 s − 9 h 46 min 13 s =

米丽娅 对于秒，需要从分那里借来 1 min = 60 s；对于分，需要从小时那里借来 1 h = 60 min，这样，把 16 h 35 min 5 s 变成 15 h 94 min 65 s，减去 9 h 46 min 13 s 就行了。

```
              94
     15      95    65
    16 h 35 min  5 s
  − 9 h 46 min 13 s
  ─────────────────
     6    48    52
```
答 6 h 48 min 52 s。

24 h 3 s − 2 h 8 min 35 s =

萨沙 24 h 3 s，需要补位 24 h 0 min 3 s，再从时那里借 1 h = 60 min。于是，有 23 h 60 min 3 s，再从分那里借 1 min = 60 s，于是又有 23 h 59 min 63 s，这样就好减了。

```
              59
     23    60    63
    24 h  0 min  3 s
  − 2 h  8 min 35 s
  ─────────────────
    21    51    28
```
答 21 h 51 min 58 s。

18 h − 8 s =

罗伯特 这种减法叫"爷爷型"。先从 18 h 那里借 60 min，于是有 17 h 60 min，再从 60 min 那里借 60 s，于是，有 17 h 59 min 60 s，再减去 8 s。

```
              59
     17    60    60
    18 h  0 min  0 s
  −              8 s
  ─────────────────
    17    59    52
```
答 17 h 59 min 52 s

1. 计算下面各题。

① 3 h21 min4 s + 4 h32 min 7 s=
② 7 h35 min23 s+6 h12 min31 s=
③ 8 h38 min23 s+2 h20 min37 s=
④ 5 h41 min38 s+2 h1 min22 s=
⑤ 6 h45 min37 s+1 h12 min42 s=
⑥ 4 h28 min12 s+5 h12 min59 s=
⑦ 3 h38 min42 s+7 h21 min34 s=
⑧ 7 h49 min35 s+2 h18 min27 s=
⑨ 1 h40 min23 s+3 h20 min28 s=
⑩ 4 h48 min20 s+2 h11 min40 s=
⑪ 2 h45 min43 s+2 h35 min57 s=
⑫ 3 h29 min35 s+4 h41 min45 s=
⑬ 7 h49 min58 s+5 h47 min49 s=
⑭ 9 h48 min21 s+3 h0 min40 s=

2. 做减法。

① 6 h32 min31 s−3 h11 min21 s=
② 8 h54 min28 s−6 h51 min19 s=
③ 9 h42 min23 s−7 h24 min30 s=
④ 7 h38 min54 s−2 h25 min59 s=
⑤ 4 h39 min48 s−2 h38 min49 s=
⑥ 9 h20 min35 s−8 h18 min45 s=
⑦ 7h23 min4 s − 5 h23 min7 s=
⑧ 8 h41 min39 s−7 h45 min39 s=
⑨ 3h35 min49 s−1 h40 min50 s=
⑩ 4 h0 min29 s − 3 h48 min38 s=
⑪ 8 h12 min30 s−7 h11 min40 s=
⑫ 6 h32 min43 s−2 h43 min57 s=
⑬ 7 h48 min23 s−3 h51 min47 s=
⑭ 5 h58 min42 s−4 h58 min43 s=

3. 下面各题稍难，想好再回答。

① 4 h53 min41 s + 5 h6 min19 s=
② 3 h27 min38 s + 2 h0 min22 s=
③ 9 h35 min24 s+2 h24 min36 s=
④ 5 h0 min3 s − 1 h41 min25 s=
⑤ 1 h37 min57 s −1 h36 min59 s=
⑥ 24 h48 s − 7 h35 min49 s=

米丽娅的生活日记

米丽娅　我填写了一个生活日记，，是星期六和星期天的，如果你也要写的话，请你悄悄地告诉我。

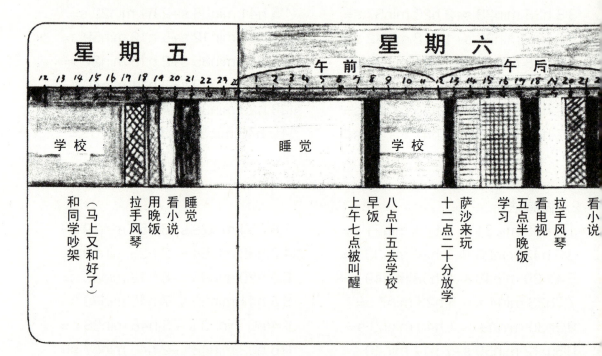

开心博士　米丽娅科学地支配时间了。

米丽娅　星期天去参加生日宴会，还打扑克，玩的挺开心啊!

开心博士　米丽娅这个表填得很细致，从表上可以看清一些情况。比如星期六上午8点15到校，12点20分离校，那么，在学校呆了多长时间？

罗伯特　12点20分－8点15分，答案是4小时5分。

开心博士　这件事可以用下面图表示出来。

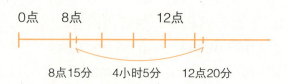

是表示上学或放学各在什么时候，我们把这个"时候"叫做时刻。

罗伯特　做成这样的表，对自己做了些什么，一看就懂。你真不愧是米丽娅女士啊！

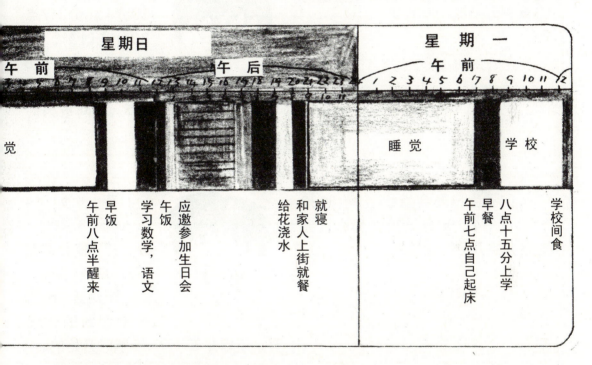

在这里还要考虑时刻和时间的区别，这里的8点15分或12点20分是表示上学或放学各在什么时候，我们把这个"时候"叫做时刻。而从上学的时刻到放学的时刻之间的4小时5分叫做时间。时间、时刻的含义不同，明白吗？

米丽娅　明白。比如说，约定"几点几分会面"就是指会面时候时间的刻度。而时间指的是从几点几分几秒起到几点几分几秒止的一段时间的长度。

开心博士　说得很清楚。萨沙，怎么样？

萨　沙　8点15分是时刻。从0点到8点15分是时间。

开心博士　这个问题很重要，大家要牢记。

数学世界探险记

计算时刻

从米丽娅生活日记提出问题

如果米莉亚7点30分被叫醒，过了30分钟离开家，那么离家的时刻是几点?

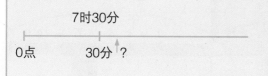

罗伯特 组成个式子，7点30分+30分。7点30分是时刻，30分是时间。答8点。即在8点这一时刻离开家。时刻加上时间成为时刻。

如果生日聚会持续了3小时30分，下午4点30分结束，那么聚会是从几点几分开始的?

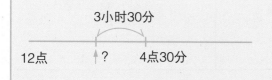

萨沙 4点30分-3小时30分，答 聚会是在下午1点开始的。

米丽娅 因为一个迟到的也没有，所以是在下午1点准时开始的。

如果星期天上午从10点45分到12点学习数学、语文，问学习了几个小时?

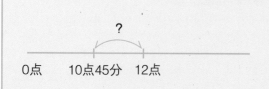

米丽娅 组成式子 12点-10点45分=1小时15分，答1小时15分。

萨沙很用功啊!

如果米丽娅星期天7点30分起床，10小时以后吃晚饭，请回答吃晚饭的时刻。

罗伯特　7点30分加上10小时是17点30分。可是17点30分是午后几点几分呢？

萨　沙　减去12就可以了。

罗伯特　是午后5点30分。

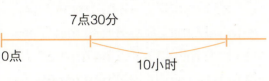

如果米丽娅星期六上午7点30分起床，晚上9点40分睡觉，那么上午起床后，到晚上睡觉前，共有多少时间？

萨　沙　2小时零10分呗！

米丽娅　不对，要注意午前和午后。

萨　沙　是不行啊！晚上9点40分是21点40分。21点40分－7点30分，答　14小时10分。

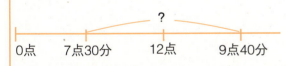

如果米丽娅星期六于21点40分开始睡觉，到星期天8点30分起床，那么共睡了多少小时？

米丽娅　怎么算？我不会。

罗伯特　从0点到8点30分是8小时30分，再加上从21点40分到0点即24点的时间。

24点－21点40分＝2小时20分。

2小时20分＋8小时30分＝10小时50分。

答　10小时50分。

数学世界探险记

1. 一边计算下面各题，一边琢磨时间的含义。

① 4 h 38 min 43 s + 5 h 14 min 13 s =
② 3 h 8 min 45 s + 5 h 42 min 2 s =
③ 12 h 47 min 38 s − 7 h 32 min 29 s =
④ 7 h 53 min 29 s − 3 h 39 min 17 s =
⑤ 9 h 25 min 38 s + 4 h 21 min 43 s =
⑥ 1 h 31 min 37 s + 2 h 21 min 48 s =
⑦ 8 h 32 min 15 s − 5 h 25 min 18 s =
⑧ 15 h 47 min 38 s − 8 h 39 min 47 s =
⑨ 4 h 48 min 29 s + 7 h 32 min 51 s =
⑩ 9 h 39 min 43 s + 3 h 47 min 57 s =
⑪ 7 h 23 min 15 s − 5 h 48 min 38 s =
⑫ 14 h 18 min 57 s − 8 h 49 min 59 s =
⑬ 4 h 56 min 43 s + 5 h 37 min 32 s =
⑭ 8 h 45 s + 9 h 43 min 8 s + 54 min 37 s =
⑮ 9 h 32 s − 4 h 32 min − 1 h 4 min 53 s =

2. 仔细地读下面小文章并按题意做计算。

① 萨沙上午9点30分从家出来，于上午10点8分来到电影院看电影。电影从上午10点20分开始，到午后1点45分结束。问萨沙从家到电影院走了多少时间？另外，电影演了多长时间？

② 罗伯特在花店买完玫瑰花就离开花店。这时表的时针刚好指向午后5点42分，罗伯特准备看午后6点开始的电视。如果罗伯特从花店走到家需要17分钟的话，那么请问罗伯特能赶上看午后6点的电视吗？

3. 不用答，答案只有解题的你才知道。

① 用表测定一下，从你家到车站或到学校需要多少时间？

② 先不看表，只凭感觉测算一下时间，然后再和表对照一下，看差多少？

各种各样的钟表

大家到表的博物馆参观，这里陈放的全是古怪而有趣的表。

各种各样的钟表

蜡烛表　　砂表　　水表

吊表　　起重机表　　神秘的表

时刻的传说

开心博士 你知道吗!地球每一天从西向东自转一圈。

罗伯特 地球围绕太阳转叫公转,转一圈需要一年,即365天的时间。

嘟 嘟 可是,开心博士,太阳不是从东边升起,落到西边吗?

开心博士 哈哈…,嘟嘟,这是因为地球是从西向东转,所以才有你说的这样情况。

太阳升到正南时是正午(即中午12点)。古时候,人们用太阳来确定正午。

正午前叫午前(或上午),正午后叫午后(或下午),地球自转一圈叫1天,午前有12 h,午后有12 h,一天共有24 h。

米丽娅　那么，1 h为60 min，1 min为60 s，这是谁确定的？

开心博士　这还是发明公尺的法国学者们确定的，从而才有了把1天分成24个小时以及把1天分成午前、午后各12个小时的分法。

罗伯特　把1天的24小时按24时制的方法来分，做计算时，不易出错，是这样吧？

开心博士　是的。

萨　沙　我曾经考虑过，如果把1天分为10 h，并把1 h分为100 min，1 min分为100 s的话，不就更容易计算了吗？

开心博士　如果那样的话，那么作为时间的单位——1小时，显得过长，反而显得更不方便，况且，如果那样的话，全世界的表还得重新制造。这是根本不可能的事。

计时的小和尚

在印度的庙宇里,现在还有计时的和尚。你看,这个和尚在大水缸面前做什么呢?先把一个带孔的钵放在水缸的水面上,而后钵就一点点地往下沉,当水刚淹没钵的时候,小和尚就赶忙将钵捞上来,并用手中拿着的木棒敲一下钵,接着再让钵漂在水缸里的上面……这就是用人计时。

60是不可思议的数

在时间上是使用每60一进位的60进位法。左图里的这位是古代巴比伦著名的学者。他用圆规画一个圆,并用画圆时的圆规的宽度将圆分成相等的6部分。认为1年是360天的巴比伦人,用6去除360,结果得60。巴比伦人确信,60这个数是不可思议的数,这就是60进位法的开端。

出售标准时间的老太太

在英国格林威治天文台有一架世界上走得最标准的时钟。这架时钟走几年不差一秒。在英国伦敦的公司或商店到处都有出售标准时间的人，贝鲁维鲁老太太就是其中的一位。老人为了让人们知道标准时间四处奔走，用收到的一点赏钱度日。她是个很乐观的老太太。

正午的午与动物马

子(鼠)，丑(牛)，寅(虎)，卯(兔)，辰(龙)，巳(蛇)，午(马)，未(羊)，申(猴)，酉(鸡)，戌(狗)，亥(猪)。这些称做12支，古代人用12支把一天分成12个时辰，每个时辰为2小时。每种动物代表1个时辰。从夜里的11点到1点为子时，依次往下排。从白天11点到1点为午时。

数学世界探险记

听了电视里讲了这些有趣的故事之后，嘟嘟趁开心博士不在的工夫，转换了电视机开关听下一次节目预报。于是提出了一系列问题，如不能解决，对各种各样单位的讨论就不能结束。好，那就再加一把劲吧！

1. 5 h 30 min 43 s + 4 h 29 min 37 s =
   8 h 43 min 27 s + 2 h 28 min 56 s =
   9 h 28 min 43 s + 11 h 31 min 17 s =
   4 h 59 min 39 s + 19 h 59 min 58 s =
   20 h 18 min 52 s + 3 h 41 min 8 s =

2. 8 h 46 min 32 s − 5 h 25 min 11 s =
   4 h 38 min 11 s − 2 h 29 min 14 s =
   7 h 23 min 15 s − 5 h 23 min 16 s =
   9 h 2 min 27 s − 2 h 19 min 48 s =
   10 h 48 min 56 s − 9 h 52 min 58 s =

3. 1天是多少秒？
   1个月是多少秒？
   1年是多少秒？
   用天来表示你的年龄，再把它换算成分、秒。

4. 145 h = □日□h
   286 h = □日□h
   1768 min = □日□h□min
   3256 min = □日□h□min
   1458 min = □日□h□min

5. 罗伯特于夜里9点35分开始睡觉，第二天早7点醒来。问罗伯特睡了几小时几分？

6. 米丽娅去买东西，离家时是傍晚5点20分，回到家时是傍晚6点。问一去一回用了多少时间？

7. 放25 min水就能把浴池灌满，罗伯特是在已向浴池放了12 min水的时候进浴池的，问还需多少分钟水才能灌满浴池？

8. 萨沙去姑姑家，走了20 min，乘电车用了2 h 40 min。那么总共用了多少时间？

9. 米丽娅乘23点52分发的电车去旅行，到达目的地时是第二天的22点30分。问乘电车一共用了多少时间？

10. 萨沙看电视，午前看了2 h，中午看了30 min，晚上又看了1 h 45 min。问共看了多长时间的电视？

11. 看下式自编一个应用题。
① 6 h 20 min + 3 h 35 min；
② 8点 − 5点27分。

12. 回答下面的问题。
① 时刻和时间的不同；
② 测定睡觉时间的方法。

数学世界探险记

有一天,在开心博士工作室里

(有一天,米丽娅、罗伯特、萨沙都聚集在开心博士工作室的一个房间里。嘟嘟、胖噜噜、大块头、喜鹊也都来啦。)

开心博士 以前你们常到这里来。我有时也担心,你们在途中会不会遇到什么烦恼的事……到现在为止,我们对单位的研究就暂告结束。大家要准备迎接下一步更艰难的探险。

嘟嘟 那么开心博士，下一步要探讨的问题，不是用一用这个电视就行吧！

开心博士 不行。你们还需要到各地实际地去考察考察。

米丽娅 也许小黑怪又要来啦。

罗伯特 用不着担心，靠大家的力量，他难不住我们。萨沙、胖噜噜、大块头、喜鹊，你们为什么发呆呢！也许临分别时有点悲伤吧！

数学世界探险记

1. 做下列计算，请注意单位，以免算错。

① 23 dl+47 dl=　　② 49 cm+51 cm=　　③ 45 kg+87 kg=　　④ 83 cm²+79 cm²=
⑤ 91 cm³+89 cm³=　⑥ 76 s+84 s=　　　⑦ 1 l+23 dl=　　　⑧ 45 m+55 cm=
⑨ 82 kg+18 g=　　⑩ 40 m²+60 cm²=　　⑪ 3 cm³+5 m³=　　⑫ 20 s+30 min=
⑬ 30 dl−26 dl=　　⑭ 83 cm+45 cm=　　⑮ 38 kg−29 kg=　　⑯ 21 cm²−2 cm²=
⑰ 37 cm³−28 cm³=　⑱ 48 s−39 s=　　　⑲ 40 l−42 dl=　　⑳ 3 m−10 cm=
㉑ 43 kg−50 g=　　㉒ 18 min−49 s=　　㉓ 28 m²−10 cm²=　㉔ 14 dl−1 l=

2. 仔细阅读下列小文，复习一下研究过的内容。

① 有一条56 cm长的绳子，用了18 cm，还剩多少厘米？

② 使用了30 kg土豆，还有55 kg，问原来共有土豆多少公斤？

③ 在书店买了28元的书，后来发现还有想要买的书，可是钱包中只有25元，不够用，没有买，问钱包里原来共有多少钱？

④ 萨沙买来了200 g肉做肉饼。做完后一称，还剩余28 g肉。问萨沙做肉饼用了多少克肉？

⑤ 底面积是240 cm²，深度是15 cm的柱形水槽装满了水，问水的体积是多少立方厘米？如果深度是10 cm时，水的体积又是多少立方厘米？

⑥ 把50 cm³的黏土放到装有250 cm³水的量筒里，问水升高到多少立方厘米的刻度？

3. 往如图所示的水槽里放下面的东西时,重量有何变化?

现在水槽装有810 g水。
①把90 g的木头浮在上面。
②让15 g的金鱼在里面游。
③把100 g砂子和20 g泥土放在里面搅拌。
④把155 g洗衣粉溶在里面。
⑤放入30 g鲜橘汁。

4. ①米丽娅去乡下乘的是夜里9点30分出发的电车,第二天午后3点45分到达目的地,问米丽娅乘电车花费了多少个小时?

②丽达的父亲今早乘7点40分飞机去旅行,据说用4 h 20 min的时间才能到达目的地,那么几点几分能到达呢?

5. 喜 鹊 最后的问题请大家一边听博士讲话,一边思考。

开心博士 怎么样?大家对单位是怎么产生的,都了解了吧!这本书探讨过的一些单位,都有同样的性质。现在请看左边的椅子。看到这把椅子,你就会想到测量长度、重量、面积、体积的问题吧,请利用这把椅子,自己提出一些问题来。第四册将探讨更复杂的单位。

数学世界探险记

各种各样的单位

这本书所探讨的各种各样的单位

水(液量)[dl l]

长度[mm cm m km]

重量[g kg]

面积[mm^2 cm^2 m^2 a ha km^2]

体积[cm^3 m^3]

时间[秒 分 时 日]

单位的产生有四个阶段：

直接比较 → 靠使用媒介比较

总结

　　即使容器改变(只要水一点没丢掉)，水量是不会变化的。

　　即使切成小段，(只要一点不丢)长短不会改变。即使弯曲了，长度也不会改变。

不管怎么改变形状，重量是不会改变的。

　　形状变了，面积不会改变。即使变零散了，(只要一点不丢)面积是不会改变的。长方形的面积等于长×宽。

　　形状变了，体积不会改变，即便变零散了，(只要一点不丢)体积是不会改变的。两个物体不能同时占同一空间。体积＝底面积×高(长方体、立方体、柱体)

　　即使没有表，也能测时间。时间是经过的长短，时刻是时间经过的某一点。

用确定的媒介比较 → 使用世界通用单位

很快就要和博士的工作室告别了,以后将有什么样的探险任务在等待着我们呢?罗伯特,你在打什么主意呢?嘟嘟,今后不会总睡不醒吧?

大家一想起以后还要去探讨各种各样单位的事,心中总觉得有些不安。这大可不必。大家不要在学习上落后啊!也许以后你们会有什么新发现呢!

探险,不但能学到知识,而且还能培养一往直前的精神。

瞧!小黑怪也在树荫处呢。

<第15页>

　　米丽娅=罗伯特　萨沙>嘟嘟

<第25页>

1. 6 dl　2.8 dl　3.5 dl　4.6 dl

<第28页>

1. 3 l　5 l　85 dl　99 dl
2. 26 dl　50 dl或5 l
3. 90 dl　30 dl　140 dl　980 dl
　　36 dl　12 dl　92 dl　47 dl　15 dl
　　119 dl　63 l　499 dl　60 dl
　　819 dl

<第40页>

1. ①1 594 dl　②709 dl　③39 032 dl
　　④12 500 dl　⑤648 cm余4 cm
　　⑥1 440 cm余1 cm　⑦7 600 cm
　　⑧38 312 cm　⑨58 dl　⑩98 dl
　　⑪76 dl　⑫84 dl　⑬372 cm
　　⑭4 m　⑮798 cm　⑯302 cm
2. ①210 l　②略
3. ①直接比较
　　使用媒介比较
　　用各种各样单位做媒介。
　　用世界通用单位做媒介。
　　1杯的"1"和1 l的"1"不同
　　②略

<第41页>

4. ①9 dl　②11 dl
5. ①3 dl　②柠檬汁多2 dl
6. 9 dl-4 dl问题的答案举例：

　　在厨房放有9 dl的油瓶和4 dl的酱油瓶，哪个多，多多少？

　　有个放有9 dl蜂蜜的瓶子已使用了4 dl，还剩多少？

<第61页>

　　背包>皮包>手提包

　　灰姑娘>娃娃>松鼠

<第65页>

　　从左到右依次为

　　2 kg　3 kg　5 kg　4 kg

<第68页>

1. 25 kg　2. 4 kg

<第71页>

①50 g　②140 g　③190 g
④360 g　⑤450 g　⑥560 g
⑦670 g　⑧810 g　⑨860 g
⑩960 g

<第72页>

1. ①25 g　②5 g
2. 略

〈第74页〉

1. ①7 139元　②168元　③3 697元
　④208元余24元　⑤10 000元
　⑥9元　⑦35 728元　⑧101元
　⑨10 000元　⑩1 250元
　⑪222元余3元　⑫262元余10元
　⑬4 911元　⑭9元
　⑮3 000元　⑯121元　⑰869元
　⑱792元　⑲751元
　⑳96元余76元

2. ①100 kg　②101 kg　③135 kg
　④126 kg　⑤128 kg　⑥100 kg
　⑦63 kg　⑧84 kg　⑨9 999 kg
　⑩200 kg　⑪5 kg　⑫56 kg
　⑬2001 g　⑭75 kg　⑮9 kg
　⑯56 kg　⑰405 kg　⑱5 kg
　⑲10 kg　⑳30 kg

3. ①略　②5 805元

〈第75页〉

4. ①2 kg　②32 kg
5. ①略　②45 kg　240 cm

〈第76页〉

1. 47 kg　2. 2 kg
3. 13 kg　4. 25 kg
5. 63 kg　6. 300 m

〈第77页〉

7. 略
8. ①10 mm　②100 mm
　③100 cm　④1000 m　⑤45 mm
　⑥305 cm　⑦150 cm　⑧1 m
9. ①44 cm　52 kg　②190 km
　190 000 m

〈第89页〉

1. A. 13 cm²　B. 12 cm²
　A比B大1 cm²
　A. 18 cm²　B. 11.5 cm²
　A比B大6.5 cm²
2. A和E(6 cm²)
　B和D(8 cm²)
　C和F(7 cm²)

〈第92页〉

1. A+B是32 cm²　C+D是30 cm²
2. 100 cm²

〈第93页〉

从左到右依次为：15 cm²　17 cm²
25 cm²

〈第94页〉

萨沙31 cm²　罗伯特29.5 cm²
2. 375 cm²

〈第99页〉

1. ①. 21 cm²　②. 20 cm²
　③. 15 cm²　④. 24 cm²
2. (左)从上到下依次为 35 cm²
　72 cm²　135 cm²　100 cm²
　(右)从上到下依次为416 cm²
　36 cm²，21 cm²，3 600 cm²

数学世界探险记

<第100页>

3. 144 cm²   288 cm²   400 cm²

   15 cm²

<第102页>

1. A. 6 cm   B. 20 cm

   C. 24 cm   D. 1 cm

2. (左)从上到下依次为8 cm,

   128 cm²,   7 cm,   11 cm

   (右)从上到下依次为7 cm,

   5 cm,   3 cm,   0 cm

<第106页>

1. ①80 000 cm²   ②20 000 a

   ③180 000 cm²   ④350 000 cm²

   ⑤40 000 m²   ⑥38 000 000 cm²

   ⑦700 ha   ⑧8 900 ha

   ⑨2 300 a   ⑩4 200 000 000 cm²

   ⑪580 000 a   ⑫380 000 cm²

   ⑬2 300 m²   ⑭89 000 000 m²

2. ①96 000万   ②960亿

   ③96 000亿 ④96 000万亿

<第109页>

1. ①60   ②143   ③266

2. ①1 738   ②18 137 986   ③2 795

<第119页>

从左依次为3 cm³   7 cm³   8 cm³

<第120页>

1. ①35 cm³   ②18 cm³   ③102 cm³

   ④80 cm³   ⑤53 cm³   ⑥100 cm³

   ⑦70 cm³   ⑧200 cm³

2. 73 cm³

<第121页>

1. ①3 cm³   ②1 cm³   ③19 cm³

   ④69 cm³   ⑤30 cm³   ⑥0 cm³

   ⑦19 cm³   ⑧52 cm³

2. 68 cm³

<第129页>

1. ①190 cm³   ②609 cm³

   ③300 cm³   ④600 cm³

   ⑤600 cm³   ⑥350 cm³

2. (左)从上到下依次为783 cm³。

   704 cm³,   9 cm², 1 cm,   200 cm³

   (右)从上到下依次为11 cm²。

   5 cm,   28 cm³,   38 cm³,   3 cm³

<第130页>

1. (1)140 cm³   (2)240 cm³

   (3)288 cm³   (4)84 cm³

   (5)80 cm³

2. 3 cm

<第131页>

1. 所谓体积是指主体占有空间的大小。

所谓容积是指容器内的空间的大小。

2. 略

3. ①正确   ②是水的体积,不能说是水的容积。

<第143页>

从左到右依次为20 s, 46 s, 33 s, 12 s

<第147页>

1．从左到右依次为30 min，39 min，7 min，55 min。

2．①1，18　②1，33　③1，39
　　④1，25

3．略

<第148页>

1. 32 min

2．①45 min　②20 min　③59 min
　　④50 min　⑤58 min　⑥59 min
　　⑦59 min　⑧50 min　⑨50 min
　　⑩40 min　⑪42 min　⑫50 min

<第150页>

1．从左到右依次为5点，9点，7点30分

2．从左到右依次为2点，5点，9点，11点

3．①2圈　②6 h

③从左到右依次为

第一行 1 h 18 min、1 h 32 min，
　　　 1 h 1 min、1 h

第二行 243 min、222 min
　　　 561 min、180 min

<第155页>

①1 h 9 min=69 min
　18 h 58 min=1 138 min
　24 h 50 min=1 490 min
　4 h 20 min=260 min
　2日4 h=3 120 min
　31日=44 640 min

②156 min=2 h 36 min
　3 245 min=2日6 h 5 min
　4 820 min=3日8时20 min
　60 min=1 h
　1 440 min=24 h=1日
　10 000 min=6日22 h 40 min
　5 842 min=4日1 h 22 min
　80 min=1 h 20 min

<第157页>

1．①6点5分　②3 h

2．①10 h 20 min　②6 h 25 min
　　③12 h 3 min

<第159页>

①9 h 58 s　②20 h 55 min 58 s
③7 h 40 min 50 s　④13 h 40 s
⑤9 h 49 min 3 s　⑥8 h 49 min 2 s
⑦8 h 11 s　⑧14 h 41 min 19 s
⑨6 h 2 min 56 s　⑩13 h 15 min 56 s
⑪12 h 1 min 18 s　⑫10 h
⑬6 h 33 min 1 s　⑭9 h
⑮11 h　⑯14 h

<第163页>

1．①7 h 53 min 11 s
　②13 h 47 min 54 s
　③10 h 59 min　④7 h 43 min
　⑤7 h 58 min 19 s
　⑥9 h 41 min 11 s
　⑦11 h 16 s　⑧10 h 8 min 2 s

⑨ 5 h51 s ⑩ 7 h
⑪ 5 h21 min40 s
⑫ 8 h11 min20 s
⑬ 13 h37 min47 s
⑭ 12 h49 min1 s
2. ① 3 h21 min10 s
② 2 h3 min9 s
③ 2 h17 min53 s
④ 5 h12 min55 s
⑤ 2 h59 s ⑥ 1 h1 min50 s
⑦ 1 h59 min57 s ⑧ 56 min
⑨ 1 h51 min59 s ⑩ 11 min51 s
⑪ 1 h50 s ⑫ 3 h48 min46 s
⑬ 3 h56 min36 s ⑭ 59 min59 s
3. ① 10 h ② 5 h28 min
③ 12 h ④ 3 h18 min38 s
⑤ 58 s ⑥ 16 h24 min59 s

<第168页>

1. ① 9 h52 min56 s
② 8 h50 min47 s
③ 5 h15 min9 s
④ 4 h14 min12 s
⑤ 13 h47 min21 s
⑥ 3 h53 min25 s
⑦ 3 h6 min57 s
⑧ 7 h7 min51 s
⑨ 12 h21 min20 s
⑩ 13 h27 min40 s
⑪ 1 h34 min37 s

⑫ 5 h28 min58 s
⑬ 10 h34 min15 s
⑭ 18 h38 min30 s
⑮ 3 h23 min39 s

2. ①到电影院需要38 min，电影放映是3 h25 min。
②因为5点59分到达，所以来得及。

<第174页>

1.从上到下依次为
  10 h20 s 11 h12 min23 s
  21 h 24 h59 min37 s 24 h

2.从上到下依次为
  3 h21 min21 s 2 h8 min57 s
  1 h59 min59 s 6 h42 min39 s
  55 min58 s

3. 1日＝86 4000 s
  1个月按30天计算 2 592 000 s
       按31天计算 2 678 400 s
  1年按365天计算 31 536 000 s
       按366天计算 31 622 400 s

4.从上到下依次为 6日1h
  11日22h，1日5h28min，
  2日6h16min，1日0h18min

<第175页>

5. 9 h25 min 6. 40 min 7. 13 min
8. 3 h 9. 22 h38 min
10. 4 h15 min 11. ①题答案举例：
  根据罗伯特从星期一到星期三看

电视用了6 h20 min，从星期四到星期天用了3 h35 min，问这一周内他看了多长时间电视？

12. ①时刻是时间流逝的某一点。时间指的是时间流逝的长度。

②略。

<第178页>

1. ①70 dl ②100 cm ③132 kg
   ④162 cm² ⑤180 cm³ ⑥160 s
   ⑦33 dl ⑧4 555 cm
   ⑨82 018 g ⑩400 060 cm²
   ⑪5 000 003 cm³
   ⑫1 820 s ⑬4 dl ⑭128 cm
   ⑮9 kg ⑯19 cm² ⑰9 cm³
   ⑱9 s ⑲358 dl ⑳290 cm
   ㉑42 950 g ㉒17 min 11 s
   ㉓279 990 cm² ㉔4 dl

2. ①38 cm ②85 kg ③53元
   ④172 g ⑤3 600 cm³ ⑥300 cm³

<第179页>

3. ①900 g ②825 g ③930 g
   ④965 g ⑤840 g

4. ①18 h 15 min ②12点

189

数学世界探险记

有趣的四则运算

刘修博 编译

图书在版编目(CIP)数据

有趣的四则运算/刘修博编译. —哈尔滨:哈尔滨工业大学出版社,2012.4(2013.7 重印)

(数学世界探险记)

ISBN 978-7-5603-2892-8

Ⅰ.①有… Ⅱ.①刘… Ⅲ.①数学-少年读物 Ⅳ.①O1-49

中国版本图书馆 CIP 数据核字(2012)第 265278 号

策划编辑	甄淼淼　刘培杰
责任编辑	王勇钢
出版发行	哈尔滨工业大学出版社
社　　址	哈尔滨市南岗区复华四道街 10 号　邮编 150006
传　　真	0451-86414749
网　　址	http://hitpress.hit.edu.cn
印　　刷	哈尔滨市工大节能印刷厂
开　　本	787mm×1092mm　1/16　印张 10.625　字数 169 千字
版　　次	2012 年 4 月第 1 版　2013 年 7 月第 3 次印刷
书　　号	ISBN 978-7-5603-2892-8
定　　价	198.00 元(套)

(如因印装质量问题影响阅读,我社负责调换)

编者的话

我曾在中国生活到大学毕业，中学毕业于一所省级重点中学，数学一直是我的一个弱项，尽管后来我考入了西南交通大学，但数学一直困扰着我，回想起近20年学习数学的经历，我现在才认识到是小学时没能激发起学习数学的兴趣，当时的小学课本及"文化大革命"后期的数学老师讲解过于枯燥。

大学毕业后，我到了日本，发现日本有许多数学课外书编的很生动、有趣，而且图文并茂，我的小孩很爱读。

新闻业有一句听上去很绝望的格言，叫做"给我一个故事，看在上帝的份上，把它讲得有趣些"这句话其实更应对数学界说。近年来，我成立了翻译公司便着手开始编译了这套适合中、日儿童的少年科普图书。

这套丛书共由十册组成。

第一册　　有趣的四则运算。
第二册　　各种各样的单位。
第三册　　恼人的小数分数。
第四册　　稀奇古怪的单位。
第五册　　有关图形的游戏。
第六册　　神奇莫测的箱子。
第七册　　隐藏起来的数字。
第八册　　妙趣横生的集合。
第九册　　上帝创造的语言。
第十册　　超常智力的测验。

这套书的读者对象是少年儿童，所以选择以探险为故事情节。

有人说儿童总是显得比成年人勇敢，恰似小型犬总是比大型犬显得勇敢，可是宠物专家说，那不是勇敢，只是容易激动。儿童比成人有好奇心，就让这难得的好奇心带着儿童走进数学的殿堂。

刘修博
2013年1月于日本

有趣的四则运算

"数学探险队"启事

愿意到十分有趣的数学小世界探险的人,请到操场的秋千下集合。

——开心博士

数学世界探险记

首先，介绍一下探险队吧！

操场上，阳光明媚。在操场的秋千旁，探险队成立了。

其成员是在同一年级读书的三个好朋友米丽娅、萨沙和罗伯特。三个小伙伴对数学都不很擅长，但他们都非常善于思考。

噢，除了他们三位外还有其他伙伴呢。好了，在探险出发前，首先大家都各自说几句话吧！

（米丽娅）

> 我对数学不很擅长，一看到试卷上打的分数就灰心丧气。但是，这没关系，没关系……我们非常欢迎数学成绩是及格和良好的同学一起去探险。当然喽，成绩是不及格和优秀的同学也同样是我们的好朋友。

数学世界探险记

（萨沙）

不管怎么说，在体育方面我还是个运动员。可是在数学方面就不怎么样了。这次我打算在探险队里努力地去探险数学的奥秘。

三个伙伴都在这样想："即使考试成绩不好，没得满分也无妨，只要能解决数学方面的问题，我们照样会很高兴。也许数学世界是一个比用巧克力筑出的城，比流着糖水的河，比到处是美食的国家更为绝妙的地方……好了，还是去探险吧！"

通过探险，亲自领略一下数学世界究竟是怎样的地方吧！

（罗伯特）

我的头脑还算灵活，点子也不少。可是，做什么事总有点儿毛手毛脚的。

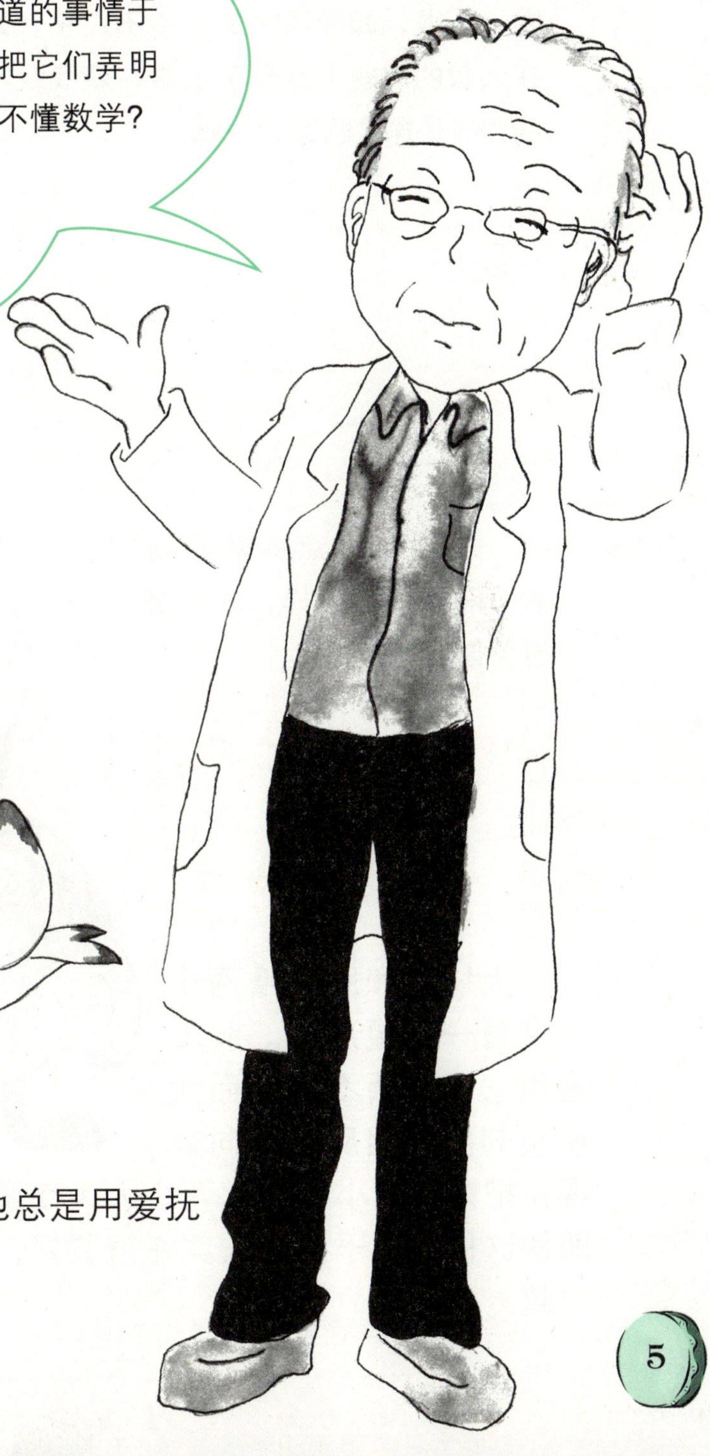

所谓探险，就是经过努力去弄明白那些不知道的事情。如果置这些不知道的事情于不顾，那么，我们就永远也不能把它们弄明白。你不愿意做懒汉吧！什么，不懂数学？哈哈，那就参与探险吧！

（开心博士）

我是开心博士的助手，为探险队带路！

（喜鹊）

开心博士是大数学家。他总是用爱抚的目光看着探险队。

数学世界探险记

（大块头）

我的个子很高，对大数很感兴趣。千啦，万啦，即使再大的数也不在乎。如果在大数的问题上遇到了困难，就找我吧。因为我是探险队的帮手嘛！

我对小一点的数很擅长。和大块头一样，我也愿意为你们做点贡献。

（胖噜噜）

大块头和胖噜噜两个人带着一架望远镜。胖噜噜用它把东西看大；而大块头却要从相反的方向窥视，把东西看小。因此两个人为使用望远镜经常争吵。即使这样，由于两个人实在很要好，所以他们俩总是在一起。

> 哈哈，哈哈，算了吧，别学习了！如果我从嘴里喷出黑墨来，那么，黑夜就会降临到数学世界！

小黑怪是探险队的顽皮的对手，也是在数学方面强大的挑战者。希望你们不要输给他。

（小黑怪）

> 多想睡觉啊！睡呀，睡呀！

（嘟嘟）

小巧玲珑的嘟嘟是探险队的助手，可是这个小家伙总爱睡觉。

数学世界探险记

目 录

有趣的四则运算

- ●四位数 ——————————10

  铺着瓷砖的明亮的大厅————13
  数的位数————————————17
  哪个大？———————————20
  填上＝，＜，＞———————21

- ●加法的冒险 ———————— 23

- ●减法的冒险 ————————31

  32－□＝16————————————44
  用纸条计算吧！————————45

- ●乘法1 ——————————46

  填满九九表吧！————————50

- ●除法1 ——————————66

  看看分完以后的1份——————69
  争吵的三人和好了———————75
  小黑怪指出了除法的意义——80
  在镇上到处有除法！—————82
  除数是一位数的除法—————84
  用7去除6会怎么样？—————86
  "上"在哪里？————————87
  除法为什么从大的数位开始计算呢？————————————93

- ●大数 ——————————106

  关于十进制————————————114
  大数的计算————————————116
  罐头盒上的小兔有多少只？-118

- ●乘法2 ——————122
  - 两位数×两位数————123
  - 三位数×两位数————127
  - 三位数×三位数————129
  - 进一步简化计算————133

- ●除法2 ——————138
  - 两位数÷两位数————139
  - 修正一次试商—————142
  - 修正两次试商—————143
  - 三位数÷两位数
    （不修正试商）————144
  - 三位数÷两位数
    （修正试商）—————145
  - 三位数÷两位数＝两位数的商——
    ——————————147
  - 四位数÷两位数＝三位数的商——
    ——————————149
  - 怎样处理0才对呢？———150
  - 73 356÷53＝？ --152
  - 5 528÷213＝？ --153

- ●答案 ————160

数学世界探险记

四位数

米丽娅　看到这座美丽的小城了吧！

罗伯特　这儿很像孩子们手中画册上的什么地方。

的确是个好地方。这里的花儿盛开，鸟儿在空中鸣叫，绿色的大地，衬托着这个美丽的小城。

4768

喜　鹊　那是一座以一个四位数为名的小城。

米丽娅　那么，里面到底什么样呢？

萨　沙　还有，刚才喜鹊说的四位数可是相当大的数啊。

城门到底开了!

(小城被大木门封锁着,而且木门的牌子上写着"4768"。)

喜　鹊　能把这个数读出来吗?如果能顺利地读出来,那么门就会自动开了。

罗伯特　这个很简单,那是四万七千六十八。

萨　沙　不对吧!

(罗伯特脸红了。)

米丽娅　个、十、百、千、万嘛,因此四位数是上千的数,不到万。

喜　鹊　那么应该怎么读啊?这回可别马虎了!

罗伯特　四千七百六十八。

(罗伯特刚一读完,沉重的大木门便嘎嘎吱吱地自动开了。里面漆黑一片。)

(三个人提心吊胆地向里面走去。)

数学世界探险记

铺着瓷砖的明亮的大厅

萨　沙　嘿！太漂亮啦！

米丽娅　如果在这里开舞会该多开心呀！

喜　鹊　大家往哪儿看呢？请你们往脚下看！

罗伯特　啊！是用瓷砖铺的地板呀！还闪闪发光呢。这个地方果然不错，数一数一共用了多少块瓷砖？

萨　沙　那么多，不能一个一个地数啊！

喜　鹊　不数出来，我们就不能前进啦！

喂！想想看，4768究竟是多大的数？弄清楚了，你们就可以继续前进啦。

喜　鹊　听明白了吧！那么，我们就用瓷砖来把这个数表示出来吧！这样，我们就能领略到这个数到底有多么大了。

数学世界探险记

```
1          10          100


1000                10000
```

嗬，很简单嘛！

米丽娅 一块瓷砖是1，十块瓷砖拼成一条就是10。

罗伯特 嗯，十条瓷砖拼成一片就是100。

萨 沙 这样一来，1000不就是十个100块瓷砖吗？

罗伯特 这么说，这就要用十个1000块瓷砖，也就是要用一万块瓷砖才能铺成这个大厅的地板了。

米丽娅 定位的方法是个，十，百，千……满10进一位。

请你也做做看!

（下面的图是铺着瓷砖的大厅。你知道4768块瓷砖所占的地方吗？如果知道的话，请把这块地方涂上颜色吧！）

罗伯特　明白了。那么，4768就相当于4组一千块瓷砖、7片一百块瓷砖、6条十块瓷砖以及另外的8块瓷砖的总和。

米丽娅　好吧，喜鹊把粉笔拿来！于是，三个人在大厅里走来走去，绕着4768块瓷砖所占的地方的周围画线。

一使用瓷砖就明白了

（4768有多大？一涂上颜色就清楚了。像这样用拼瓷砖的办法来表示数的大小，真是一目了然。米丽娅忽然想起了在小学一年级刚开始学习数时的事。一会儿听听她是怎么说的吧！）

一只蚂蚁也好，一头大象也好，我们都可以用一块瓷砖来表示它。用瓷砖来恰当地比喻数，很容易明白。虽然我们也能用小时候玩的玻璃球来表示数，可是当考虑的数是50或100就有些不好办了。而如果用10块瓷砖拼成一条，10条瓷砖拼成一片的办法就好办了。因为使用排列整齐的瓷砖来做计算不能弄错，而且一目了然。罗伯特，你们不要笑嘛。

数的位数

喜　鹊　那么，这回请数一下下面的瓷砖有多少？

米丽娅　一千块为一组的瓷砖有3组，一百块为一片的瓷砖有5片，十块为一条的瓷砖有6条，一块一块的瓷砖有8块，因此，一共是三千五百六十八块。

喜　鹊　好，会了。那么就向下一页进军吧！

千位	百位	十位	个位
3	5	6	8

3568

数学世界探险记

填空格

米丽娅 把一个数用瓷砖画出来,它的大小一看就清楚了。

萨 沙 数的读法和表示它的大小的画法都很重要。

罗伯特的主意

米丽娅 像前面那样,用上千块瓷砖来表示上千的数,画出来的图占的地方太大。不要说上千的数,就说100吧,也得用十个10块为1条的瓷砖拼到一起来表示它。况且,画起来也很麻烦。

(确实难画。这时,罗伯特叫了起来。)

罗伯特 那么,我们用像手纸那样的一卷纸来表示1000这个数不是也一样吗?并且还可以一卷、两卷地数出数来。至于100和10这两个数,也可以分别用一个方纸块和一个窄纸条来表示。

这个主意,确实很高明。

瓷砖	
数字	4382
读法	四千三百八十二

千

数学世界探险记

哪个大?

(大块头和胖噜噜一起出来了。)

大块头　喂，你好啊!

胖噜噜　好什么呀!你上这儿来干什么?招人烦。

大块头　说说符号还不行吗?

符号=谁都知道，写在=的左边和右边的数的大小相等。符号>和<表示大小不等的情况。在我和胖噜噜之间如果使用这样的符号是很合适的呀!

(胖噜噜不高兴了。)

胖噜噜　我说过，我讨厌你。你不能因为我小就把我当傻瓜呀!

填上 ＝，＜，＞

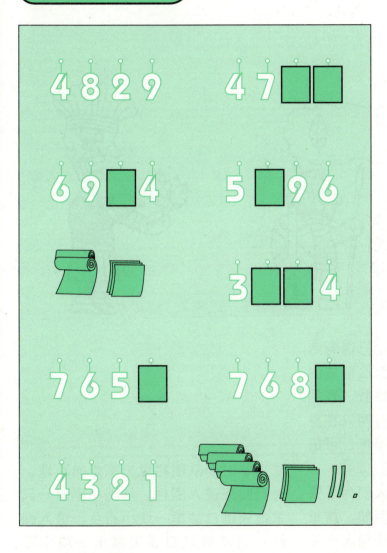

（嘟嘟的坏毛病又犯了。

嘟嘟一觉睡来，还迷迷糊糊的呢，就叭哒叭哒地吃了起来。

看，连数字也吃了。因此，在所出的题目中，有些数字不见了。

啊，尽管这样，你也能看明白。请把符号＝，＜，＞填进去看看吧！）

878
879
880
881

喜　鹊　请写出从878到1021的数字。如果全写出来了，那么，接着你不要看写出来的这些数字，再按着顺序把从878到1021的数字背一遍。怎么样！不会出错吧！

数的起源

开心博士 我们的探险已遇到四位数了。可是，数到底是怎么形成的呢？世界上只有人类才懂得数。我的猫生了三只猫咪，其中只有两只在身边，母猫想找丢失的那只猫咪，可是马上就忘了，因为猫不识数。

在好早好早的古代，人们为了要生存下去常常要数东西。例如，酋长为了数村子里的人数，发给每人一片树叶，然后再把树叶收集起来，这样就知道村里有多少人了。这是因为一人一片树叶，人数和树叶的数目相同。

羊时而从围栏里出来走向草地，时而回来进入围栏。从围栏里出一只羊就放进口袋里一块小石头，进入围栏一只羊就从口袋里拿出一块小石头，如果从口袋里把石头拿光了，那就表明羊全部回来了。

把一种东西和另一种东西对应起来如果对应完了，那么它们的数目就相同。事实上，数就是从这样简单的事上起源的。

（在大厅的里头还有个门，上面写着+号。）

米丽娅　里面就是加法的大厅吧！

罗伯特　是四位数的加法吧！进去看看吧！

数学世界探险记

（这儿是个漆黑的走廊。在上方又可以模模糊糊地看到门，萨沙扭了扭门的把手，可是门仍然紧紧地关着，打不开。）

米丽娅　没法出去了，好吓人啊！

（米丽娅刚一说完，就听到了一个奇怪的声音。）

声音　现在请解答问题吧！如果成功了，一个人就可以打开门。

（喜鹊神气活现地开口了。）

喜　鹊　这里有第一道门，第二道门，第三道门，打开这三道门，顺着明亮的地方就可以出去了。

门上写着的问题你会做吗？

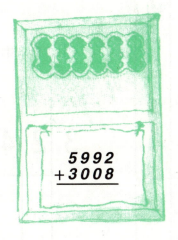

5992
+3008

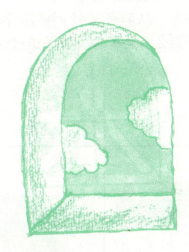

2527
+3416

数学世界探险记

第一道门

（又有奇怪的声音。）

声音　从前有3247个男孩和2731个女孩走过这道门。那么一共有多少孩子走过这道门？

千	百	十	个

```
   千 百 十 个
   3  2  4  7
+  2  7  3  1
─────────────
   5  9  7  8
```

答：5978人。

萨沙 还用瓷砖计算看看，是5组9片外加7条和8块。

罗伯特 五千九百七十八。用数字写是5978。

米丽娅 重要的是使数位对齐，并从个位加起。

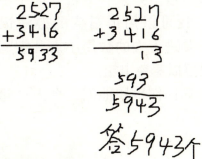

第二道门

（打开第一道门，眼前是漆黑的地下道。这里又听到了令人恐怖的声音。）

声音 2527个金球和3416个银球，合起来是多少个？

萨沙 这回我来做吧！

（于是萨沙急急忙忙地从个位开始算起。可是他对于7+6=13，忘记往十位上进1了。）

米丽娅 如果进位，就把那个要进的数用小点儿字也写出来，这样就不会忘了。

| 4561 | 1483 | 8505 | 2060 | 2000 | 4381 | 6813 | 8143 | 3100 |
|+2128|+3210|+1420|+6201|+7000|+2517|+1075|+1751|+2007|

数学世界探险记

（又传来了奇怪的声音。）

声音　如果做出这一页的问题，第二道门就开了。在红色学校里有学生6583人，蓝色学校里有1349人，合起来有多少人？

米丽娅　合起来多少人？这个问题用加法，列出式子看看……

萨　沙　6583+1349，为了便于计算，列竖式……从个位加起。

罗伯特　3+9=12，进上去1条。

接下来，8+4=12，加上刚才进上来的1条成为13。这回可得进去1片啊。

米丽娅　计算时可不能忘记进位啊！

罗伯特　是的，计算百位上的数时，5+3=8，加上进上来的1片，得9，没有进位。这样，计算千位上的数就简单了。

萨　沙　如果有进位，为了不忘记它，我可以用扳指头的办法记住它。把要进上去的数用小点儿字写出来，也可以避免出错。

来吧！你也和他们三个人一起做做看吧！

| 4123 | 5829 | 7636 | 3093 | 8031 | 4827 | 3896 | 1398 | 5876 |
|+2518|+1162|+1173|+4951|+1279|+2174|+2123|+3213|+1025|

第三道门

千	百	十	个

(加油啊！终于向第三道门进军了。)

声音 把5992粒青豌豆和3008粒青豌豆放在一起，共计有多少粒青豌豆？

```
  5992
+ 3008
------
  9000
```

答：9000粒。

米丽娅 用瓷砖计算试试。嗯……2块和8块瓷砖成为1条。9条和1条成为1片。9片和1片成为1卷，再加上去成为9卷，答案是9000。

罗伯特 一看到瓷砖的移动，进位的情况就很清楚了。

数学世界探险记

(又听到了声音。)

声音 镇上原住着2473人,现在又新迁入58人,那么镇上一共有多少人?

```
  2473
+   58
------
  2531
```

答:2531人。

罗伯特 这两个数的位数不相同,这可怎么办呢?

萨 沙 一列竖式,上下不齐,真让人犯愁。

米丽娅 千位和百位的地方按0来考虑吧!

罗伯特 说得对。

(下面各题答案是罗伯特做出来的,没有错误吧?如果有错,就更正过来吧!)

```
  8378      2792       901        94      1764
+   23    +   38     +  89     +1906    +   16
------    ------     -----     -----    ------
  8391      2780       990      2531      1770
```

(米丽娅和萨沙对罗伯特的答案做了更正,于是,正确答案出来了。第三道门也随之而开了。

一到外边,就看到了明朗的天空。三个人走着,在不知不觉中已经登上了高高的塔。)

减法的冒险

(塔的窗户前面有一条长长的软梯。)

米丽娅　吓人啊！从这里下去吗？

萨　沙　已经不能回去了。

喜　鹊　这是减法的软梯。加油吧！

(喜鹊说完就飞走了。那么，就向四位数的减法进军吧！)

数学世界探险记

(米丽娅吓得缩回了脚。)

(远处有美丽的花,但看不清楚。可是到那里去,必须经过五个软梯。如果脚踩稍不小心,就会掉到有怪物的海里。)

罗伯特 大家齐心协力去努力吧!

(喜鹊又飞回来了。)

喜　鹊　喂，有一个大家感兴趣的问题。如果10个男孩减去7个男孩，那么剩几个男孩？

萨　沙　简单，太简单了。3个人呗。

喜　鹊　那么10个男孩和7个女孩，哪边人多？多几个人？

罗伯特　10个男孩减去7个女孩，好了，男孩多，多3个人。

米丽娅　可是，从男孩里不能减去女孩。

萨　沙　确实，只能从男孩减去男孩，不能减去女孩。

罗伯特……

(三个人犯愁了。喜鹊独自在那里嗤嗤地笑。)

喜　鹊　好，教给你们吧！确实不能男孩减女孩。那么，这样想就好了，把每个男孩和一个女孩的手拴上。如果剩下几个孩子，就是这个问题的答案。对这种情况，同样是10－7＝3，也是减法。寻求同样事物的"剩余"是减法。可是，寻求两种事情的"差异"也是减法。明白了吧！

数学世界探险记

第一个软梯

(软梯随风摇晃。又是奇怪的声音。)

声音 从某个苹果园里摘下来5894个苹果,过些日子卖掉3513个,还剩下多少个?

5894-3513

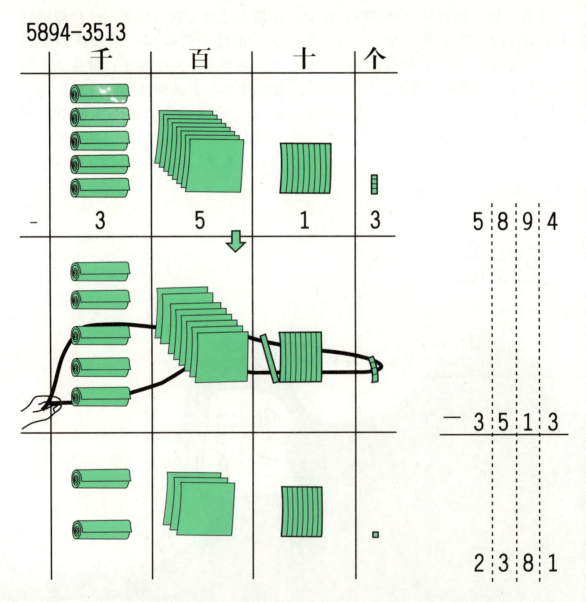

答：2381人。

萨　沙　这是寻求剩余的减法。

米丽娅　做减法计算，必须注意的是，首先写出使得数位对齐的式子，然后从个位减起。

罗伯特　是这样。

第二个软梯

（第二个软梯好像稍微有点毛病。）

　　声音　通过这第二个软梯的有7568个男孩和2139个女孩，男孩比女孩多多少人？

```
    5 1 8
  7 5 6̸ 8̸
 -2 1 3 9
 ─────────
  5 4 2 9
```

罗伯特　这是寻求差异的减法。

米丽娅　是这样。在这里，因为不能从8里减去9，必须从十位退1，在个位上加10再减。

萨　沙　是的。在退位的地方变小了，由于去掉1成为5。如果像左边那样写，就不会出错了。

答：5429人。

7843	4854	1948	9467	3967	7843	4950	7864	8340
-5321	-2313	-1625	-4002	-1239	-2738	-3243	-5373	-7150

数学世界探险记

(又听到了奇怪的声音。)

声音 有6234匹马。想给每一匹马一根胡萝卜,可是只有2865根胡萝卜。那么还有多少匹马得不到胡萝卜?

6234-2865

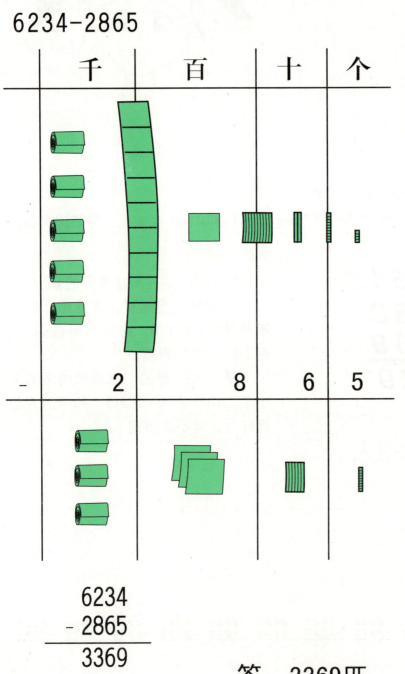

6234
-2865
3369

米丽娅 这是寻求差异的减法。在这里,不能4减5,十位上的数不能3减6,百位上的数不能2减8。

萨沙 连续三次退位可怎么办?

罗伯特 想办法把它做对。

6234
-2865
3379

可是罗伯特算错了,得出的答案是3379。究竟错在哪儿呢?一看瓷砖的移动便得出了正确的答案。

答:3369匹。

第三个软梯

(第三个软梯已经很陈旧了。)

声音 把7501支铅笔分给了2193个孩子，使得每人一支，那么剩下多少支铅笔？

7501-2193

千	百	十	个
- 2	1	9	3

```
  7501
- 2193
  5308
```

答：5308支。

萨沙 因为不能1减3，所以打算从十位借1条，可是……

罗伯特 父亲想给孩子们1条，可是没有。那么，可以从百位上的祖父那里借1片，从其中拿出1条给孩子们。

米丽娅 这样一来，父亲手里剩下9条了。

37

第四个软梯

(第四个软梯好像断了似的,米丽娅吓得脸色发白。)

声音 某镇有5003户人家,其中开店铺的有3524户,那么没开店铺的有多少户?

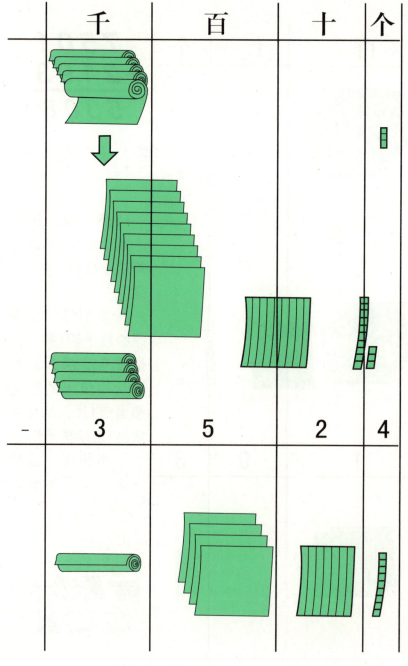

$$\begin{array}{r}5003\\-3524\\\hline 1479\end{array}$$

答:1479户。

罗伯特 因为3不能减4,所以从父亲那里……

呀!父亲那里是0,祖父那里也是0,这可困难了。

米丽娅 如果向曾祖父借呢?

萨沙 如果借1卷,可怎么往下一位移呢?

罗伯特 这么说,干脆从高位减能怎么样?

米丽娅 借1卷,从中拿出1片,再从中拿出1条……哎呀,怎么做好呢?

（大家感到为难的问题是不知从哪里做起。正在这时，开心博士突然出现了。）

开心博士　请大家仔细看看前面一页上的瓷砖。从曾祖父那里一下子借来1卷，不知怎么处理了吧？首先，祖父从曾祖父那里借来1卷，而且给父亲1片，因此祖父那里剩9片，其次，父亲又把从祖父那里借来的1片中拿出1条分给孩子，这就明白了吧。显然，父亲那里剩下9条，因此孩子们手上有1条外加3块，也就是13块。由13减去就可以了。

```
  6004    3000    8001    5000    6000    8405    7301    4605    4503
 -2835   -2917   -4792   -2999   -4091   -2596   -2592   -3706   -2404


  5607    3701    4048    7005    8700    6708    2534    7081    5001
 -4198   -2183   -1649   -2146   -1673   -6099   -1765   -1992   -4002
```

第五个软梯

(终于到了最后一个软梯,随风传来了奇怪的声音。)

声音 一个有7452名职工的大工厂。今天有18人休息,问今天上班的职工有多少人?

$$\begin{array}{r}7452\\-18\\\hline7434\end{array}$$

答:7434人。

米丽娅 和嘟嘟一起来到这座小城以后,他只想睡觉。

罗伯特 请帮帮他吧!

萨 沙 哎呀,不好做吗?我看做减法计算就行了。不过,这个问题的关键是对齐数位,空着的地方按0考虑。

萨 沙 对,这种四位数的减法已经不在话下了。

(三个人刚一高兴,突然附近变暗了。又听到了哈哈的笑声。

嘟嘟突然醒了。)

| 6234 | 3325 | 8100 | 5826 | 6356 | 8504 | 7105 | 4506 | 4305 |
| −2385 | −2179 | −4279 | −2899 | −4194 | −2697 | −2268 | −3065 | −2540 |

哈哈，哈哈……

什么数学探险！学习什么，算了吧！成绩算什么！课外作业算什么！数学世界有什么了不起的！一会儿，漆黑的夜就要降临了。

（嘟嘟把叫喊着的小黑怪撵走了。）

米丽娅　来吧，快点！在黑夜到来之前，做完最后这道题吧！

你也来解这道题，结束对四位数这座城的探险吧！

数学世界探险记

黑暗变亮了,那里是一大片花的庭院。

+8=13

14+ =100

嘟嘟把好容易想好的数字吃掉了。

萨沙的样子滑稽可笑。

来吧，你也和大家一起把消失的数字填上吧！

☐+3 =5

☐=1

38−☐=19

☐+25 =38

367+☐=1246

不好办啊，要恢复原样吗？

3492−☐=847

32-□=16

开心博士　大家都会做。

喜　鹊　那么，开心博士，只对米丽娅他们三个人提出问题好吗？

开心博士　好。

喜　鹊　32-□=16，请在□里填上正确的数。

罗伯特　简单。例如，做□-3=5里，计算5+3就行了。

萨　沙　那就是说把减变加就行了呗。

米丽娅　是啊，□+3=8，把加变成减，8-3=5，5就是答案。

罗伯特　所以我说很简单嘛。32-□=16，也是把减变加，就是16+32=48，答案是48.

喜　鹊　真想说你回答得非常正确。可是，32-48=16，哪有这个道理！

（罗伯特显出踌躇的样子。）

罗伯特　错误的原因是没有画图。

米丽娅　把减变成加，哪儿不行呢？

（三个人确实没办法了。）

用纸条计算吧！

好好听着！这里有3张分别为3 cm、5 cm和8 cm的纸条。如果把这个位置记清楚，问题就简单了。

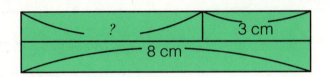

由这个纸条就明白了下面的式子。

3+5=8　　　8-3=5　　　8-5=3

如果这个问题明白了，下面的问题也马上可以得到解决。

① □+5=8　　② □-3=5　　③ □-5=3
④ 3+□=8　　⑤ 8-□=5　　⑥ 8-□=3

在①②③④的场合，用减变加、加变减来解决问题。在⑤⑥的场合不能简单使用改变加减号来计算。头脑里要牢牢记住这些纸条的摆放位置。到此为止，用加法和减法进行计算已经不是困难的事了，大家都学会了。我们也要和小城告别了。

① 58-□=43　　② □+63=79　　③ □-42=18　　④ 43+□=98
⑤ 63-□=20　　⑥ □+82=99　　⑦ 46-□=10　　⑧ 68+□=79
⑨ □+4568=9761　　⑩ 7658-□=3451　　⑪ 8002+□=9000
⑫ □-5437=3281　　⑬ 7999+□=8001　　⑭ 6781-□=4321

数学世界探险记

（三个人站在乘法的山脚下。）
罗伯特　好像得徒步旅游。
米丽娅　我知道九九表，登山吧！
萨　沙　走吧！

喜　鹊　等一等，登山前得知道乘法的意义。不然的话，从悬崖上掉下去，还不知道是怎么回事呢？

（于是他提出了下面的问题。）

喜　鹊　这里有三只七星瓢虫，一共有多少颗星呢？

萨　沙　数一数三只瓢虫上的星好啦。

米丽娅　这是不是7×3的乘法呀？

罗伯特　要叫我做，我就计算7+7+7。

数学世界探险记

喜　鹊　罗伯特，如果按加法计算的话，有9只瓢虫时怎么办？

罗伯特　把7加9次。

7+7+7+7+7+7+7+7+7

这么算有错误吗？

米丽娅　唉，还是用乘法做吧！

喜　鹊　那么，米丽娅，你知道乘法的意义吗？

米丽娅　嗯，一只瓢虫有7颗星，那么三只瓢虫呢？

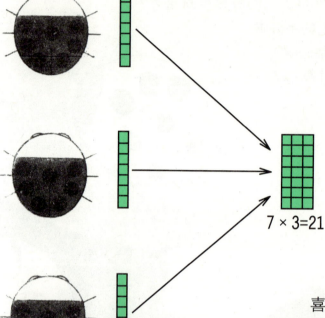

7×3=21

喜　鹊　对了，用前面使用过的瓷砖来说，就是每一排摆7块，一共摆三排。这就是乘法的正确的意义。

那么，请你把下面的表填上。

瓢虫数	全部的星数
1	
2	
3	
4	
5	
6	
7	
8	
9	

7 ×

喜　鹊　近些年来不知道稻草人的孩子很多，能明白稻草人上的乘法吗？

罗伯特　每个稻草人有1只脚，4个稻草人的脚就是1×4，运用1的乘法口诀。

1×4=4

喜　鹊　不倒翁的0×3呢？

米丽娅　这就是说每个不倒翁有0只脚，3个不倒翁就是0×3只脚，运用0的乘法的口诀。

0×3=0

萨　沙　考虑不倒翁的手，也是0×3。

米丽娅　计算稻草人的眼睛的数目，用2×4，这是用2的乘法口诀，它表示每个稻草人有2只眼睛，那么4个稻草人有2×4只眼睛。

罗伯特　看看右图中的蜻蜓，可以怎样说呢？

米丽娅　每只蜻蜓有4只翅膀，0只蜻蜓不就是没有蜻蜓吗？因为没有蜻蜓，所以翅膀也就没有了。

罗伯特　跑光了，当然变成0了。

4×2=8

4×1=4

4×0=0

数学世界探险记

可别让九九表挡住我们的去路，否则，就不能登山了。

填满九九表吧！

×	0	1	2	3	4	5	6	7	8	9
0				0						
1									8	
2										
3							18			
4										
5										
6						30				
7										
8										72
9										

第一座山

问题 欢迎你们上第一座山。在这座山的某个地方有3个口袋,每个口袋各装着32块甜饼干,这是今天的间食。那么3袋饼干共有多少块?

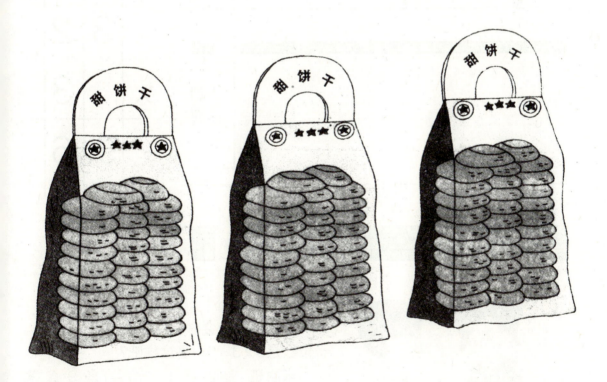

罗伯特 这是计算32×3的问题。首先要准确地定好数位,再列出算式。

米丽娅 做乘法时,还是从个位乘起吧?

萨 沙 如果计算完3×2和3×3,那么这个答案应怎样定位呢?

数学世界探险记

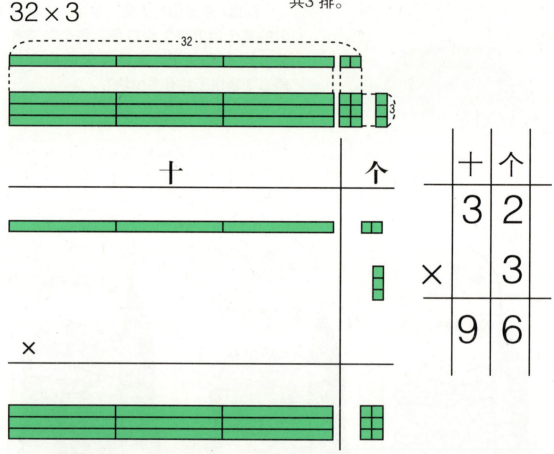

米丽娅 如果用瓷砖来考虑32×3的话,那么就是每排有32块瓷砖,共3排。

罗伯特 我会做,个位数是3×2=6,十位数是3×3=9,是这样吧?

米丽娅 是这样,一共是9条零6块。最后答案是96块。

萨 沙 用32+32+32的办法来计算,好像更容易吧?

米丽娅 那不行,这是乘法不是加法。

(刚一说完,那甜饼干就呈现在三个人的面前了。)

百	十	个

$$\begin{array}{r} 63 \\ \times\ 2 \\ \hline 126 \end{array}$$

(三个人还把甜饼干分给嘟嘟一些。接着嘟嘟认真地计算63×2的问题。)

嘟 嘟　真想睡觉啊。不过，这个题还是让我来做。嗯，6×3=18，3×2=6，18和6相加，得24，答案是24。

米丽娅　你做的有毛病，应该是2×3和2×6，并且用2乘十位上的6时，应把得到的12中的2写在十位上。

$$\begin{array}{r}43\\ \times\ 2\\ \hline\end{array} \quad \begin{array}{r}31\\ \times\ 3\\ \hline\end{array} \quad \begin{array}{r}24\\ \times\ 2\\ \hline\end{array} \quad \begin{array}{r}40\\ \times\ 2\\ \hline\end{array} \quad \begin{array}{r}73\\ \times\ 3\\ \hline\end{array} \quad \begin{array}{r}92\\ \times\ 4\\ \hline\end{array} \quad \begin{array}{r}61\\ \times\ 8\\ \hline\end{array} \quad \begin{array}{r}53\\ \times\ 2\\ \hline\end{array} \quad \begin{array}{r}20\\ \times\ 9\\ \hline\end{array}$$

倍是什么意思！

开心博士　来到乘法的第二座山前，探求一下"倍"的意义吧！

米丽娅　"倍"这个词倒经常听说。

萨沙　嗯，比如说，"现在小麦的芽长是上回测量时的二倍。"那么，这里就使用了倍。

罗伯特　父亲曾说过"一个大力士的体重是你的体重的五倍。"这就是说大力士的体重，相当于我这样的五个人的体重。

开心博士　罗伯特说的对。比较两个事物的数量时，有时就要用到倍。比如说一个东西有时伸长，有时缩短，想要知道伸长后的长度是原来的多少份时，那么就说伸长后的长度是原来长度的多少倍。好，我们更确切一些地来考虑倍的意义吧！

（开心博士一边那么说着，一边用图画纸剪出一些一个边的长度相同而面积不同的长方形，并把它们一个一个地排列起来。）

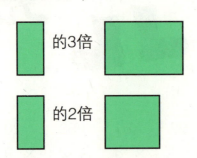

开心博士　当这个长方形的另一边长度是那个长方形的另一边长度的3倍时，那么就说这个长方形是那个长方形的面积的3倍。

罗伯特　开心博士，拿兔子的耳朵问题来说，由于每只兔子有2只耳朵，因此，3只兔子的耳朵数是2×3＝6。由此看来，关于倍的计算，用乘法就能做。是这样吗？

开心博士　是这样。罗伯特，真棒！

喜鹊　那么，2 cm的3倍呢？

米丽娅　2 cm×3＝6 cm呀！

喜鹊　2 cm的2倍呢？

嘟嘟　2 cm×2＝4 cm呀，你再提个有点挠头的问题吧！

喜鹊　那么，我问你，2个苹果的3倍是多少？

嘟嘟　这很容易。嗯，因为2个苹果……得了，得了，我没办法了。

罗伯特　这不是什么难问题，2个×3＝6个。你能和长度一样来考虑就会做了。因为前面你只顾睡觉，所以才不会做。

嘟嘟　不是那么回事，我才没睡觉呢。

①8个橘子的2倍是几个橘子？ ②3 m的丝带的5倍是多少米？
③3个苹果的3倍是几个苹果？ ④8个玻璃球的8倍是几个玻璃球？

数学世界探险记

第二座山

问题 在山的背面，有一所有三个班级的青蛙学校。如果每个班级有29只青蛙。那么，这所青蛙学校一共有多少只青蛙？

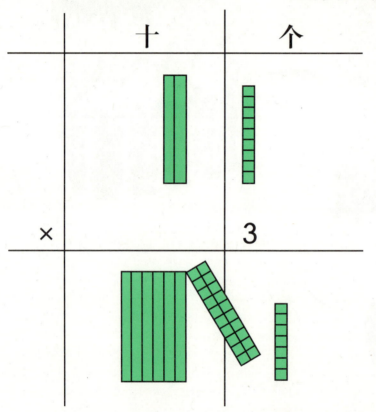

$$\begin{array}{r} 29 \\ \times\ 3 \\ \hline 87 \end{array}$$

开心博士 首先，3×9=27，有进位，这可是个重要问题。个位上放7块瓷砖，进上去的两条瓷砖放在十位上。其次，3×2=6，这6条瓷砖加在已经有的2条瓷砖上，是8条瓷砖。因为是8条零7块，所以是87块瓷砖。答案是青蛙学校共有87只青蛙。

$$\begin{array}{r} 28 \\ \times\ 3 \\ \hline \end{array} \quad \begin{array}{r} 46 \\ \times\ 2 \\ \hline \end{array} \quad \begin{array}{r} 12 \\ \times\ 5 \\ \hline \end{array} \quad \begin{array}{r} 23 \\ \times\ 4 \\ \hline \end{array} \quad \begin{array}{r} 48 \\ \times\ 2 \\ \hline \end{array} \quad \begin{array}{r} 37 \\ \times\ 2 \\ \hline \end{array} \quad \begin{array}{r} 49 \\ \times\ 2 \\ \hline \end{array} \quad \begin{array}{r} 38 \\ \times\ 2 \\ \hline \end{array} \quad \begin{array}{r} 45 \\ \times\ 2 \\ \hline \end{array}$$

第三座山

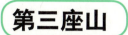

```
   43
 ×  4
  172
```

问题 小鸟在这座山的树林中分层筑窝，每层有 43 个窝，共 4 层，问在树林中一共有多少个鸟窝？

罗伯特 因为跟开心博士学会了，所以这个问题就简单了。4×3=12，向十位上进 1 条。

萨 沙 其次，4×4=16，这还得进位呀。

罗伯特 这个 16，就相当于 1 片和 6 条。所以一共是 1 片加 7 条再加 2 块。所以，一共有 172 个鸟窝。

做做看

83	64	48	38	28	56	97	48	76
× 4	× 6	× 7	× 9	× 5	× 4	× 6	× 5	× 8

数学世界探险记

第四座山

这里有四个悬崖。

这是一座形状好稀奇古怪的山。

萨沙的脚踩趿了。

来吧!请你也和大家一起满怀信心地攀登这里的悬崖吧!

第一个悬崖

问题 有3本关于动物知识的书，每本书232页。如果把这3本书全部读完，共计读了多少页？

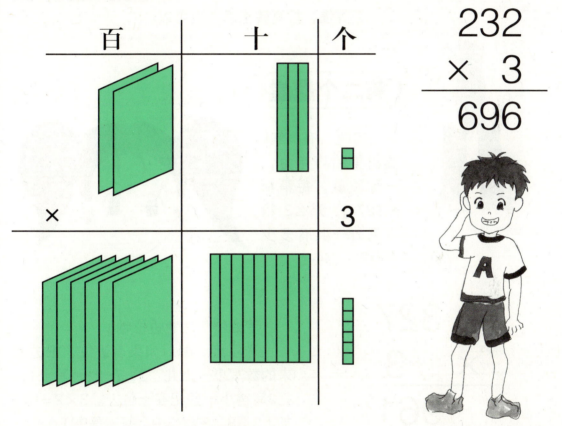

$$\begin{array}{r} 232 \\ \times3 \\ \hline 696 \end{array}$$

罗伯特 这是3位数×1位数的问题。

米丽娅 即使增加位数，也不可怕。按照规则认真去做，一定能对。

萨沙 好，首先3×2=6，所以是6块。其次，3×3=9，所以是9条。最后，3×2=6，所以是6片。因为算出来的是6片加9条，再加6块，所以答案是696页。

| 342 | 141 | 233 | 123 | 322 | 128 | 222 | 302 | 400 |
| ×2 | ×2 | ×3 | ×2 | ×3 | ×1 | ×3 | ×2 | ×2 |

数学世界探险记

提醒一句话

开心博士　啊,大家要好好做啊!大家不要总是依赖瓷砖啊!如果作法确实弄明白了,那么列出算式就可以算嘛。当然,如果对作法还没有真正弄懂,按瓷砖来思考也可以。

第二个悬崖

问题　有3箱味道甜美的巧克力,一称质量,每箱都是327 g,那么3 箱巧克力一共有多少克呢?

```
    327
  ×   3
  -----
    961
    981
```

罗伯特　注意进位哟!

米丽娅　嗯!如果有进位,把进上来的数写小一点儿。3×7=21,写上1。把2写得小一些记在十位上。3×2=6,加上2得8。3×3=9。答案是981 g。

125	326	439	218	326	119	113	215	108
× 3	× 3	× 2	× 4	× 2	× 5	× 6	× 4	× 5

第三个悬崖

问题　运动场的跑道周长为164米，那么沿这个跑道跑4圈是多少米?

```
  164
×   4
─────
  656
```

罗伯特　4×4=16，进1。4×6＝24，加上进来的1成为5进2。4×1=4，加上进上来的2，是6。答案是656 m。

米丽娅　进位两次。

第四个悬崖

问题　用卡车运水果，一次运777箱，那么运7次共运多少箱?

```
   777
 ×   7
 ─────
  5439
```

答：5439箱。

萨　沙　好，由我来做吧! 7×7＝49，进上来的4和9相加得13，那就再进1，这个1怎么办呢? 不明白了。

(在那边，灵机一动来了灵感。怎么样? 大家已经会了吧!)

| 178 | 384 | 786 | 458 | 846 | 798 | 894 | 476 | 958 |
| × 3 | × 4 | × 2 | × 5 | × 7 | × 6 | × 8 | × 5 | × 4 |

数学世界探险记

（三个人好容易才到了山的顶峰。在这里便于眺望。可是三个人都觉得渴了。这时，突然发现了一个大姐姐卖既可口又解渴的草莓。）

罗伯特　那个草莓卖多少钱？

草莓卖主　如果能用乘法正确地算出草莓的数量，我就免费奉送。我只对你们优待。

（三个人惊讶地互相看着。）

草莓卖主　这是两个口袋，每个口袋分别装着三个盛草莓的盒子，每个盒子里有8个草莓，那么一共有多少个草莓呢？

（三个人沉思了一会。）

萨　沙　1个盒子里有8个草莓，因为1个口袋里有3个盒子，所以8×3=24。又因为是两个口袋，所以24+24=48，明白了，是48个。

草莓卖主　在计算时要全部使用乘法，你这样做不合格。所以，你失去了优待资格。

米丽娅　我明白了。因为8×3=24，24×2，嗯……48。

草莓卖主　还有更简单的办法。

（大姐姐显出若无其事的样子。）

草莓卖主　现在，按米丽娅所说的，可以列出（8×3）×2的式子。

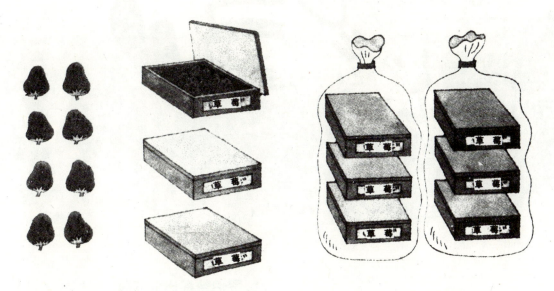

草莓数目	盒子数目	口袋数目	全部草莓数
8 ×	3 ×	2	
24	×	2	= 48
8 ×	3 ×	2	
8 ×		6	= 48

这里首先8和3相乘。可是这与 8×(3×2)的3和2先乘所得的结果完全相同。3×2=6，8×6=48。看，答案很容易得出来了吧！

大姐姐微笑着给三个人一些带甜味的草莓。

像这样的乘法，从哪里先乘，答案都相同。

① 8×3×4　② 5×6×3
③ 7×4×2　④ 9×1×2
⑤ 5×8×3　⑥ 2×6×8
⑦ 9×7×4　⑧ 4×5×9
⑨ 8×9×7　⑩ 1×1×1
⑪ 5×5×5　⑫ 1×2×3
⑬ 4×8×1　⑭ 7×6×0

数学世界探险记

和卖草莓的大姐姐告别后,探险队又继续前进了。嗬,眼前又出现了一片大草原。蓝色的天空,五颜六色的花草,还能听到不知从哪里传来的群鸟的鸣叫声。大家一边吃着刚才大姐姐给的草莓,一边回想探险以来的经历,并互相提出了一些问题。大块头毫无顾忌地躺在草地上,伸展着他那高大的身体;嘟嘟好像心情很好,也随便地躺在米丽娅的身旁……

没想到大家都很顺利地解出了互相提出的问题。喜鹊好像很愉快地从高空望着这支探险队。

那么,你们也做做探险队提出的问题吧!

1. 罗伯特提出的问题。

① 4509+4491
② 3005−2006
③ 7962+1038
④ 7007−98
⑤ 8468+539
⑥ 6987−988
⑦ 58×5
⑧ 72×8
⑨ 25×6

2. 萨沙提出的问题。

① 3258+6648
② 7000−0
③ 705×6
④ 241×9
⑤ 874×8
⑥ 489×0

64

3. 米丽娅提出的问题。

①玻璃球是我的宝贝。家里有4384个，现在手里拿着16个，一共有多少个？

②接上题。和嘟嘟一起玩玻璃球，给他7个，包括家里有的，我现在有几个？

5. 大块头提出的问题。

① □+9=25　　② 38+□=49
③ □-13=78　　④ □-98=0
⑤ 7342+□=9687
⑥ □-3002=3008
⑦ 9048-□=8049
⑧ 8×3×7　　⑨ 3×5×9
⑩ 4×6×5　　⑪ 7×8×7
⑫ 9×9×9　　⑬ 1×1×1
⑭ 8×9×0　　⑮ 0×3×9

4. 胖噜噜提出的问题。

①　763　　②　825　　③　918
 ×　 5　　 ×　 8　　 ×　 6

④　126　　⑤　138　　⑥　878
 ×　 3　　 ×　 8　　 ×　 7

6. 嘟嘟提出的问题。

① 4356+1232　　② 6759-4628
③ 7459+1238　　④ 8723-5224
⑤ 6992+2008　　⑥ 9632-33
⑦ 我吃3个草莓，米丽娅吃的是我吃的2倍，她吃几个呢？

数学世界探险记

除法!

(三个人在海滨沙滩上眺望蓝色的大海。)

米丽娅 这次要去的数学之国是个怎么样的地方?
罗伯特 咱们三个人还是继续探险吧!

(这时,大海的彼岸,南边的小岛上……)

(一条由15颗珍珠做成的项链、24 dl的椰子柠檬汁和6 m长的漂亮的布料摆在三个男人面前,他们在吵嚷着。)

男1 咱们是3个人,因此要把这三样东西的每一样都准确地平均分为三份呀!

男2 我无论如何也不会分,你来分怎么样?

男3 那怎么办呢?把这些东西平均分给3人,我也不会。

(这是3个人上街买的东西,买好了三件。可是由于他们3个人谁都分不好这三件东西,所以吵嚷起来了。)

数学世界探险记

喜 鹊 他们的东西还没有分完，吵嚷的人还在呢，大家都去看看吧！

罗伯特 去帮他们一把吧！

米丽娅 等一等，那得用除法。罗伯特，你会吗？

罗伯特……

所谓"分东西"，是下一步探险要解决的新思考方法。请把下面水槽里的水平均分为3份。要注意，分东西，总要考虑计算1份的数量，这就是除法呀！

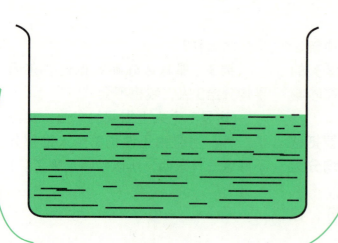

看看分完以后的1份

开心博士 一会儿请大家做这个题，能把下面各种各样被等分的东西，按书中给出的条件顺利地连线吗？

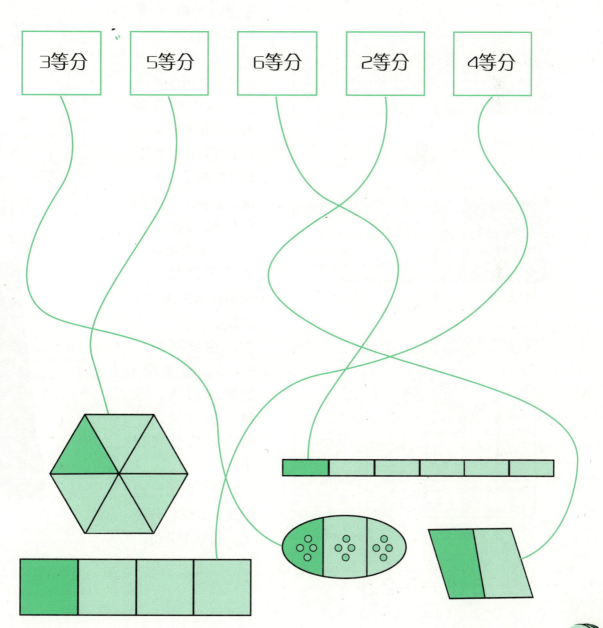

（写除法的式子里使用"÷"，把÷读做除。）

喜 鹊 开心博士，水槽里有 6 dl 的水，把它平均分给 3 个人，1 个人分得多少水？

1 人份

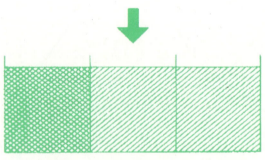

1 dl 　　　2 dl

$3 \times 1 = 3$　　　$3 \times 2 = 6$

$6 \, dl \div 3 = 2 \, dl$

这个问题是 6 dl ÷ 3，这是除法。答案请看左图。由于是平均分成 3 份，因此，每 1 份是 2 dl。2 dl 就是答案。这个除得的数是用 3 的乘法口诀得出来的。再请看，左下图，是将 3 份中的每一份内都注入 1 dl 的水的情况。右下图是每一份内都注入 2 dl 的水的情况。

由此可见，6 ÷ 3，首先用 3 的乘法口诀，念到"二三得六"那个地方就可以了。

2 个 3 dl，也就是 3 dl×2。分完了，答案是 2 dl。

你问得很好。这也可以用水槽来考虑。另外，我们说把水槽隔成3部分，实际上，这也像3个人玩扑克时分牌那样，顺次地每次每人分1张。这样分完1次是3张×1＝3张，分完2次是3张×2＝6张。这个2就是6÷3的答案。

这样说明白吧！由此可见，除法可以利用九九表来做。

喜　鹊　开心博士，如果不是水，比如说是6块牛奶糖分给3个人，那怎么办呢？

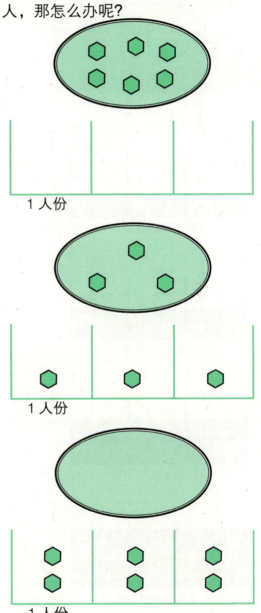

通过上面的解释，对除法现在已经明白了。那么就试试做下面的题！请按左边水槽的变动情况，来回答右边水槽的变动情况。

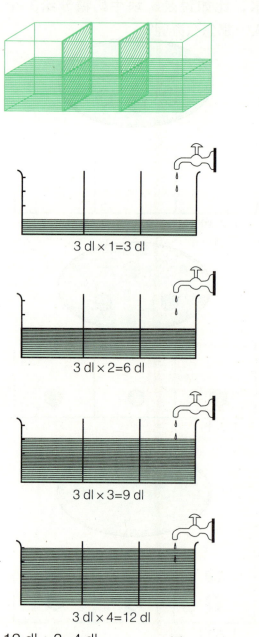

3 dl × 1 = 3 dl

3 dl × 2 = 6 dl

3 dl × 3 = 9 dl

3 dl × 4 = 12 dl

12 dl ÷ 3 = 4 dl

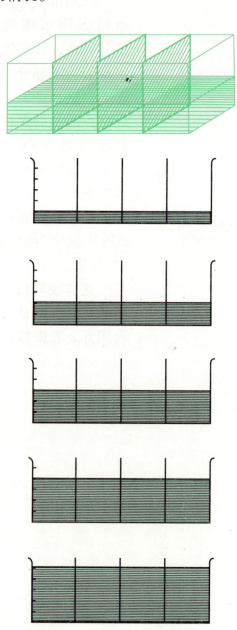

答：4 dl。

请问，你会分布带吗？这里有8 cm美丽的布带，平均分给4人，每人得多少？

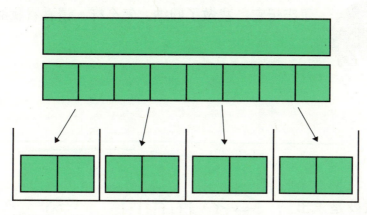

$$8 \text{ cm} \div 4 = 2 \text{ cm}$$

简单地说，像水那样的东西，像奶糖那样的东西，以及像铅笔之类的长长的东西，都能够使用除法。

首先想到水槽，把它像房子那样隔成几间，再考虑往里面分配水呀、奶糖呀、铅笔呀，总之，什么都行。

① 把8 dl草莓柠檬果汁平均分给4个人，每人分得多少？

② 有9个草莓，分给3个人，每个人分到几个？

除法的意义明白了！

罗伯特　除法是我们刚刚学习的新的计算方法。为了牢记它，我做了归纳。怎么样，请看看我的记录吧！

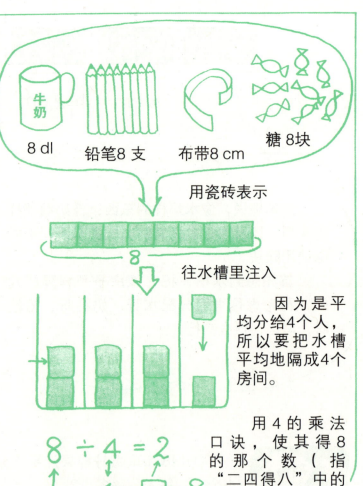

除法就是求出平均分得的1份是多少。

要牢牢记住除法的记号÷！

无论像铅笔或糖块那样零散的东西，还是像牛奶或布带那样连续的东西，都能用除法。

牛奶 8 dl　铅笔8支　布带8 cm　糖8块

用瓷砖表示

往水槽里注入

因为是平均分给4个人，所以要把水槽平均地隔成4个房间。

用4的乘法口诀，使其得8的那个数（指"二四得八"中的"二"），就是8÷4的结果

$8 \div 4 = 2$

$4 \times \square = 8$

争吵的三人和好了

你还记得南边的小岛上三个不会除法的人吗？现在我们有能力帮助他们了。

米丽娅、萨沙、罗伯特三个人，满怀信心地说："如果是分东西的事，我们有把握。"

那么让你去，能怎么样？

在米丽娅他们的帮助下，把15颗珍珠、24 dl的椰子柠檬汁、6 m长的布料平均地分给了三个男人。

分这些东西，是按下面的除法来计算的：

对于珍珠用

15 颗 ÷ 3 =

对于椰子柠檬汁用

24 dl ÷ 3 =

对于布料用

6 m ÷ 3 =

果然，分配得很圆满，三个男人不再争吵，和好如初了。

米丽娅　可了不得啦！小黑怪又来喷墨了，让黑幕降临啦！

数学世界探险记

哈哈,哈哈!

从脸色上看,你们很得意啊!情绪很好啊!那样的话,我可要向你们提问题啦。如果做好了,才允许从这里通过。

6只羊迷了路,被恶魔吃掉了。如果每个恶魔各吃两只羊,那么,这些小羊是被几个恶魔吃掉的?

米丽娅 多么讨厌的问题呀!

萨沙 可是还得解呀!不然的话,小黑怪不更要生气了吗?

罗伯特 尽量做吧!这个问题不可以用除法吗?

萨沙 开心博士说过,把水槽隔开几个房间。

罗伯特 嗯,房子数和人数相等。分给3个人的时候,就像把水槽分隔成3个房间一样。这太有意思啦……

米丽娅 什么?

罗伯特 我是说,对于这个问题,如果是把水槽隔成几个房间就行了,不明白吗?

罗伯特 可是恶魔数不知道。

萨沙 的确,每个恶魔吃两只,答案不是已经先给出来了吗?这不是除法吧,也许用别的什么方法计算吧!

米丽娅 6只÷几个恶魔=2只,确实,答案已经给出来了。

罗伯特 用2去除6吧?

(你一言我一语,三个人吵嚷得很厉害。那么,你是怎么想的,到底是不是除法?)

萨沙 开心博士,请您给予帮助吧!

数学世界探险记

开心博士　在水槽的一个房间里放两只羊，这能明白。所有的羊可进入几个房间呢？不是可以这样来考虑吗？

米丽娅　对，应该这样来考虑。

开心博士　大家好像遇到了困难。小黑怪确实提出了一个相当好的

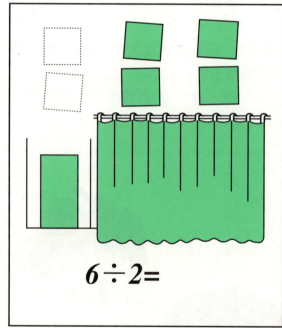

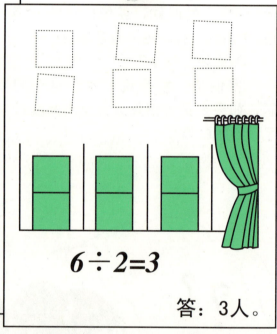

答：3人。

问题。

把6只羊按每个恶魔2只来分，这是除法。与前面问题不同的是它要寻求是多少个恶魔这个答案。假如知道把水槽分成几个房间就好了。可是现在不知道，那么就用下面这个拉窗帘的办法试试吧！

开心博士　把窗帘向右拉。全部羊是6只。怎么样，三个房间里6只吧。这是2×3=6。

米丽娅　答案是3个恶魔。

  米丽娅 小黑怪,答案是3个恶魔吧?

  (刚听到这句话,小黑怪跳出来了。)

  开心博士 对于除法有两种情况,预先把水槽分成几个房间是除法,求水槽能成为几个房间也是除法。

这是开心博士教给你们的,不是你们原来就会的,你们耍滑了!

  1.解下面问题的同时,考虑两种除法的差异。

  ①把6 dl牛奶同样地分给3个人,每人分得多少?

  ②有6 dl牛奶,如果每人喝2 dl,可供几个人喝?

  ③10块奶糖,每人分5块,能分给几个人?

  ④把10块奶糖,平均分给两个人,一个人分几块?

  2.解下面各题。

  ①有8个草莓,每人吃两个,能给几个人吃?

  ②有10 dl柠檬汁,想给5个人喝,平均一个人喝多少?

小黑怪指出了除法的意义

罗伯特 把水槽分成几个房间这种除法，用在分椰子柠檬汁的问题上，看看会是怎样？

米丽娅 要考虑的不是21 dl的椰子柠檬汁被3个人分的问题，而是如果让每人分到3 dl的椰子柠檬汁，那么21 dl椰子柠檬汁能分给多少人的问题。

罗伯特 高明，高明！因为3×7=21，所以可分给7个人。

萨沙 这个问题和21 dl椰子柠檬汁倒入能装3 dl的杯子里，需要多少个杯子的问题是一样的。

$$21\ dl \div 3\ dl = 7$$

米丽娅 分布也有这种问题。有20 m布，如果让每人分到5 m，那么能分给多少人？

罗伯特 现在已完全弄懂两种除法的差异了。

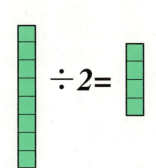 ÷2= 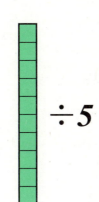 ÷5 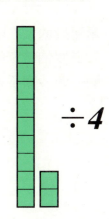 ÷4

1. 解下列各题

40÷5	18÷6	36÷4	48÷6	32÷8	81÷9	42÷7
48÷8	27÷9	45÷5	64÷8	21÷3	27÷3	45÷9
16÷2	63÷7	20÷4	16÷8	28÷4	24÷6	21÷7

6 cm ÷ 3	30 cm ÷ 6	24 cm ÷ 3	56 cm ÷ 8	14 cm ÷ 7
56 cm ÷ 7	16 cm ÷ 4	15 cm ÷ 5	36 cm ÷ 9	28 cm ÷ 4
42 cm ÷ 6	18 cm ÷ 9	63 cm ÷ 9	25 cm ÷ 5	40 cm ÷ 8

2. 解下列各题

①用24元可买到多少枚3元一枚的邮票？

②有36支铅笔，平均分给6个人，那么每人得几支？

③水槽里有8l水，用铁桶每次提9l水，那么提出所有的水需要多少次？

④米丽娅家里有24卷文学全集，如果一个月读3卷，那么，全部读完需几个月？

在镇上到处有除法!

米丽娅的家在哪里?
知道罗伯特家的地址吗?
啊!萨沙家不是开小点心铺吗?

萨 沙 如果顾客对老板说:"我给你40元,用这些钱买5元一块的酥饼干。"那么,老板应给他多少块饼干呢?这就是除法。

米丽娅 晚饭妈妈做了18个丸子,家中像平常一样,有6个人,那么每个人平均能吃到几个丸子?

罗伯特 一本书有72页，如果每天都读9页，那么要用多少天才能读完？

萨 沙 公园的水池里的21只蝌蚪被3个人平分，那么，每个人能分到几只？

米丽娅 在逛公园时带24块饼干，如果让每人都能分到3块，那么可分给几个人？

请你也想出一个除法的问题。

除数是一位数的除法

（开心博士的工作室在城镇的尽头，是一座像由数字组成的建筑物。一天，米丽娅他们三个人来到那里。）

"噢，来了！"

开心博士在烟斗的烟雾中微笑着和他们打招呼。

开心博士　今天继续探求除法。请考虑如果把7个苹果按同样数目分给3个人，那么一个人可分到几个？$\sqrt{}$是除法的记号。$7 \div 3$写为$3\sqrt{7}$。被除数写在里面，除数写在外面。

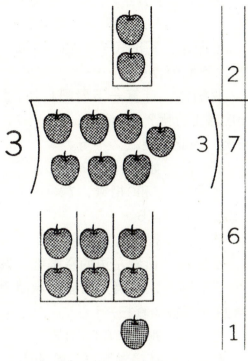

答：每人分得2个还余1个。

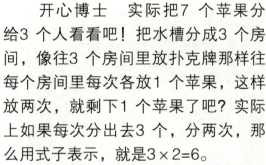

开心博士　实际把7个苹果分给3个人看看吧！把水槽分成3个房间，像往3个房间里放扑克牌那样往每个房间里每次各放1个苹果，这样放两次，就剩下1个苹果了吧？实际上如果每次分出去3个，分两次，那么用式子表示，就是3×2=6。

计算时，把2写在7的正上方。我们把这件事情叫做"上"2。再把3和2的积6，写在7的正下方。然后用7减去它，即7-6=1。这个1是余数。7÷3=2……1。看得出来，这样的除法要做"上"、"乘"、"减"这样三个步骤的计算。

$4\overline{)9}$　$6\overline{)7}$　$3\overline{)4}$　$2\overline{)9}$　$2\overline{)7}$　$8\overline{)9}$　$4\overline{)6}$　$7\overline{)8}$　$3\overline{)5}$

$2\overline{)8}$　$3\overline{)9}$　$8\overline{)8}$　$1\overline{)7}$　$4\overline{)4}$　$1\overline{)6}$　$3\overline{)3}$　$7\overline{)7}$　$1\overline{)9}$

数学世界探险记

用7去除6会怎么样？

喜　鹊　如果明白了7÷3，那么现在再考虑这样一个问题。

把6个橘子分给7个人，结果会怎样？

米丽娅　写出式子就是6÷7呗，哎哟，不能分，可是……

罗伯特　计算一下看吧！用7去除6应该上几呢？上1看看，7×1=7，比6大，因此不能减，不行。

萨　沙　如果上0呢？

米丽娅　7和0相乘，7×0=0，由6减0，6−0=6。

萨　沙　答案为0，余6。

罗伯特　请看左边的漫画吧！因为橘子不够分，阿姨又把盒子原封不动地放回搁板。真扫兴！

喜　鹊　那么考虑0÷3吧！

萨　沙　还是做那样的除法吗？

米丽娅　试试看。0÷3，3×0=0，由0减去它，得0。

萨　沙　答案是0。

$$
\begin{array}{r}
0 \\
7{\overline{\smash{\big)}\,6}} \\
\underline{0} \\
6
\end{array}
\qquad
\begin{array}{r}
0 \\
3{\overline{\smash{\big)}\,0}} \\
\underline{0} \\
0
\end{array}
$$

答：0余6。

"上"在哪里？

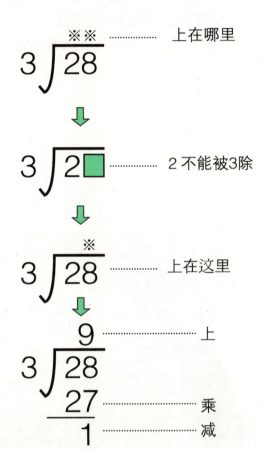

罗伯特 这回，被除数取两位数。

萨 沙 算一算吧！用3的乘法口诀就行了。嗯，3×3=9。不行，还得找更大的数，3×9=27，上9就行了。

米丽娅 那么，把这个9上在哪里？

（萨沙挠头了，感到为难。）

开心博士 被除数是两位数时，先不看个位上的数。这样就只看2呗。用3去除2。

萨 沙 不能除啊！

开心博士 知道不能除以后，那就再把个位上的数拿出来看看，28能用3除了吧！

萨 沙 用3的乘法口诀。

开心博士 是啊。除得的数写在判定可以除的那个数位的数上面，即在8的上方上9。以后"乘"、"减"还照原来的作法去做。

| 6⟌7 | 9⟌8 | 2⟌1 | 3⟌2 | 7⟌1 | 4⟌3 | 9⟌0 | 7⟌0 | 6⟌0 |

| 8⟌49 | 6⟌25 | 9⟌82 | 4⟌38 | 5⟌43 | 7⟌24 | 6⟌50 | 9⟌72 | 6⟌36 |

| 4⟌32 | 9⟌45 | 5⟌20 | 2⟌18 | 8⟌64 | 4⟌36 | 8⟌56 | 7⟌35 | 3⟌15 |

数学世界探险记

萨 沙　除法真有趣，这我已经体会到了。

开心博士　不，不！可不那么简单哟，我们将会看到，除法是越难越有趣。

（三个人为了进一步体察除法的趣味，要出去做冒险旅行。）

罗伯特　吊桥是不好对付的呀！那是个高高的摇晃着的东西。

那么，怎么进行这次探险呢？

数学世界探险记

第一座吊桥

小溪,在山谷间潺潺地流淌着。它像唱歌似地说:"给你们出个题吧!把79个苹果,平均分给3个孩子,那么每个孩子得几个?"

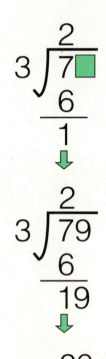

$$3\overline{)7\square} \atop \underline{6} \atop 1$$

首先计算 3)7 上 2
2和3相乘
从7中减去6

$$3\overline{)79} \atop \underline{6} \atop 19$$

落下9

$$3\overline{)79}^{26} \atop \underline{6} \atop 19 \atop \underline{18} \atop 1$$

计算 3)19 上 6
3和6相乘
从19中减去18

答:平均每人分到26个,还余1个。

罗伯特　好，来精神了。计算 79÷3，也就是计算 3$\overline{)79}$。对此，考虑3的乘法口诀。嗯……

萨　沙　可得注意，别忘记把9先隐藏起来。

罗伯特　说的对。啊，7被3除，3×2=6，在7的上面上2。

米丽娅　3和2相乘得6，把6定在7的下面。

萨　沙　由7减去6，余1。怎么能是79÷3 = 2……1呢？太奇怪了！

罗伯特　我来吧！这个1是十位上的1，就是所说的1条瓷砖的1，是10块。所以，在这里再把上面的9落下来，成为19。这一次，在个位数的上面上6，3×6 = 18，19−18 = 1。所以答案是26余1。

小　溪　落9这件事已经明白了。今后做除法，就是重复上→乘→减→落这四个步骤。

2$\overline{)37}$　3$\overline{)44}$　4$\overline{)53}$　8$\overline{)92}$　4$\overline{)75}$　6$\overline{)87}$　5$\overline{)64}$　6$\overline{)93}$

3$\overline{)83}$　4$\overline{)95}$　2$\overline{)39}$　7$\overline{)82}$　5$\overline{)89}$　2$\overline{)59}$　3$\overline{)71}$　2$\overline{)33}$

5$\overline{)73}$　2$\overline{)91}$　7$\overline{)99}$　2$\overline{)57}$　6$\overline{)76}$　4$\overline{)57}$　3$\overline{)55}$　6$\overline{)71}$

数学世界探险记

萨 沙 上→乘→减→落。好，这四个步骤概括得好。这回我来做吧！隐藏1，瞧，上3。3和3相乘，9-9，十位上变成0了。然后落1，对于这个1，因为1不能被3除，所以上0，3×0=0，1-0=1。会了，应该是30余1。

$91 \div 3$

$$\begin{array}{r} 30 \\ 3\overline{\smash{)}91} \\ \underline{9} \\ 01 \\ \underline{0} \\ 1 \end{array}$$

米丽娅 这回我做吧！隐藏0，所以是 $3\overline{\smash{)}9}$，上3。3×3=9，由9减去9得0。只能上0，3×0=0，0-0=0，没有余数。

罗伯特 计算结果没出现余数，这叫做被整除。

$90 \div 3$

$$\begin{array}{r} 30 \\ 3\overline{\smash{)}90} \\ \underline{9} \\ 00 \\ \underline{0} \\ 0 \end{array}$$

$4\overline{\smash{)}82}$	$5\overline{\smash{)}54}$	$3\overline{\smash{)}32}$	$9\overline{\smash{)}98}$	$3\overline{\smash{)}92}$	$4\overline{\smash{)}83}$	$6\overline{\smash{)}64}$	$7\overline{\smash{)}75}$	$2\overline{\smash{)}41}$
$3\overline{\smash{)}61}$	$7\overline{\smash{)}72}$	$1\overline{\smash{)}10}$	$3\overline{\smash{)}60}$	$5\overline{\smash{)}50}$	$7\overline{\smash{)}70}$	$2\overline{\smash{)}20}$	$4\overline{\smash{)}80}$	$3\overline{\smash{)}90}$
$6\overline{\smash{)}37}$	$4\overline{\smash{)}29}$	$8\overline{\smash{)}57}$	$9\overline{\smash{)}73}$	$8\overline{\smash{)}77}$	$4\overline{\smash{)}34}$	$5\overline{\smash{)}41}$	$6\overline{\smash{)}55}$	$8\overline{\smash{)}25}$
$9\overline{\smash{)}81}$	$7\overline{\smash{)}56}$	$4\overline{\smash{)}32}$	$7\overline{\smash{)}21}$	$6\overline{\smash{)}24}$	$8\overline{\smash{)}16}$	$6\overline{\smash{)}36}$	$9\overline{\smash{)}63}$	$9\overline{\smash{)}90}$
$2\overline{\smash{)}10}$	$3\overline{\smash{)}0}$	$5\overline{\smash{)}7}$	$9\overline{\smash{)}9}$	$6\overline{\smash{)}8}$	$7\overline{\smash{)}5}$	$4\overline{\smash{)}3}$	$6\overline{\smash{)}9}$	$1\overline{\smash{)}1}$
$3\overline{\smash{)}69}$	$2\overline{\smash{)}84}$	$5\overline{\smash{)}95}$	$6\overline{\smash{)}72}$	$4\overline{\smash{)}52}$	$7\overline{\smash{)}51}$	$9\overline{\smash{)}99}$	$8\overline{\smash{)}88}$	$3\overline{\smash{)}38}$

除法为什么从大的数位开始计算呢?

（好久不见的小黑怪，突然来了。他一边吐着墨,一边向探险队提出挑战。）

小黑怪 你们的兴致很高啊！那么，我请问：为什么除法是从大的数位开始计算的呢?乘法、减法和加法不都是从个位开始计算吗？现在，你们对除法从大的数位开始计算，一定是搞鬼了，你们的数学是站不住脚的。

（你能回答小黑怪的问题吗？如果真的从个位开始计算除法，将会怎样呢？）

（这时萨沙从个位开始计算 $78 \div 3$。）

萨沙 隐藏 $3 \overline{)78}$ 中的7，考虑 $3 \overline{)8}$。在8的上面上2，$3 \times 2 = 6$，$8 - 6 = 2$。再落十位上的7……在这个7上面仍然上2，$3 \times 2 = 6$，$7 - 6 = 1$。

会了，得22余1。

米丽娅 等一等，这个1是十位上的1，实际上是10。还有，在前面刚做过的个位数上还剩下2呢。

罗伯特 明白了，还余12。

米丽娅 这个12不是余数，还能除，上4，$3 \times 4 = 12$。哎呀，22和4怎么处理呢？

罗伯特 用22和4的和能把78除尽，所以把22和4加起来就行了，答案是26吧！一定是。

虽然能从个位开始计算除法，可是太麻烦了，所以，只有除法，是从大的数位开始计算的。这种方法简便。

第二座吊桥

(从山谷间传来了小鸟的叫声:"计算一下563÷3,会吗?这可是三位数÷一位数的问题呀!算一算吧!")

米丽娅 计算3)563,好家伙,数渐渐大起来了。

罗伯特 我预料过,这座吊桥一定摇晃得很厉害。如果做不了这个题,大概就有掉到山涧去的危险……

萨 沙 在5的上面上1吧?3×1=1,5-3=2,其次是"落",是落6呢还是落3呢,还是干脆一下子落63呢?怎么办,这又不明白了。

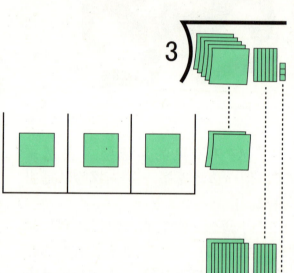

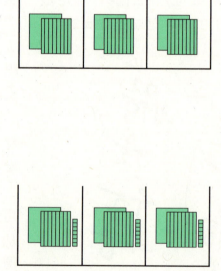

```
    1
  ┌─────
3 │ 5 ■ ■
    3
    ─
    2
```

```
   1 8
  ┌─────
3 │ 5 6 ■
    3
    ─
    2 6
    2 4
    ───
      2
```

（确实遇到了危险。如果没有开心博士给予解释，真的要掉到桥下面去了。）

开心博士　在563中，隐藏63。因为是 $3\overline{)5}$，所以上1。$1×3=3$，$5-3=2$。接下来就是"落"的问题。在这里不能把63一齐落下来，要再隐藏3，只落6。因此成为26。从这往后的步骤，同以前做过的题一样，也就是同做过的二位数÷一位数的题是一样的：上→乘→减→落。如果反复进行这几步骤，问题就解决了。

```
   1 8 7
  ┌───────
3 │ 5 6 3
    3
    ─
    2 6
    2 4
    ───
      2 3
      2 1
      ───
        2
```

答：187余2。

数学世界探险记

罗伯特 隐藏637的37，上2。$3 \times 2 = 6$，$6 - 6 = 0$。这个0在计算中可以不写。落3，上1，又是一个0。落7，因为$3\sqrt{7}$，所以上2。$3 \times 2 = 6$，$7 - 6 = 1$，所以……答案是212余1。

米丽娅 隐藏42，在8上面上2，$3 \times 2 = 6$，$8 - 6 = 2$。落4，$3 \times 8 = 24$。恰好也是24。落2，因为不能被3除，余2，最后得28余2，怎么样？算的对吧！

萨 沙 奇怪呀！米丽娅忘记了个位上的数的计算了吧！2的上面应上0，$3 \times 0 = 0$，$2 - 0 = 0$，答案不是280余2吗？

$3\sqrt{451}$　$2\sqrt{375}$　$6\sqrt{727}$　$5\sqrt{638}$　$8\sqrt{925}$　$3\sqrt{524}$　$7\sqrt{856}$

$4\sqrt{900}$　$3\sqrt{462}$　$7\sqrt{875}$　$3\sqrt{692}$　$2\sqrt{683}$　$4\sqrt{845}$　$6\sqrt{667}$

$3\sqrt{962}$　$4\sqrt{563}$　$5\sqrt{606}$　$3\sqrt{841}$　$5\sqrt{654}$　$3\sqrt{692}$　$2\sqrt{861}$

622÷3

```
    27
  ┌────
3 │622
   6
   ──
    22
    21
    ──
     1
```

答 27 余 1

```
    207
  ┌────
3 │622
   6
   ──
    22
    21
    ──
     1
```

207 余 1

（指出米丽娅错误的萨沙，这回也失误了。比较一下两个计算，看看错在哪里？你知道吗？）

萨　沙　糟了，忘记在计算 $3\overline{)2}$ 时上0啦！答案漏掉了十位数上的0。我也感到很奇怪，看来没分清27和207。

907÷3

```
    302
  ┌────
3 │907
   9
   ──
    0
    0
    ──
     7
     6
    ──
     1
```

```
    302
  ┌────
3 │907
   9
   ──
     7
     6
    ──
     1
```

不要忘记上0！这是除法的陷阱呀！

罗伯特　算的怎样？把左边和右边的作法比较一下！

罗伯特　计算 $3\overline{)0}$ 时，上0，9后面的0不必落下来，落下个位上的数就行了。这样做，这个除法的计算也就圆满地解决了。

$2\overline{)211}$　$4\overline{)429}$　$6\overline{)647}$　$3\overline{)317}$　$4\overline{)438}$　$5\overline{)514}$　$7\overline{)718}$

$4\overline{)807}$　$3\overline{)905}$　$2\overline{)603}$　$7\overline{)724}$　$8\overline{)817}$　$2\overline{)815}$　$9\overline{)909}$

$3\overline{)310}$　$7\overline{)715}$　$3\overline{)920}$　$6\overline{)620}$　$4\overline{)808}$　$3\overline{)906}$　$7\overline{)707}$

数学世界探险记

（请看萨沙的计算。萨沙正在落0，减0，落2，3×0＝0的计算着，忽然看到了右边的作法。）

萨 沙　嗯，这个作法很简单啊！说起来，我的作法是很完整的，规规矩矩，没有错误。但是，如果训练的话，应该像右边那样来做。

（做完题的萨沙，给人的感觉是，他似乎认为采不采用那个简单作法都是无关紧要的。）

做做看

1. 计算下列各题

$2\overline{)801}$　　$4\overline{)402}$　　$5\overline{)503}$

$9\overline{)907}$　　$6\overline{)605}$　　$7\overline{)706}$

$4\overline{)800}$　　$2\overline{)600}$　　$3\overline{)900}$

$2\overline{)800}$　　$9\overline{)900}$　　$6\overline{)600}$

2. 错在哪里？

```
   101          201          120
4)504        3)603        8)967
  4            6            8
  ─            ─            ─
  4            3           16
  4            3           16
  ─            ─            ─
  0            0            0
```

第三座吊桥

从山谷里刮过来的风说话了:"136棵蔷薇花,如果每人分3棵,可分给多少人?"

$136 \div 3$

```
    0
  _____
3 )1□□
   0
   ↓
    04
  _____
3 )13□
   0
   __
   13
   12
   __
   ↓
    045
  _____
3 )136
   0
   __
   13
   12
   __
   16
   15
   __
    1
```

米丽娅 这是个很有趣的问题,由我来做吧!瞧,隐藏36,因为1不能被3除,所以上0。

罗伯特 哎呀!米丽娅让蔷薇花的香味迷惑了,开始就3×0=0了。

米丽娅 你等一会,开始就上0,可够蹊跷的!隐藏36,你什么也不用上,再把十位上的3露出来,考虑3)13就行了。

(听罗伯特这么一说,米丽娅有些扫兴。不过,她后面的计算还是对的,答案是分给45人,还剩1棵。)

做做看

3)142   4)177   5)164   6)490   4)273   8)339   7)156

4)105   5)106   8)101   2)103   9)108   6)106   3)107

6)137   8)257   7)226   6)196   5)165   3)280   8)570

数学世界探险记

$248 \div 4$

```
   6 2
 ┌────
4│2 4 8
   2 4
   ───
     8
     8
   ───
     0
```

米丽娅　这一次一定得做对。隐藏48，在 4)2̄ 中，2不能被4除，露出4，做 4)2̄4̄，$4 \times 6 = 24$，上6，$24 - 24 = 0$。落8，因 4)8̄，所以上2，余0。因为余数是0，所以248被4整除。

萨　沙　漂亮，漂亮！

$211 \div 3$

```
   7 0
 ┌────
3│2 1 1
   2 1
   ───
     1
     0
   ───
     1
```

萨　沙　如果隐藏个位上的1，就是 2)2̄1̄，上几呢？如果不把整个的3的乘法口诀背一下，就不容易确定上几。噢，$3 \times 7 = 21$，正好，再落1，显然上0，这个1就是剩余的了。

罗伯特　做得非常好，萨沙。

3)247	4)165	8)249	9)278	6)306	8)568	9)369
7)216	8)485	5)354	3)272	8)325	2)181	4)367
6)480	9)810	7)490	8)240	9)639	8)248	2)160

第四座吊桥

一只小河蟹爬出来说："给你们出道题，把7648颗星星装进3个口袋，那么，平均1个口袋装多少颗？"

$7648 \div 3$

答：每个口袋装2549颗还余1颗。

（米丽娅他们不由自主地看了看。他们想，肯定是 3)7648 的问题。可是把天空中的星星装进口袋，可没听说过。）

罗伯特　这个小河蟹在作梦吧！不管怎么，咱们计算一下这个题吧！

萨　沙　是四位数÷一位数的问题。

萨　沙　开心博士没有来，只有靠我们自己啦。

米丽娅　只好这样了，咱们做吧！

对于四位数÷一位数，只是多重复一次上→乘→减→落四个步骤。

你也和他们三人一起来做吧！

2)9385　　4)5957　　3)7453　　7)8632　　6)9754　　4)5365

4)8452　　9)9999　　6)7266　　3)9636　　5)9550　　6)6006

8)8088　　5)4005　　7)2240　　9)8118　　4)1324　　5)2055

数学世界探险记

（刚刚走过第四座吊桥，就看见许多动物在玩耍。）

萨 沙 啊，这么多各种各样的动物啊！

米丽娅 它们在大自然的怀抱里多快乐啊！

（睡着了的嘟嘟突然醒了。）

嘟 嘟 一年365天都在睡觉的人，究竟睡了多少周呢？

罗伯特 这是除法的问题。

萨 沙 你自己算吧！

（听了萨沙这么一说，嘟嘟用悲伤的声调说话了。）

嘟 嘟 365÷7，这件事我明白，可是我不会算啊？

1周里吃707个香蕉，平均每天吃几个？

捡到了903颗橡树籽，分成同样数目的三堆，每堆有几颗？

山上的水池存放9995 l水，大象的鼻子一次吸水5 l，那么把游泳池里的水全部吸干，要吸多少次？

不要愁眉苦脸的，请想想我们已经做过的事情，用上→乘→减→落四个步骤。

2. ① 7) 704 ② 4) 803 ③ 9) 908
   ④ 4) 292 ⑤ 8) 336 ⑥ 5) 415
   ⑦ 6) 368 ⑧ 2) 187 ⑨ 3) 277

 做做看

1. ① 2) 79 ② 4) 89 ③ 4) 81
   ④ 3) 436 ⑤ 7) 789 ⑥ 6) 655

3. 罗伯特在4年间想出了6572个主意，那么平均1年他想出多少个主意？

数学世界探险记

米丽娅　多么美丽的晚霞呀!
罗伯特　马上就要和除法告别。
萨　沙　看,第一颗星!
米丽娅　虽然很累了,可是心情非常舒畅。
罗伯特　下次到数学世界去探险,咱们还是一起去吧!
萨　沙　你看那云彩好像什么形状?
米丽娅　好像是在招手再见!
萨　沙　确实,是再见!
米丽娅　再见!

　　(天空中,除第一颗星外,又出来第二颗星,第三颗星……它们在闪耀着光辉。)

从认识四位数开始，进行了加法、减法、乘法、除法的运算，最后到除数是一位数的除法，到此，已告一段落。

数学世界探险记

大数

（在天空布满繁星的沙丘上，胖噜噜一边数着沙粒，一边说着。）

胖噜噜　如果能数出来到底有多少粒沙子多好啊。

（正在数天空中星星的大块头听见了。）

大块头　现在如果能数到百亿，能数到万亿就好了。

你知道万亿是多少位的数吗？能估计出来吗？

（新的探险，从这儿开始出发。）

数学世界探险记

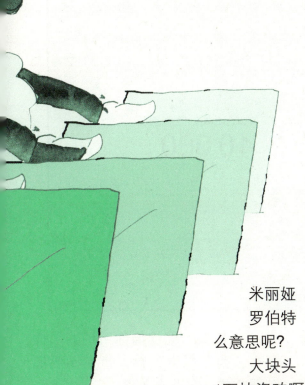

米丽娅　嗬，一排小丑！

罗伯特　他们手里拿着的好像是瓷砖，这是什么意思呢？

大块头　他们手里拿的那一大块纸片就相当于1万块瓷砖啊！从现在起就要对10 000以上的大数进行探险啦。

萨　沙　是为了1万，2万，3万，这样数下去而排成的队列吧？

大块头　不是。噢，我解释晚了。我要解释的是，他们每人手里拿的那一大块纸片都相当于1万块瓷砖，但是离我们近的看起来就大，离我们远的看起来就小。

大块头　说实在的，刚才我说的这一点，对以后来说特别重要。

数学世界探险记

改变看法还是一样!

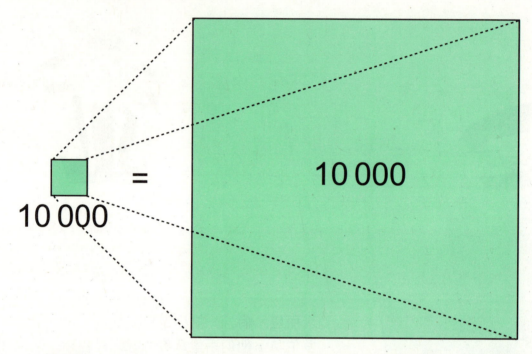

米丽娅　大块头，你怎么倒着看望远镜呢?

大块头　这么看，近处的东西变远了，因此看到的东西也就变小了。

胖噜噜　这是大块头的坏毛病。用望远镜本来是想把远处的东西变近、变大。

(胖噜噜埋怨大块头，而大块头却一点也没放在心上。)

大块头　如果这样看，一万块瓷砖就被看小了吧!如果翻过来看，同样的一万块瓷砖就变大了吧!又大又小的变化，这才有趣呢!

胖噜噜　没什么意思。

大块头　即使像你所说的那样，那么，为了探索大数，也有必要把大东西变成小东西来考虑。

(这样倒看望远镜，把大东西看小是大块头的方法。)

　　罗伯特　那么，很大的数，实际上不常用吧。

　　大块头　不是的！例如，你知道从地球到太阳的距离吗？

　　萨　沙　请指教。

　　大块头　149 600 000 000 m，可是你会读吗？

　　罗伯特　不会读。

　　大块头　这样的数还是小数呢！地球赤道长约40 000 000 m，地球绕太阳一周约1 000 000 000 000 m。使用这么大的数的时候，不把一万块瓷砖变小，就不能掌握这样大的数，请看下一页。

数学世界探险记

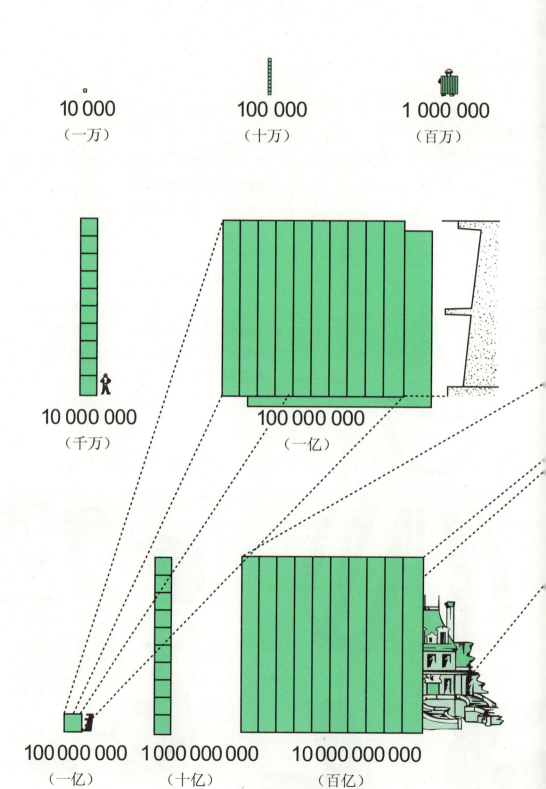

10 000
（一万）

100 000
（十万）

1 000 000
（百万）

10 000 000
（千万）

100 000 000
（一亿）

100 000 000
（一亿）

1 000 000 000
（十亿）

10 000 000 000
（百亿）

大块头 左边那个 1 mm² 的小块瓷砖,代表一万块瓷砖。10个一万块瓷砖就是十万块。10个十万块就是一百万块,10个一百万块就是一千万块,10个一千万块就是一亿块。可是考虑更大的数时,必须再一次用望远镜把一亿块瓷砖像左下方的图那样把它看小。不然的话,这本书就画不下了。而到了一百亿,就再一次像左下方的图那样把它缩小。这样,一万亿这个数就可以表示出来了。

米丽娅 如果把一万亿块 1 mm² 的瓷砖拼起来,不经过中间的两次缩小,实际上大约占多大地方。

大块头 计算一下便可知道,拼起来以后,将变成长、宽各是 1 000 m 的正方形瓷砖,它的一边长是埃菲尔铁塔高的三倍左右吧。

米丽娅 太惊人了!

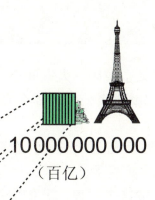

10 000 000 000
(百亿)

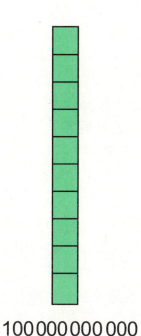

100 000 000 000
(千亿)

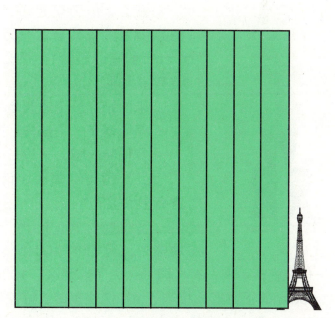

1 000 000 000 000
(万亿)

数学世界探险记

关于十进制

萨 沙 正如大块头所说的,那确实很大呀!

罗伯特 可是,排成一大排的数字,不能马上读,多让人着急呀!

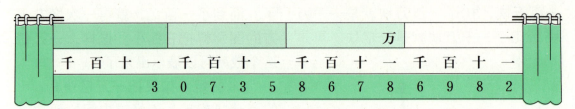

开心博士 在这儿之前,我们对出现过的数都做了说明,大家知道,10个1集聚为10,10个10集聚为100……像这种每集聚10就进上一位,即在1的后面多写上一个0的计数方法叫十进制。

因此,按这种计数方法,一万亿就得在1的后面写上12个0。像万亿这样大的数,如果不在适当的地方把它分成几段,那就既不便于读,也不便于写。那么怎样分段呢?请看上面的图表就清楚了。按这个图表,我们就可以把3 073 586 786 982读做三万七百三十五亿八千六百七十八万六千九百八十二(30 735亿8 678万6 982)。

那么,一万亿是多么大的数呢?对此,大块头已经把1 mm^2的瓷砖当做一万块瓷砖考虑过。现在,我们把1 cm^2的瓷砖当做1,那么请问100块1 cm^2的瓷砖占的地方有多大呢?

米丽娅 一个边长是10 cm的正方形那么大。

开心博士 是这样。那么一万块瓷砖呢?

罗伯特 嗯,一边长为1 m的正方形。

开心博士 那么,请再考虑,一万亿块瓷砖占的地方有多大呢?

罗伯特 100个1 m^2也就是100 m^2,相当于一百万块瓷砖。而100个100 m^2,嗯,也就100 m×100 m相当于一亿块瓷砖。噢,有校园那么大了。那么,100个10 000 m^2,也就是一边长为1 000 m的正方形,相当于100亿块瓷砖,好家伙,照这样算下去,100个这么大的正方形,也就是一边长为10 000 m的正方形,才相当于一万亿块瓷砖啊!罗伯特的回答正确吗?请检验一下。

1、请读出下面的数。

										万				一			
千	百	十	一	千	百	十	一	千	百	十	一	千	百	十	一
7	0	6	2	5	8	0	6	5	0	0	0	5	4	0	9
3	0	0	0	0	0	0	0	4	0	0	2	0	7	0	3
4	0	0	0	0	0	0	1	0	0	0	0	0	0	0	0

2、读出下面的数，并指出百万位上的数

① 249 615 735　　　② 48 397 156 128 864　　③ 38 372 997 841　　④ 33 560 481 227
⑤ 314 159 265 000　⑥ 4 011 097 120　　　　⑦ 99 581 000 000　　⑧ 59 009 400 030 002
⑨ 12 700 000　　　　⑩ 1 388 000 000　　　　⑪ 9 400 000 000 000　⑫ 6 400 000

3、用数字写写看。

① 八千九百三十二万二千六百一十八亿五千四百八十九万六千三百二十一

② 二十一亿八千六百五十二万九千

③ 八百一十五亿零七十三万四千零四

④ 四十一亿零四千五百零一

⑤ 三万零五十亿零十万九千八百零八

⑥ 九百万零一十八亿零二万三千九百七十

⑦ 六千八百四十二万八千三百五十九亿四千二百四十万七千五百六十二

4、哪个大？请填上>，<，=号

① (8 888 888 888　　888 888 888)　　② (37 624 081　　41 500 323)
③ (101 010 101 010　　101 011 010 101)　④ (807 200 000 001　　八千零七十二亿一)
⑤ (900 000 045 003　　九万亿四万五千零三)　⑥ (3 821 034 003 131　　382 013 400 314)
⑦ (七万亿四千五万　　70 000 400 050 000)　⑧ (400 030 078 942　　四千亿三千万)
⑨ (870 078 000 000　　87 007 800 000 000)　⑩ (700 000 000 006　　7 000 000 006)

数学世界探险记

大数的计算

萨　沙　对大数的计算我不擅长，读读嘛，还勉强可以。

米丽娅　我也感到困难。

大块头　可是，在生活中需要计算的大数像山一样多。

罗伯特　举个例子怎么样？

大块头　在大城市，无论每天清除垃圾多少吨这样的数，还是使用的水和汽油的数，都是大得惊人的数。然而，对大数的计算还是很容易的呀！

如果注意到进位，那么再大的数也不在话下。如果不明白，请看第27页。

```
  388432576932        43000900302
+ 492567423068     + 56999199698


  734678924327        81030902035
+ 274853975979     + 29979148777
```

1. 计算下列各题

```
  9999999999          987654321
+ 9090700801       + 123456789
```

2. 用数字写写看

①比一万亿大一的数
②比九百一十九亿零九十九大一的数
③比八万九千亿零一大九十九的数

3. 计算下列各题

```
  8764584378          7680000304
- 3575684379       - 3579579485


 10000000008          8700503298
-  7856932789      - 5979693299


  70000803021         5000000002
- 68974904012      - 4999989993
```

注意退位！回过头看第35页。

4. 用数字写写看

①比一百亿小一的数
②比一亿零一小二的数
③比四亿二万零二小二千零二的数
④比一百兆亿小九亿的数

把第56页弄清楚！

6. 做下列计算，能立刻读出来吗？

① 127896543247563 × 4

② 210090070090605 × 6

5. 计算下列各题

```
   92395679          42335679
 ×        5        ×        7


   34247679          78325679
 ×        7        ×        5


   12345679          72345879
 ×        9        ×        8
```

7. 列竖式计算下列各题

① 7 069 243 584×7
② 908 050 809 070×4
③ 10 104 070 437 325×8
④ 19 351 666 666 668×6
⑤ 12 625 875 383 838×8

8. 计算下列各题

① 3)487934324　② 4)735987543
③ 7)847918478　④ 2)486468429
⑤ 9)819188190　⑥ 6)363042481
⑦ 7)210000147　⑧ 3)100000101
⑨ 8)240008096　⑩ 5)617478945
⑪ 3)478907562　⑫ 8)656087968

用上，乘，减，落四个步骤，参看第91页。

9. 解下面各题

①34 533个橡皮球，平均分给9个学校，1个学校得多少个？

②85 600个皮球，每人给8个，可有多少人得到皮球？

10. 哪个大？

① (48 972 ÷ 8　　48 982 ÷ 9)
② (73 824 × 3　　1 771 784 ÷ 8)
③ (5 867 005 ÷ 5　5 871 505 ÷ 5)
④ (3 789 672 ÷ 3　7 579 344 ÷ 6)
⑤ (120 086 264 ÷ 4　7 504 389 × 4)
⑥ (7 890 042 ÷ 3　13 150 060 ÷ 5)
⑦ (1 321 584 × 3　31 718 008 ÷ 8)
⑧ (8 572 858 × 7　60 010 006 ÷ 1)

罐头盒上的小兔有多少只？

大块头 这里有好吃的杏仁罐头。

胖噜噜 让我来说明吧！看，罐头的标签上有只可爱的小兔。这只小兔又拿着一听杏仁罐头。很有趣。

米丽娅 确实，画里的小兔拿着罐头，而且这个画里的小兔又拿着罐头。同样，这个罐头画里的小兔还拿着罐头……

萨 沙 总是这样继续下去呀！

罗伯特 没完没了啊？

（胖噜噜微笑着说。）

胖噜噜 是这样，小兔拿着的画没完没了，无论变得多么小，总是继续下去。

萨 沙 如果变成一个小点，看不见了呢？

胖噜噜 即使看不见，还是在继续着。

米丽娅 变成细菌那么大呢？

胖噜噜 用放大镜好啦。不过，即使用放大镜看不见了，也还在继续着。清楚了吧？

胖噜噜　现在请你们到这个房间来，这是一个有镜子的房间。去吧，米丽娅，请你拿着镜子站在镜子前面吧！

米丽娅　呀！镜子里有我那么多的像。

萨　沙　是的，米丽娅的像逐渐变小，并且一直映射下去。

胖噜噜　那么有多少个米丽娅呢？请计算一下。

米丽娅　只有一个我呀！

胖噜噜　不是实际上的你，而是计算镜子里的米丽娅有多少。

米丽娅　太多了，没法计算。

罗伯特　如果使用大数，就一定能计算了吧！

萨　沙　不对，即使用多少万亿，也许还是不能计算呢。

胖噜噜　对，是像萨沙说的那样。对于数，有无论多么大都能数尽的数，也有这种永远没有完结而不能数尽的数。

米丽娅　不知为什么，对这个好像有点力不从心了。

大块头　把能数尽的数叫有限的数，不能数完没有尽头的数叫无限的数。无限，就是没有界限的意思。

罗伯特　一旦心血来潮想到无限远的地方去，即使乘火箭，也永远不会到达。

（三个人默默无言地互相看着。）

（正多边形的各边中点顺次连线还是正多边形。如正五角形的各边中点顺次连线……看右下图。）

大数的故事

开心博士 难得有大块头在这里。对不起,我还要再作一些说明。还有比万亿更大的数,你们知道吗?例如,下面这个不多见的数,如果你会读,就读读看吧

60 000 000 000 000 000

这个数是60拍,也许没听说过吧!如果说起大数,那么比万亿更大的数还有艾,泽……

我们知道,光速可看成每秒钟绕地球转七圈半。在天文学里,把光用一年的时间走的路程叫1光年。表示星球之间的距离时就要用到光年。1光年约是九万四千六百零七亿(94 607亿)公里。所以,人们把这样的大数字叫天文数字。

(古代的人认为百万这么大的数就已经很吓人了。古埃及人就使用过举着双手表示对百万感到惊奇的象形文字。)

大块头衣袋上的那个徽章上的图案就是埃及人使用过的表示百万的象形文字。

哈哈，哈哈……

你们好狂妄啊！我看你们读了这本书，就别再学习啦。

你要干什么？小黑怪，你这家伙总来乱搅和。

小黑怪 你有什么了不起！你只会跟米丽娅撒娇，只会整天睡觉。

嘟 嘟 是没什么了不起，我不喜欢学习，可是我讨厌妨碍别人学习的家伙。

小黑怪 学习能咋的？一次考试接着一次考试，总要把成绩的提高或下降放在心上，总要看着老师和家长的脸色。还是尽早结束那种没有用的学习吧！那么，干什么去呢？玩吧，玩吧！和伙伴们一起玩多开心啊！

嘟 嘟 开心博士常说，不学习，就会像你小黑怪一样。告诉你吧，学习很重要。假如不学习，世界就不能进步了。

小黑怪 别说大话了。世界进步，可怎么还到处是公害呀！

嘟 嘟 那么怎么才能消灭公害呢？那就得学习。不学习就不能消灭公害。想有知识吗？那就去参加有趣的探险吧！这是最实际的学习呀！

那么，你同意哪一方的见解？

数学世界探险记

乘法2

（嘟嘟真有本事，那天和对手小黑怪的辩论，实在太棒了，急得小黑怪团团转，终于夹着扎枪似的尾巴逃跑了。）

米丽娅　嘟嘟，你不只是能睡觉啊。

罗伯特　对你得刮目相看了。

（大家对嘟嘟表示了赞扬。现在就要开始对乘法2的探险啦，嘟嘟好像已经入梦了。）

两位数×两位数

（嘟嘟好像梦见了乘法，说了一些梦话。）

嘟　嘟　孩子们问阿姨："间食吃什么？"阿姨回答说："梨呀！"

孩子们都说："不爱吃，吃梨没意思！"

现在，阿姨有23筐梨，每筐有12个，那么一共有多少个梨呢？

如果用瓷砖代替梨……

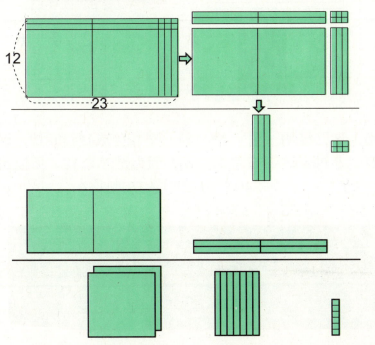

12×23

每筐12个，23筐就是12×23=？

276个

萨　沙　好像是一个很可笑的简单问题。

米丽娅　没什么可笑的，计算12×23也不那么容易吧！

罗伯特　那么还是用瓷砖试试吧！把12块瓷砖摆成一排，那就是求23排瓷砖有多少块。

萨　沙　12块是1条零2块，因为有23排，所以是一百块的瓷砖有2片，十块的瓷砖有7条，另外还有6块。

米丽娅　就是2片7条6块，276，答案应该是有276个梨。

萨　沙　可是，如果把它列成算式是什么样的呢？

罗伯特　我来做。看，6块瓷砖是由3×2得出来的吧！得36，还差一点就全明白了。

数学世界探险记

百	十	个	百	十	个
				1	2
			×	2	3
				3	6
			2	7	6

米丽娅　12×3=36，这已经明白了。像上面的图表那样，通过瓷砖拼成的那个式子就容易考虑了。

萨　沙　把12分成1条和2块，现在考虑 $\begin{smallmatrix}12\\\times20\end{smallmatrix}$ ，因为是20个12，所以是240，36+240是276吧！

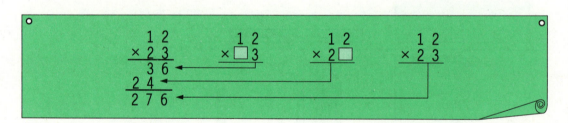

开心博士　对，很正确，分成 $\begin{smallmatrix}12\\\times3\end{smallmatrix}$ 和 $\begin{smallmatrix}12\\\times20\end{smallmatrix}$ 考虑吧！请看上面的计算，首先遮住十位上的数，计算12×3，再遮住3，露出十位上的2，2×2，再计算2×1。必须注意，把十位上的2和上面的2相乘所得到的4，一定要与十位对齐。

39×75

```
    39
  ×□5
  ─────
   195
```
↓
```
    39
  ×7□
  ─────
   195
   273
  ─────
  2925
```

米丽娅 首先遮住7，计算 39×5。

罗伯特 再遮住5，计算39×7，记在195的下面。7×9=63，进6，7×3=21。这时要注意把63的3和十位对齐，写在9的下面。

萨 沙 得出195和273，可是 $\genfrac{}{}{0pt}{}{195}{273}$ 这个位置不要搞错，从个位加起，得2925。

把乘一位数的计算应用两次就可以了。一定要注意位置。

23	21	28	33	11	71	23	31	81	42
×12	×43	×11	×32	×89	×31	×23	×63	×71	×22

23	31	13	31	24	19	64	33	62	74
×42	×53	×94	×26	×26	×18	×18	×93	×46	×54

56	89	47	38	99	18	45	78	36	66
×78	×98	×56	×76	×44	×47	×16	×77	×16	×55

125

数学世界探险记

7×48

$$\begin{array}{r} 7 \\ \times\ \square 8 \\ \hline 56 \end{array}$$
$$\begin{array}{r} 7 \\ \times 4\ \square \\ \hline 56\ \ \\ 28\ \ \ \\ \hline 336 \end{array}$$

4×12

$$\begin{array}{r} 4 \\ \times \square 2 \\ \hline 8 \end{array}$$
$$\begin{array}{r} 4 \\ \times 1\ \square \\ \hline 8 \\ 4\ \ \\ \hline 48 \end{array}$$

萨沙 这不是常见的形式。先遮住4，$8 \times 7 = 56$。再遮住8，$4 \times 7 = 28$。把这个8写在与十位对齐的位置上 ，没有搞错位置吧！做加法，得236，做完了吧！

米丽娅 等一等，错了！ 不是336吗？

萨沙 又出错了，是做加法时出的错。遗憾，遗憾！

米丽娅 这次我来做。尽管形式特殊，也好做！$2 \times 4 = 8$，$1 \times 4 = 4$，加在一起得48，对吧？

罗伯特 如果位置没有错的话，那么一定能算对。

现在，请看右边罗伯特的计算。错在哪里？

$$\begin{array}{r} 85 \\ \times 48 \\ \hline 640 \\ 340\ \ \\ \hline 4040 \end{array}$$

$$\begin{array}{r} 8 \\ \times 37 \\ \hline 56 \\ 24\ \ \\ \hline 80 \end{array}$$

三位数×两位数

(现在,喜鹊提出了问题。)

喜　鹊　嘟嘟总睡觉,现在由嘟嘟来回答好吗?

231×10

$$\begin{array}{r} 231 \\ \times\ 10 \\ \hline 000 \\ 231 \\ \hline 2310 \end{array}$$

答:2310元。

(嘟嘟眨巴眨巴眼睛。)

喜　鹊　平均每月储蓄231元,那么1年储蓄多少?嘟嘟,请你计算。

嘟　嘟　简单,2 310元呗。

米丽娅　可笑,嘟嘟。你是怎么计算的?你乘的是10,可是1年有12个月呀!

(嘟嘟脸红了,又重新做了。)

嘟　嘟　嗯,2×1=2,2×3=6,2×2=4这回是1×1=1,接下来是1×3=3,1×2=2……如果把它们加起来就对了吧!

$$\begin{array}{r} 231 \\ \times\ 12 \\ \hline 462 \\ 231 \\ \hline 2772 \end{array}$$

答:2772元。

数学世界探险记

```
   5837          8248         4982         3798
 ×   72        ×   46       ×   34       ×   98
 ─────        ──────       ──────       ──────
  11674        49488        19928        24324
 40859         32962        14946        638172
 ──────       ──────       ──────       ──────
 420264       379108       169388       663496

              （罗伯特）     （米丽娅）     （嘟嘟）
```

罗伯特　如果按规则去做，就不会出错。这比学语文和社会科学还是容易得多呀！

（就这样，一边嘟嘟囔囔，一边计算着。和左边的那个算式相比，看看毛病在哪里？）

```
  4867       2563       3798
×   23     ×   48     ×   76


  9859       8778       9874
×   37     ×   97     ×   58
```

三位数×三位数

喜　鹊　现在请大家来做好吗？即使三位数×三位数，作法也一样，是吧？

罗伯特　尽量做吧。

喜　鹊　买了222个棒球，每个棒球314元，那么，一共花了多少钱？

$$314 \times 222$$

$$\begin{array}{r} 314 \\ \times \;\square\square 2 \\ \hline 628 \end{array} \rightarrow \begin{array}{r} 314 \\ \times \;\square 22 \\ \hline 628 \\ 628 \end{array} \rightarrow \begin{array}{r} 314 \\ \times 222 \\ \hline 628 \\ 628 \\ 628 \\ \hline 69708 \end{array}$$

萨　沙　如果把314×222计算出来就行了。

罗伯特　做三回314×2，注意位置……

米丽娅　最后做加法，把三个数加起来。哼，位置没错吧！摆弄加法，咱还是手拿把掐的。

萨　沙　69 708元，相当于街道上孩子们的棒球队一年里用球的费用。

| 234 | 324 | 976 | 863 | 365 | 823 | 413 | 748 |
| × 132 | × 246 | × 432 | × 189 | × 789 | × 171 | × 231 | × 567 |

| 361 | 762 | 824 | 111 | 372 | 958 | 787 | 888 |
| × 781 | × 563 | × 331 | × 111 | × 584 | × 875 | × 878 | × 222 |

数学世界探险记

萨 沙 个位上的1与132相乘后，十位上的0，怎么办好呢？

米丽娅 因为必须明确位置，所以把0×2=0，0×3=0，0×1=0按规则写上去。

萨 沙 按规则做就行了。

罗伯特 这个计算也是比较简单的。

```
132×401

   132
 × 401
   132
   000
  528
 52932
```

```
32×243

    32
 × 243
    96
   128
   64
  7776
```

```
8×324

     8
 × 324
    32
    16
   24
  2592
```

米丽娅 用个位上的3乘，3×2=6，3×3=9。用十位上的4乘，4×2=8，4×3=12。

萨 沙 用百位上的2乘，2×2=4，2×3=6。

罗伯特 已经会了，把它们全部加起来。

萨 沙 这么简单啊！4×8=32，2×8=16，3×8=24。这不是常见的形式。对好位，相加得2 592。容易吧！

罗伯特 是这样，是这样。

123	23	9	223	116	29	163	8
× 301	× 402	× 623	× 156	× 46	× 235	× 56	× 435

103	16	212	121	353	6	36	163
× 321	× 251	× 326	× 502	× 201	× 282	× 234	× 306

```
   357×140              287×300              240×342

      357                  287                  240
    ×140                 ×300                 ×342
    ────                 ────                 ────
     000                  000                  480
    1428                  000                  960
    357                   861                  720
   ─────                ─────                ─────
   49980                86100                82080
```

罗伯特　这是要把个位上的0按规则写上去的问题。会做，没问题。

萨沙　注意，不要忘记往前提一位呀！

米丽娅　注意0，只要把它按规则处理好，后面就容易了。

罗伯特　我觉得已经掌握了怎样计算乘法。

萨沙　只要把握住0，写准位置，就可以算出正确的结果，在这一点上，我感到心里有底。

（三个人做的都很顺利，都很得意。）

```
  230      353      286      265      165      220      186      327
×352     ×130     ×400     ×300     ×230     ×362     ×500     ×160
```

（总觉得罗伯特和萨沙疲乏了，你怎么样？那么，还是快点向下一页进军吧！）

数学世界探险记

$$3214 \times 132$$

```
    3214
×    132
────────
    6428
   9642
  3214
────────
  424248
```

$$1247 \times 4231$$

```
    1247
×   4231
────────
    1247
   3741
  2494
 4988
────────
 5276057
```

(到底还是米丽娅先做的。已经向这么大的数进军了。噢，嘟嘟也好像在努力思考呢！)

嘟　嘟　好家伙！乘这么大的数？真有点头晕。

米丽娅　对大数也不要害怕，用乘法法则嘛。

嘟　嘟　若是不出现很多的数字……

米丽娅　只要非常仔细地去做计算，就不会出错，不过，一定要弄准。

(你也和米丽娅、嘟嘟一起计算下面各题吧！)

1321	4856	7359	8459	4302	7305	4857	98765
×213	×148	×267	×896	×185	×103	×560	×758

1423	6832	7346	5849	6126	8326	9595	87342
×1324	×4267	×3528	×7536	×8566	×2524	×5959	×5487

4352	3827	6793	8043	73004	56005	86054
×103	×305	×508	×608	×8321	×10408	×70345

进一步简化计算

开心博士　一会儿，教给你们一个好办法。你们三个人听我说，你们按规则做，这很好。可是这个题的十位上是0，0×4=0，0×3=0，0×2=0。把这3个0都写上有必要吗？

（这时，嘟嘟的坏毛病又犯了，一觉过去还没完全清醒过来，就把问题里的000吃掉了。）

米丽娅　这还得了！

开心博士　哈哈，哈哈，即使被嘟嘟吃掉了，也不影响计算。

$$234 \times 301$$

$$\begin{array}{r} 234 \\ \times\ 301 \\ \hline 234 \\ \\ 702 \\ \hline 70434 \end{array}$$

吧嗒、吧嗒……这些0，很像美味的油炸面包圈啊！

数学世界探险记

423×200

```
    423            423           423
  ×200          ×200          ×  2 00
  ‾‾‾‾‾         ‾‾‾‾‾‾         ‾‾‾‾‾‾
   000          84600          846 00
   000
   846
  ‾‾‾‾‾
  84600
```

开心博士 看到上面的计算了吧！左边的那个算式，是按规则写上0的计算。中间的那个算式，因为考虑到个位上的数是0，所以在这一位下面写0。又因为十位上的数也是0，所以在这一位下面也写上0。接下来考虑百位上的数，只需计算2×3，2×2，2×4。也就是说，在这种情况下，可以像右边的式子那样，只做 423×2，把后面的00落下来就行了。明白吗？

3400×20

```
   3400           3400          34 00
  ×  20          ×  20         ×  2 0
  ‾‾‾‾‾‾         ‾‾‾‾‾‾         ‾‾‾‾‾‾
   0000          6800 0         68 00
   6800
  ‾‾‾‾‾‾
  68000
```

开心博士 不仅乘数里有0，被乘数里也有0，该怎么办？

罗伯特 我知道，开心博士。左边那个式子是按乘法的计算规则，填上0的形式。中间的那个是做3 400×2，3 400×2=6 800，再落下20里的0。

萨 沙 右边那个式子，是做34×2，把20中的0和3 400中的00一起落下来的吧？

开心博士 是这样。计算34×2，然后把乘数和被乘数里的0一起落下来，写在后面就行了。这样算简便吧！

| 432 | 563 | 4300 | 5600 | 7800 | 6700 | 6800 | 9800 |
| ×300 | ×200 | × 20 | × 30 | × 80 | ×900 | ×600 | ×100 |

交换位置也可以

（三个人领会了简单算法都很高兴。开心博士笑眯眯的，烟斗里冒着烟。）

开心博士　这回我向米丽娅提出一个问题，请她计算 5×6538。

（米丽娅很规矩地计算出来了。）

开心博士　很好。那么，请看右边的图。12个小人，像上图那样携手为 4×3。4×3 也好，3×4 也好，都同样得出12，所以刚才那个题，可以像左下边的算式那样，上下交换位置。

这么做，能使计算更简单吧！

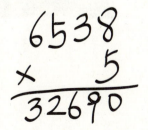

数学世界探险记

数学探险队暂时休息。大家都想在游乐园里放声大笑、痛痛快快地玩一玩，只有嘟嘟还在苦思苦想着乘法的问题。

1.嘟嘟正在想的问题

① 867 × 80　② 568 × 608　③ 89 × 560

④ 2680 × 84　⑤ 1760 × 200　⑥ 3600 × 32

⑦ 3890 × 5720　⑧ 5243 × 1010　⑨ 4358 × 7887

⑩ 1894 × 7926　⑪ 7800 × 10　⑫ 0 × 9878

2.萨沙一边坐喷气滑坡轨道车，一边想问题。

①孩子们的汽车转一周走3 800 m，那么转95周走了多少米？

②每块冰淇淋3元，卖出了780块，可得到多少钱？

嘟嘟在中途睡着了，你替嘟嘟解答上面的问题好吗？

除法 2

喜鹊 喂，请看。一共有64枚精美的邮票。如果把这64枚邮票平均分给21个人，那么每个人得几枚？但是，不能挑选邮票的好坏呀！

两位数÷两位数

　　萨　沙　精美的邮票，把它们分了好像有点可惜。

　　罗伯特　如果给我有多好啊。

　　米丽娅　还说什么，计算64÷21吧！这是除数为两位数的除法。开始吧，怎么做好呢？

　　罗伯特　算式的写法是 21$\overline{)64}$ 吧！不会计算吗？

　　萨　沙　使用上→乘→减→落四个步骤吗？

　　米丽娅　使用瓷砖吧！把它们分配到水槽里看看。

　　罗伯特　想起来了。把水槽分隔成21个房间，往里面分配64枚邮票就行了。

　　米丽娅　那还是把邮票当做瓷砖做做看吧！

　　三人准备把64块瓷砖（6条零4块）平均放进图上的水槽里。

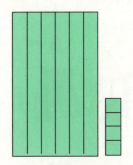

64块瓷砖

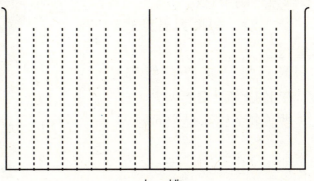

水　槽

数学世界探险记

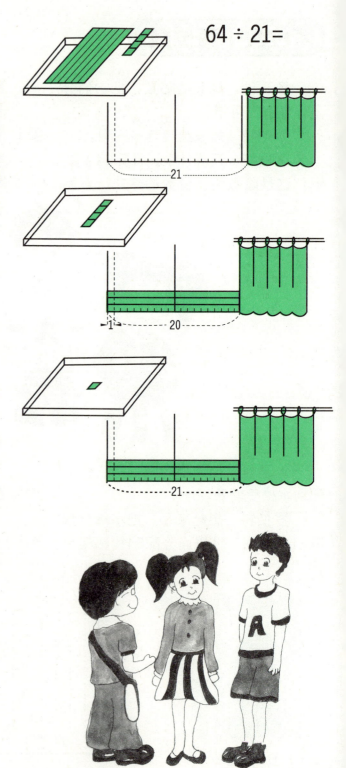

罗伯特 别一块一块地分,把6条瓷砖放进两个大房间,显然每个房间应放入3条瓷砖。

萨沙 如果先不考虑剩下的那4块瓷砖的话,那么就用窗帘把两个大房间外边的那个小房间挡上。

米丽娅 这件事列出算式,就应该是 $2\square \overline{)6\square}$ 。

罗伯特 是这样,6÷2=3,所以一个大房间分到3条瓷砖。

萨沙 拉开那个窗帘吧!

米丽娅 把3块瓷砖一块一块地放进小房间里。但是,这3块瓷砖的高矮与大房间里的3条瓷砖的高矮可一样了。

罗伯特 这就对了,64÷21=3余1。答案是每人分得3枚邮票还剩余1枚。

萨沙 如果列出算式,就是 $21\overline{)64}^{3}$

米丽娅 哎呀!能那样吗?在6的上面上3行吗?

罗伯特 这可是个问题。

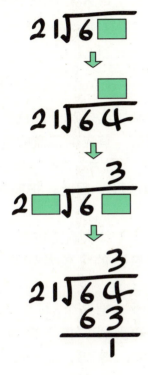

开心博士　应该想到这一点。那么，这个除得的3上在什么位置好呢？这确实需要进一步想想看。

首先把被除数64的个位数字遮住，成为21 $\overline{)6\square}$。因为21>6,所以6不能被21除。显然应在被除数的个位数的上面上3。

在计算除法里,把写在被除数上面的数叫做商。大家要记住它。

这回用21去除64，商是几。对除法来说，这是最难的地方，还是寻找一个比较容易的方法来说明吧！

把除数和被除数的个位数字都遮住，于是有2□ $\overline{)6\square}$，这件事你们考虑过了。这就是说在21 $\overline{)64}$ 中先不看个位数字。由于2×3=6,那就上3吧。由于到底是不是应该上3还没有最后确定，因此，是暂时认定的商，把它叫做试商。按刚才的规定把这个3记在4的上面。接下来是乘法，即21×3=63。再接下来是减法，即64-63＝1。计算到这里，便可知道，这个试商是真正的商。

数学世界探险记

修正一次试商

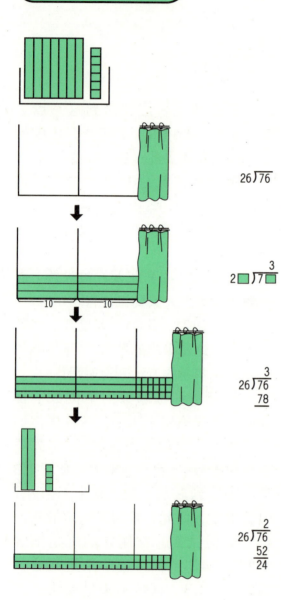

（喜鹊说话了。）

喜　鹊　每人需要26 cm丝带，现在有76 cm丝带，那么可分给多少人呢？

米丽娅　这是 26⟌76 的问题。

罗伯特　首先确定商的位置。遮住76中的6。因为7<26，所以得露出6。由于26<76，因此，把商写在6上面就对了。

萨　沙　其次确定应上几。遮住被除数和除数的个位数字后，成为 2□⟌7□，上3。

米丽娅　把这个3写在被除数的个位数字的上面。接下来做乘法，26×3，啊，得78，比76大，不能减。

萨　沙　对不起，上3，过大了。

（萨沙摸着头，不好意思了。开心博士一边眨着眼，一边说了起来。）

开心博士　没错。你按规则做是对的。只是上3过大了。把它修正为2好了，请看瓷砖，把分配过头的那些瓷砖拿出去，修正好以后……

在除法计算里，常有这样修正试商的事。

49⟌92　　37⟌73　　27⟌84　　26⟌86　　37⟌90　　43⟌81　　32⟌62

29⟌87　　28⟌84　　13⟌69　　12⟌64　　15⟌49　　19⟌38　　16⟌48

修正两次试商

(喜鹊又得意地说了起来。)

喜鹊 把86个香蕉平均分成 29份,那么一份有几个?

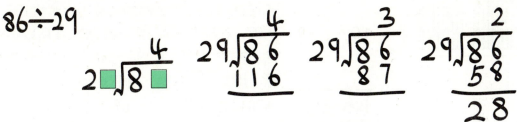

答:一份有2个,余28个。

萨 沙 首先遮住86和29的个位数字,由2□ ̄)8□,得4。可是29×4=116,过大了。即使上3也还大呀!

开心博士 萨沙,这是需要修正两次试商的除法。像这样遮住个位数字得到的试商,实际是要通过由大递次地到小的九九表来修正。那么,计算刚才这个除法时,到底上4合适,还是上3合适,还是上2合适?这要看看29×4,29×3,29×2。因为29×4=116,29×3=87,都比86大,所以不能上4或3,29×2=58。而86-58=28,28<29,所以由此知道,2是真正的商。

28)81　29)84　19)36　16)45　13)71　29)71　17)59

14)88　14)65　13)82　15)40　18)44　12)90　17)32

三位数÷两位数（不修正试商）

喜　鹊　这回请你们自己提出问题自己算，但是要求是三位数÷两位数的问题。

米丽娅　好啊！如果把197个苹果平均分给32人，那么每人得几个？

米丽娅　我提出问题，我来解答。首先说试商，这个试商的位置……遮住197中的97，在32 ⟌ 1□□里，因为32>1,所以不能除。在32 ⟌ 19□里，因为32>19,所以还不能除。用32 ⟌ 197来做，由于32<197，因此，应在7的上面写试商。上几呢？上了以后如何修正呢？

3□ ⟌ 1□□不能除。考虑3□ ⟌ 19□，由于3×6=18，因此，上6。把这个6写在被遮住的那个7上面。然后做乘法，即32×6=192，接下来做减法，197-192＝5，除完了。答案是每人6个苹果剩下5个。

萨　沙　很高明。

罗伯特　自己提出问题，自己又做了解答，很好。

开心博士　米丽娅提出的问题，是不用修正试商的除法。那么，继续向下一页进军吧！不过，请先做做下面的问题吧！

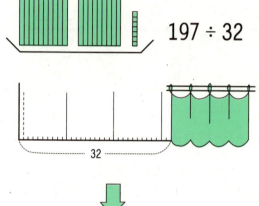

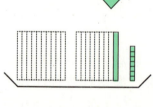

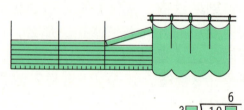

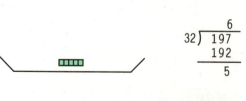

答：每人6个还余5个。

74 ⟌ 539　　92 ⟌ 741　　82 ⟌ 259

41 ⟌ 328　　73 ⟌ 366　　94 ⟌ 282

三位数÷两位数（修正试商）

开心博士　现在我提出一个问题。想让246匹马按同样数目进入37个牧场，那么一个牧场应有多少匹马呢？

$$3\square\overline{)24\square} \quad 37\overline{)246 \atop 296} \quad 37\overline{)246 \atop 259} \quad 37\overline{)246 \atop 222} \atop 24$$

罗伯特　因为37>2，37>24，而37<246，因此试商应写在6的上面。由于考虑3□)24□ ，因此上8。可是37×8=296,过大了，把试商改为7。哎哟，上7也过大。那么上6，嗯，这样就行了。答案是6匹还余24匹。

$24\overline{)191} \quad 27\overline{)132} \quad 38\overline{)218} \quad 48\overline{)332}$

$28\overline{)187} \quad 39\overline{)271} \quad 28\overline{)162} \quad 27\overline{)133}$

做 $46\overline{)452}$ 吧！

$46\overline{)452} \rightarrow 4\square\overline{)45\square} \rightarrow 46\overline{)452}^{11}$

萨　沙　出错了，喜鹊。瞧，由于4□)45□ ，因此上11。把11写在2的上面，这不行吧？

喜　鹊　哈哈，请研究研究，这可是除法中的一个陷阱。

数学世界探险记

嘟 嘟　我再出一个有陷阱的题。某人拿着437元，买每辆为48元的玩具汽车，可买几辆？

$$48\overline{)437} \rightarrow 4\square\overline{)43\square}^{10} \rightarrow 48\overline{)437}^{10}\atop480 \rightarrow 48\overline{)437}^{\ 9}\atop{432\atop\overline{5}}$$

米丽娅　因为 $4\square\overline{)43\square}$，所以上10。哎呀！上道题萨沙上11，这里又上10，照样很可笑啊！

萨　沙　我想过了，上11或上10时，改上9就行了。答案是可买9辆还余5元。

开心博士　照这么说，你们已经会了。嘟嘟确实提出了很好的问题。前一页的问题，萨沙现在会做了，你们就应该会做。先做做看吧！

哎哟，嘟嘟又想睡觉了。

$28\overline{)208}$　　$47\overline{)441}$　　$69\overline{)613}$

$15\overline{)146}$　　$13\overline{)119}$　　$89\overline{)800}$

$79\overline{)742}$

三位数÷两位数＝两位数的商

（这时刮起了旋风，旋风说话了。）

旋　风　欢迎你们来这个地方探险。为此，我提出一个问题。把615辆小汽车平均分给34个孩子，每人得几辆？

米丽娅　是风给刮来的问题吧？

罗伯特　我也听到了，那就做做看吧！因为34⟌615，所以在十位数字1的上面写试商，这道题的商一定是两位数。

米丽娅　一定是那样。那么还是用瓷砖来考虑考虑吧！把615块瓷砖分在有34个房间的水槽里就行了。615块瓷砖是6片和1条还有5块。由于6片不好分，把它拆成条，分61条吧！

罗伯特　把34⟌61□当做瓷砖来分吧！

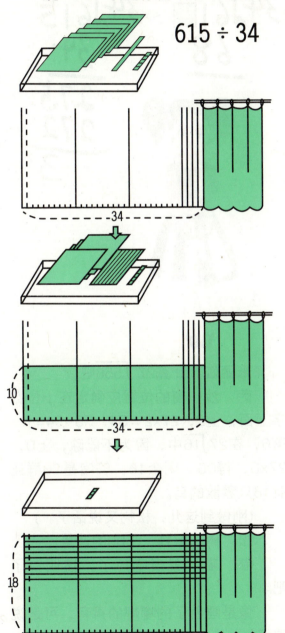

米丽娅　这样一来，每个房间分得1条，还剩27条。

罗伯特　用算式表示就应该是34×1，再用61把它减去。

米丽娅　嗯，可是后面就难办了。

萨　沙　把27条再拆开，于是就有275块了，这不就容易分了吗？

米丽娅　这和做34⟌275一样。这样一来，34个房间里平均又分得8块，余3块。最后，每个房间平均分得18块，分完了。答案是每人分得18辆小汽车还余3辆。

米丽娅 现在把用瓷砖所做的计算，用式子表示一下。

$$34\overline{)615} \rightarrow 3\square\overline{)61\square} \rightarrow 34\overline{)61\square} \rightarrow 34\overline{)615}$$

（伸展着粗大树枝的松树说话了。）

松 树 你们来得好，我出个题吧。刚才飞过每群有27只的成群的鸟以及零散的鸟共556只，那么，飞过的成群的鸟有多少群？那些可怜巴巴的零散的鸟有多少只？

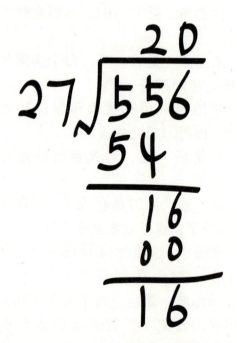

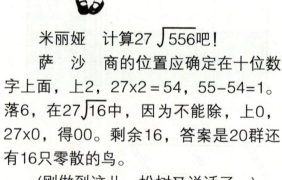

米丽娅 计算$27\overline{)556}$吧！

萨 沙 商的位置应确定在十位数字上面，上2，27×2＝54，55－54＝1。落6，在$27\overline{)16}$中，因为不能除，上0，27×0，得00。剩余16，答案是20群还有16只零散的鸟。

（刚做到这儿，松树又说话了。）

松 树 解释一下00的计算。

嘟 嘟 就当吃掉了，该明白了吧。

像是睡着了的嘟嘟的声音，可是说得好！

答：20群还有16只零散的鸟。

四位数÷两位数＝三位数的商

$7804 \div 28$

```
    28 ) 78□□

         3
    28 ) 78□□
         84
     ↓
         2
    28 ) 78□□
         56
         22□□
     ↓
          28
    28 ) 780□
         56
         220
     ↓
          27
    28 ) 780□
         56
         220
         196
          24
     ↓
         278
    28 ) 7804
         56
         220
         196
          244
          224
           20
```

答：278段余20 m。

（沉重的大岩石嘴里嘟囔着。）

岩　石　好啊，来到这个地方，欢迎，欢迎！把7 804 m登山用的结组绳，每28 m截为一段，那么可分成多少段？

罗伯特　这回听到岩石的声音了。不是马上就要做吗？

商是三位数。因为 $28\overline{)78\square\square}$，所以，根据 $2\square\overline{)7\square}$ 可上3。可是一做乘法就知道上的数大了，修正为2，28×2，再用78减它，得22。落下十位上的0，对 $28\overline{)220}$ 上几呀！闭眼一想，根据 $2\square\overline{)2\square\square}$ 可上9吧？可是上9又大了，即使上8也大。上7看看，28×7=196，因为220>196，所以应该上7。减后得24，再落个位上的4，成为 $28\overline{)244}$ 这一定要上8，28×8＝224，从244－224，得20。答案是278段余20 m。

米丽娅　做的很精彩呀！

萨　沙　实在令人佩服，罗伯特。

怎样处理0才对呢？

$9756 \div 24$

```
     460
24)9756
    96
    156
    144
     12
```

```
      406
  24)9756
     96
     156
     144
      12
```

喜 鹊 左边是米丽娅的计算，右边是正确的计算，看看米丽娅的错在哪儿？

$7761 \div 43$

```
     18
43)7761
    43
    346
    344
     21
```

```
      180
  43)7761
     43
     346
     344
      21
```

喜 鹊 左边是罗伯特的计算，请把它与右边正确的计算做一比较。以前不是做过这类的题吗？

$7618 \div 38$

```
     200
38)7618
   76
    01
    01
     18
     00
     18
```

```
     200
43)7618
   76
    18
```

喜 鹊 哎呀！萨沙的计算过于烦琐。应进一步掌握要领，简化步骤。

1391÷46

```
    3              30
46)1391        46)1391
   138            138
    11             11
```

喜　鹊　左边的计算不知是谁做的，可是和右边正确的计算相比较，不难看出在哪个地方有错吧！

对于0要特别注意。有很多朋友，自以为会了，但丢掉商的个位上的0的情况屡见不鲜。

那么，努力吧！

32)865　　48)679　　58)984　　13)804　　16)449　　26)958　　32)653　　15)112

63)9895　　29)7146　　43)6400　　58)8274　　71)8983　　36)8381　　46)5710

43)8967　　18)3701　　37)9273　　52)6794　　15)5400　　48)9634　　21)8400

78)5643　　27)1771　　31)1426　　48)1019　　56)1692　　56)5051　　98)1002

数学世界探险记

73 356÷53=?

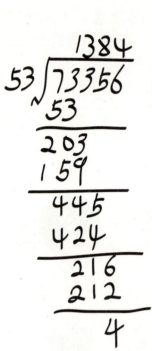

（开心博士的姿态悠闲自得。）

开心博士　来到除法这个地方做探险，大家表现得都很好。在途中，没有一个人有打退堂鼓的念头，这不能不让人钦佩。

现在大家做这个题，不应该有什么困难了。因为对于除数是两位数的除法你们都毕业了。在这儿，也没有什么新的需要说明的了。

请好好看看左边的计算。

①确定商的位置。

②试商。

③规规矩矩地按上→乘→减→落四个步骤计算。

如果注意了上面三点，就容易算对。

1. 61⟌35987　58⟌79632　28⟌23457　34⟌18734　35⟌74804　18⟌38453　35⟌96870

　72⟌57667　24⟌45382　38⟌25193　49⟌18223　29⟌21946　37⟌63151　40⟌34358

2. 18⟌54273　23⟌92069　58⟌40625　14⟌28420　36⟌72124　73⟌219345　32⟌215689

　13⟌17233　93⟌37683　78⟌181039　53⟌189051　63⟌255153　81⟌366366　68⟌272340

$5528 \div 213 = ?$

开心博士 解决了这个除数是三位数的问题后,除法的计算就先告一段落。有了上面的基础,以后,什么样的除法都能做。萨沙,请看左边那道题。

萨 沙 由于$213\overline{)552\square}$,因此在十位数字上面写商。为寻找试商,由$2\square\square\overline{)5\square\square\square}$知,可上2。213×2=426,由552中减去它,得126,再落个位数8,于是成为1268。再计算$213\overline{)1268}$。

由$2\square\square\overline{)12\square\square}$知,可上6。可是一做乘法便知,6过大。修正为5,213×5=1065。减得203。这是余数。

开心博士 做得好,萨沙!

```
        25
213 )5528
     426
     1268
     1065
      203
```

1. $537\overline{)69278}$ $346\overline{)84932}$ $291\overline{)13249}$ $489\overline{)932462}$ $362\overline{)245781}$ $197\overline{)124365}$

   $178\overline{)536912}$ $238\overline{)190471}$ $345\overline{)870450}$ $658\overline{)913465}$ $753\overline{)845432}$ $342\overline{)673005}$

2. $216\overline{)14807}$ $514\overline{)42395}$ $205\overline{)20493}$ $457\overline{)210307}$ $900\overline{)57342}$ $500\overline{)79834}$

   $800\overline{)38409}$ $909\overline{)39087}$ $704\overline{)26789}$ $505\overline{)249440}$ $109\overline{)11881}$ $402\overline{)162006}$

数学世界探险记

$$871 \div 40$$

$$\begin{array}{r} 21 \\ 40\overline{)871} \\ \underline{80} \\ 71 \\ \underline{40} \\ 31 \end{array}$$

$$9000 \div 30$$

$$\begin{array}{r} 300 \\ 30\overline{)9000} \\ \underline{90} \\ 0 \end{array}$$

罗伯特　似乎觉得这样的问题很容易。可是，40中的这个0是个值得注意的问题。由 $40\overline{)87\square}$ 知道，商应该是两位数。其次，因为 $4\square\overline{)8\square\square}$，所以可上2。以后怎么做就简单了。看来，我们确实对任何除法都能做了。

米丽娅　这个题好像更容易。这还是怎样处理0的问题。考虑 $30\overline{)90\square\square}$。

由 $3\square\overline{)9\square\square\square}$ 知，应在百位上面写3。以后的计算很容易做出来吧？

罗伯特　是这样。

萨　沙　除法的探险，不久就结束了呀！

啊，都会了！

嘟嘟出的怪题

听说除法的探险结束了，嘟嘟的坏毛病又犯了。他张开大口，把大家计算出来的四道题中的一些数字吃掉了。真是太过分了。可是现在对你来说，写出原来的数字还是很容易的嘛。

做一做看吧！

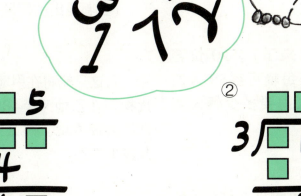

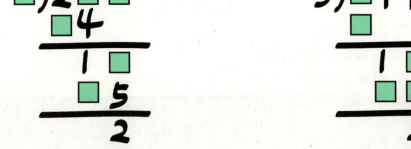

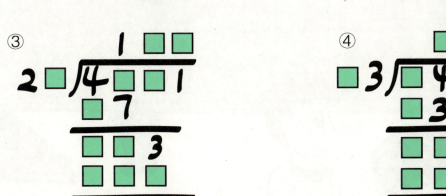

数学世界探险记

1. 在这个港口停着一艘船,里面装有80 724箱芒果。如果起重机一次可运出28箱,那么需运多少次才能把全部芒果卸完?

2. 又为了把这些芒果运到市场,用拖拉机一次运124箱,如果全部运走,需要运多少次?

3. 从外国来了7 200位客人,全部乘坐每辆可容80人的大客车,那么需要多少辆大客车?

4. 又,如果乘坐容150人的豪华大客车,需要多少辆?

5. 这个港口平均每月接待10 500位外国客人,那么在一年的时间里共接待多少位外国客人?

6. 我很喜爱读各种各样的书。我用了3天时间读了25册书,每册书240页。那么我一共读了多少页书?这是漫画一类的书。

(嘟嘟提出的问题)

7. 这只船将在甲地装18 330 000件货物,在乙地又装489 500件货物,然后去往丙地。那么到达丙地的货物共多少件?

8.四年级学生232人,乘4辆汽车去工厂参观,如果每辆车所乘的人数相同,那么一辆车乘多少人?

9.某班学生去郊游,一共筹集了1 575元的照片钱。如果一个人所有的照片钱为35元,那么这些钱可供多少人照相?

10.在一次郊游中,168人花去交通费94 248元,那么平均一个人的交通费是多少?

11.仓库里有65箱12块一箱的肥皂,每块肥皂55元,那么这批肥皂共值多少元?

12.有一艘船去某地花费了3个月的时间。船长告诉我们说,如果在十年前要花费2倍的时间。那么十年前去该地要花费多长时间呢?

13.中国向外国输出玩具。某工厂用25个工作日生产了12 175个木偶,那么这个工厂平均一个工作日生产多少个木偶?

14.轮船终于要出航了,事先准备好1 458条各种颜色的纸带,留给前来送行的人用。已知前来送行的人有243人,那么每个送行的人可得几条纸带呢?

数学世界探险记

这次数学小世界的探险怎么样啊?爱睡觉的嘟嘟,小巧玲珑,很可爱。常常随便吵嚷的小黑怪,细声细语的胖噜噜和电线杆子似的大块头也都挺讨人喜欢。

大家边探险边学会了除法,实在令人开心。

看啊!米丽娅他们走了,消失在绚丽的晚霞中。

那么,明天在第二册里再会吧!祝大家精神愉快!

加法的冒险（第23~30页）

<第27页>

6 689　4 693　9 925　8 261　9 000　6 898
7 888　9 894　5 107

<第28页>

6 641　6 991　8 809　8 044　9 310　7 001
6 019　4 611　6 901

<第30页> 从左向右改正后为

8 401　2 830　(正确)　2 000　1 780

减法的冒险（第31~45页）

<第35页>

2 522　2 541　323　5 465　2 728　5 105
1 707　2 491　1 190

<第39页>

(第一行)　3 169　83　3 209　2 001
1 909　5 809　4 709　899　2 099
(第二行)　1 409　1 518　2 399　4 859
7 027　609　769　5 089　999

<第40页>

3 849　1 146　3 821　2 927　2 162　5 807
4 837　1 441　1 765

<第42,43页>

(5)+8=13　14+(86)=100　5-(4)=1
(13)+25=38　(2)+3=5　38-(19)=19
367+(879)=1246　3492-(2645)=847

<第45页>

①15　②16　③60　④55　⑤43　⑥17
⑦36　⑧11　⑨5 193　⑩4 207　⑪998
⑫8 718　⑬2　⑭2 460

乘法1（第46~65页）

<第53页>

86　93　48　80　219　368　488　106
180

<第55页>

①16个　②15 m　③9个　④64个

<第56页>

84　92　60　92　96　74　98　76　90

<第57页>

332　384　336　342　140　224　582
240　608

<第59页>

684　282　699　246　966　128　666
604　800

<第60页>

375　978　878　872　652　595　678
860　540

<第61页>

534　1 536　1 572　2 290　5 922　4 788
7 152　2 380　3 832

<第63页>

①96　②90　③56　④18　⑤120
⑥96　⑦252　⑧180　⑨504　⑩1
⑪125　⑫6　⑬32　⑭0

<第64页>

1.①9 000　②999　③9 000　④6 909
⑤9 007　⑥5 999　⑦290　⑧576

160

⑨150

2. ①9 906 ②7 000 ③4 230
   ④2 169 ⑤6 992 ⑥0

<第65页>

3. ①4 400个 ②4 393个

4. ①3 815 ②6 600 ③5 508 ④378
   ⑤1 104 ⑥6 146

5. ①16 ②11 ③91 ④98 ⑤2 345
   ⑥6 010 ⑦999 ⑧168 ⑨135
   ⑩120 ⑪392 ⑫729 ⑬1
   ⑭0 ⑮0

6. ①5 588 ②2 131 ③8 697 ④3 499
   ⑤9 000 ⑥9 599 ⑦6个

除法1（第66～103页）

<第73页>

①2 dl ②3 个

<第79页>

1. ①6÷3=2（答）2 dl
   ②6÷2=3（答）3人
   ③10÷5=2(答)2人
   ④10÷2=5(答)5块

2. ①8÷2=4(答)4人
   ②10÷5=2（答）2 dl

<第81页>

1. (第一行)8 3 9 8 4 9 6
   (第二行)6 3 9 8 7 9 5
   (第三行)8 9 5 2 7 4 3
   (第四行)2 cm 5 cm 8 cm 7 cm 2 cm
   (第五行)8 cm 4 cm 3 cm 4 cm 7 cm
   (第六行)7 cm 2 cm 7 cm 5 cm 5 cm

2. ①8枚 ②6支 ③9次 ④8个月

<第82页>

(萨沙的问题)8块

(米丽娅的问题)3个

<第83页>

(罗伯特的问题)8天

(萨沙的问题)7只

(米丽娅的问题)8人

<第85页>

(第一行)2余1 1余1 1余1 4余1 3余1
1余1 1余2 1余1 1余2

(第二行)4 3 1 7 1 6 1 1 9

<第87页>

(第一行)1余1 0余8 0余1 0余2 0余1
0余3 000

(第二行)6余1 4余1 9余1 9余2 8余3
3余3 8余2 8 6

(第三行)8 5 4 9 8 9 7 5 5

<第91页>

(第一行)18余1 14余2 13余1 11余4
18余3 14余3 12余4 15余3

(第二行)27余2 23余3 19余1 11余5
17余4 29余1 23余2 16余1

(第三行)14余3 45余1 14余1 28余1
12余4 14余1 18余1 11余5

<第92页>

(第一行)20余2
10余4 10余2 10余8
30余2 20余3 10余4 10余5
20余1

(第二行)20余1 10余2 10 20 10 10
10 20 30

(第三行)6余1 7余1 7余1 8余1
9余5 8余2 8余1 9余1 3余1

(第四行)9 8 8 3 4 2 6 7 10

(第五行)5 0 1余2 1 1余2 0余5
0余3 1余3 1

(第六行)23 42 19 12 13 7余2
11 11 12余2

<第96页>

(第一行)150余1 187余1 121余1
127余3 115余5 174余2 122余2

(第二行)225 154 125 230余2
341余1 211余1 111余1

(第三行)320余2 140余3 121余1
280余1 130余4 230余2 430余1

<第97页>

(第一行)105余1 107余1 107余5
105余2 109余2 102余4 102余4

(第二行)201余3 301余2 301余1
103余3 102余1 407余1 101

(第三行)103余1 102余1 306余2
103余2 202 302 101

<第98页>

1. (第一行)400余1 100余2 100余3
(第二行)100余7 100余5 100余6
(第三行)200 300 300
(第四行)400 100 100

2.
```
    126        201        120
  ┌────      ┌────      ┌────
4 │504     3 │603     8 │967
    4          6          8
   ──         ──         ──
   10         3          16
    8         3          16
   ──        ──          ──
    24        0           7
    24                    0
   ──                    ──
     0                    7
```

<第99页>

(第一行)47余1 44余1 32余4 81余4
68余1 42余3 22余2

(第二行)26余1 21余1 12余5 51余1
12 17余4 35余2

(第三行)22余5 32余1 32余2 32余4

33 93余1 71余2

<第100页>

(第一行)82余1 41余1 31余1 30余8
51 71 41

(第二行)30余6 60余5 70余4 90余2
40余5 90余1 91余3

(第三行)80 90 70 30 71 31 80

<第101页>

(第一行)4 692余1 1 489余1 2 484余1
1 233余1 1 625余4 1 341余1

(第二行)2 113 1 111 1 211 3 212
1 910 1 001

(第三行)1 011 801 320 902 331
411

<第102页>

333根余1根 530 h

<第103页>

101个 301颗 1999次

1. ①39余1 ②22余1 ③20余1
④145余1 ⑤112余5 ⑥109余1

2. ①100余4 ②200余3 ③100余8
④73 ⑤42 ⑥83 ⑦61余2 ⑧93余1
⑨92余1

3. 1 643个

大数（第106~121页）

<第115页>

1. 略

2. ①9 ②6 ③2 ④0 ⑤9 ⑥1 ⑦1
⑧0 ⑨2 ⑩8 ⑪0 ⑫6

3. ①8 932 261 854 896 321
②2 186 529 000 ③81 500 734 004
④4 100 004 501
⑤3 005 000 109 808
⑥900 001 800 023 970

⑦6 842 835 942 407 562

4. ①> ②< ③< ④= ⑤< ⑥> ⑦<
   ⑧> ⑨< ⑩>

<第116页>

1. 19 090 700 800   1 111 111 110
   881 000 000 000   100 000 100 000
   1 009 532 900 306   111 010 050 812

2. ①1 000 000 000 001   ②91 900 000 100
   ③8 900 000 000 100

3. 5 188 899 999   4 100 420 819
   2 143 067 219   2 720 809 999
   1 025 899 009   10 009

4. ①9 999 999 999   ②99 999 999
   ③400 018 000   ④99 999 100 000 000

<第117页>

5. 461 978 395   296 349 753   239 733 753
   391 628 395   111 111 111   578 767 032

6. ①511 586 172 990 252
   ②1 260 540 420 543 630

7. ①49 484 705 088   ②3 632 203 226 280
   ③80 832 563 498 600
   ④116 110 000 000 008
   ⑤101 007 003 070 704

8. ①162 644 774余2   ②183 996 885余3
   ③121 131 211余1   ④243 234 214余1
   ⑤91 020 910   ⑥60 507 080余1
   ⑦30 000 021   ⑧33 333 367
   ⑨30 001 012   ⑩126 495 789
   ⑪159 635 854   ⑫82 010 996

9. ①3 837个   ②10 700人

10. ①> ②< ③< ④= ⑤> ⑥>
    ⑦> ⑧=

乘法2（第122~137页）

<第125页>

(第一行)276   903   308   1 056   979
2 201   529   1 953   5 751   924
(第二行)966   1 643   1 222   806   624
342   1 152   3 069   2 852   3 996
(第三行)4 368   8 722   2 632   2 888   4 356
846   720   6 006   576   3 630

<第126页>正确的计算是

```
    85           8
  × 48         × 37
  ────         ────
   680          56
   340          24
  ────         ────
  4080         296
```

<第128页>

(第一行)111 941   123 024   288 648
(第二行)364 783   851 466   572 692

<第129页>

(第一行)30 888   79 704   421 632
163 107   287 985   140 733   95 403
424 116

(第二行)281 941   429 006   272 744
12 321   217 248   838 250   690 986
197 136

<第130页>

(第一行)37 023   9 246   5 607   34 788
5 336   6 815   9 128   3 480
(第二行)33 063   4 016   69 112   60 742
70 953   1 692   8 424   49 878

<第131页>

80 960   45 890   114 400   79 500
37 950   79 640   93 000   52 320

163

<第132页>

(第一行)281 373 718 688 1 964 853
7 579 264 795 870 752 415 2 719 920
74 863 870

(第二行)1 884 052 29152144 25 916 688
44 078 064 52 475 316 21 014 824
57 176 605 479 245 554

(第三行)448 256 1 167 235 3 450 844
4 890 144 607 466 284 582 900 040
6 053 468 630

<第134页>

129 600 112 600 86 000 168 000
624 000 6 030 000 4 080 000 980 000

<第137页>

1. ①69 360 ②345 344 ③49 840
④225 120 ⑤352 000 ⑥115 200
⑦22 250 800 ⑧5 295 430
⑨34 371 546 ⑩15 011 844
⑪780 00 ⑫0

2. ①361 000 m ②2 340元

除法2（第138～157页）

<第142页>

(第一行)1余43 1余36
3余3 3余8
2余16 1余38 1余30

(第二行)3 3 5余4 5余4 3余4 2 3

<第143页>

(第一行)2余25 2余26 1余17 2余13
5余6 2余13 3余8

(第二行)6余4 4余9 6余4 2余10 2余8
7余6 1余15

<第144页>

(第一行)7余21 8余5 3余13

(第二行)8 5余1 3

<第145页>

(第一行)7余23 4余24 5余28 6余44
(第二行)6余19 6余37 5余22 4余25

<第146页>

(第一行)7余12 9余18 8余61
(第二行)9余11 9余2 8余88
(第三行)9余31

<第151页>

(第一行) 27余1 14余7 16余56 61余11
28余1 36余22 20余13 7余7

(第二行)157余4 246余12 148余36
142余38

126余37 232余29 124余6

(第三行)208余23 205余11 250余23
130余34 360 200余34 400

(第四行)72余27 65余16 46 21余11
30余12 90余11 10余22

<第152页>

1. (第一行)589余58 1 372余56 837余21
551 2 137余9 2 136余5 2 767余25
(第二行)800余67 1 890余22 662余37
371余44 756余22 1 706余29 858余38

2. (第一行)3 015余3 4003 700余25
2 030 2 003余16 3 004余53 6 740余9
(第二行)1 325余8 405余18 2321余1
3 567 4 050余3 4 523余3 4 005

<第153页>

1. (第一行)129余5 245余162 45余154
1 906余428 678余345 631余58
(第二行)3 016余64 800余71 2 523余15
1 388余161 1 122余566 1 967余291

2. (第一行)68余119 82余247 99余198
460余87 63余642 159余334
(第二行)48余9 43 38余37 493余475

164

109   403

<第155页>

①
```
    8 5
  ┌─────
3 │ 2 5 7
    2 4
    ───
      1 7
      1 5
      ───
        2
```

②
```
    1 0 5
  ┌─────
3 │ 3 1 7
    3
    ───
      1 7
      1 5
      ───
        2
```

```
    3 0 5
  ┌─────
3 │ 9 1 7
    9
    ───
      1 7
      1 5
      ───
        2
```

```
    2 0 5
  ┌─────
3 │ 6 1 7
    6
    ───
      1 7
      1 5
      ───
        2
```

③
```
      1 6 0
    ┌─────
27 │ 4 3 3 1
      2 7
      ───
      1 6 3
      1 6 2
      ─────
          1 1
```

④
```
       1 5
    ┌─────
23 │ 3 4 6
      2 3
      ───
      1 1 6
      1 1 5
      ─────
          1
```

```
       1 5
    ┌─────
43 │ 6 4 6
      4 3
      ───
      2 1 6
      2 1 5
      ─────
          1
```

```
       1 5
    ┌─────
63 │ 9 4 6
      6 3
      ───
      3 1 6
      3 1 5
      ─────
          1
```

<第156页>

1. 2 883 次   2. 651 次   3. 90 辆   4. 48 辆

5. 126 000 人   6. 6 000 页

7. 18 819 500 件

<第157页>

8. 58 人   9. 45 人   10. 561 元

11. 42 900 元   12. 6 个月

13. 487 个   14. 6 条